GW00382273

AMRYW BETHAU

SYR THOMAS PARRY
1904 - 1985

AMRYW BETHAU

gan

THOMAS PARRY

Cyflwyniad gan

J. E. CAERWYN WILLIAMS

GWASG GEE
DINBYCH

© ENID PARRY A'R CYHOEDDWYR

Argraffiad Cyntaf: Rhagfyr 1996

ISBN 0 7074 0288 3

Dymuna'r Cyhoeddwyr gydnabod yn ddiolchgar iawn gymorth Adrannau Golygu a Dylunio Cyngor Llyfrau Cymru.

Argraffwyd, Rhwymwyd a Chyhoeddwyd
gan
WASG GEE, DINBYCH, SIR DDINBYCH

Cynnwys

Rhagair

Ers dros bymtheng mlynedd ar hugain fe fûm i'n dymuno gweld cyhoeddi cyfrol (neu gyfrolau) o ryddiaith Syr Thomas Parry, ac o'r diwedd wele wireddu'r breuddwyd — mewn rhan, o leiaf. Fe ofynnais i Syr Thomas yn bersonol sawl gwaith a gawn i ei ganiatâd i wneud hynny drosto (ond iddo ef ddewis y cynnwys), a chael mwy neu lai yr un ateb bob tro — yn hynod gyfeillgar, ond pendant: 'Mae yna bethau pwysicach o lawer i'w gwneud, on'd oes, fachgen?'

Yr oedd gennyf barch difesur i Syr Thomas — fel dyn, fel ysgolhaig ac fel llenor — ac fe gefais amryw byd o gynghorion gwerthfawr ganddo dros y blynyddoedd. Byth er pan ddechreuais i ymddiddori mewn llenyddiaeth Gymraeg, yr wyf wedi edmygu ei ryddiaith ysblennydd, ei hansawdd a'i harddull, ei chynnwys a'i chelfyddyd, a gresynu fwyfwy fod cymaint ohoni ar wasgar mewn cylchgronau, allan o gyrraedd hwylus y werin ddarllengar. Yr oedd Syr Thomas wedi gweld a dadansoddi'r adfywiad llenyddol ac ysgolheigaidd a fu yng Nghymru yn hanner cyntaf ein canrif ni (fel y gellir casglu oddi wrth sawl un o erthyglau'r gyfrol hon — ac er gwaethaf yr is-deitl gogleisiol a roes yr awdur i'r erthygl ar 'Y Bardd Newydd Newydd'). Ac fel un a gyfrannodd yn sylweddol ei hunan i'r adfywiad hwnnw, gallai draethu arno gydag awdurdod dihafal. Y canlyniad yw bod yma, yn y detholiad hwn, gyfoeth sydd yn dal yn wirioneddol werthfawr wedi'r blynyddoedd, a'r erthyglau oll yn ddogfennau o bwys hanesyddol diamheuol. Barnwyd, gyda llaw, mai eu gosod yn y drefn yr

7

ysgrifennwyd hwy fyddai orau, a siarad yn gyffredinol; un eithriad yw'r erthygl ar Daniel Silvan Evans, gan mai i'r ganrif ddiwethaf y perthyn hi yn llwyr.

Fel y gwelir, erthyglau am bersonau, bron yn gyfan gwbl, a geir o fewn y cloriau hyn. Yn hanes tri ohonynt, yr oedd Syr Thomas wedi ysgrifennu amdanynt ddwywaith, gyda nifer o flynyddoedd rhyngddynt bob tro. Yn yr achosion hynny, penderfynwyd cynnwys y *ddwy* ymdriniaeth — gan eu rhagored — er bod hynny wrth reswm yn golygu rhyw gymaint o orgyffwrdd. Y mae'r un peth yn wir hefyd (ac yn fwy felly, mewn gwirionedd) am y ddwy bennod hunangofiannol, ond yma eto ni allwn ddygymod o gwbl â'r syniad o hepgor y naill na'r llall.

Yr wyf dan ddyled i nifer o gyfeillion caredig am gynhorthwy wrth drefnu'r gyfrol hon, a hyfrydwch o'r mwyaf yw diolch iddynt:

Y Fonesig Enid Parry a'r Athro Emeritws J. E. Caerwyn Williams am eu hymateb brwdfrydig i'm syniad o gyhoeddi'r detholiad ac am gydweithrediad mor hynaws; ac i'r Athro hefyd am ei Gyflwyniad gwych; yr Athro Gwyn Thomas am gefnogaeth a chymorth ymarferol; Mrs. Gwenno Caffell, Tregarth; Mr. Gwilym B. Owen, Bangor; Mr. Derwyn Jones, Mochdre; Miss Eunice Roberts, Llyfrgell Bae Colwyn; Mr. R. Emyr Jones, Tywyn; Dr. Elwyn Roberts, Bangor; ac o Fethesda, Mr. Alun Ogwen Jones, y Parch. John Owen, a'r diweddar Mr. Dafydd Orwig.

Carwn ddiolch hefyd i Wasg Gomer, Llandysul; Gwasg Tŷ ar y Graig; Gwasg Prifysgol Cymru; Cymdeithas y Cymmrodorion; Gwasg Pantycelyn; a Gwasg y Sir, Y Bala, am ganiatâd i gynnwys erthyglau allan o'u cyhoeddiadau; ac mae'n bleser cydnabod cefnogaeth Cyngor Llyfrau Cymru, gan nodi'n arbennig gymorth rhagorol y Cyfarwyddwr, Miss Gwerfyl Pierce Jones.

Mi wn yn burion peth mor fentrus yw proffwydo, ond ni allaf ymatal am y tro, sef yr ystyrir y gyfrol hon maes o law yn un o glasuron llenyddiaeth Gymraeg.

Tachwedd 1996   EMLYN EVANS

Cyflwyniad

gan

Yr Athro Emeritws J. E. CAERWYN WILLIAMS

Ganed Thomas Parry ar Awst 4, 1904, ym Mrynawel yng Ngharmel, pentref ar lechweddau Mynydd Cilgwyn, un o fryniau godre Eryri lle ceir golygfeydd syfrdan o Fae Caernarfon gyda'r Eifl yn y pellter ar y chwith a Chaergybi a Mynydd Parys yn y pellter ar y ddeau, a rhyngddynt Gastell Caernarfon i'r ddeau, nid nepell o'r hen gaer Rufeinig, Segontium, ac i'r chwith Ddyffryn Nantlle neu Nant Lleu, a Dinas Dinlle neu Gaer Lleu yn syth ymlaen. Nid Lleu yw'r unig un o arwyr y Mabinogi i adael ei enw ar yr ardal hon, ac y mae'r gorgyffwrdd ystyron yn *Dyffryn* a *Nant, Dinas* a *Din* yn adlewyrchu'r ffaith fod yr iaith Gymraeg wedi ei siarad yma ers canrifoedd meithion. Ceidw *Dinlle(u)* yr un elfennau ieithyddol â'r enwau lleoedd cyfandirol mwy adnabyddus *Lyons* a *Leyden.*

Ymwelodd Syr O. M. Edwards â Charmel ar brynhawn braf yn Ebrill, 1913, a than gyfaredd y lle a'i bobl cofiodd y llinellau:

> Two voices are there; one is of the sea,
> One of the mountains, each a mighty voice,
> In both from age to age thou didst rejoice,
> They were thy chosen music, Liberty.

Mae'r pentref yn ddyledus am ei fodolaeth i'r chwareli llechi a agorwyd i ateb yr alwad am ddefnydd toi, galwad a

11

gyrhaeddodd ei hanterth ar dro'r ganrif ac a ddenodd ddynion yn eu cannoedd i weithio ac i fyw yng ngogledd Sir Gaernarfon. Cafodd ei enw oddi wrth y Capel Anghydffurfwyr, yn yr achos hwn, Capel y Methodistiaid Calfinaidd, a adeiladwyd gyda dau gapel arall i weini ar anghenion crefyddol y gymuned a ffurfiwyd gan y gweithwyr hyn.

Ni bu fawr newid ar Garmel nes i Thomas Parry gyrraedd oedran gŵr: dechreuodd y chwareli llechi edwino yn hytrach na chynyddu, a pheidiodd yr achos i ddenu mwy o drigolion i'r pentref. Ac nid oedd llawer o symbyliad i deithio ohono oddieithr i chwilio am waith pan gaeai'r chwareli am ryw reswm neu'i gilydd. Nid oedd trên i gysylltu Carmel yn uniongyrchol â'r byd oddi allan. Yr oedd y rheilffordd go iawn nesaf yn y Groeslon, tua milltir a hanner i ffwrdd: yno gellid cael trên i Gaernarfon — a thu hwnt i Gaergybi neu Lundain — neu, yn y cyfeiriad arall, i Bwllheli neu ar lein y Cambrian i'r Trallwng neu Aberystwyth. Yr oedd i'r rheilffordd fynyddig yn dwyn yr enw mawreddog *The Welsh Mountain Railway,* a adeiladwyd yn y lle cyntaf i gludo llechi ond a addaswyd yn ddiweddarach i gludo teithwyr, un pen draw yn Dinas, ychydig bach yn nes i Garmel na'r Groeslon a'r llall ym Mhorthmadog, ac âi drwy'r Waunfawr, y Rhyd-ddu a Beddgelert. Caernarfon oedd y dref nesaf. Cyn cychwyn y gwasanaeth bws cyntaf yn defnyddio lori wedi ei haddasu'n fws, âi dau frec â'r pentrefwyr i Gaernarfon bob dydd Sadwrn.

Dan yr amgylchiadau hyn yr oedd bywyd y pentref yn weddol hunanddigonol. Nid oedd dim ond ychydig o siopau a phob un yn diwallu amryfal anghenion, mor amryfal â bwyd a dillad, ac nid oedd ond ychydig grefftwyr wrth eu gwaith: yr oedd y chwarelwyr yn medru troi llaw at bob math o waith a gallai rhai ohonynt adeiladu gwal a thoi tŷ cystal â'r un adeiladwr.

Wrth gofio am Garmel yn ei henaint, disgrifiodd Thomas Parry ef fel pentref lle'r oedd rhaid i bobl weithio'n galed iawn i gael unrhyw fath o fywoliaeth, y gwŷr yn y chwareli, y gwragedd yn y cartrefi, a lle yn wyneb caledi y dysgai'r bobl yn fuan iawn arfer rhinweddau cymdogaeth dda a chydweithredu.

Y prif ddylanwad ar fywyd y bobl oedd y grefydd ym-
neilltuol a gynrychiolid gan y capeli. Er ei bod mewn rhai
ffyrdd yn ddylanwad a oedd yn cyfyngu, mewn ffyrdd eraill yr
oedd yn ddylanwad a oedd yn rhyddhau: rhoddai ystyr ac
urddas i fywydau a dreulid mewn llafur diddiwedd, a chyn-
hyrchodd ddiwylliant cymdeithasol y gallai mwyafrif yr
unigolion drwyddo ddatblygu a rhoi mynegiant i'w talentau
er nad i raddau uchel iawn: yn y celfyddydau, perchid
beirdd, adroddwyr a chantorion; ar lefel is mawr brisid
athrawon ysgolion dyddiol ac ysgolion Sul, siaradwyr
cyhoeddus, yn enwedig pregethwyr, a threfnwyr. Heb os nac
onibai, ceid ambell ddafad ddu ymhlith y pentrefwyr, ond
cyfadferid amdanynt gan wŷr a gwragedd o dduwioldeb
gwirioneddol. Cynhyrchodd Carmel nifer sylweddol o wein-
idogion Ymneilltuol, ac fel yr âi'r amser ymlaen hyd yn oed
mwy na hynny o athrawon ysgol. Nid oedd bywyd yno'n
wahanol iawn i fywyd pentrefi cyfagos Rhosgadfan a Rhos-
tryfan, bywyd a ddarluniwyd mor graff yn storïau byrion a
nofelau Kate Roberts, neu fywyd pentref cyfagos y Groeslon
a adlewyrchir mor olau yn nramâu John Gwilym Jones.

Rhoddwyd yr enw cyntaf 'Thomas' i Thomas Parry, mae'n
siŵr, ar ôl enw ei daid ar ochr ei dad, Thomas Parry, Y
Gwyndy, Carmel, a fu'n briod dair gwaith ac a gafodd blant
o'i dair gwraig. Mae gan Gymru Gymraeg reswm da dros
gofio'r tair priodas hyn, oblegid y mae'n ddyledus iddynt am
dri o'i chymwynaswyr mawr yn yr ugeinfed ganrif. O'r briodas
gyntaf y ganed tad R. Williams Parry, y darlithydd Prifysgol
a Dosbarthiadau Allanol, a'r bardd y disgrifwyd ei gelfyddyd
ar ei gorau gan Syr Idris Bell fel un ddifeth, celfyddyd a'i
gwnaeth yn gymaint meistr ar y soned ag ar yr englyn. O'r
ail briodas y ganed tad Syr T. H. Parry-Williams a ddisgrif-
iwyd gan yr un awdurdod fel 'ysgolhaig o safle cydwladol, . . .
ysgrifiwr swynol, beirniad da, ac un o feirdd blaenaf ei
ddydd.' Ac o'i drydedd briodas fe aned tad Syr Thomas
Parry, Athro Prifysgol, Llyfrgellydd Llyfrgell Genedlaethol
Cymru, a Phrifathro Coleg Prifysgol Aberystwyth, a gwrth-
rych y deyrnged hon.

Yr oedd tad T. H. Parry-Williams wedi llwyddo i fynd yn

brifathro llwyddiannus ysgol elfennol y Rhyd-ddu ac yr oedd yn arbennig uchelgeisiol am lwyddiant academig ei blant, ond yn awyrgylch diwylliannol ardaloedd chwareli gogledd Cymru yr adeg honno fe allwn gymryd yn ganiataol nad oedd yn hyn o beth yn wahanol iawn i'r ddau hanner brawd a grybwyll-asom eisoes, tadau R. Williams Parry a Thomas Parry.

Bu Richard Parry, tad Thomas Parry, yn gweithio am y rhan fwyaf o'i oes yn Chwarel Dorothea — Twll Coch Dorothea — ryw ddwy filltir o Garmel, ond cyn setlo i fywyd chwarelwr, yr oedd wedi clywed galwad y môr ac wedi hwylio ddwywaith rownd yr Horn i San Francisco. Yn ôl pob tebyg buasai wedi aros ar y môr oni bai i farwolaeth ei dad ei ddwyn adref i helpu ei fam weddw. Rhaid fod ei brofiad fel morwr, serch hynny, wedi rhoi iddo olygwedd ar fywyd ychydig yn wahanol i eiddo ei gyd-chwarelwyr, a diau mai hyn a'r ffaith ei fod wedi ei ddwyn i fyny ar fferm a'i perswadiodd na ddylai ddibynnu'n gyfan gwbl ar y chwarel am fywoliaeth ac y dylai gael tyddyn, h.y., tŷ ac ychydig erwau o dir i gadw cwpl o wartheg, ychydig foch, ac ieir. Nid oedd yn hollol eithriadol yn hyn o beth: yr oedd yng Ngharmel nifer o'r cyfryw dyddynnod, nifer o dai ar eu pennau eu hunain gyda chwt i gadw mochyn neu ddau, a rhai tai terras. Adeiladodd ef ar dir a fu'n perthyn i fferm ei dad, Y Gwyndy, dŷ (Bryn-awel) ar ei gyfer ef ei hun a'i briod, merch ifanc o'r enw Jane Williams a ddaethai o Lŷn i weithio yn Nhal-y-sarn, pentref nid nepell o Garmel. Digwyddodd hyn yn 1900. Yn 1917 symudodd y ddeuddyn i'r Gwyndy, hen gartref Richard Parry, yna yn 1922 i'r Gwastadfaes, ac ymhen ychydig flynyddoedd wedyn yn ôl i'w cartref gwreiddiol, Brynawel. Erbyn yr adeg honno yr oedd iechyd Jane yn gwaethygu ac yr oedd yn dod yn amlwg nad oedd iechyd Richard yn ddigon da i ymdaro â'r tir ychwanegol yr oedd wedi ei gymryd i'w drin ar ôl cychwyn i ddechrau ym Mrynawel.

Yr oedd Mrs. Jane Parry yn gymeriad cryf didderbyn-wyneb. Yr oedd yn nodweddiadol ohoni hi ac o'i hamserau ei bod hi wedi nyrsio Thomas Parry ar ôl iddo ddal y dwymyn goch a chael y pliwrisi ar ddiwedd y tymor cyntaf o'i ail flwyddyn yng Ngholeg y Brifysgol Bangor, yn gwbl ar ei phen ei hun gan fod rhaid ei gadw wedi ei ynysu ar wahân i weddill y teulu a chan nad oedd unrhyw ysbyty ynysu'n agos. Hi hefyd a'i gyrrodd i gartref ei mam yn Llangwnnadl, Llŷn, i orffen gwella. Yr oedd ganddi enw am siarad 'yn blaen', ond yr oedd iddi galon fawr a'i gwnaeth yn annwyl gan ei ffrindiau a'i chymdogion, tyst o'r teyrngedau o flodau oddi wrthynt adeg ei marw. Yr oedd cyn falched â'i gŵr eu bod rhyngddynt wedi gallu rhoi addysg prifysgol i'w tri mab, ac efallai ei bod hi wedi cyfrannu mwy nag a feddyliodd erioed i'w diwylliant. Oblegid yr oedd hi o Lŷn, rhanbarth a gadwasai fwy o'i nodweddion amaethyddol nag Arfon, a rhoes y gwyliau a fwynhaodd ei bechgyn yno gyda'i mam brofiad iddynt o fyd gwahanol a gorwelion ehangach. Nid yw'n syndod, efallai, fod ei mab ieuaf, Gruffydd, wedi mynd i Lŷn i fyw ac wedi sgrifennu disgrifiad cyfareddol o'r wlad a'i phobl.

Os gallai Jane Parry ar adegau fod yn rhy huawdl, yr oedd ei gŵr yn ôl pob hanes yn dawedog a di-ddweud. Amrywiai oriau gwaith Chwarel Dorothea yn ôl y pedwar tymor. Yn yr haf fe godai ef am 5.15 yn y bore i gychwyn cerdded at ei waith am 6.15 ac i gyrraedd yno am 7 o'r gloch. Gweithiai yno hyd 5.30 a chyrhaeddai adref am 6.15. Ar ôl bwyta swper chwarel fe âi allan i wneud unrhyw waith yr oedd galw amdano nes iddi dywyllu. Mynychai'r Capel Methodist Calfin-aidd yn rheolaidd, ond ni ddewisodd fod yn aelod cyflawn ynddo er ei fod drwy gydol ei flynyddoedd wedi gadael bachgendod yn athro ysgol Sul uchel ei barch. Dyna paham yr oedd ganddo gasgliad o esboniadau, Geiriadur Beiblaidd William Davies ac un o bedair cyfrol William Hobley ar *Hanes Methodistiaeth Arfon*, yr un yn cynnwys hanes Capel Carmel. Y llyfrau hyn ynghyd â chopi o'r Beibl Cymraeg a Llyfr Emynau Cymraeg oedd llyfrgell y teulu. Darparu ar gyfer y plant yn hytrach na'r oedolion a wnâi'r ddau gylch-grawn a ddeuai i'r aelwyd, *Cymru'r Plant* a *Thrysorfa'r Plant*. Yr oedd Richard Parry hefyd yn aelod er nad yn aelod gweithgar iawn o Undeb Chwarelwyr Gogledd Cymru. Yr oedd yn nodweddiadol o'r Undeb ac o'r amserau ddarfod i'w sgrifennydd anfon llythyr i longyfarch mab Richard Parry,

15

Thomas Parry, ar ei benodi'n Brifathro Coleg Prifysgol Cymru, Aberystwyth.

Un o gerddi gorau'r mab hwnnw, teyrnged ydyw i'w dad ar ei farwolaeth:

FY NHAD

(Bu farw Mawrth 20, 1942)

Côstio am dipyn, wedyn hwylio ar led,
Yn llanc, yn llawen, ac yn gryf dy gred.
Troi'n ôl i'th fryniog fro a chroeso'i chraig
A'i charu a'i choledd, megis gŵr ei wraig —
Dringo i'r bonc; datod y clymau tyn
A roed pan blygwyd y mynyddoedd hyn;
Rhoi rhaw yn naear ddicra'r Cilgwyn noeth,
A phladur yn ei fyrwellt hafddydd poeth —
Troi dy dawedog nerth, aberth dy fraich,
Yn hamdden dysg i ni, heb gyfri'r baich.

Ni thorraist fara nac yfed gwin y Gwaed,
Ond cyfarwyddodd Ef dy drem a'th draed.
Difyrrwch pell dy fore, byd nis gŵyr,
Na diddan ludded d'orfoleddus hwyr.
Ni chanwyd cnul na llaesu baner chwaith
Pan gododd llanw Mawrth dy long i'w thaith,
Ond torrodd rhywbeth oedd yn gyfa o'r blaen
Mewn pedair calon chwithig dan y straen,
Wrth iti gychwyn eto i hwylio ar led,
Yn hen, yn hynaws, ac yn gryf dy gred.

Byddai Thomas Parry bob amser yn siarad yn annwyl am ei rieni, am ei ddyddiau cynnar a'i fagwraeth, a thalodd deyrnged i'r rhan a chwaraeodd y tyddyn yn helpu ei rieni i'w anfon ef a'i ddau frawd i'r ysgol ramadeg ac i'r brifysgol. Yn nodweddiadol, ac yn wahanol i fwyafrif y Cymry o'r un cefndir ag ef, ni ddaliai ddig at y chwarel lle bu rhaid i'w dad weithio'n galed dros ben gyda channoedd eraill heb nemor dâl a cholli ei iechyd yn y pen draw wrth wneud.

Ymwelodd Thomas Parry â Chwarel Dorothea pan oedd newydd gau ar ôl cael ei gweithio am fwy na dau gan mlynedd a phan oedd yn dechrau llanw â dŵr. Meddyliai am y gwŷr gwych a fu'n gweithio ynddi, am eu diwylliant Ymneilltuol ac am eu hadnoddau ysbrydol. Nid oedd arno angen ei atgoffa nad oedd mynyddoedd Eryri erioed wedi bod yn lle hawdd i ennill bywoliaeth; yn wir, nid neb ond gwŷr gwydn dros ben a allai oroesi yno, ac nid yw'n rhyfedd o gwbl fod gwŷr Arfon yn yr hen amseroedd yn hawlio'r fraint o arwain pan luyddai pobl Gwynedd i gad. Ansoddair a ddefnyddid yn draddodiadol i ddisgrifio'r Arfonwys oedd *mwyngaled*: ystyrid eu bod hwy'n fwyn ac yn galed ar yr un pryd. Cyfunid y ddwy briodoledd yng nghymeriad Thomas Parry: gallai fod yn galed ac yn fwyn, yn galed yn ei wrthwynebiad i unrhyw anghyfiawnder, ac yn fwyn wrth unrhyw un yr oedd arno eisiau cymorth neu gefnogaeth.

Oedais uwch ben cefndir Thomas Parry nid yn unig am nad oedd yn gefndir ffafriol iawn i yrfa academig mor ddisglair eithr hefyd am nad oedd yn gefndir mor annodweddiadol â hynny yng Nghymru'r cyfnod hwnnw. Ychydig o fanteision materol a gynigiai ond yr oedd iddo sylfeini diwylliannol cryfion a roddai gyfle i adeiladu cadarn.

Gan nad oedd dim ond ysgol babanod — *infants* — yng Ngharmel, bu rhaid i Thomas Parry fynd i ysgol elfennol Penfforddelen yn y pentref cyfagos, y Groeslon. Dywedir fod yr Elen (neu Helen) yn enw'r ysgol i'w gysylltu ag arwres *Breuddwyd Macsen,* yr Helen a gymysgwyd yn y traddodiad Cymraeg â mam yr Ymerawdwr Custennin ac â Helen y wraig yn stori *Darganfod y Wir Grog.* Ym Mhenfforddelen cyfarfu â hogyn o'r un oed ag ef ei hun o'r Groeslon, hogyn a fu'n gydymdaith cyson hyd ddiwedd dyddiau coleg ac a fu'n gyfaill agos weddill ei ddyddiau, John Gwilym Jones. Gwnaeth John Gwilym, fel y daethpwyd i'w adnabod led-led Cymru, enw iddo'i hun fel beirniad llenyddol, fel llenor rhyddiaith, ac yn arbennig fel dramodydd o fri, ond ef oedd y cyntaf i gydnabod fod arno ddyled nid bechan i'w gyfaill ers dyddiau ysgol o Garmel.

Nid ymddengys fod Thomas Parry wedi ei danio ag uchelgais i lwyddo yn yr ysgol ac yn y coleg. Yn ôl ei adroddiad ef ei hun bu amser pan ymddangosai fel petai'n cael ei gario fel deilen ar lif yr afon. Ymfalchïai yn ei allu i wneud pethau â'i ddwylo. Ar wyliau yn Llŷn cyfareddid ef gan y ffordd yr âi'r gof lleol ati i wneud pedolau, a buasai wedi rhoi tro arni petasai wedi cael y cyfle, yn union fel y rhoes dro a llwyddo i wadnu a sodli esgidiau ar ôl gweled y crydd lleol wrth ei grefft. Cadwodd ei ddiddordeb mewn gwaith coed ar hyd ei oes a châi bleser wrth glorio cyfnodolion a llyfrau. Ond er nad oedd yn uchelgeisiol iawn ymddengys ei fod yn ymwybodol y gallai wneud unrhyw waith yr ymaflai ynddo, a'r argraff a rôi yn yr ysgol a thrwy gydol ei fywyd oedd ei fod yn mwynhau'r hyn a wnâi a'i fod yn gwneud yr hyn a fwynhai. Yr oedd hyn er gwaethaf y gŵyn a fynegodd yn ddiweddarach yn ei fywyd fod y dewis testunau a gynigid iddo ef a'i gyddisgyblion yn Ysgol Sir Pen-y-groes braidd yn gyfyng ac nad oedd wedi cael yr un wers mewn celfyddyd na cherddoriaeth er ei fod yn fedrus â'i ddwylo ac er bod ganddo glust dda at gerddoriaeth. Yn wir, arferai gwyno weithiau ei fod yn gallu cofio cân yn llawer gwell na thelyneg a'i fod yn gallu hymian ugeiniau o alawon tra na allai adrodd ar dafod leferydd nemor farddoniaeth. Dangosodd y gallasai elwa ar gwrs mewn cerddoriaeth drwy ddysgu canu'r harmoniwm yn fachgen, a dechreuodd ganu recorder pan oedd yn ŵr ifanc heb ond ychydig amser i ymarfer, ac yn fwyaf arbennig drwy ennill gwobr am gyfansoddi emyn-dôn ac yntau'n dal yn yr ysgol.

Yn Sir Gaernarfon yr adeg honno yr oedd rhaid naill ai ennill lle yn yr Ysgol Sir ai talu amdano. Nid oedd nifer y lleoedd i'w hennill drwy wneud yn dda yn arholiad y 'scholarship' yn fawr, ond llwyddodd Thomas Parry a'i gyfaill John Gwilym Jones yn yr arholiad ac ni bu rhaid i'w rhieni ysgwyddo'r baich o dalu ffïoedd. Afraid dweud, bu rhaid iddynt sefyll arholiad y 'Junior' ymhen dwy flynedd, y 'Senior' ymhen pedair, a'r 'Higher' ymhen dwy arall. Y Bwrdd Arholi yn y cyfnod hwnnw oedd Y Bwrdd Cymreig Canol. I'r ddau blentyn ysgol dwy flynedd y chweched dosbarth oedd y blynyddoedd mwyaf cyffrous a'r rhai mwyaf eu sialens i'w deall. Ymddengys fod gan y Prifathro, D. R. O. Prytherch, y ddawn i benodi athrawon da. Bu Thomas Parry'n ffodus i gael Alexander Parry yn athro Lladin, David Davies yn athro Saesneg, a Miss P. K. Owen yn athrawes y Gymraeg. Yr oedd y ddau fachgen yn fawr eu canmoliaeth i Miss P. K.

Owen. Swcrai hi hwy i werthfawrogi ac i feirniadu llen-yddiaeth Gymraeg. Cofiai Thomas Parry ei fod yn y chweched dosbarth wedi sgrifennu traethawd beirniadol hir ar ddetholiad o gerddi Cymraeg, *Telyn y Dydd,* gol. Annie Ffoulkes. Enillodd hefyd wobr am gerdd yn Eisteddfod Bryn-rhos, y Groeslon. I Miss P. K. Owen yr ysgrifennodd John Gwilym Jones ei ddrama gyntaf. Mae'r sôn am 'eisteddfod' — yr enw lleol arni oedd 'cyfarfod llenyddol' — yn ein hatgoffa o un peth. Er nad oedd y naill na'r llall o'r ddau fachgen ysgol hyn yn dod o deuluoedd darllengar na llenyddol — saer coed oedd tad John Gwilym —, yr oedd y diwylliant Cymreig a achlesid gan y capeli Ymneilltuol yn rhoi'r pwys mwyaf ar gelfyddyd a llenyddiaeth, ac yn arbennig ar gelfyddyd barddoniaeth ac yn unol â'r traddodiad llenyddol Cymraeg yn rhoi parch mawr i'r bardd.

Ymddengys mai i Goleg Prifysgol Cymru, Aberystwyth, y bwriadai Thomas Parry fynd ar y dechrau, ond Coleg Prifysgol Gogledd Cymru a ddyfarnodd Ysgoloriaeth Mynediad iddo ac yno yr aeth yn Hydref 1922 i ddarllen fel pynciau ei flwyddyn gyntaf, Gymraeg, Lladin, Groeg ac Athroniaeth. Yr oedd y pwnc olaf yn bwnc gorfodol i fyfyrwyr blwyddyn gyntaf Cyfadran y Celfyddydau yr amser hwnnw, a byddai Groeg wedi gwneud atodol delfrydol i radd anrhydedd Lladin. E. V. Arnold oedd yr Athro Lladin a'r darlithydd yn yr Adran oedd Joshua Watmough a ddaeth yn ddiweddarach yn Athro ym Mhrifysgol Harvard ac yn awdurdod ar dafodieithoedd Celteg Gâl.

Yr oedd dau athro yn yr Adran Gymraeg: John Morris-Jones, a oedd wedi sgrifennu gramadeg safonol yr iaith Gymraeg (1913), ac ymdriniaeth feistraidd ar y gwaith a briodolid i Daliesin, bardd cyntaf y Gymraeg yn ôl y traddodiad, ac a oedd wrthi'n brysur yn gorffen ei ddisgrifiad diffiniol o fydryddiaeth gaeth llenyddiaeth yr iaith *(Cerdd Dafod,* 1925); ac Ifor Williams a oedd wedi cael cadair *ad hominen* am ei olygiadau o ryddiaith a barddoniaeth Gymraeg, gan gynnwys gwaith Dafydd ap Gwilym, ond a oedd heb ysgrifennu ei brif weithiau, *Pedeir Keinc y Mabinogi* (1930), *Canu Llywarch Hen* (1935), *Canu Aneirin* (1938), a *Chanu Taliesin*

(1958). Cynorthwyid y ddau athro hyn gan R. Williams Parry, cefnder Thomas Parry, ond rhan o'i waith ef oedd yn yr adran; yr oedd y rhan arall yn yr Adran Efrydiau Allanol. Sylwer fod y ddau athro hyn wedi eu gwneud yn farchogion am eu gwasanaeth i iaith a llenyddiaeth Cymru a bod eu holynydd Thomas Parry yntau wedi cael yr un anrhydedd.

Mae awgrym nad oedd awyrgylch yr Adran Ladin yn gwbl wrth fodd Thomas Parry ac mai dyna a'i perswadiodd i ddarllen Cymraeg fel Prif Anrhydedd a Lladin fel Anrhydedd Atodol yn hytrach na'r gwrthwyneb, ond ni ellir peidio â theimlo fod atyniad yr Adran Gymraeg mor gryf ag i'w gwneuthur yn anodd i fyfyrwyr o'i fath ef ei wrthsefyll. Ar yr un pryd yr oedd ei wybodaeth o Ladin ac o Roeg yn ei wneud ef yn fyfyriwr atyniadol iawn i'r Adran Gymraeg: fe'i galluogodd i fanteisio i'r eithaf ar arbenigedd John Morris-Jones ar ffiloleg a morffoleg ac arbenigedd Ifor Williams ar semanteg a geirfáeg. Yn ychwanegol at hyn yr oedd ganddo'r serch hwnnw at y Gymraeg sydd gan y person y mae'r Gymraeg yn famiaith iddo ac yn iaith ei ymdrechion cyntaf i'w fynegi ei hun yn greadigol.

A'i farnu wrth safonau heddiw, sefydliad bychan iawn oedd Coleg Prifysgol Gogledd Cymru, ond yr oedd ganddo'r fantais fod y myfyrwyr yn gallu dod i adnabod ei gilydd a'i bod yn haws iddynt wneud hynny nid yn unig yn herwydd lleied eu nifer eithr hefyd oherwydd eu bod o gefndir gweddol gyfunrhyw: yn gyffredinol yr oeddynt yn Gymry a chan mwyaf yn siarad Cymraeg. Yr oedd ymgeiswyr am y weinidogaeth Ymneilltuol yn elfen gref yng nghorff y myfyrwyr, a chan eu bod hwy bron yn ddieithriad yn siaradwyr Cymraeg ac yn awyddus i chwanegu at eu meistrolaeth ar yr iaith, a'r rhai ohonynt a oedd yn berchen ar y duedd a'r ddawn, yn awyddus i ennill bri fel beirdd yn ogystal ag fel pregethwyr — fel y dywedais, yr oedd y parch a roddid i feirdd yn fawr, bron cymaint â'r parch a delid i bregethwyr, ac os gallai rhywun honni ei fod yn fardd yn ogystal ag yn bregethwr, gorau oll. Dan yr amgylchiadau hyn yr oedd yn naturiol fod llawer iawn o'r myfyrwyr yn ymddiddori mewn

20

llenyddiaeth a barddoniaeth, yn enwedig barddoniaeth y mesurau caeth sydd yn arbennig i'r Gymraeg.

Yn ddynwarediad ar yr Eisteddfod Genedlaethol flynyddol, cynhaliai'r myfyrwyr Eisteddfod Gyd-golegol lle cynigid cadair am yr awdl orau ar y mesurau caeth a choron am y bryddest orau ar y mesurau rhyddion. Afraid dweud, o'r ddwy wobr, y gadair a chwenychid fwyaf. Gall rhywun fod yn gynganeddwr da heb fod yn fardd da, yn union fel y gall fod yn fardd da heb fod yn gynganeddwr da. A hawdd yw colli golwg ar y gwahaniaeth rhwng mydryddwr a bardd yn y coleg a thu allan iddo'n ogystal. Ond os oedd gan fyfyriwr yn y coleg yr adeg honno ddawn naill ai i gynganeddu ai i brydyddu fe'i swcrid i'w meithrin i'r eithaf, a'r canlyniad oedd fod ambell lanc wedi mynd yn fardd am y tro cyntaf a'r tro olaf yn ei ddyddiau coleg a bod eraill wedi ennill y fath rwyddineb ar gynganeddu ag i fedru sgwrsio ar gynghanedd. Gallodd hyd yn oed ambell Sais ennill y cyfryw feistrolaeth ag i lunio llinell o gynghanedd sain fel hon:

A beautiful dutiful daughter.

Daeth Thomas Parry dan y dylanwadau hyn. Enillodd y goron yn Eisteddfod Gyd-golegol 1923 am gerdd yn y mesurau rhydd ar y testun 'Llyn y Morynion' ac enillodd y goron a'r gadair yn yr un eisteddfod yn 1924. (Mae'n werth cofio fod R. Williams Parry, un o'r cefnderwydd a enwyd uchod, wedi ennill y gadair yn Eisteddfod Genedlaethol 1910, a bod y cefnder arall, T. H. Parry-Williams, wedi ennill y gadair a'r goron mewn dwy Eisteddfod Genedlaethol, 1912 a 1915).

Rhaid cyfrif y campau llenyddol hyn o eiddo Thomas Parry gymaint yn fwy am nad oedd ef, fel yr awgrymais, yn ddim ond un o'r myfyrwyr yr oedd iddynt dalent yn ogystal ag uchelgais llenyddol. Dangosir hyn yn ansawdd y cerddi a gyhoeddwyd yng nghylchgrawn y Coleg, yn eu plith 'Y Llais' gan Thomas Parry *(The Magazine of the University College of North Wales*, xxxi, June 1923), ac yn ansawdd y detholiad o gerddi gan y myfyrwyr a gyhoeddwyd yn llyfr yn 1924 — *The Bangor Book of Verse, Poems English and Welsh written by students of the University College of North Wales, Bangor,*

21

1923-4. Yr oedd y detholiad hwnnw'n cynnwys saith cerdd gan Thomas Parry, un ohonynt, fe ymddengys, wedi ei thynnu o'r bryddest arobryn 'Llyn y Morynion'. Wedi cyhoeddi cynifer o gerddi nid rhyfedd ei fod yn llawn hyder yn ei farn lenyddol, ac yn 1925 cyhoeddodd draethawd beirniadol 'Barddoniaeth Dic Huws, Cefnllanfair' yn y cyfnodolyn cenedlaethol *Cymru.*

Ond nid oedd i gael gyrfa golegol ddidramgwydd. Ddydd Nadolig 1923 aeth yn sâl yn dioddef oddi wrth y dwymyn goch a'r pliwrisi, a bu rhaid iddo aros gartref am rai wythnosau wedi ei ynysu oherwydd y dwymyn, ac aros am wythnosau eraill i adennill ei nerth fel na bu'n bosibl iddo yn y diwedd ddychwelyd i'r coleg hyd Hydref 1924. Cyn ei salwch yr oedd wedi mynd yn aelod o Gymdeithas Ddrama Gymraeg y coleg, a chofiai ei gyfaill John Gwilym Jones amdano'i hun yn ymweld ag ef yn ystod ei salwch ac yn adrodd wrtho am weithgareddau'r gymdeithas. Ar ôl dychwelyd i'r coleg cymerodd ran yn ei gweithgareddau drachefn ac yng ngweithgareddau cymdeithasau eraill, a rhaid ei fod wedi darbwyllo ei gyd-fyfyrwyr fod ynddo ddeunydd gweinyddwr da oblegid fe'i hetholasant yn Llywydd eu Cyngor Cynrychiadol am y flwyddyn 1926-7, swydd a ddelid fel rheol gan fyfyriwr yn ystod ei Flwyddyn Hyfforddiant Athro. Ond nid oedd i lenwi'r swydd honno nac i gymryd y Cwrs Hyfforddiant Athro oblegid graddiodd gydag Anrhydedd Dosbarth Cyntaf disglair yn 1926 a phwysodd yr Athro Ifor Williams arno i wneud ymchwil, os yn bosibl o dan yr Athro Rudolf Thurneysen yn Bonn.

Nid yw'n sicr, serch hynny, ei fod wedi penderfynu gwneud ymchwil oblegid yr oedd mewn ysgol yng Nghaernarfon yn ymarfer â dysgu ar gyfer y Cwrs Hyfforddiant Athro ac yn cerdded ar hyd y cei ryw amser cinio pan gyfarfu â'i gefnder T. H. Parry-Williams, a dywedodd hwnnw wrtho fod awdurdodau Coleg Prifysgol Deau Cymru a Mynwy yn hysbysebu am ddarlithydd cynorthwyol yn Gymraeg a Lladin. Cynigiodd am y swydd a rhaid ei fod wedi bodloni'r Athro Cymraeg a'r Athro Lladin oblegid fe'i hapwyntiwyd a dechreuodd ar ei ddyletswyddau yn Hydref 1926.

Mae i apwyntiad academig yn syth ar ôl graddio ei fanteision a'i anfanteision. Mae'r manteision yn amlwg. Gall y graddedig ddechrau ar ei yrfa academig heb oedi a heb dreulio blynyddoedd ar waith nad yw'n dal unrhyw berthynas â'i yrfa ddilynol. Un o'r anfanteision yw ei fod yn cael ei amddifadu o ddwy neu dair blynedd werthfawr yn canolbwyntio ar waith ymchwil ac yn hytrach yn gorfod gwneud hwnnw yn yr amser prin sydd yn weddill ar ôl rhaglen o ddarlithio a all fod yn ddigon trwm.

Yr oedd llwyth darlithio Thomas Parry gymaint â hynny'n drymach am fod rhaid iddo ddarlithio ar Ladin ac ar Gymraeg i fyfyrwyr a oedd yn dilyn cyrsiau anrhydedd yn y pynciau hyn, ac i rai myfyrwyr a oedd yn hŷn, os nad yn aeddfetach, nag ef ei hun. Sut bynnag, gweithiodd yn galed a datblygodd ddull o ddarlithio a lwyddai i addasu'r deunydd mewn ffordd i'r myfyrwyr ei dderbyn yn hawdd ond heb rhoddi'r argraff arnynt fod y darlithydd yn eu trin yn isradd iddo ef ei hun. Yr oedd bob amser yn gyfathrebwr da, a iawn fyddai tybio fod sylfeini ei ragoriaeth fel cyfathrebwr wedi eu gosod i lawr yng Nghaerdydd.

Treuliodd bob amser sbâr a oedd ganddo, yn ymchwilio, ac yn ddoeth iawn fe ddewisodd destun yn galw am wybodaeth o'r ddau bwnc yr oedd wedi graddio ynddynt, Cymraeg a Lladin, sef 'Bywyd a Gwaith Siôn Dafydd Rhys', un o ysgolheigion y Dadeni yr oedd ei brif waith yn ramadeg yr iaith Gymraeg yn ogystal ag yn ddisgrifiad o fesurau'r Gymraeg, gwaith wedi ei sgrifennu yn Lladin. Yr oedd traethawd ymchwil Thomas Parry mor rhagorol fel yr enillodd M.A. gyda marc rhagoriaeth ac fel y gallod ei gyhoeddi bron heb unrhyw newid mewn pum erthygl, tair yn *Y Llenor* ('Siôn Dafydd Rhys,' ix (1930), 157-65, 234-41; x (1931), 35-46), a dwy ym *Mwletin Bwrdd Gwybodau Celtaidd* ('Gramadeg Siôn Dafydd Rhys', vi, i, Tachwedd 1931, 55-62; 3, Tachwedd 1932, 225-30).

Ond bu'r blynyddoedd yng Nghaerdydd yn ffrwythlon mewn ffyrdd eraill yn ogystal. Athro a Phennaeth yr Adran oedd W. J. Gruffydd, ar y pryd ar anterth ei alluoedd ac yn ddylanwad mawr ar lenyddiaeth a gwleidyddiaeth Cymru yn rhinwedd ei swydd fel Athro Coleg a golygydd *Y Llenor*. Yn ddiweddarach y daeth Thomas Parry i adnabod Gruffydd yn dda, ond ni chollodd olwg ar y ffaith ei fod ef wedi defnyddio'i swydd fel Athro'r Gymraeg ac fel golygydd *Y Llenor* i roi lleferydd i gwynion y Gymru Gymraeg ac fe'i hefelychodd i raddau yn hyn o beth ar ôl cyrraedd swydd ddylanwadol.

Y darlithydd yn Adran y Gymraeg yng Nghaerdydd, ac olynydd Gruffydd, oedd Griffith John Williams. Aeth Thomas Parry ac ef yn gyfeillion ar unwaith. Yr oedd Griffith John Williams yn ysgolhaig mawr amlochrog. Er mai llenyddiaeth Gymraeg oedd prif bwnc ei ymchwil, darlithiai bron yn gyfan gwbl ar yr iaith Gymraeg, ac fe osododd ei ymroddiad unplyg i ysgolheictod Cymraeg ac i ddysgu ei stamp ar yr Adran, nes ei gwneud mewn rhai ffyrdd yn wahanol i'r Adran Gymraeg ym Mangor, yn fwyaf arwyddocaol, efallai, yn y pwysigrwydd a rôi ar lenyddiaeth Gymraeg yng nghyfnod y Dadeni a'r cyfnod diweddar. Fel y cawn weled, un o'r cyfnewidiadau a ddug Thomas Parry i'r Adran Gymraeg ym Mangor ydoedd sicrhau nad esgeulusid llenyddiaeth yr un cyfnod o hanes Cymru.

Ni chyfyngwyd cysylltiadau Thomas Parry yng Nghaerdydd i'w gysylltiadau yn y Coleg. Yr adeg honno fel heddiw yr oedd yn y ddinas gymundod Gymraeg weithgar ac fe'i croesawyd ef nid yn unig i'r cymdeithasau Cymraeg yno ond hefyd i'r aelwydydd Cymraeg; ar un o'r rheini yr oedd i gyfarfod â'r eneth ifanc a oedd i ddyfod yn wraig iddo — Enid, unig ferch Mr. a Mrs. Picton Davies. Un o Shir Gâr oedd Mr. Davies, golygydd *The Weekly Mail* a'r *Cardiff Times* ar ôl bod yn is-olygydd *The Western Mail*. O Sir Gaernarfon yr oedd Mrs. Davies, athrawes ysgol cyn iddi briodi. Yn ogystal â diwylliant cyffredinol llydan yr oedd i'r teulu ddiddordeb cerddorol eang a dwfn ac yr oedd bron yn anochel fod Enid Picton Davies, fel yr oedd ar y pryd, yn ymrestru fel myfyriwr yng Ngholeg Prifysgol Caerdydd ac yn cymryd anrhydedd yn Gymraeg a Cherddoriaeth. Crybwyllais eisoes ddiddordeb Thomas Parry mewn cerddoriaeth: rhaid fod hyn wedi chwarae rhan yn nwyn y ddeuddyn at ei gilydd — digwyddodd hyn cyn iddi hi fynd yn fyfyriwr yn y coleg —, ond os gallai

24

ef rannu ei diddordeb hi mewn cerddoriaeth, gallai hi rannu ei gonsarn ef am y Gymraeg a phopeth Cymreig, ac o holl ddigwyddiadau ffodus bywyd Thomas Parry, y mwyaf ffodus oedd ei briodas â hi. Rhoddai'r ddau bwyslais ar ddifrifwch, uniongyrchedd ac integredd. Rhannai'r ddau yr un gwerthoedd Cristnogol, a rhoes hyn iddynt sylfeini cadarn i agwedd gyffredin a chytûn at fywyd. Osgoasant bob math o ragrith, o dderbyn wyneb, o chwiwiau. Ni ellir gorbwysleisio cyfraniad Enid i'r briodas: yn aml y mabwysiadodd gwraig ddiddordebau ei gŵr mor llwyr; yn aml yr ymuniaethodd mor angerddol â'i yrfa. Fel y cawn weled, cafodd Thomas Parry dair gyrfa. Gwnaeth y tair alwadau gwahanol ar ei wraig, ac fe'u hatebodd bob un yn gyflawn ac yn odiaeth.

Bydd llawer gwestai'n cofio am eu croeso ym Mheniarth, Bangor, ac yn Hengwrt ac ym Mhlas Pen-glais, Aberystwyth. Ni werthfawrogai neb ef yn fwy na'r myfyrwyr ifainc a ymwelai â'u hathro a'i wraig ym Mangor, weithiau ar ôl gwahoddiad ffurfiol, weithiau heb unrhyw wahoddiad. Fe gawsant eu gwestywyr bob amser yn barod i wrando ar eu problemau â chydymdeimlad diffuant, i roi cefnogaeth i'r digalon yn eu plith ac i roi cyngor buddiol i'r dryslyd a'r digefn.

Yn 1929 bu farw Syr John Morris-Jones a bu rhaid i'r Adran ym Mangor chwilio am ychwanegiad i'r staff. Rhoddwyd cyfle i R. Williams Parry ymgymryd â dyletswyddau llawn amser, ond am amrywiol resymau dewisodd ef barhau'n rhan amser. Hysbyswyd y swydd wag, ac apwyntiwyd Thomas Parry iddi.

Nid yw 1929 yn swnio ymhell yn ôl ond rhaid wrth ddychymyg i sylweddoli mor wahanol oedd y prifysgolion yr adeg honno i'r hyn ydynt heddiw, ac nid yn lleiaf oherwydd fod y prifysgolion ar hyn o bryd ar ganol cyfnod o brinder ar ôl cyfnod o lawnder. Mae'r prinder yn temtio dyn i weld tebygrwydd rhwng y prifysgolion yn awr a'r prifysgolion yr adeg honno, ond ymddangosiadol yw'r tebygrwydd: mae'r gwahaniaeth yn ddirfawr. Yr adeg honno prin oedd y darlithwyr, prinnach fyth yr athrawon. Nid oedd sôn am Ddarlithwyr Hynaf nac am Ddarllenwyr. Pwy bynnag a apwyntid yn

25

ddarlithydd, os oedd yn gall, gwnâi'n fawr o'i ffawd dda, ac os oedd iddo'r duedd, gallai setlo i lawr i wneud rhyw waith ymchwil solet ochr-yn-ochr â'i waith darlithio a hyfforddi.

Gwnaeth Thomas Parry hyn oll â phob difrifwch ac â brwd-frydedd llwyr. Yn ddiamau, gallai edrych ymlaen at olynu Ifor Williams yng nghyflawnder yr amser, ond nid yw hyn yn esbonio'i sêl yn ymgyflwyno i hyfforddi, i ymchwilio ac i weinyddu nac ychwaith ei lwyddiant yn y tri maes. Yr oeddwn i'n un o'i fyfyrwyr yn y tridegau cynnar, ac y mae'n arwyddocaol nad oedd gennyf y syniad lleiaf, ddim mwy na'm cyd-fyfyrwyr, ei fod yn gweithio mor galed — gymaint oedd ei allu a'i effeithlonrwydd.

Yr oedd yr Adran Gymraeg ar uchaf ei bri dan John Morris Jones ac Ifor Williams yn y dauddegau ac yn mwyn-hau enwogrwydd digyffelyb ym Mhrifysgol Cymru. Ond nid aniawn fyddai dweud fod ei henwogrwydd yn seiliedig ar ymchwiliadau'r ddau athro hyn ac i raddau llai ar fri llenyddol R. Williams Parry. Crybwyllwyd eisoes rai o brif weithiau'r rhain, — A *Welsh Grammar, Taliesin, Cerdd Dafod* John Morris-Jones, a golygiadau Ifor Williams hyd hynny; yn y tridegau yr oedd ei *Bedair Keinc y Mabinogi,* ei *Ganu Llywarch Hen* a'i *Ganu Aneirin* ac yn ddiweddarach fyth ei *Ganu Taliesin,* i ymddangos. Nid esgeuluswyd yr hyfforddi, ond eilbeth ydoedd i'r ymchwil. Yn wir, âi llawer o'r hyfforddi law-yn-llaw â'r ymchwil. Arferai Ifor Williams ddod i'r dosbarth gyda thestun *Llyfr Du Caerfyrddin* neu *Lyfr Aneirin* dan ei gesail — yr oedd gan ei fyfyrwyr gopïau o'r testunau argraffedig o'u blaen os oeddent yn lwcus, — onid e, gopïau wedi eu sgrifennu ganddynt hwy eu hunain — ac âi ef ati i esbonio'r testunau gan ddibynnu ar ei gof anferth a chan hepgor cymorth nodiadau o unrhyw fath. Hyfrydwch mawr darlithiau Syr Ifor i'r myfyrwyr oedd gwrando arno'n olrhain y camau a gymerasai i ddillwng problem ystyr rhyw hen air wedi ei golli o'r iaith. Ond hyfrydwch ydoedd na allai'r myfyr-wyr ei rannu i'r un graddau er bod brwdfrydedd ac arabedd y darlithydd yn cuddio hyn rhag pawb ond y gwannaf. Mewn ffordd yr oedd rhaid i Syr Ifor ymdaro fel hyn. Nid oedd golygiadau gyda nodiadau o'r testunau crybwylledig ar gael ac ni allent fod felly nes yr oedd yr ymchwil angenrheidiol, y gwaith caib a rhaw, wedi ei wneud. Yr oedd golygiadau gyda nodiadau o destunau rhyddiaith fel *Breuddwyd Macsen a Chyfranc Lludd a Llefelys* ac o destunau mydryddol fel gwaith Dafydd ap Gwilym ac Iolo Goch ar glawr, wedi eu cynhyrchu gan Ifor Williams ac ychydig o gydweithwyr, ac ni ellir canmol gormod ar gyflawniadau'r arloeswyr hyn. Os oedd unrhyw fai, yr oedd yn y ffaith fod pwyslais yr holl gwrs yn Adran Gymraeg Bangor ar y pryd ar yr iaith ac ar ei llenyddiaeth gynharaf. Y canlyniad oedd rhoi mantais i'r myfyriwr o duedd ieithyddol a chosbi'r myfyriwr yr oedd ei ddiddordeb mewn llenyddiaeth. Mae'n wir nad oedd y rhagfarn yn erbyn astudiaethau ieithyddol cyn gryfed yr adeg honno ag y bu wedyn, ond nid gormod yw dweud na châi llenyddiaeth Gymraeg fawr sylw ym Mangor hyd ddiwedd y dau ddegau.

Fe ddichon petasai Thomas Parry wedi ei benodi i staff yr Adran Gymraeg ym Mangor yn syth ar ôl graddio y buasai wedi troedio'r un llwybrau â'r ddau athro. Yn sicr yr oedd Ifor Williams wedi dilyn llwybrau John Morris-Jones ac eithrio darlithio yn Gymraeg yn hytrach nag yn Saesneg ac efallai ddangos mwy o gonsarn am gynhyrchu golygiadau o destunau gyda nodiadau. Ond, fel y gwelsom, yr oedd Thomas Parry wedi bod yn Adran Gymraeg Caerdydd, ac i bob golwg fe'i darbwyllwyd gan ei brofiad ynddi hi — heb sôn am ei brofiad yn yr Adran Lladin — yr achubid yn well anghenion y myfyrwyr pe rhoddid mwy o sylw i lenyddiaeth ac i hyfforddi'n gyffredinol. Beth bynnag oedd y rhesymau yn y pen draw, canolbwyntiodd Thomas Parry fwy ar hyfforddi na'i flaenorwyr a mwy ar hyfforddi mewn llenyddiaeth gyda'r canlyniad fod mwy o fyfyrwyr wedi medru elwa ar y cwrs. Gofynnwyd am fwy o ddarllen, am fwy o ysgrifennu traethodau, am fwy o werthfawrogi a beirniadu llenyddol. Yn naturiol yr oedd Thomas Parry'n boblogaidd gan y myfyrwyr. Tra oeddent wedi eilunaddoli John Morris-Jones ac Ifor Williams, anwylwyd Thomas Parry, ac fe'i parchwyd fel hyfforddwr ac addysgydd rhagorol, yn ymddiddori lawn cymaint yn ei fyfyrwyr ag yn ei bwnc.

Nid oedd John Morris-Jones ac Ifor Williams wedi cymryd nemor ddiddordeb yng ngweinyddiad y Coleg, na nemor mwy nag yr oedd rhaid yng ngweinyddiad yr Adran. Yn fuan ar ôl ei benodi, gadawodd Ifor Williams waith gweinyddu'r Adran bron yn llwyr i Thomas Parry, a phan etholwyd hwnnw'n gynrychiolydd y staff ar y Senedd, prin oedd dim angen i neb arall boeni am ei gweinyddu. Ar y llaw arall, cynyddodd diddordeb Thomas Parry yng ngweinyddiad y Coleg, a phan aeth y Cofrestrydd yn sâl, gwahoddwyd ef i fod yn ysgrifennydd y Senedd a phan fu farw'r Cofrestrydd, cynigwyd swydd hwnnw iddo.

Ond camp arbennig Thomas Parry oedd medru cyfuno â'i waith hyfforddi a gweinyddu swm aruthrol o ymchwil, ymchwil arloesol o'r safon uchaf.

Cyfeiriais eisoes at yr angen am olygiadau safonol wedi eu nodiadu o glasuron llenyddiaeth Gymraeg. Rhaid cofio nad oeddid wedi dysgu'r Gymraeg fel pwnc prifysgol cyn sefydlu Prifysgol Cymru yn 1893. Buasai dysgu digynllun a dibwrpas ar yr iaith yn y Colegau Cymraeg am beth amser cyn hynny, ac yr oedd dysgu'r Gymraeg wedi bod yn rhan o gwrs John Rhys ar Gelteg yng Ngholeg Iesu, Rhydychen. Yr oedd J. Gwenogvryn Evans ar y cyd â John Rhys wedi cyhoeddi rhai testunau *facsimile* pwysig, a John Morris-Jones, disgybl disgleiriaf John Rhys, wedi cyhoeddi gyda'r athro destun *facsimile o Lyvyr Agkyr Llandewivrevi,* ac ar ei ben ei hun destun y clasur Cymraeg *Gweledigaetheu y Bardd Cwsc.* Yr oedd Ifor Williams ar y cyd ag ysgolheigion eraill o'r genhedlaeth wedi paratoi testunlyfrau addas i'r brifysgol ac i ysgolion eilradd.

Nid oedd y galw am y fath lyfrau yn yr ysgolion eilradd wedi bod yn fawr oblegid dylid cofio nad oeddid wedi rhoi dim ond lle digon isradd i'r Gymraeg hyd yn oed ar ôl pasio Deddf Ganolradd Gymraeg 1899 pryd y cynlluniwyd 'Sgemau'r Siroedd'. Yr oedd safle'r Gymraeg yn yr ysgolion elfennol yr un mor anfoddhaol, ond yr oedd effaith hynny yn llai ar ei safle hi yn y Brifysgol. Sut bynnag, gyda'r galw am destunau golygedig daeth y cyflenwad. Crybwyllasom eisoes y testunau mydryddol a gynhwysai waith Dafydd ap Gwilym,

Iolo Goch a'u cyfoeswyr. Er mor rhagorol oeddent adeg eu cyhoeddi, yr oeddent yn bell o fod yn foddhaol. Yr oedd rhaid i'r golygyddion weithio ar nifer bychan o destunau llawysgrif, oblegid cyn sefydlu'r Llyfrgell Genedlaethol fel y lle naturiol i gadw llawysgrifau Cymreig nid oedd gan neb fawr syniad pa lawysgrifau a oedd ar gael, a pha destunau a gynhwysent. Gwnaed dechreuad da gyda chyhoeddi'r *Report on Manuscripts in the Welsh Language,* dwy gyfrol, wedi eu paratoi gan J. Gwenogvryn Evans i'r Comisiwn Llawysgrifau Hanesyddol, ond yr oedd rhai o'r casgliadau mawr a gatalogwyd yno, yn dal mewn dwylo preifat, a hyd nes yr oeddent hwy a'u tebyg wedi eu rhoi mewn llyfrgelloedd, wedi eu catalogio ac wedi cael sylw manwl arbenigwyr hyfforddedig yr oedd llyffethair ar bob gwaith ysgolheigaidd cysylltiedig â llawysgrifau.

Nid oes dwywaith nad oedd Ifor Williams mor ymwybodol â neb o ddiffygion y golygiadau cynnar a baratoesai ef a'i gydweithwyr ar gyfer myfyrwyr a phlant ysgol, ond yr oedd yn nodweddiadol ohono ef ei fod wedi ei gyfareddu'n fwy gan broblemau esbonio testun barddoniaeth Aneirin, a ddyddiwyd yn draddodiadol i ddiwedd y chweched ganrif, na chan broblemau testunau beirdd diweddarach, yn union fel yr oedd yn nodweddiadol o Thomas Parry ddarfod ei gyfareddu gan waith penderfynu pa gerddi a briodolid yn y llawysgrifau i Ddafydd ap Gwilym, y mwyaf, fe ellid dadlau, o feirdd Cymru, oedd yn ddilys a pha rai oedd yn annilys. Sut bynnag, dyna'r dasg a osododd Thomas Parry iddo ef ei hun. Gellir dychmygu maint y gwaith os cofir fod bwlch o ryw ganrif rhwng marw Dafydd ap Gwilym a dyddiad y copi cyntaf sydd ar glawr o'i farddoniaeth ac na ellir dyddio mwy nag wyth llawysgrif yn cynnwys ei farddoniaeth cyn 1500. (Awgrymodd Mr. Daniel Huws, cyn-Geidwad Llawysgrifau yn y Llyfrgell Genedlaethol fod englynion Dafydd ap Gwilym i Groes Caer (Caerfyrddin, fel y dangoswyd erbyn hyn) yn Llawysgrif Hendregadredd yn llawysgrifen y bardd ei hun, ac os felly, dyma'r unig esiampl o'i holograff sydd gennym. Yr oedd gan Thomas Parry feddwl uchel o waith Mr. Huws ar y llawysgrifau Cymraeg a diau y buasai wrth ei fodd ei fod ef bellach wedi mynd i'r afael â thraddodiad llawysgrifol gwaith Dafydd ap Gwilym.)

Afraid dweud, ni waeth beth oedd ei ewyllys a'i fwriad, ni allai Thomas Parfry dreulio mwy nag ychydig o'i amser ar ymchwilio. Fe'i gwahoddwyd ef yn fuan i draddodi Darlithoedd Cymraeg Blynyddol y Coleg. Ar y dechrau, fe'u traddodid ar dair noson olynol; yn ddiweddarach, fe'u traddodid yn dair, un bob wythnos. Dewisodd ef fel testun 'Baledi'r Ddeunawfed Ganrif.' Cyhoeddwyd y darlithiau yn 1935 ac yna fe'u hailgyhoeddwyd yn 1986, ymhen rhyw hanner canrif. Cytunai pawb eu bod yn werth eu hailgyhoeddi: dengys eu hawdur ei fod yn feistr llwyr ar ei bwnc, ei fod yn gwybod megis wrth reddf beth oedd yn berthnasol neu'n amherthnasol iddo, ei fod yn bencampwr ar adnoddau'r iaith Gymraeg a'i fod wedi ei ddonio â dawn arbennig i gyflwyno ysgolheictod yn gelfydd ac yn ddiffwdan.

Rhwystrwyd y gwaith ar Ddafydd ap Gwilym yn bur ddifrifol gan yr Ail Ryfel Byd. Yr oedd Thomas Parry'n heddychwr o argyhoeddiad drwy gydol ei fywyd. Gallasai blynyddoedd y rhyfel fod yn gyfnod o rwystredigaeth lwyr iddo, a hyd yn oed yn gyfnod o chwerwder mawr. Ond nid felly y buont. Os oedd yn heddychwr, yr oedd hefyd yn genedlaetholwr, ac yr oedd wedi penderfynu gyda rhai eraill fod Cymru i oroesi'r rhyfel fel endid diwylliannol os oedd hynny'n bosibl o gwbl. Dangosodd ei ymgyflwyniad i'w bobl drwy helpu unigolion mewn ffyrdd aneirif, drwy sgrifennu i'r cyfnodolion a'r papurau newyddion, a thrwy wasanaethau'r Eisteddfod Genedlaethol fel beirniad a golygydd ei thrafodion. Dangosodd ei ymgyflwyniad i ddyfodol Cymru drwy ei wasanaeth i'w phlant. Cyfrannodd erthyglau i'r Athro, a golygydd gyda E. Curig Davies *Gwybod, Llyfr y Bachgen a'r Eneth,* a chyda Chynan (A. E. Jones), *Cofion Cymru at ei phlant ar wasgar* (Ebrill 1941 — Mawrth 1944). Ymddangosodd rhifyn cyntaf *Gwybod* yn Ionawr 1939. Y bwriad ar y dechrau oedd cyhoeddi pedair cyfrol dros bedair blynedd ac felly gynhyrchu cyfnodolyn a amcanai at ddatguddio cyfrinachau byd a bywyd i blant Cymru mewn ffordd drefnus a diddorol. Mewn golygyddol dan y teitl 'Rhyngom ni' anogodd Thomas Parry'r plant i deithio. Gwahaniaethodd rhwng teithio a chrwydro ac anogodd y plant i deithio'n bwrpasol ac felly ddod yn gyfarwydd â'u hardaloedd eu hunain, i chwilio am weddillion ffyrdd Rhufeinig, i ymweled â hen eglwysi a adeiladesid ganrifoedd yn ôl, i ymweled â'r capeli lawer iau a chwaraeodd ran yn hanes Cymru, ac â lleoedd geni ysgrifenwyr, pregethwyr a chymwynaswyr enwog.

Bwriadwyd y gyfres *Cofion Cymru at ei phlant ar wasgar* yn ddolen i gadw pobl ifainc Cymru a oedd yn gwasanaethu yn y Lluoedd Arfog, mewn cyswllt â'u treftadaeth ddiwylliannol, ac nis bwriadwyd yn ofer.

Dengys yr erthyglau yn *Yr Athro* ei fod wedi rhoi ei fryd ar waith arall am fod y rhyfel wedi ei gwneud yn amhosibl ymweld â llyfrgelloedd ac archwilio llawysgrifau i ddod o hyd i ddeunydd gan Ddafydd ap Gwilym neu arno, sef gwaith ysgrifennu hanes llenyddiaeth Gymraeg. Ceir cyfres o holiaduron yn *Yr Athro* wedi eu paratoi ganddo am lên Cymru. Yr oedd ef ei hun yn ehangu ei wybodaeth amdani drwy ddarlithio ar bob agwedd arni yn y coleg a thrwy drafod yn fanwl gyda'r myfyrwyr y llyfrau a adlewyrchai'r agweddau hynny. Dylid sylweddoli mai ar ôl iddo ef ddechrau darlithio ar lenyddiaeth a gosod traethodau ar bynciau llenyddol y sefydlwyd yn y coleg y Gymdeithas Adrannol a alwyd yn *Gymdeithas Llywarch Hen* ar ôl y 'corff' o lenyddiaeth yr oedd Ifor Williams newydd ei ddadlennu. Daeth canlyniadau'r holl weithgareddau hyn i'r amlwg pan gyhoeddodd Thomas Parry yn 1944 ei *Hanes Llenyddiaeth Gymraeg hyd 1900*.

Cyfieithwyd yr *Hanes* i'r Saesneg gyda phennod o'i waith ei hun gan Syr Idris Bell: *A History of Welsh Literature by Thomas Parry, D.Litt., Translated by H. Idris Bell* (1955). Mae'n werth ailadrodd rhai o bwyntiau rhagymadrodd Idris Bell. Croesawyd yr *Hanes,* meddai ef, ar ei ymddangosiad fel digwyddiad o'r pwys mwyaf i hanes llenyddiaeth Cymru. Am y tro cyntaf yr oedd yn rhoi yng ngafael darllenwyr y Gymraeg arolwg cynhwysfawr o'u llên o'i dechreuadau yn y chweched ganrif hyd 1900, arolwg wedi ei sgrifennu gan ysgolhaig o'r safon uchaf yn tynnu ar ganlyniadau diweddaraf yr ysgolheictod manylaf.

Â Syr Idris rhagddo i ddweud fod y cyfieithiad Saesneg

mewn ffordd yn olygiad newydd gan fod Thomas Parry wedi newid peth ar ei syniadau ar rai pwyntiau ac wedi darganfod dau neu dri chyfeiliornad bychan: yr oedd y newidiadau a'r cywiriadau wedi eu corffori yn y cyfieithiad. Ond y gwahaniaeth mawr rhwng y gwreiddiol a'r cyfieithiad oedd fod yr olaf yn adlewyrchu'r ffaith fod Thomas Parry wedi barnu nad oedd ambell gerdd a ddyfynnwyd neu a grybwyllwyd ganddo yn yr *Hanes* yn perthyn i gorff cerddi dilys Dafydd ap Gwilym, a bod rhaid eu dileu a rhoi lle i ddyfyniadau a chyfeiriadau newydd.

Fe all mai Saunders Lewis a lefarodd y gair terfynol ar yr *Hanes*: y mae'n llenyddiaeth yn ogystal ag yn hanes llenyddiaeth.

Mae'n werth sylwi fod Thomas Parry wedi sgrifennu llyfr arall ar lenyddiaeth Cymru, *Llenyddiaeth Gymraeg 1900-1945*, a gyhoeddwyd yn 1945, flwyddyn ar ôl yr *Hanes*. Gan fod y llyfr hwn yn ymdrin â llenyddiaeth a sgrifennwyd gan mwyaf yn ystod bywyd yr awdur, mae'r safbwynt a gymerir ynddo'n hollol wahanol i'r safbwynt yn yr *Hanes*. Achubodd yr awdur y cyfle i ddangos ei gynneddf feirniadol, a chan ei fod yn trin yn ddwysach gyfnod llawer byrrach, y mae'n arddangos ei wreiddioldeb yn gwahaniaethu rhwng y pwysig a'r dibwys, a'i ddawn i ddangos mewn ychydig eiriau artistri'r bardd a chrefft y llenor, boed fardd, storïwr byr, nofelydd, neu ddramodydd.

Ysgrifennodd Thomas Parry hefyd lyfr i blant ysgol wedi ei seilio ar ei lyfrau hanes llenyddiaeth, *Hanes ein Llên. Braslun o hanes llenyddiaeth Gymraeg o'r cyfnodau bore hyd heddiw* (1948). Mae mor wahanol i'r ddau lyfr arall ar hanes ein llên ag y maent hwy i'w gilydd. Yn *Hanes ein Llên* ysgrifenna'n syml ac yn uniongyrchol, ac ni chyll olwg am funud ar y ffaith ei fod yn ysgrifennu ar gyfer plant yn eu harddegau, ond fel *tour de force* o grynhoi deil yn werth ei ddarllen gan yr arbenigydd yn ogystal â'r amatur.

Ond ni ddaeth gwaith mwyaf Thomas Parry hyd 1952 pryd y cyhoeddodd *Gwaith Dafydd ap Gwilym*. Mae'n waith ysgolheigaidd hynod ar lawer ystyr. Fe'i sgrifennwyd cyn dyddiau'r ffotogopiadur a'r darlleniadur meicroffilm, ac mae'n gynnyrch misoedd, na, blynyddoedd o gopïo amyneddgar o lawysgrifau hawdd ac anodd eu darllen, yn gynnyrch misoedd o gymharu darlleniadau llawysgrifol â'i gilydd i benderfynu perthynas y gwahanol destunau llawysgrifol ac fel coron ar y cwbl i ddatblygu moddion i benderfynu dilysrwydd neu annilysrwydd y cerddi a briodolwyd i Ddafydd ap Gwilym. Erbyn hyn mae'r *meini prawf* a ddefnyddiodd Thomas Parry i benderfynu canon cerddi Dafydd ap Gwilym yn hysbys i bob efrydydd o waith y bardd. O'r 358 o ddarnau a briodolwyd iddo yn y llawysgrifau, rhyw gant a hanner a gynhwyswyd yng ngolygiad Thomas Parry. Yr oedd y golygydd yn barod i gydnabod y gallai ei fod wedi cynnwys neu wedi gwrthod ambell gerdd ar gam, ond yr oedd yn hyderus fod corff mawr cerddi dilys Dafydd ap Gwilym wedi eu cynnwys yn ei olygiad.

Y mae efrydwyr y golygiad hwn yn gallu gwerthfawrogi mawredd y bardd, ei ddyled i'r traddodiad a'i wreiddioldeb — a hynny am y waith gyntaf. Agorwyd ffyrdd newydd i'w hym-chwilio i genedlaeth newydd o ymchwilwyr ac ni buont hwy'n ôl yn manteisio arnynt — yr enwau a ddaw i'r meddwl yw'r Athro D. J. Bowen, yr Athro Geraint Gruffydd, a Dr. Rachel Bromwich.

Fel pob gwaith ymchwil mawr, cynhyrchodd hwn ei sgil-weithiau, ei *parerga*: 'Twf y Gynghanedd,' *Traf. Anrhydeddus Gymdeithas y Cymmrodorion* (1936), 143-60, 'Dosbarthu'r Llawysgrifau Barddoniaeth', BBCS ix.i (Tach. 1936), 1-8; 'Pynciau'r Gynghanedd', BBCS x.i (Tach. 1939) 1-5; 'Datblyg-iad y Cywydd', *Traf. Anrhydeddus Gymdeithas y Cym-mrodorion* (1939), 209-31; ac yn olaf, ond nid yn lleiaf, *Mynegai i weithiau Ifor Williams* (1939) tt. viii, 68.

Yn argraffiad 1963 o *Waith Dafydd ap Gwilym* cwtogwyd y rhagymadrodd o 200 tudalen a throsodd i 55 o dudalennau.

Er bod y gweinyddwr, yr athro a'r ysgolhaig yn brysur dros ben, ni lwyr ddistawyd y llenor creadigol. Rywdro yn haf 1931 aeth Thomas Parry i Lerpwl i dreulio diwrnod gyda chyfaill o fyfyriwr meddygol, brodor o Garmel fel ef ei hun. Yn y prynhawn aethant i weld 'Genesis' Epstein a oedd yn cael ei arddangos yn y Bluecoat School, ffigur o wraig feichiog yn fawr gan blentyn ac yn hagr mewn poen, ar gefndir o liain du dan lifolau llachar mewn ystafell ddiffenestr. Am resymau na allai ef ei hun eu hesbonio, cafodd y cerflun hwn effaith gynhyrfus a chyffrous ar Thomas Parry, ac fe barhaodd honno am ddyddiau.

Yn ddiweddarach yn yr haf cyhoeddwyd testunau'r cystadlaethau yn Eisteddfod Genedlaethol Aberafan. Y testun a osodwyd am awdl yn y mesurau caeth oedd 'Mam'. Apeliodd y testun at Thomas Parry a themtiwyd ef i gystadlu ac i ddefnyddio ei brofiad wrth weld 'Genesis' Epstein. Ond yr oedd un rhwystr. Yr oedd T. H. Parry-Williams ei gefnder yn un o'r tri beirniad, ac yn ôl y rheolau nid oedd neb a chanddo berthynas yn feirniad i gystadlu. Petrusodd Thomas Parry ond yn y diwedd syrthiodd i'r demtasiwn ac fe'i mentrodd. Ac fel y dywedodd ef ei hun yn ddiweddarach, gyda'r canlyniad mwyaf alaethus posibl. Yr oedd T. H. Parry-Williams o blaid gwobrwyo'r ymgeisydd a oedd wedi ei ysbrydoli gan 'Genesis' Epstein. Am y ddau feirniad arall, y Parchedigion J. J. Williams a J. T. Job, teimlent hwy fod awdl yr ymgeisydd hwnnw yn rhy dywyll a dyfarnasant y gadair i'r Parchg. D. J. Davies, Capel Als, Llanelli, ac iddo ef yn y pen draw yr aeth y gadair. Serch hynny, cyhoeddwyd awdl Thomas Parry ac er ei bod yn rhy *avant-garde* i chwaeth rhai, bu'n arddangosiad cyhoeddus fod yr awdur yn gallu trafod y mesurau caeth yn llawer mwy celfydd na'r cynganeddwyr cyffredin a bod ganddo ddawn farddonol ddiamheuol; at hyn fe gadarnhaodd ei hawl i feirniadu'r awdl a'r bryddest yn eisteddfodau'r dyfodol — tasg a gyflawnodd yn ddeheuig iawn lawer gwaith wedyn.

Pan oedd yn gorffen ei olygiad o waith Dafydd ap Gwilym, cyfieithodd ar fydr ddrama T. S. Eliot, *Murder in the Cathedral* dan y teitl *Lladd wrth yr Allor*. Fe gofir fod ei gyfaill John Gwilym Jones wedi cymryd diddordeb angerddol mewn drama ac wedi ennill enw iddo'i hun fel ysgrifennwr dramâu ac fel cynhyrchydd dramâu. Erbyn hyn yr oedd Thomas Parry wedi ei benodi'n Athro Cymraeg ac yn Bennaeth yr Adran (1947) a chan mai un o'i ofalon hyd yn oed cyn ei benodi oedd llwyddiant Cymdeithas Ddrama Gymraeg a chymdeithasau Cymraeg eraill y Coleg yr oedd wedi gofalu fod doniau ei gyfaill fel dramodydd ac fel cynhyrchydd yn cael eu defnyddio i hybu'r ddrama Gymraeg yno. Ysgrifennwyd y rhan fwyaf o ddramâu John Gwilym Jones yn y lle cyntaf ar gyfer Cymdeithas Ddrama'r Coleg ac mae'n siŵr mai un ystyriaeth a symbylodd Thomas Parry i sgrifennu ei gyfieithiad mydryddol o ddrama T. S. Eliot oedd y byddai ei gyfaill yn ei gynhyrchu a'i lwyfannu, ond yr wyf yn hoffi meddwl mai'r cynefindra â bywyd yr Oesoedd Canol a ddaeth iddo yn sgil ei waith ar Ddafydd ap Gwilym, a barodd iddo ymgymryd â'r cyfieithiad: yn ddiamau cyfrannodd ei gynefindra â geirfa barddoniaeth Gymraeg yr Oesoedd Canol at gyfoeth geirfaol ei gyfieithiad ac at wneud y cyfieithiad yn eithriad i'r rheol fod mwy yn cael ei golli na'i ennill wrth drosi gwaith gan athrylith.

Symbylodd ei lwyddiant yn cyfieithu drama Eliot ef i fentro ar ysgrifennu drama wreiddiol, *Llywelyn Fawr* (1954), ac er ei bod wedi bod yn boblogaidd gan gynhyrchwyr a chymdeithasau drama, ni chafodd hon, yn fy marn i, y gwerthfawrogiad a haedda: yma eto dangosodd yr awdur ei gynefindra â bywyd a meddylfryd yr Oesoedd Canol yng Nghymru a llwyddodd i wisgo gweithredoedd a theimladau nodweddiadol y cyfnod mewn iaith sy'n traws-symud y gwrandawr a'r darllenydd i'r gorffennol.

Ni fygwyd yr ysfa i ymchwilio na'r ysfa i lenydda yn llwyr yn Thomas Parry hyd yn oed pan oedd dan bwysau trymaf ei swyddi gweinyddol. Yn 1962 y cyhoeddodd ei ddetholiad o farddoniaeth Gymraeg o'r amseroedd cynharaf, *The Oxford Book of Welsh Verse,* yr unig ddetholiad teilwng a safonol, ac afraid dweud na allai neb ond un â hanes Llenyddiaeth Gymraeg ar flaenau ei fysedd fod wedi ei baratoi.

Yn 1953 cymerodd gyrfa Thomas Parry dro go chwyrn, tro a olygodd y byddai'r rhan fwyaf o weddill o fywyd yn cael ei dreulio fel gweinyddwr yn hytrach nag fel ysgolhaig a llenor. Yn 1953 fe'i penodwyd yn Llyfrgellydd y Llyfrgell Genedlaethol, Aberystwyth, swydd yr oedd i'w llenwi'n llwyddiannus odiaeth. Yna yn 1958 fe'i penodwyd yn Brifathro Coleg Prifysgol Cymru, Aberystwyth ac yno y bu hyd 1969 pryd yr ymddeolodd, ddwy flynedd cyn bod rhaid iddo yn ôl y rheolau.

Hyd yn oed pe bai'r gofod a'r achlysur yn caniatáu, nid myfi yw'r un i draethu ar ei lwyddiannau yn y swyddi hyn. Rhaid i mi fodloni ar nodi dwy ffaith — un o arwyddocâd cyffredinol, y llall o arwyddocâd arbennig i ni fel Cymry.

Yn rhinwedd ei brofiad fel Llyfrgellydd, ef oedd y person delfrydol i gadeirio is-bwyllgor Pwyllgor Grantiau Prifysgol i adolygu gwaith a dyfodol llyfrgelloedd y prifysgolion. Cyflwynwyd a chyhoeddwyd yr adolygiad yn 1967. Mae ôl dylanwad Thomas Parry ar bob tudalen ac nid yw'n rhyfedd fod yr adroddiad yn cael ei adnabod fel *The Parry Report*: efô a'i sgrifennodd er bod aelodau eraill y pwyllgor, wrth reswm, wedi gwneud eu rhan.

Yn Rhagfyr 1960 apwyntiodd Llys Prifysgol Cymru gomisiwn i adolygu ac i adrodd ar swyddogaeth galluoedd, strwythur a statws y Brifysgol a'i cholegau yn y dyfodol. Y tu ôl i'r apwyntiad yr oedd y mudiad i ddatgymalu Prifysgol Cymru fel prifysgol ffederal a chreu pedair prifysgol annibynnol. Ni honnai neb fod llwyddiant y rhai a wrthwynebai hyn yn ddyledus i un gŵr, ond fe gydnebydd pawb fod Coleg Aberystwyth wedi chwarae rhan flaenllaw ynddo, ac mai dilyn arweiniad cadarn ei brifathro a wnaeth y Coleg.

Ymddeolodd Thomas Parry o'r Brifathrawiaeth yn 1969, yn 65 oed, er mawr siom i'r myfyrwyr ac i'r staff; aethai'n bennaeth ar goleg rhanedig os nad drylliedig, fe'i gadawodd yn goleg unedig, yn goleg llawer mwy a llawer effeithiolach. Dychwelodd i'w sir frodorol a'i mynyddoedd mawreddog, Sir Gaernarfon, ac i Fangor, y ddinas lle buasai yn fyfyriwr, yn ddarlithydd, ac yn athro.

Yn ddigon naturiol daeth anrhydeddau lawer i'w ran. Etholwyd ef yn Gymrawd o'r Academi Brydeiniog, F.B.A., yn 1959. Gwnaed ef yn Llywydd y Llyfrgell Genedlaethol yn 1969 a pharhaodd yn Llywydd hyd 1979. Dyfarnodd Prifysgol Cymru radd anrhydedd Ll.D. iddo yn 1970. Yr oedd Prifysgol Genedlaethol Iwerddon eisoes wedi ei anrhydeddu â D.Litt. Celt. yn 1968. Cafodd Fedal y Cymmrodorion yn 1976: bu'n Llywydd y Cymmrodorion o 1978 hyd 1982. Gwnaed ef yn Farchog yn 1978.

Ni chrogodd Thomas Parry ei gryman ar y wal ar ôl ymddeol; parhaodd i helpu ffrindiau a hen fyfyrwyr drwy ddarllen a golygu eu llawysgrifau ar gyfer y wasg a thrwy ysgrifennu ambell ragymadrodd. Un o'r tasgau olaf a gymerodd oedd gwireddu pob un eitem gysylltiedig â'r iaith Gymraeg yn *Cydymaith i Lenyddiaeth Cymru*.

Cyflawnodd ddwy dasg anodd iawn pan olygodd gyda Mr. Merfyn Morgan *Lyfryddiaeth Llenyddiaeth Gymraeg* (1976) a phan weithredodd fel golygydd llenyddol *Cyfieithiad Newydd y Beibl* — tasg yr oedd bron a'i chwpla pan fu farw, er nad ymddangosodd y cyfieithiad hyd 1988.

Ar ôl y salwch a ddioddefodd yn ystod ei ail flwyddyn yn y coleg, cafodd iechyd da iawn hyd y ddwy neu dair blynedd olaf o'i oes. Cafodd driniaeth lawfeddygol yn 1983 ond er iddi ymddangos yn llwyddiant, nid ailenillodd ei iechyd. Cafodd driniaethau eraill a gwendid mawr i'w canlyn, a dioddefodd y cwbl yn amyneddgar, yn ddewr ac yn urddasol. Bu farw yn ei gwsg ar Ebrill 22, 1985. Sugnodd ef a'i briod gysur mawr a nerth diddiwedd o'r berthynas agos a fwynhasent o ddechreuad eu priodas.

Cydnerth, talsyth, yn gadarn ac yn benderfynol ei gam, yn dreiddgar ei lygaid drwy ei sbectolau, a chyda chysgod gwên fach dros ei fwstas cymen — dyna'r darlun y mae ei liaws myfyrwyr a ffrindiau'n ei gadw yn eu cof, darlun nad anghofiant fyth gan ei fod yn corffori iddynt hwy gynifer o'r delfrydau y dysgodd ef iddynt eu coleddu.

Mae'r gyfrol deyrnged a gyflwynwyd iddo yn 1977 yn cynnwys llyfryddiaeth o'i weithiau hyd at y flwyddyn honno, a'r englynion a ganlyn gan hen fyfyriwr iddo, Mr. Derwyn Jones; maent yn crynhoi cyneddfau hanfodol y gŵr yn ei ddynoliaeth braff a'i ysgolheictod sicr.

> Am werth gair, am wyrth geiriau — y sïeryd
> Â'r llais oer, digwafrau,
> A'i eirio moel yn trymhau
> Yn oludog folawdau.
>
> Athro mawr â threm eryr, — a chadarn
> Warcheidwad didostur;
> Ond i aelwyd llawn dolur
> Pwy yw hwn ond cyfaill pur?

Dechrau Amryw Bethau

Mi dybiais droeon nad annoeth o beth i mi fuasai treulio peth o'm hamser yn awr ac yn y man yn ysgrifennu hanes dynion a phethau fel y gwelais i hwy, nid, yn siŵr, er mwyn lladd amser, oherwydd y mae hwnnw'n marw o dan fy nwylo bob munud, a llawer iawn o orchwylion yn aros am eu cyflawni; ond yn hytrach er diddordeb, a phellti budd efallai, i rai a ddêl ar fy ôl. Megis y cefais i ac eraill lawer o hwyl ar ddarllen ... dyddiadur William Bulkeley o'r Brynddu, Llanfechell, Môn, felly efallai y caiff rhywun bleser wrth ddarllen y sylwadau hyn. Llawer gwaith y teimlais y carwn gael manylion syml am fywydau dynion fel Griffith Robert, neu John Davies Mallwyd neu Gomisiwn Môn, nid ganddynt hwy eu hunain, ond gan ryw frawd siaradus a'u hadnabu'n dda yn y cnawd, cael gwybod y ffeithiau a ...y...ir yn rhy ddibwys i'w croniclo fel rheol, megis eu hynodweddion allanol, eu hymddygiadau o dan wahanol amgylchiadau, eu hymadroddion ffraeth neu ffôl — mewn gair, yr holl fanion hynny sy'n arwain i delyncan eu personoliaeth. Ac er mwyn rhoi i'r sawl a ddêl y manion hyn am y sawl a adnabûm i yr ysgrifennaf yr ychydig nodiadau yr wyf yn awr yn eu dechrau. I gychwyn, myfi fy hun

Ganed fi ym Mryn Awel, Carmel, Arfon, y pedwerydd dydd ar ddeg o fis Awst (a hwnnw'n Sul) yn y flwyddyn 1904. Yr oedd yn ddiwygiad crefyddol ar y pryd, y diweddaf a welwyd, hyd yn

Paragraff cyntaf yr atgofion yn ei lawysgrifen ef ei hun.

38

Dechrau Amryw Bethau *

Mi dybiais droeon nad annoeth o beth i mi fuasai treulio peth
o'm hamser yn awr ac yn y man yn ysgrifennu hanes dynion
a phethau fel y gwelais i hwy, nid, yn sicr, er mwyn lladd
amser, oherwydd y mae hwnnw'n marw o dan fy nwylo bob
munud, a llawer iawn o orchwylion yn aros am eu cyflawni;
ond yn hytrach er diddordeb, a pheth budd efallai, i rai a
ddêl ar fy ôl. Megis y cefais i ac eraill lawer o hwyl ar
ddarllen dyddiadur William Bulkley o'r Brynddu, Llanfechell,
Môn, felly efallai y caiff rhywun bleser wrth ddarllen y
sylwadau hyn. Llawer gwaith y teimlais y carwn gael manylion
syml am fywydau dynion fel Griffith Robert, neu John Davies
Mallwyd neu Forisiaid Môn, nid ganddynt hwy eu hunain,
ond gan ryw frawd siaradus a'u hadnabu'n dda yn y cnawd,
cael gwybod y ffeithiau a ystyrir yn rhy ddibwys i'w croniclo
fel rheol, megis eu hymddangosiad allanol, eu hymddygiadau
o dan wahanol amgylchiadau, eu dywediadau ffraeth neu
ffôl — mewn gair, yr holl fanion hynny sy'n rhoi i ddynion eu
personoliaeth. Ac er mwyn rhoi i'r oes a ddêl y manion hyn
am y sawl a adnabûm i yr ysgrifennaf yr ychydig nodiadau
yr wyf yn awr yn eu dechrau. I gychwyn, myfi fy hun.

Ganed fi ym Mryn Awel, Carmel, Arfon, y pedwerydd dydd
ar ddeg o fis Awst (a hwnnw'n Sul) yn y flwyddyn 1904. Yr
oedd yn Ddiwygiad crefyddol ar y pryd, y diwethaf a welwyd,

---

* Ymddeolodd Thomas Parry o'i swydd fel prifathro Coleg y Brifysgol,
Aberystwyth, ym 1969, a dychwelyd i Fangor i fyw. Yn fuan wedyn,
dechreuodd ysgrifennu ei hunangofiant, a dyma'r bennod gyntaf. Yn
anffodus, bu gormod o alwadau ar ei amser, a bu raid iddo roi'r gorau
i'r bwriad o ysgrifennu rhagor na'r bennod hon. — ENID PARRY.

hyd yn hyn, beth bynnag, ac a barnu wrth ragolygon a chyflwr crefydd Cymru ar hyn o bryd, nid yw'n debyg y gwelir un arall y rhawg. Pethau pur ryfedd, yn ôl a glywais, oedd y Diwygiadau gynt, a da gennyf ar ryw ystyr fuasai bod wedi gweled un ohonynt. Dynion a merched yn gweddïo ar draws ei gilydd, rhai'n canu, eraill yn gorfoleddu, a phawb yn myned i'r capeli bob nos o'r wythnos, ac yn aros yno hyd berfedd-ion. Cynhelid cyfarfodydd gweddïo yn y chwareli ac yn y gweithydd glo bob awr wag. Crefydd oedd testun pob sgwrs ymhobman. Daeth cannoedd o bobl yn aelodau eglwysig, rhai ohonynt wedi byw bywyd digon ofer a di-fudd cyn hynny, ac arhosodd y rhan fwyaf ohonynt yn wasanaethgar i grefydd am y gweddill o'u bywydau. Yn y Diwygiad hwnnw yn 1904-5 y daeth fy nain, mam fy nhad, yn aelod eglwysig am y tro cyntaf, ond ofnaf mai dyna'r unig wahaniaeth a wnaeth y Diwygiad yn ei bywyd hi, oherwydd ni newidiodd fawr ar y natur ddreng ac anystywallt oedd iddi, fel y caf sôn eto.

Adroddid llawer stori ddoniol am y Diwygiad, megis honno am ryw ferch a fynnai, am ryw gyfrin reswm, weddïo yn Saesneg, ac fel hyn y dywedodd, 'O Lord, make me pure, make me as pure as Cadbury's Cocoa'. Dyma hefyd y stori honno am dad W. J. Parry, (cyfaill mawr i mi, bydd raid imi roi aml gyfeiriad ato ef yn nes ymlaen). Nid oedd John Parry yn rhyw lawer o grefyddwr, ond yn un o ddynion mwyaf hoffus Pen-y-groes. Ei gyfaill mawr oedd Huw Owen, neu a rhoi iddo'r enw yr adwaenid ef wrtho orau, Huw Llenar, stwmpyn o ddyn tew, heb ddim coesau gwerth sôn amdanynt, a rhyw drowsus tinllac amdano bob amser. Cafodd Huw ddiwygiad, a mynnai'r un peth i'w gyfaill John Parry. Wedi hir a mynych swnian cafodd gan John Parry addo mynd i gyfarfod gweddi gydag ef un noson, ond erbyn i saith o'r gloch ddod, newidiasai John ei feddwl, ac yr oedd wedi ei gwadnu hi i rywle o'r golwg. Aeth Huw i'r tŷ i chwilio amdano.

'Lle mae John?'

'Wn i ddim,' meddai Mrs. Parry, 'ond mi ydwi'n credu ei fod o wedi mynd i Lanllyfni.'

'A fynta,' meddai Hugh, gan anghofio'i grefydd, 'wedi addo dwad efo mi i'r cyfarfod gweddi. Dyna ichi hen gachgi diawl.'

Arwr mawr Diwygiad 1904 oedd Evan Roberts. Ni wn fawr ddim amdano, ond mai gŵr o'r De ydoedd. Ar ôl y Diwygiad ciliodd o'r golwg, a heddiw ni chlywir odid fyth sôn amdano, er ei fod yn fyw ac yn iach, o ran dim a glywais.

Ni chlywais erioed fod neb o bwys yn fy nheulu i yn y gorffennol, o du fy mam na'm tad. Bwriedais ganwaith olrhain fy achau, ond pe gwnawn, mae'n debyg na ddarganfyddwn neb o bwys. Ond gan gofio, yr oedd yr hen begor od a diddan hwnnw, Robert Jones Llanllyfni, yn perthyn i deulu fy nhad rywfodd, ac y mae fy nhad yn ei gofio'n dod i'r Gwyndy, Carmel, ac yn aros noson neu ddwy yno pan fyddai'n pregethu yn y cyffiniau. Clywais gan fy nhad ei hanes yn pregethu yng nghapel Pisgah, y capel bach sy'n awr yn perthyn i'r Bedydd-wyr. Yr oedd yr Annibynwyr wedi codi capel mwy, a gwerthu'r hen gapel i'r Bedyddwyr, ac i'w agor am y tro cyntaf fel capel Bedyddwyr gofynnwyd i Robert Jones bregethu. Gwnaeth yntau, a'i destun oedd 'Heddiw y daeth iachawdwriaeth i'r tŷ hwn.' Stori arall a glywais amdano oedd hon: Bu storm enbyd un noson, a chwythwyd to capel bychan Robert Jones i ffwrdd. Bore trannoeth yr oedd Robert yn cerdded i lawr pentref Llanllyfni, a dyma'r Person yn ei gyfarfod.

'Wel Robert, mae'r diafol wedi chwythu to dy dŷ di, 'rydw i'n deall.'

'Do, ond fe gymerodd y Diawl ddigon o ofal o'i dŷ ei hun, on'd do?' (sef yr eglwys).

Yr oedd yn Rhyddfrydwr mawr, ac wrth ddechrau'r gwasanaeth un tro daeth ar draws y geiriau 'Cedrwydd Lib-anus, y rhai a blannodd Efe.' Cododd Robert ei ben, ac meddai 'Ac y mae'r diawliaid Toris yma yn meddwl mai nhw biau pob coeden.' Ysgrifennwyd cofiant yr hen frawd unplyg diddan hwn gan y Dr. Owen Davies. Gyda llaw, yr oedd Robert Jones yn ysgrifennwr Cymraeg go dda — grymus iawn beth bynnag, — fel y gwelir yn ei *Draethawd ar Babyddiaeth*.

Cartref fy nhad oedd y Gwyndy, Carmel, a'i enw yw Richard Edwin Parry. Enw ei dad ef oedd Thomas Parry, ac

41

ar ôl hwnnw y rhoed i mi yr enw sydd arnaf. Harry Williams oedd taid fy nhad, ac yr oedd yn byw yng Nghaesion, un o'r tai sydd yn ymyl y Gwyndy. Tyddyn bach o ryw bum acer yw Caesion heddiw, ond yr oedd yn ffarm go sylweddol rywdro, yn ôl a glywais, ac yn cynnwys y tyddynnod a elwir heddiw y Gwyndy, Pen Caesion, Tŷ Croes, Bryn Brith, Tyn y Gadlas, Caesion Isaf a Thyddyn Perthi. Ni cheisiais gadarnhau hyn oddi wrth unrhyw record hanesyddol, ond diau ei fod yn wir, oherwydd y mae tŷ presennol Caesion yn llawer hŷn na'r un o'r lleill ac yn fawr o'i gyfnod, a mwy o olwg 'ffarm' ar yr adeiladau allan. Ni wn yn iawn pwy oedd gwraig Harry Williams, ond tyb fy nhad yw mai un o Lyn Gelod ger Pont-llyfni ydoedd i gychwyn. Sut bynnag, bydd olrhain tipyn o hanes fy nhaid, Thomas Parry, yn ddigon o orchwyl i mi yma heb geisio hel trywydd fy hen daid a'm hen nain.

Priododd fy nhaid deirgwaith. O'i wraig gyntaf, un mab a fu iddo, sef f'ewyrth Robert, Tal-y-sarn, tad Robert Williams Parry. O'r ail wraig bu iddo dri phlentyn — Harry (tad T. H. Parry-Williams), John (tad R. S. Parry, sy'n awr yn Rheolwr Banc yng Nghricieth) ac Ann. O'i drydedd wraig, sef fy nain i, bu iddo bedwar o blant, sef Richard Edwin (fy nhad), Thomas, Griffith a Mary Jane. Aeth Thomas i'r America ym mis Ebrill 1904, bedwar mis cyn fy ngeni i, ac felly nis gwelais i ef erioed. Yr wyf yn cofio'n dda y byddai fy Nhad yn derbyn llythyrau oddi wrth 'Fewyrth Tom', ond am ryw reswm rhoes y gorau i ysgrifennu adref, fel llawer un arall a aeth i'r America. Ni wn yn iawn pam y bu hynny, ond credaf mai un rheswm oedd iddo awgrymu unwaith y dôi adref am dro, ac i'w fam yrru ato i ddweud nad oedd waeth iddo beidio. Ac ni bu gartref o gwbl. Bu farw rywbryd tua 1930, efallai ynghynt. Yr oedd wedi priodi yn yr America, â merch o Ffestiniog, ac y mae iddynt dri neu bedwar o blant. Tuag Utica a Racine y bu y rhan fwyaf o'r chwarter canrif y bu yn yr America.

Yr wyf yn cofio f'ewyrth Griffith yn dda iawn, ac yr oeddwn i, yn blentyn, yn hoff iawn ohono — gŵr mwyn a charedig, a phawb yn meddwl y byd ohono. Nid oedd ef yn briod, a byw gartref yn y Gwyndy, gyda'i fam a'i chwaer, yr oedd hyd ei farw — a thrist iawn fu ei ddiwedd. Cofiaf y diwrnod yn dda, er nad oeddwn ond saith oed ar y pryd — pnawn braf yn Nhachwedd 1911, a minnau yn fy ngwely yn llofft fach y ffrynt ym Mryn Awel, efo'r frech goch. Yr oedd llong wedi dod i'r lan mewn storm rhwng Dinas Dinlle a'r Belan, a phenderfynwyd gwerthu hynny o goed a oedd ynddi i bwy bynnag a ddelai yno i'w prynu. Cychwynnodd f'ewyrth Griffith ar ei feic ar ôl cinio. Pan oedd yn cyrraedd Llidiart y Mynydd, gwelodd 'traction' a lorri yn mynd i lawr o'i flaen. Ceisiodd eu pasio, ond llithrodd ei feic, a'i daflu rhwng y 'traction' a'r lorri, ac aeth y lorri dros ei gorff. Bu fyw dan rywbryd gyda'r nos, ac yna bu farw, yn ei lawn bwyll, wedi ffarwelio â phawb yn yr ystafell wrth ei enw. Cafodd angladd gyda'r mwyaf a welwyd yn ardal Carmel erioed, a'r côr yn canu wrth y bedd. (Yr oedd ef yn aelod ffyddlon o'r côr.) A dyna ddiwedd 'Gong', fel y mynnwn i ei alw pan oeddwn yn blentyn. Magodd lawer arnaf, ac ar Dic, fy mrawd, a bu'n garedicach wrth fy mam na neb o'i theulu yng nghyfraith.

Yma, efallai, y buasai'r cyfle gorau i sôn am un dirgelwch pur ryfedd, na lwyddais i i'w egluro hyd y dydd hwn. F'ewyrth Griffith oedd biau'r Gwyndy, ac yr oeddid yn gwybod pan fu farw ei fod wedi gwneud ei ewyllys. Aeth fy nhad i Gaernarfon at y cyfreithiwr i nôl yr ewyllys, a darllenwyd hi bnawn y cynhebrwng. Yr oedd Griffith yn gadael y cyfan i'w fam, ac ar ei hôl hi i'w chwaer, Mary Jane. Nid oedd dda ganddo mo Mary Jane, ac yr oedd wedi bygwth droeon beidio â gwneud dim iddi yn ei ewyllys, ac yn wir, petai wedi byw, diau y buasai wedi ei hanfon o'r Gwyndy i ennill ei thamaid ei hun i rywle. Sut bynnag, ymhen ychydig ddyddiau, dywedodd William Francis Roberts, y postman, wrth fy mam i Griffith ddweud wrtho ei fod am wneud y Gwyndy i mi. Ymhen rhai blynyddoedd, pan oeddwn i tua phedair ar ddeg oed, yr oeddwn ar fy ngwyliau yn Llŷn, ac yn aros gyda'm Modryb Janet ym Mryn-yr-Efail, Dinas. Rhyw fore yr oeddwn yn yr efail yn gwylied William Hughes wrth ei waith, a daeth cymydog o ffermwr i mewn ar fusnes. Wedi siarad a deall pwy oeddwn i, aeth i sôn am f'ewyrth Griffith, oherwydd yr oedd yn ei adnabod yn dda; sut, nid wyf yn cofio. (Gŵr Myfyr Mawr

oedd y dyn, ond ni allaf gofio'i enw.) Dywedodd iddo weled
Griffith ychydig amser cyn ei farw, yn rhywle tua'r Bont-
newydd — Griffith yn dod o Gaernarfon ar ei feic. Yn ystod
y sgwrs dywedodd Griffith wrtho mai ei neges yng Nghaer-
narfon y diwrnod hwnnw oedd gwneud ei ewyllys, a'i fod
wedi rhoi'r Gwyndy 'i hogyn Richie', sef myfi. Dyna'r stori,
ac ni wn yn y byd sut i gysoni pethau. Os gwnaeth ef ewyllys
newydd, beth a ddaeth ohoni? Prin y buasai'r cyfreithiwr yn
ddigon drwg i'w chelu. Boed a fo, ni chefais i mo'r Gwyndy;
y mae erbyn hyn yn eiddo i'r 'Public Assistance Board', fel y
caf egluro maes o law.

Am fy modryb, Mary Jane, gorau po leiaf a ddywedir,
oherwydd y mae wedi bod yn gryn boen i ni fel teulu ar hyd
y blynyddoedd.

Cyhoeddwyd 1993

Atgofion

(SGWRS RADIO)

Rhyw bnawn haf yn yr hydref diwethaf fe aeth fy ngwraig a minnau am dro i Ben-y-groes a Thal-y-sarn, ac yn lle troi ar y dde i ffordd newydd Nantlle wrth gofeb Williams Parry, mynd ar hyd yr hen lôn cyn belled â giat Plas Tal-y-sarn, lle mae'r ffordd yn darfod, ar lan Twll Coch Dorothea. Dyma'r fan lle byddwn i'n dod i lawr o Garmel yn blentyn ac yn llanc, a sbïo i lawr i waelod y twll, a gweld y dynion yn edrych fel corachod 'Gulliver's Travels,' yn swyngyfareddol o fychain, gan mor ddwfn oedd y twll. Twll Coch Dorothea oedd y peth tebycaf yng Nghymru i'r Grand Canyon, gallwn feddwl.

Y diwrnod cyn y diwrnod hwnnw yn yr hydref yr oedd ocsiwn wedi bod ar beiriannau'r chwarel, a'r drws wedi ei gau'n glep ar holl weithgarwch y dynion diwyd oedd wedi bod wrthi am dros ddau gan mlynedd yn torri'r twll anferth hwnnw yn y ddaear. Wrth edrych rhwng y weiar bigog oedd yn cylchynu glan y twll mi welwn y dŵr gwyrdd sinistr wedi codi hyd yr hanner. Fydd y lle'n dda i ddim byd mwy ond i rywun fydd wedi blino byw fynd yn hwylus i'r ochr draw.

Fe ddywedodd Gwilym R. Jones yn *Y Faner* yr wythnos honno (yntau'n hogyn o'r Dyffryn) nad oedd o'n gofidio dim am gau'r chwareli, a chofio mor galed oedd y gwaith a chymaint o ddynion a gollodd eu hiechyd ac a gafodd eu lladd ynddynt. Ond nid fel yna yr oeddwn i'n teimlo. Dyma'r chwarel lle bu John Jones Tal-y-sarn, y pregethwr enwog, yn berchennog a goruchwyliwr am ddwy flynedd ym mhum degau'r ganrif ddiwethaf. A dyma lle bu fy nhad innau am flynyddoedd lawer. Ond 'roedd o'n wahanol i John Jones mewn dau beth o leiaf — gweithiwr cyffredin ar wyneb y graig oedd o, nid stiwart, a 'doedd o ddim yn aelod eglwysig, er ei fod yn gyson iawn yn y moddion ac yn athro Ysgol Sul.

Mab y Gwyndy, Carmel, oedd fy nhad, un o wyth o blant fy nhaid, Thomas Parry, a hwnnw wedi priodi dair gwaith a chael plant bob tro, ac wedi etifeddu un dros ben, gan fod gan ei drydedd wraig blentyn siawns o rywun arall cyn priodi. Fe aned fy nhad gan mlynedd i'r llynedd. Aeth i'r môr yn llanc; fe fu ddwywaith rownd yr Horn hyd San Francisco mewn llongau hwyliau. Yna fe setlodd i lawr gartre a mynd i weithio i'r chwarel, neu i'r 'glofa,' fel y byddai'r hen bobl yn dweud. Wrth gerdded adref o Gaernarfon un nos Sadwrn yn yr haf fe welodd eneth o Lŷn oedd wedi dod i weini i Dal-y-sarn. Canlyniad y cyfarfyddiad hwnnw ydwyf fi a'm dau frawd.

Y mae pentref Carmel yn sefyll ar lethrau Mynydd y Cilgwyn, yn wynebu'r gorllewin, a chanddo un o'r golygfeydd godidocaf yng Nghymru — o fynyddoedd yr Eifl i'r tu draw i Gaernarfon, ac o Gaergybi i fynydd Parys yn Sir Fôn, ac fe ellir gweld bryniau Iwerddon ambell gyda'r nos braf yn yr haf. Fe gafodd Owen Edwards ei swyno ganddo, fel y mae'n sôn yn yr ysgrif 'O Ddinas Dinlle i Ben Carmel' yn ei lyfr *Yn y Wlad*. Erbyn hyn y mae'r Bwrdd Cynhyrchu Trydan wedi mynnu rhoi ei wifrau'r felltith ar draws y pictiwr, fel llinellau o inc pygddu.

Y mae'r ardal i gyd yn bur boblog, oherwydd y mae'r llechweddau yn dryfrith o dyddynnod bach rhwng pedair a chwe acer, digon i gadw dwy fuwch a dau fochyn a thipyn o ieir, ac yr oedd economi'r ardal yn gyfuniad o weithio yn y chwarel a ffarmio — bywyd caled a llafurus enbyd, heb ddim ond tua digon o incwm i fyw'n ddi-ddyled, a mynd ag ambell bunt neu ddwy i'r hen North and South Wales Bank ym Mhen-y-groes. Ym misoedd yr haf fe fyddai fy nhad yn codi am hanner awr wedi pump yn y bore, a chychwyn am chwarter wedi chwech dros y gefnen garegog er mwyn bod yn ei fargen yng ngwaelod Twll Coch Dorothea am saith.

Gweithio ar y graig hyd hanner awr wedi pum y nos, a chyrraedd adref erbyn chwarter wedi chwech, wedi bod union rownd y cloc.

Wedi cael y pryd fyddai'n cael ei alw'n 'swper chwarel', allan ag o i'r caeau at ryw orchwyl neu'i gilydd nes iddi dywyllu. 'Roedd o'n aelod selog, ond nid amlwg, o Undeb Chwarelwyr Gogledd Cymru. A chyda llaw, un o'r pethau a roes fwyaf o bleser i mi yn fy mywyd oedd derbyn llythyr llongyfarch oddi wrth Ysgrifennydd yr Undeb pan benodwyd fi'n Brifathro Coleg Aberystwyth. Gofid mawr iawn i mi yw gorfod teimlo heddiw fod yr undebau llafur wedi mynd yn gyrff anghyfrifol ac yn drais ar gymdeithas.

Wedi priodi'r ferch o Lŷn, Jane Williams, fe gododd fy nhad dŷ sylweddol ar gwr un o gaeau'r Gwyndy — pedair ystafell i lawr a phedair i fyny — a'i alw yn Brynawel. Y mae'r papurau ynglŷn â'r tŷ gen i o hyd, ac y mae'n rhyfedd meddwl mai'r cyfan a gostiodd oedd £160 — hyn yn 1902. Ym Mrynawel y ganwyd ni'r tri phlentyn, ond fe aethom oddi yno'n ddiweddarach am fod awch am dipyn o dir ar fy nhad.

Yr oedd fy rhieni'n ddeuddyn gweithgar a chydwybodol. Yr oeddem ni'r plant yn cael digon yn ein boliau, ond main oedd y byw. Fe fyddai Mam yn cael ambell siwt go dda ei chotwm gan un o hogiau Caesion Mawr, ac yn treulio oriau bwygilydd yn ei datod a'i thorri i ffitio un ohonom ni'r plant. Cartref dedwydd hefyd, er bod y rhieni'n bur wahanol i'w gilydd — fy nhad braidd yn ddistaw, ond weithiau'n gwylltio'n gacwn; fy mam yn siarad fel pistyll, a heb flewyn ar ei thafod os oedd eisiau dweud wrth berthynas neu gymydog pa fath gymeriad oedd ganddo. Fe dramgwyddodd hi amryw ym mhentre Carmel o bryd i bryd, ac eto, pan fu hi farw yn 1957 yr oedd ugeiniau o dorchau blodau ar ei bedd.

Y mae natur y gymdeithas ddiwydiannol - amaethyddol y ces i fy magu ynddi, fel yr oedd hi drigain mlynedd yn ôl, yn ddigon adnabyddus. Hon yw cefndir storïau a nofelau Kate Roberts, achos fe'i magwyd hi yn ardal gyfagos Rhosgadfan. Y mae pawb yn meddwl am y gymdeithas honno fel un gul a Phiwritanaidd — oes Victoria yn gwrthod marw yng Nghymru. Yr oedd hi'n Biwritanaidd, yn yr ystyr fod rhai mathau o

47

ymddygiad yn waharddedig. Ond y delfryd oedd hynny. Yn ymarferol 'doedd dim cymaint a chymaint o wahaniaeth rhwng yr oes honno a'n hoes lac ni. Yr oedd plant siawns y pryd hwnnw, a phriodasau brys. Fe fyddai John Jones, Tyn-y-gadlas, un o'r gweddïwyr cyhoeddus mwyaf eneiniedig yng Nghapel Carmel, yn galw'n agored yn y Llanfair Arms yn y Groeslon neu'r Red Lion ym Mhen-y-groes am ei beint o gwrw. A hyd yn oed ar drip y Gymdeithas Lenyddol i Fedd-gelert a Phorthmadog fe fyddai un neu ddau yn eithafol o siaradus. Y gwir wahaniaeth yw fod gan yr oes honno safonau, er nad oedd yn eu cyrraedd bob tro, a'n hoes ni yn tueddu i fod heb safonau o gwbl.

Y capel a'i bethau oedd echel yr olwyn. Yr oedd tri chapel yn y pentref — Carmel y Methodistiaid Calfinaidd, Pisgah yr Annibynwyr, a hen gapel yr Annibynwyr wedi ei roi i'r Bedyddwyr — Pisgah Batus ar lafar. Pan agorwyd hwnnw fel capel Batus fe ofynnwyd i'r Bedyddiwr digymrodedd hwnnw, Robert Jones, Llanllyfni, ddod yno i bregethu, a'i destun oedd 'Heddiw y daeth iachawdwriaeth i'r tŷ hwn.'

Mi fyddaf yn meddwl yn aml sut y cododd yr ychydig ddiddordeb a fu gen i mewn barddoni. Yr unig lyfrau yn fy nghartref oedd y Beibl a'r Llyfr Emynau, a rhes o esboniadau mewn cloriau brown, a Geiriadur Ysgrythurol William Davies, ac un gyfrol o *Hanes Methodistiaeth Arfon* William Hobley, y gyfrol sy'n cynnwys hanes eglwys Carmel. Yr unig gylchgronau oedd yn dod i'r tŷ oedd *Cymru'r Plant* a *Thrysorfa'r Plant*. Yr oedd cefnder i mi wedi ennill y Gadair genedlaethol ym Mae Colwyn pan oeddwn i'n chwech oed, ond 'chafodd hwnnw ddim dylanwad arnaf, oherwydd un o'r rhai salaf erioed am fynd rownd ei deulu oedd Robert Williams Parry. Yr oedd fy ewyrth Harri yn Rhyd-ddu, tad Syr Thomas Parry-Williams, yn barddoni cryn lawer, ac fe wnaeth ei fab ei farc yn fuan iawn. Ond rhyw unwaith yn y flwyddyn y byddwn i'n eu gweld nhw, achos taith go chwithig oedd mynd o Garmel i Ryd-ddu.

Ie, braidd yn anllenyddol oedd bro fy nghartref, fel yr awgrymodd Williams Parry yn y soned 'Dyffryn Nantlle Ddoe a Heddiw.' Y ffordd y dois i i wybod am nofelau Daniel Owen oedd trwy fy ffrind mwyaf ar y pryd, Richard Morris, neu Dic Cae'r-moel. 'Roedd o wedi cael gafael ar *Rhys Lewis* yn rhywle — dyn a ŵyr sut — ac fe fyddai'n dweud hanes Robin y Sowldiwr a Tomos Bartley a Wil Bryan a'r lleill wrthyf fi pan oeddem yn rhyw grytiau naw neu ddeg oed. 'Roedd Dic yn fachgen peniog a chraff, ac fe ddylai ar bob cyfri fod wedi cael addysg bellach na'r ysgol elfennol.

Pethau prin oedd llyfrau diddorol i blentyn. Ychydig o lyfrau heblaw llyfrau i'w darllen yn y dosbarth oedd yn yr ysgol elfennol ym Mhenfforddelen, hyd y gallaf fi gofio. Yr oedd llyfrgell yn festri'r capel, ond bron yr unig lyfr oedd yn apelio ataf fi yn y fan honno oedd *Goronwy ar Grwydr.* Wedi lladd fy ewyrth Griffith mewn damwain ar y ffordd yn 1911 mi ddois ar draws *Anturiaethau Cymro yn Affrica,* gan William Griffith o'r Felinheli, a hen rifynnau o'r *Lladmerydd* a'r *Geninen* ymysg ei bethau o.

Mewn gwirionedd yr oedd fy ngogwydd i tuag at wneud pethau â'm dwylo, yn hytrach na darllen a myfyrio. Yr oedd gen i ewyrth yn of yn Rhos-ddu yn Llŷn, William Hughes, gŵr fy modryb Janet, a phan fyddwn i yno ar wyliau mi fyddwn yn treulio oriau yn edrych arno'n gwneud pedol ceffyl neu lidiart haearn, neu'n cylchu olwyn trol. Wedi gweld Tomos y Crydd yn Nhudweiliog yn rhoi clwt ar esgid yn yr hen ddull efo edau a chwyr crydd a gwrychyn mochyn, mi eis innau ati i wneud yr un peth ar fy esgid fy hun ar ôl mynd adref. Mi fûm yn gwneud lluniau hefyd efo pensel a *crayons,* lluniau tai a golygfeydd o gwmpas Carmel. Yr oeddwn yn trin coed yn gynnar iawn — gwneud llongau bach, melinau gwynt a phethau felly, ac y mae gen i set o arfau saer ers blynyddoedd. Mi ges bwl o rwymo llyfrau hefyd un waith. Hyd yn oed heddiw, pan fyddaf wedi bod yn gweithio am wythnosau efo'r tipyn ymennydd sydd gen i, fe fydd rhyw ysfa ddiwrthdro yn codi am wneud rhywbeth efo 'nwylo.

Ond yn ôl at y busnes llenydda yma. Beth bynnag yw'n barn ni am addysg Seisnigaidd yr hen Ysgolion Sir, mi ges i ryw hwb i'r reddf oedd ynof yn Ysgol Sir Pen-y-groes. Mi eis yno yng nghanol y rhyfel mawr cyntaf. A chyda llaw, 'rwy'n cofio hwnnw'n torri allan. Yr oedd fy mam a minnau ar wyliau yn Llŷn, ac wedi bod ar ryw neges yn rhywle ac yn dod adref yn y car post, sef y frêc un ceffyl oedd yn cario llythyrau o Bwllheli i Ben-y-graig ym mhlwy Llangwnadl. Yr oedd yno un teithiwr arall, gŵr mewn oed hollol ddierth inni, a'r peth cynta ddwedodd o oedd 'Mae hi'n wâr.' 'Rwy'n cofio diwedd y 'wâr' hefyd, yn Ysgol Pen-y-groes, y plant allan yn chware am un-ar-ddeg yn y bore, a dyma holl gyrn chwareli'r dyffryn yn canu efo'i gilydd, ac fe wyddem ar unwaith beth oedd yn bod. 11 Tachwedd 1918 oedd hynny.

Mi arhosais i ymlaen yn y chweched dosbarth i gymryd yr arholiad oedd yn cael ei alw y pryd hwnnw yn 'Higher.' Yn wir, mi arhosais yno am ail flwyddyn — peth go anghyffredin. Yr oedd gennym athrawes Gymraeg tan gamp yn Miss P. K. Owen. Un o'r llyfrau gosod oedd *Telyn y Dydd,* ac mi gefais hwyl fawr ar gynnwys y llyfr hwnnw. Yr oedd Cynan newydd ennill y goron yn Eisteddfod Caernarfon, ac fe ofynnodd Miss Owen inni ysgrifennu traethawd ar y bryddest 'Mab y Bwthyn', ac mi ysgrifennais innau anferth o drafodaeth oedd yn gwneud imi deimlo ar y pryd fy mod yn un o feirniaid llenyddol blaenaf Cymru. Yn y cwrs Saesneg yr oeddem yn darllen 'The Lady of the Lake' a detholion o'r *Golden Treasury,* a llyfr o'r enw *Rudiments of Criticism* gan Lambourne, llyfr a roes lawer iawn o bleser imi. Fy nghamp gyntaf fel bardd oedd ennill cadair Eisteddfod Brynrhos, am nifer o benillion ar ryw bwnc neu'i gilydd — 'rwyf wedi llwyr anghofio beth oedd o. (Y mae'r gadair gan fy mrawd Gruffudd yn Llŷn o hyd.)

Enghraifft oedd hyn i gyd o ryw gynneddf lenyddol yn mynnu ei ffordd heb ond ychydig o gymhelliad. O gofio am fy mherthnasau, y mae'n naturiol fod y gynneddf yno. Ond yr oedd yno gynneddf arall, na ddatblygwyd mohoni o gwbl; ac mi fyddaf yn meddwl yn aml mai cerddor wedi mynd ar ddisberod ydwyf fi. Yr oedd gen i ddiddordeb mawr iawn mewn cerddoriaeth. Mi geisiais ddysgu fy hun i ganu harmonium, ac mi enillais ar gyfansoddi tôn yn Eisteddfod Mynydd y Cilgwyn. A hyd y dydd hwn 'rwy'n gallu cofio ugeiniau o alawon o bob math, ond 'alla 'i yn fy myw gofio barddoniaeth, yn rhyfedd iawn.

Y mae fy hanes i yn hyn o beth yn dangos gwendid y gyfundrefn addysg ar y pryd. Os cefais i fwy o gyfleusterau addysg na fy hen gyfaill Dic Cae'r-moel, 'doedd y cyfleusterau hynny ddim yn fy ffitio i. Yr oedd yn rhaid i mi ffitio'r gyfundrefn. Fe fu raid imi stryffaglio am bedair blynedd efo Arithmetic, Algebra, Geometry, Trigonometry, Chemistry, Physics a Mechanics, a chen innau ddim ffansi atynt o gwbl oll, a 'chefais i ddim cyfle ar gelfyddyd gain na cherddoriaeth, a 'doedd y syllabus a'r arholiadau ddim yn rhoi cyfle i blentyn na'i athro feithrin chwaeth at farddoniaeth ond yn anaml.

Sut bynnag, mi dreuliais chwe blynedd difyr iawn yn Ysgol Pen-y-groes, ac y mae fy nyled yn fawr iddi. Cerdded dwy filltir i lawr y gelltydd yn y bore ac i fyny'n ôl ddiwedd y pnawn. Fe fyddai tywydd mawr y gaeaf yn ein cadw o'r ysgol ambell ddiwrnod, a thrannoeth fe fyddai'r ysgolfeistr, D. R. O. Prytherch, yn gofyn,

'Where were you yesterday?'

A'r ateb afresymegol bob amser fyddai,

'Raining, sir.'

Mi orffennais yn yr ysgol yn ddeunaw oed, yn llabwst main heglog, yn gwisgo hen gap mawr afrosgo, am fod cap yr ysgol yn edrych yn wirion ar dop fy mhen. Ond yr oedd gen i dystiolaeth yr hen C.W.B. fod o dan y cap dipyn o wybodaeth am Gymraeg, Saesneg a Lladin.

Yn y blynyddoedd hynny mi fyddwn yn mynd i Lŷn am wythnosau o wyliau at fy nain, ac o holl neiniau'r ddaear, gan gynnwys nain John Gwilym Jones, hon oedd yr orau un — hen wraig dal, osgeiddig, a'i gwallt yn hollol wyn, heb ddant yn ei phen, ac un llygad yn las a'r llall yn frown tywyll — un demprus, addfwyn, a di-ben-draw o garedig. Fe briododd yn un ar bymtheg oed yn 1866, a chafodd naw o blant, a'r cwbl wedi byw, peth go anghyffredin y pryd hwnnw, byw, yn wir, i fod tua'r deg a thrigain yma, a rhai yn hŷn. I mi yn llanc yr oedd naws byd arall ar blwy Llangwnadl. 'Roedd yno gymeriadau cofiadwy, fel Wil Llainfatw, pysgotwr a pheilot, a Sionyn Taicryddion, a fyddai bob amser yn sôn am ei wraig fel yr 'hen asen acw', gan gyfeirio wrth gwrs at y modd y cafodd Efa ei chreu, yn ôl llyfr Genesis.

Yr oedd mynd o Bwllheli i Langwnadl ynddo'i hun yn anturiaeth ogleisiol, efo coets fawr Tirgwenith, a phedwar ceffyl yn ei thynnu. Wedyn ar y Sul mynd i'r eglwys yn lle i'r capel; cario dŵr o'r ffynnon efo iau; troi rhaff wellt; dal silidons yn yr afon — afon ddi-enw, gyda llaw — a'u cadw mewn pot jam; pysgota gwrachod ar y creigiau; hel llymriaid yn Nhraeth Penllech tua thri o'r gloch y bore; ac yn fwy na dim, gweld y llongau yn dod i Borth Golmon gyda llwythi o lo neu flawdiau neu lwch esgyrn. Gweld dechrau rhamant melys unwaith — Jane Glanrafon yn dod i lawr i Borth Golmon i gyfarfod y ketch *Tryfan,* am ei bod yn caru efo'r capten, Robert Hughes. Fe briododd y ddau, ac fe fuont yn byw yng Nghonwy am flynyddoedd.

Yr oedd hi bellach yn bryd mynd i Goleg. Yr oedd fy ewyrth Harri, Rhyd-ddu, yn meddwl y byd o Goleg Aberystwyth, ac wedi gyrru ei fab ei hun, Tom, yno'n fyfyriwr, a hwnnw wedi bod yn yr Almaen yn astudio, a newydd ei benodi, ar ôl tipyn o wamalu rhyfedd o du'r awdurdodau, yn Athro Cymraeg yn y Coleg. Mi eis i yno i sefyll arholiad am ysgoloriaeth, ond 'doedd o'n ddim help imi fod gen i gefnder ar y staff, achos 'ches i ddim ceiniog.

Ond mi ges ysgoloriaeth fach i Fangor, ac i Fangor yr eis i, yn Hydref 1922. Mynd i lawr i'r Groeslon i ddal y trên a galw am fy ffrind, John William Jones. Fe ddaeth y John William Jones hwn yn John Gwilym Jones ymhen rhyw dridiau, am fod yna John William Jones arall wedi cyrraedd y Coleg yr un pryd, a 'doedd wiw cael dau o'r un enw. Yr oeddem wedi cael llety yn 17 Park St., efo Mr. a Mrs. Woodings, a'u merch, Mrs. Jacobs, gwraig weddw ifanc a chanddi ddau o blant bach hyfryd, Betty a Paul, y cwbl yn Gymry glân, er gwaetha'u henwau, ac yn wych i fyw yn eu cwmni.

A chymryd ochr academig pethau i gychwyn, fy mhedwar pwnc i yn fy mlwyddyn gyntaf oedd Cymraeg, Lladin, Groeg ac Athroniaeth. Yn yr Adran Gymraeg yr oedd urddas ac enwogrwydd John Morris-Jones, rhadlonrwydd ysgafn Ifor Williams, a direidi Williams Parry. Yn yr Adran Ladin, gwialen haearn a choegni E. B. Arnold, a gwybodaeth gyfewin ddihysbydd Joshua Whatmough. (Fe aeth Whatmough o Fangor i Harvard a dod yn Athro yno ac yn gryn awdurdod ar Gelteg y Cyfandir. 'Roeddwn i yn America rai blynyddoedd yn ôl, ac ar fy ffordd i Harvard, a'm meddwl efo mi cael gweld Whatmough wedi'r holl flynyddoedd. Ond fe fu farw ryw bythefnos cyn imi gyrraedd yno.) Yn ystod fy mlwyddyn gyntaf yn y Coleg 'doeddwn i ddim yn siŵr prun ai anrhydedd Cymraeg ai anrhydedd Lladin a wnawn i, achos 'roeddwn i wedi cael hyfforddiant gwych yn y Lladin gan Alexander Parry ym Mhen-y-groes. Ond oherwydd personoliaeth Arnold i raddau mi benderfynais gymryd Cymraeg, a Chwrs Atodol yn y Lladin.

Mi ddechreuais ar fy ail flwyddyn, ond ddydd Nadolig 1923 mi eis yn sâl ar ganol bwyta fy nghinio. Wedi peth ansicrwydd fe ffeindiwyd fy mod wedi cael y dwymyn goch a phliwrisi gyda'i gilydd. 'Doedd dim ysbytai ar gyfer clefydon heintus y pryd hwnnw, ac yn fy ngwely gartref y bûm i am saith wythnos, a chynfas wedi ei gwlychu â Jeyes' Fluid yn hongian tu ôl i ddrws fy ystafell, a neb yn cael fy ngweld ond fy mam. Canlyniad hyn oedd colli blwyddyn gyfan o'r Coleg. Yn yr haf, wedi imi wella tipyn, mi eis i aros efo fy nain yn Llŷn am wythnosau, ac fe fwydodd honno fi nes imi fynd yn dew fel porcyn, a phan ddois i adre i Garmel 'roedd pobl yn chwerthin am fy mhen. A 'ddois i byth i fy hen siâp. Felly 'roedd hi'n 1926 arna i'n graddio.

Yr oedd disgyblaeth bur lem ar fyfyrwyr y pryd hwnnw — y merched i fod yn eu neuaddau preswyl erbyn wyth o'r gloch ond pan fyddai dawns yn Neuadd P.J., a'r pryd hwnnw fe fyddai'r drysau i gyd dan glo rhag ofn i'r myfyrwyr ddianc allan yn gyplau. Y dynion i fod yn eu llety erbyn un-ar-ddeg bob nos, a Mr. Woodings yn 17 Park St. yn cloi'r drws, nid heb seremoni, pan fyddai cloc y dre yn taro'r awr honno. 'Doedd neb i fod i fynd dros drothwy tafarn, ond bod rhai o'r cyn-filwyr wedi dysgu arferion drwg yn y fyddin, ac yn torri'r rheol. Yn wir, 'roedd llawer ffordd o dorri rheolau. Mi fûm i'n caru'n dynn â merch o Nantyffyllon am fisoedd lawer, ac mi fyddwn yn llwyddo i'w chael hi allan o ddawns er gwaethaf y cloeon i gyd, trwy gydweithrediad anghyfreithlon

53

y prif borter, Capten Jones — clod i'w enw. Ychydig o gyfathrach oedd rhwng myfyrwyr a staff. Mi fûm i unwaith yn un o dri yn cael cinio gyda'r nos yn y Tŷ Coch, Llanfair-Pwll, efo John Morris-Jones a'i deulu — profiad godidog. Mi fûm i hefyd yn un o bedwar yn cael brecwast (ie, brecwast am 8.30 yn y bore) efo'r Prifathro, Syr Harry Reichel — profiad llai godidog — pawb ar binnau, a neb yn siarad bron ddim ond Reichel ei hun. Ond er gwaethaf pob caethiwed a rheol 'roedd bywyd yn ddedwyddwch paradwysaidd. Fe ddaeth 17 Park St. yn rhyw fath o ganolfan gymdeithasol i amryw o lanciau oedd yn hoff o farddoni, a chynganeddu'n arbennig. Dyna Roger Hughes, Ficer Bryneglwys yn ddiweddarach, cynganeddwr coeth mewn iaith ramantaidd; Goronwy Prys Jones, sydd newydd ymddeol o fod yn Gyfarwyddwr Addysg Môn, bardd da ond llawer rhy dawedog; Huw Roberts, a fu'n weinidog mewn amryw fannau ac yn llyfrgellydd dinas Bangor am ysbaid; a Meirion Roberts o Gorwen, athrylith yn bendant, bardd aeddfed, wedi holpio ar y pryd ar Gwynn Jones a Rupert Brooke.

Dyna lle byddem ni'n gwneud englynion, ugeiniau ohonynt, cywyddau meithion, sonedau a thelynegion rif y dail. Yn y berw awenyddol yma i gyd 'roedd yna un brawd nad oedd o'n cymryd fawr o ddiddordeb. Un llinell o gynghanedd a wnaeth o erioed, ond fe'i gwnaeth hi ar fflach, ac yr oedd hi'n un dda. Yn anffodus, 'dyw hi ddim yn gyfryw y gallaf fi ei dweud hi'n gyhoeddus yn y fan yma. Ond y peth rhyfedd yw fod y brawd hwnnw wedi mynd ymhell bell y tu hwnt i neb ohonom ers blynyddoedd fel llenor creadigol ac fel beirniad llenyddol. A'r brawd oedd John Gwilym Jones. I ddangos mor heintus oedd y pla cynganeddu yma, fe ddaeth Sais o Wrecsam o'r enw Ken Harrison i letya atom, ac er nad oedd o'n deall dim gair o Gymraeg, fe ddaeth rywsut i ddeall rheolau cynghanedd. A rhyw fore dyma fo i lawr at ei frecwast â'i wyneb yn pelydru, ac meddai,

'I've made a cynghanedd.'

'Out with it,' meddai rhywun.

A dyna oedd hi,

'A beautiful, dutiful daughter.'

54

Yr oedd yr ymhél yma â barddoniaeth, a chyd-fyw â bechgyn oedd yn ymddiddori yn yr un pethau, er mor gyfyng oedd cylch ein gwelediad, yn gryn ysbrydiaeth, a thrwy'r amser y bûm i yn y Coleg yr oedd yr elfen farddoni yn cael y ffrwyn ar ei gwar. Yn fy mlwyddyn gyntaf mi enillais goron eisteddfod y Colegau, ac yn fy ail flwyddyn mi ddynwaredais fy nghefnder, Syr Thomas Parry-Williams, trwy ennill y gadair a'r goron yn yr un eisteddfod, y naill am awdl ar 'Y Deffro,' a'r llall am bryddest ar 'Y Llatai' — testunau nodweddiadol o'u cyfnod.

Ond fe ddaeth y gwynfyd i ben ym Mehefin 1926, pan gymerais fy ngradd. Fy mwriad ar y pryd oedd mynd yn athro ysgol, a dychwelyd i'r Coleg y flwyddyn wedyn i ddilyn cwrs hyfforddi. Yr oeddwn hefyd i fod yn Llywydd Cyngor y Myfyrwyr y flwyddyn honno. Wedyn yr oedd Ifor Williams am imi fynd i Brifysgol Bonn yn yr Almaen at Rudolf Thurneysen, un o'r ysgolheigion Celtaidd mwyaf a fu erioed. Ond ddigwyddodd hynny ddim.

Yng nghanol Mehefin ar ôl graddio yr oeddwn yn gwneud ymarfer dysgu mewn ysgol yng Nghaernarfon. Yr oedd y tywydd yn deg iawn, ac un canol dydd mi eis i lawr dan y Porth Mawr i'r cei i gael tipyn o awel. Pwy oedd yn eistedd ar fainc yn y fan honno yn llochesu rhag y gwres yng nghysgod wal y dre, a'i het ar ei gorun a'i getyn yn ei geg, ond T. H. Parry-Williams. Dyma hi'n sgwrs rhyngom ar unwaith, ac fe ddywedodd ef rywbeth wrthyf ar y sgwrs honno a newidiodd gwrs fy mywyd i'n llwyr.

Yr hyn a ddywedodd wrthyf oedd fod Coleg Caerdydd yn chwilio am ddarlithydd mewn Cymraeg a Lladin, a'u bod yn methu'n glir â chael y fath gyfuniad od. Fel yr oedd yn digwydd, dyna'r ddau bwnc yr oeddwn i wedi eu gwneud ym Mangor, ond yr oedd fy ngwybodaeth yn llawer rhy gyfyng imi feddwl am gynnig am y swydd honno. Ond wedi cryn berswadio fe gafodd fy nghefnder gen i addo gyrru llythyr personol at W. J. Gruffydd i weld sut yr oedd y gwynt yn chwythu. Dyna fu, a chyda'r troad dyma imi deligram hir yn fy ngwadd i Gaerdydd am gyfweliad. Cyfweliad go ryw ryfedd oedd hwnnw — y Prifathro Trow, dyn sych, disiarad; W. J.

Gruffydd, a Grundy, yr Athro Lladin, a W. J. Roberts, yr Athro Economeg, a rhyw olwg arno bob amser fel petai newydd ddeffro o gwsg dwfn difreuddwyd. Mi gefais gynnig y swydd, ond yr oedd yn fater cydwybod i mi fy mod wedi fy ethol yn llywydd y myfyrwyr ym Mangor ar gyfer y flwyddyn wedyn. Ond fe agorwyd fy llygad i weld y byddwn yn ffŵl i wrthod y cynnig.

Felly yn nechrau Hydref 1926 yr oeddwn ar fy nhaith i Gaerdydd i fod yn ddarlithydd mewn Cymraeg a Lladin am gyflog o dri chan punt yn y flwyddyn — cymaint ddwywaith ag yr oedd fy nhad yn ei gael yn chwarel Dorothea. Rhyfyg a digwilydd-dra erchyll ar fy rhan oedd cymryd arnaf ddarlithio yn Lladin, ac mi weithiais yn galetach ar y pwnc hwnnw am y tair blynedd y bûm wrthi nag a wnes na chynt nac wedyn. Yr oeddwn gryn lawer yn fwy cartrefol yn y Gymraeg, er mai peth digon rhyfedd oedd darlithio i fechgyn o'm hoed i fy hun, rhai yr oeddwn wedi eu gweld yn yr Eisteddfod Gydgolegol ym Mangor y flwyddyn cynt, fel Roderick Lloyd a Luther Owen a Iori Richards. Ond llafurio fel slaf oedd y drefn, ac nid yn unig paratoi chwe darlith newydd bob wythnos, ond gweithio ar draethawd M.A., ac mi orffennais hwnnw hefyd yn y tair blynedd y bûm yng Nghaerdydd.

Ond er mor galed y gwaith, yr oeddwn i'n cael amser i wneud cyfeillion. Trwy fynd i gapel Pembroke Terrace mi ddois i adnabod y gweinidog a'i deulu, John Roberts, mab Iolo Caernarvon, a thad John Roberts, y pêl droediwr oedd yn enwog iawn ar y pryd. Yr oedd y gweinidog yn chwaraewr golff ymroddedig, pregethwr grymus, ac awdurdod ar nofelau Thomas Hardy. Mi gefais groeso hefyd yng nghartref Dr. Llywelyn Williams, tad Alun Llywelyn-Williams a'r ddiweddar Enid Wyn Jones, a chan amryw eraill o Gymry caredig Caerdydd, gan gynnwys Picton Davies, a'i wraig, ac mi delais yn ôl i'r rhieni trwy ddwyn eu merch oddi arnynt. Yr oedd yng Nghaerdydd y pryd hwnnw dri gŵr ifanc y gwelais lawer arnynt yn ddiweddarach: T. I. Ellis yn athro yn Ysgol y Bechgyn, lle'r oedd R. T. Jenkins hefyd; Arthur Ap Gwynn yn Llyfrgell y Ddinas; ac Iorwerth Peate yn yr Amgueddfa yn ymbaratoi ar gyfer ei orchestwaith yn Sain Ffagan.

Dyma'r pryd y gwelais i am y tro cyntaf W. J. Parry o Ben-y-groes. 'Doedd o'n perthyn dim i mi, er gwaetha'r enw. 'Roedd o ychydig flynyddoedd yn hŷn na mi, ac yn rhyw fath o glarc ym Mwrdd Iechyd Cymru. 'Roedd o wedi gadael yr ysgol elfennol yn bedair ar ddeg oed, ac wedi ymuno â'r fyddin cyn bod yn ddeunaw, trwy ddweud celwydd, ac wedi bod yn Ffrainc ynghanol y mwd a'r gwaed i gyd. 'Roedd o wedi darllen yn helaeth ar ei liwt ei hun, yn Fedyddiwr selog ac yn weddïwr cyhoeddus huawdl. Ond 'roedd o hefyd yn ymgomiwr digymar ac yn llawn doniolwch. Fe aeth o a minnau'n gyfeillion mawr ar slap, a phara nes iddo gael ei symud o Gaerdydd. Yn ystod yr ail ryfel ef oedd y Comisiynwr Cynorthwyol dan Robert Richards yn yr hyn oedd yn cael ei alw yn Civil Defence, ac yn gwneud y rhan fwyaf o lawer o'r gwaith. Un o ergydion creulonaf fy mywyd i oedd ei farw sydyn yn 1946 gan adael gwraig a phlentyn chwe mis oed.

Yn yr un lletty â W. J. Parry yn Tewkesbury St., yr oedd Sam Jones, aelod o staff y *Western Mail* yr amser honno, ac ymhellach ymlaen yn yr un stryd, Caradog Prichard. Ym mhen arall y dre, ac yn weledig mewn sefydliad arbennig yn St. Mary St. bob nos Sadwrn, yr oedd Idwal Jones, un arall o Ben-y-groes ac un arall o weision y Bwrdd Iechyd, gŵr y canodd R. Williams Parry englyn coffa iddo cyn ei farw pan oedd sôn fod mynwent Macpela, Pen-y-groes, yn wlyb iawn:

> Yfodd a fedrodd tra fu — o gwrw,
> A gwariodd nes methu;
> Carai dast y cwrw du —
> Mewn dŵr y mae'n daearu.

Ond y ddau y dois i i gyswllt agosaf â hwy wrth gwrs oedd W. J. Gruffydd a G. J. Williams — y ddau eisoes yn adnabyddus iawn yng Nghymru. Gruffydd wedi cychwyn *Y Llenor* bedair blynedd ynghynt, a G. J. Williams newydd gyhoeddi ei lyfr yn dadlennu triciau Iolo Morganwg. Ni chefais i mo Gruffydd yn ddyn hawdd closio ato y pryd hwnnw (er imi ddod yn gyfeillgar iawn ag ef ymhen blynyddoedd wedyn). Gyrru ymlaen efo'i bethau y byddai, a fuasai G. J. Williams na minnau byth yn mentro mynd i fyny i'w ystafell am sgwrs. Felly fe ellwch ddychmygu sut yr oeddem ni'n dau yn teimlo un diwedd blwyddyn-goleg wrth fynd at Gruffydd i drafod marciau'r dosbarth Intermediate, a Dafydd, ei fab ef ei hun, wedi methu. G. J. Williams yn dechrau cnecian yng nghorn ei wddw, a Gruffydd yn torri ar ei draws: 'Faint o farciau gafodd o?' Hyn a hyn. 'Methwch o i'r diawl. 'Dydi o ddim wedi gweithio. Mi ydw i wedi deud a deud wrtho fo.' Mae'n dda gen i ddweud fod Dafydd wedi pasio ar yr ail gynnig.

Ond os oedd Gruffydd braidd yn bell, yr oedd G. J. Williams yn groesawus a charedig bob amser. Y mae arnaf ddyled enfawr iddo ef a Mrs. Williams. Mi fyddwn yn mynd i'w dŷ ym Mhenarth ar bnawn Sadyrnau yn gyson, a'r drefn yn yr haf fyddai mynd am dro i Fro Morgannwg. 'Rwy'n cofio un tro mynd i Drefflemin, cartref Iolo, a dyma hi'n genlli o law, a ninnau heb na chôt nac ambarel, ac eisiau cerdded at y trên i Lanilltud Fawr. 'Doedd dim i'w wneud ond teleffonio o dŷ ffarm cyfagos am dacsi, a minnau'n dweud mai Iolo yn y nefolion leoedd oedd yn dial ar ei gofiannydd, ac y byddai'r glaw yn siŵr o gilio erbyn y dôi'r tacsi. Ac felly'n union y bu, a ninnau'n mynd yr holl ffordd i Lanilltud yn y tacsi trwy haul gloyw cynnes.

Yn y gaeaf, eistedd yn y tŷ yn gwrando ar G. J. Williams yn sôn am gymeriadau od Cellan a Thregaron, ac yn chwerthin nes y byddai ei frest yn gwichian. Fe fyddai'r sôn yn fynych iawn am ryw bwnc mewn ysgolheictod Cymraeg, ac fe fu hyn yn addysg amhrisiadwy i mi. Diwedd y noson bob amser, haf a gaeaf, fyddai cerdded i stesion Penarth i ddal y trên fyddai'n gadael am hanner nos union, a'r siarad yn para hyd y funud olaf. Wedi cyrraedd Caerdydd fe fyddai'n rhaid i mi ymlwybro'r holl ffordd i dop Cathays, ac fe fyddai bron yn un o'r gloch y bore arnaf yn cyrraedd fy llety ym Monthermer Road. Ond yr oedd pob ymweliad â Phenarth yn werth yr ymdrech, ac y mae'n dda gen i dalu hyn o deyrnged, ar ôl pum mlynedd a deugain, i'r ysgolhaig digyffelyb a'r cyfaill gwiw, G. J. Williams, ac i garedigrwydd ei wraig.

Yn ystod fy nhymor yng Nghaerdydd yr eis i i Lundain am
y tro cyntaf erioed. Yr oedd John Gwilym Jones wedi mynd
yno i ddysgu plant, fel y dywedodd yn y gyfres yma o sgyrsiau,
ac unwaith o leiaf bob tymor fe fyddai ef yn dod i Gaerdydd
i aros efo mi, a minnau'n mynd i Lundain i aros yn ei lety ef
yn Camden Town o nos Wener hyd nos Sul.

Treulio'r amser trwy fynd i weld rhyw gyfeillion oedd
ganddo yn Dean St. ('roedd honno'n llawer parchusach stryd
y pryd hwnnw nag yw hi erbyn hyn), mynd i gapel Charing
Cross, a theatr wrth gwrs. Un o'r dramâu a welsom oedd *The
Barretts of Wimpole Street*, gyda Cedric Hardwicke yn
cymryd rhan Mr. Barrett. Pan glywodd Mr. Barrett y newydd
fod Elizabeth wedi dianc i ffwrdd efo Browning, dyma fo'n
cerdded i ben draw'r llwyfan a'i gefn at y gynulleidfa a sefyll
o flaen ffenestr hir, a dyma John yn sibrwd yn fy nghlust i,
'Watshia di o rŵan.' Y cwbl a wnaeth Mr. Barrett i ddangos
ei ing oedd chwarae ar y gwydr â'i fysedd, ond yr oedd yn
effeithiol iawn. Ar ddiwedd yr act mi ofynnais i John sut yr
oedd yn gwybod beth oedd Mr. Barrett am wneud, a'r ateb
gefais i oedd, 'Mi ydw i wedi gweld hon ddwywaith o'r blaen
wsti.' Dyna sut y daeth John Gwilym Jones yn awdur dramâu
ac yn gynhyrchydd.

Yr oeddwn i'n hapus iawn am y tair blynedd yng Nghaer-
dydd, er na weithiais i erioed yn galetach, a phan eis i oddi
yno, nid am fy mod i wedi blino ar y lle nac ar y bobol y bu
hynny. Yng ngwyliau'r Pasg 1929 yr oeddwn i gartref yng
Ngharmel, a bron â gorffen fy nhraethawd am M.A. Yr
oeddwn am ei ddangos i Syr John Morris-Jones, ac mi
ysgrifennais i ofyn a gawn i fynd i'w weld i Lanfair. Mi gefais
air caredig yn ôl yn pennu diwrnod. Ond ymhen deuddydd
dyma imi lythyr oddi wrth Rhiannon, ei ferch, yn dweud fod
ei thad yn wael, yn rhy wael i mi ei weld. Fe fu farw ymhen
mis. O ganlyniad yr oedd lle i ddarlithydd ym Mangor, ac mi
gefais innau gynnig y swydd. Ar wahân i'r cyfle i ddod yn ôl
i'm hen Goleg, yr oedd y fantais o gael gwared o'r Lladin a
gwneud dim ond Cymraeg. Codiad hefyd yn fy nghyflog — o
dri chan punt i bedwar cant.

Y pryd hwnnw yr oedd penodi rhywun newydd ar staff

Coleg yn beth pur anghyffredin, ac yr oedd yn rhaid i bawb ymddangos o flaen y Cyngor, hyd yn oed rhyw lipryn o ddarlithydd bach. Am ryw reswm yr oedd y Cyngor yn cyfarfod yn yr Wyddgrug, ac yno yr eis i. Yr oeddwn yn sefyll y tu allan i'r ystafell yn disgwyl cael fy ngalw i mewn, a phwy ddaeth i fyny'r grisiau ond Ei Ras Archesgob Cymru, Dr. A. G. Edwards, a dyma fo'n gofyn imi tybed oedd gen i bensel allwn i roi'n fenthyg iddo, ei fod wedi dod oddi cartref heb ddim i ysgrifennu. Mi rois innau ryw bwt o bensel oedd gen i iddo, a ffwrdd ag ef i mewn i'r cyfarfod. 'Welais i byth mo'r bensel honno wedyn, na'r Archesgob chwaith, er iddo fyw am wyth mlynedd ar ôl hynny. A dyna'r cwbwl yr wy'n ei gofio am y cyfweliad hwnnw.

Felly yn nechrau Hydref 1929 mi ddechreuais fel darlithydd yng Ngholeg Bangor, gydag Ifor Williams yn bennaeth yr Adran a Robert Williams Parry yn ddarlithydd hanner-i-mewn-a-hanner-allan, a dyna lle bûm i am bedair blynedd ar hugain solet, sef hyd 1953. Dau wahanol iawn i'w gilydd oedd Ifor Williams a Williams Parry, y naill yn ysgolhaig mawr ac ymroddedig mewn maes cyfyng, sef yr hen farddoniaeth gynnar, a'r llall wrth natur yn fardd ac yn gwbl anacademig. Y mae braidd yn rhyfedd meddwl mai ar bwnc ieithyddol yr oedd y bardd wedi gwneud ei draethawd M.A., sef rhyw agwedd ar y berthynas rhwng Cymraeg a Llydaweg, ac yr oedd ei wybodaeth o'r Llydaweg yn helaeth a manwl. Ef oedd yn gyfrifol am ddarlithio ar yr iaith honno yn yr Adran. Yr oedd wedi cael y syniad yn ei ben nad oedd dim lle ar staff Coleg i ddyn fel fo, am nad oedd yn gwneud gwaith ymchwil ac yn cyhoeddi. Syniad hollol gyfeiliornus oedd hwn wrth reswm, oherwydd yr oedd ei gyfraniad i waith yr Adran yn werthfawr iawn. Yr oedd wedi dweud ers blynyddoedd y byddai'n ymddeol yn drigain oed, heb ddychmygu y byddai'n rhyfel arnom ni i gyd pan fyddai ef yn cyrraedd yr oed hwnnw. Ond mynd yn drigain oed a wnaeth, yn 1944.

Ym Mangor mi ymrois i wneud fy ngwaith fel darlithydd, a'i fwynhau — darllen cymaint ag a allwn am fy mhwnc, a cheisio cyflwyno'r wybodaeth i'r myfyrwyr, a'r rheini trwy'r blynyddoedd yn griw hoffus a hawddgar. Y mae rhai o'r myfyrwyr cynnar ymysg fy nghyfeillion gorau hyd heddiw. Dechreuais hefyd ar waith ymchwil a thipyn o swmp ynddo, sef Dafydd ap Gwilym. Mewn gair, yr oeddwn i'n graddol dyfu'n ysgolhaig, fel y dylwn i yn rhinwedd fy swydd. Beth am y bardd hwnnw oedd wedi bod yn cynganeddu ac yn cystadlu mor addawol ychydig flynyddoedd ynghynt? 'Dyw ysgolheictod a'r awen ddim yn rhyw gytûn iawn, oherwydd cynneddf ddadansoddi a dadelfennu i raddau mawr yw eiddo'r ysgolhaig, ond cyfansoddi ac adeiladu yw gwaith y bardd.

Ond fe ddaeth temtasiwn heibio a barodd imi roi un ebychiad braidd yn anffodus. Rywbryd yn nechrau haf 1931 mi eis i Lerpwl i dreulio'r diwrnod gyda hen ffrind imi, Hywel Elias Jones, hogyn o Garmel, fel finnau, oedd yn Lerpwl yn fyfyriwr, ac sydd ers blynyddoedd bellach yn feddyg yng Nghyffordd Llandudno. Yn ystod y pnawn fe aethom i'r Bluecoat School i weld cerflun Epstein 'Genesis'; yr oedd mawr sôn amdano ar y pryd. Dyna lle'r oedd, mewn ystafell ddiffenestr o flaen llen ddu, a golau cry yn taro arno — cerflun claerwyn o wraig feichiog hagr ac anferthol. Fe gafodd y peth ryw effaith rhyfedd arnaf. 'Allwn i ddim ei gael o'm meddwl am ddyddiau.

Ymhen rhyw dri mis fe ddaeth rhestr testunau Eisteddfod Aberafan allan, a thestun y gadair oedd 'Mam'. Y demtasiwn oedd canu awdl i'r testun ar sail fy mhrofiad o gerflun Epstein. Ond petawn i'n gwneud, mi fyddwn yn torri rheol yr Eisteddfod, sef nad oedd perthynas i feirniad i gystadlu dan y beirniad hwnnw, ac un o feirniaid y gadair oedd T. H. Parry-Williams, fy nghefnder. Job a J.J. oedd y ddau arall. Ond fe aeth y demtasiwn yn drech na mi, ac mi yrrais yr awdl i mewn, heb ddweud wrth yr un enaid byw bedyddiol ond dau, sef y ferch a ddaeth yn wraig imi, a John Gwilym. Yna fe ddigwyddodd y peth gwaethaf oll a allai ddigwydd, a pheth nad oeddwn i ddim wedi ei ragweld o gwbl, sef fod T. H. Parry-Williams am wobrwyo fy awdl i, a'r ddau arall o blaid awdl y diweddar D. J. Davies, a fo a gadeiriwyd. Y mae'n anodd gweld bai ar Job a J.J., oherwydd yr oedd fy awdl i yn anodd iawn ei deall. Yn wir, efallai mai hi oedd y gyntaf o'r cerddi tywyll.

Yr unig ymhél â barddoniaeth a wnes i wedyn oedd cyfieithu *Murder in the Cathedral* T. S. Eliot i Gwmni Drama Gymraeg y Coleg yn 1948, ac ysgrifennu *Llywelyn Fawr* yn 1953, peth sy'n llawer gwell fel barddoniaeth nag fel drama. Ac ar ôl hyn, er gwell neu er gwaeth, fe roes y bardd ei ffidil yn y to, ac yno y mae hi ac yno y bydd hi yn ddiamau.

Yn yr atodiad i *Rhagor o Atgofion Cardi* gan Thomas Richards y mae R. T. Jenkins wedi rhoi disgrifiad byw o'r sesiynau a fyddai'n digwydd yn ystafell Ifor Williams dros de pnawn yn gyson am rai blynyddoedd — y tri a enwais rŵan, ac R. Williams Parry a minnau, ac Alun Roberts a Bob Owen ambell dro. Siarad am bob cyfryw bwnc, cellwair, ysgrifennu cerddi digri, a bwyta 'o dafell i dafell betryal yr academig dost.' Nid oedd hyn ond un o'r achlysuron y byddwn i'n gweld Thomas Richards, llyfrgellydd y Coleg, llefarwr llithrig a phwysleisiol, y gŵr a ddaeth â rheolaeth a disgyblaeth i'r llyfrgell ar ôl teyrnasiad esmwyth Thomas Shankland. Os gwelai Thomas Richards rywun yn siarad yn lle darllen, ei anfon allan, a'i ddilyn ar hyd y llyfrgell i'r drws gan ddweud y drefn mewn llais fel utgorn. Dyma'r gŵr hefyd a adeiladodd y casgliad rhagorol o bapurau hen deuluoedd bonheddig gogledd Cymru sydd yn y llyfrgell, ac mi fûm i'n ei wylio wrth y gwaith am flynyddoedd. A dyma'r gŵr y bûm i'n gwrando arno droeon byd yn dweud yn ddramatig am Rhoose, y pêldroediwr, neu Mustafa Kemal, arwr mawr Twrci, neu John Miles, y Bedyddiwr cynnar o Benrhyn Gŵyr. Yr oedd sgwrs efo Thomas Richards yn tueddu i fod yn fand-un-dyn, ond yr oedd yn berfformiad cynhyrfus ac yn gelfyddyd gain.

Yn ystod cyfnod adfydus y rhyfel, mi fûm i am gwpl o flynyddoedd yn ysgrifennydd y Senedd, oherwydd gwaeledd Cofrestrydd y Coleg, E. H. Jones, ac mi fûm yn cydweithio'n agos ac yn hapus iawn â Phrifathro'r Coleg, Syr Emrys Evans, gŵr y mae gen i barch mawr iddo, petai ddim ond am ei gydymdeimlad a'i help i mi fel gwrthwynebwr cydwybodol yn ystod y rhyfel; fe fu'n fwy caredig i mi na rhai pobl oedd yn nes ataf. Yn 1947 fe ymddeolodd Ifor Williams, ac mi fûm innau mor ffodus â chael fy mhenodi i'w ddilyn fel Athro Cymraeg. Yr wyf am fentro dweud, gan obeithio na fydd imi dramgwyddo neb, mai dyma'r penodiad a roes fwyaf o bleser i mi o bob un, achos dyma uchafbwynt yr yrfa yr oeddwn i wedi ei dewis, ac yr oeddwn yn dilyn dau ysgolhaig mawr. Pam, felly, y gadewais y swydd ar ôl chwe blynedd? Dyna gwestiwn digon teg.

Mi soniais gynnau am fod yn ysgrifennydd y Senedd ym Mangor. Yn ddiweddarach mi fûm yn fy nhro yn Ddeon y Gyfadran ac yn Is-Brifathro, a thrwy hynny ddechrau cael blas ar ffrwythau gwaharddedig gweinyddu, neu 'administrio,' fel y byddai fy nghyfaill, Dr. Elwyn Davies, yn dweud. Pan gefais wahoddiad yn 1953 i ddilyn Syr William Llewelyn Davies fel pennaeth y Llyfrgell Genedlaethol, fe fu raid imi ystyried o ddifri. Yr oeddwn yn gynefin â'r Llyfrgell, wedi bod yn mynd yno am flynyddoedd i gopïo llawysgrifau ynglŷn â Dafydd ap Gwilym, ac yn adnabod amryw o aelodau'r staff yn dda.

Ond 'doedd gen i ddim profiad fel llyfrgellydd, na dim gwybodaeth am grefft a rheolau llyfrgellyddiaeth. Yr unig gymhwyster oedd gen i oedd fy mod i'n ysgolhaig wrth fy mhroffes, ac fel y cyfryw yn deall swyddogaeth y Llyfrgell Genedlaethol a'i gwasanaeth i ysgolheictod Cymreig, ac mi wyddwn y cawn bob cydweithrediad gan aelodau'r staff, y dynion a'r merched oedd yn deall y dechneg o adeiladu a rhedeg llyfrgell fawr.

Mewn rhyw agwedd feddwl fel yna y derbyniais i'r swydd, a phenderfynu torri'r cyswllt hir a hapus oedd wedi bod rhyngof a Choleg Bangor. Mi deimlais gryn chwithdod ar y dechrau, teimlo colli fy holl gyfeillion ar staff y Coleg, a theimlo colli'r berthynas â myfyrwyr yn arbennig. Ond fe ddaeth digon o ddiddordebau eraill i godi fy nghalon, a digon yn sicr o gyfeillion eraill.

Llywydd y llyfrgell y pryd hwnnw oedd yr Arglwydd Harlech, tad yr Arglwydd presennol, a chan ei fod yn cymryd gwir ddiddordeb yn y Llyfrgell, mi fyddwn i'n gweld cryn lawer arno. Yr oedd yn ddisgynnydd o Syr John Owen, Clenennau, cefnogwr rhamantus y brenin yn y Rhyfel

Cartrefol, ac o amryw o ddynion amlwg eraill yn siroedd y gogledd yn y gorffennol, ac yr oedd yn hyddysg iawn yn hanes ei deulu trwy'r canrifoedd. Fe roddodd gasgliad amhrisiadwy o hen bapurau'r teulu i'r Llyfrgell Genedlaethol. Yr oedd ei lyfrgell ef ei hun ym Mrogyntyn, ger Croesoswallt, yn eithriadol o ddiddorol, oherwydd yr oedd yn cynnwys argraffiadau cynnar o weithiau Shakespeare, Ben Jonson, Marlowe a llu o feirdd Saesneg eraill, wedi eu prynu gan y teulu trwy'r blynyddoedd. Peth trist iawn oedd chwalu'r casgliad gwych yma pan aeth Brogyntyn yn rhy gostus i'w redeg. Fe ddilynwyd yr Arglwydd Harlech fel Llywydd y Llyfrgell gan Syr Ifan ab Owen Edwards, gŵr gwahanol iawn wrth reswm. Ond fe fu'r ddau fel ei gilydd yn help ac yn gefn i mi.

Yr oedd un gŵr ar staff y Llyfrgell na chafodd erioed mo'i werthfawrogi gan Gymru, a hwnnw oedd J. J. Jones, Ceidwad y Llyfrau Print. Mi wyddwn i amdano cyn imi fynd i'r Llyfrgell, ond wedyn y dois i ddeall ei fawredd. Yn y Ceinewydd y ganwyd ef. Yr oedd bron yn gwbl fyddar am y rhan fwyaf o'i oes, a dyna'r rheswm i raddau pam yr oedd wedi diwyllio'i hun fel ieithydd. Yr oedd yn medru darllen ac ysgrifennu pob iaith yn Ewrop, a hefyd ieithoedd China a Japan. Pan fu farw yn 1957 yr oedd newydd orffen cyhoeddi mewn tair cyfrol sylweddol ei gyfieithiad o'r *Mahavastu* o'r Sansgrit, sef ysgrythurau y gangen hynaf o grefydd Buddha, y tro cyntaf erioed i'r testun anodd hwn gael ei gyfieithu i unrhyw iaith. Dyma ysgolhaig oedd yn llythrennol yn fydenwog yn ei faes ei hun, a 'doedd neb yng Nghymru yn gwybod dim am ei ddysg enfawr. Wrth gwrs, yr oedd yn rhy wylaidd i ganu ei glodydd ei hun.

Yn ddiweddar mi gefais fy mhenodi'n Llywydd y Llyfrgell Genedlaethol, ac yr wyf yn gwerthfawrogi'r anrhydedd yn fawr iawn. Nid wyf yn siŵr o gwbl fod pobl Cymru yn llawn sylweddoli y fath sefydliad gwych yw'r Llyfrgell. Fel casgliad o lawysgrifau a dogfennau hanesyddol a defnyddiau ar gyfer ysgolheigion 'does ond yr Amgueddfa Brydeinig a Llyfrgell Bodley yn Rhydychen a Llyfrgell Prifysgol Caergrawnt efallai yn rhagori arni ym Mhrydain i gyd.

Yr oedd bod yn bennaeth y Llyfrgell honno yn brofiad

pleserus hynod, ac yn gyfle rhagorol i ysgolhaig, oherwydd yr oedd yn eistedd ar ben cruglwyth enfawr o wybodaeth am hanes Cymru a'i llenyddiaeth. Ychydig iawn o bwyllgorau oedd i'w boeni, dim ond rhyw un y mis, a 'doedd dim rhaid mynd oddi cartref ond yn anfynych. Nifer cymharol fach o gydweithwyr, a phawb ohonynt yn gyfeillgar. Ac eto, ar ôl dim ond pum mlynedd, mi drois fy nghefn ar y swydd, a mynd i'r Coleg. Pam mewn difri?

Yr wyf wedi dysgu un peth o leiaf ar ôl byw yn y byd yma am dros drigain mlynedd, sef mai peth anodd iawn i ddyn yw rhoi rhesymau sy'n foddhaol, iddo fo'i hun hyd yn oed, am wneud a pheidio â gwneud rhywbeth, yn arbennig wrth edrych yn ôl dros nifer o flynyddoedd. Nid af fi ddim i fanylu rŵan ar y pwyso a'r mesur oedd yn mynd ymlaen yn fy meddwl i yn 1958 pan gefais i gynnig mynd yn Brifathro'r Coleg, dim ond dweud fod y saith mlynedd ar hugain yr oeddwn i wedi eu treulio ar staff Coleg cyn mynd i'r Llyfrgell wedi gogwyddo llawer ar fy meddwl. Yr oedd mynd yn ôl at bobl ifanc ac i awyrgylch sefydliad addysgol yn edrych yn dra deniadol, ac yn ôl yr eis i.

Yr oedd yna un peth nad oeddwn i ddim wedi ei sylweddoli. Yn y Llyfrgell yr oeddwn yn cael amser i ddarllen cynnyrch yr ysgolheigion Cymreig a llawer o bethau eraill, ac mi lwyddais i olygu *Blodeugerdd Rhydychen*. Yr oedd Syr Emrys Evans ym Mangor wedi cael amser i gyfieithu gweithiau Platon. Ac os awn ni'n ôl yn ddigon pell fe welwn fod Viriamu Jones, Prifathro cyntaf Coleg Caerdydd yn wyth degau'r ganrif ddiwethaf, yn dal i wneud gwaith mor dda fel gwyddonydd nes cael ei wneud yn F.R.S. Ond mi gyrhaeddais i Goleg Aberystwyth yn union pan oedd yr helaethu yn dechrau.

Fe godwyd yr holl adeiladau ar Ben-glais, ond dau, yn ystod yr un mlynedd ar ddeg y bûm i'n Brifathro. Nid fi oedd yn cario'r baich, wrth reswm, ond yr oedd yr holl waith ynglŷn â chodi adeiladau a'u dodrefnu, penodi aelodau'r staff, trafod datblygiadau newydd, a dilyn pwyllgorau o bob math, heb sôn am gadeirio'r Comisiwn ar y Brifysgol a phwyllgor arbennig ar lyfrgelloedd prifysgolion, yr oedd y gwaith hwn yn peri nad oedd dyn ddim yn cael amser i ddarllen gweithiau ysgolheigaidd.

'Rwy'n cofio sôn am hyn droeon wrth fy nghyfaill, Gwilym James, Is-Ganghellor Prifysgol Southampton, ac awdurdod ar y cyfnod Rhamantaidd yn llenyddiaeth Lloegr. 'Roedd ef wedi llwyddo i ddal i ddarllen ac ysgrifennu llyfrau, ond ymddeol yn drigain oed a wnaeth. Y gwir yw, er gwell neu er gwaeth, mai gweinyddwyr, nid ysgolheigion na gwyddonwyr, sydd eisiau yn benaethiaid prifysgolion erbyn hyn. Y mae'n bur arwyddocaol fod rhai o brifysgolion Lloegr wedi penodi gwas suful, cyn-lysgennad, cyn-Weinidog Addysg, a hyd yn oed gadfridog o'r fyddin yn Is-Ganghellor yn ddiweddar.

Dyna un o anfanteision fy symudiad i yn 1958. Ar y llaw arall, mi gefais gwmni pobl ifanc, fel yr oeddwn yn meddwl y cawn i, er fod y prysurdeb cyffredinol yn gryn atalfa ar hynny hefyd. Ond mi welais y myfyrwyr yn dirywio, nid y Cymry, ond rhai cywion haerllug o Saeson, oedd â'u dylanwad yn llawer mwy na'u nifer. Mi ddois i gyswllt â lliaws o gydnabod a chyfeillion newydd ar staff y Coleg, y cwbl, ond rhyw dri, yn bobl yr oeddwn i'n eu parchu a'u hedmygu'n fawr. Mi gefais gyfeillion gwerthfawr hefyd ymhlith Is-Gangellorion prifysgolion Lloegr a Sgotland. Mi gefais gyfle i fynd i amryw gynadleddau ar y Cyfandir, yn yr Almaen, Ffrainc, gwlad Belg a Sbaen. Mi fûm ar deithiau yn America a New Zealand. Wel, meddech chwithau, 'rydech chi wedi mwynhau'ch hun a chael hwyl fawr. Do, mae'n rhaid cyfaddef.

Ond beth arall wnes i? Nid fi sydd i ddweud pa les a ddaeth i'r Coleg, os daeth lles o gwbl, tra bûm i yno. Mi fûm wrth y llyw trwy gydol yr helaethu a'r ehangu, pan ddyblodd nifer y myfyrwyr. Ond erbyn hyn y mae beirniadu miniog ar yr helaethu, a galw taer am stopio. Y cwbl a ddywedaf i ar hyn o bryd yw fod yr helaethu wedi dwyn yn ei sgîl fanteision sylweddol i'r Gymraeg fel pwnc academig. Er nad yw myfyrwyr yr Adran Gymraeg wedi cynyddu fawr ddim o ran nifer, y mae nifer y staff wedi cynyddu o dri i wyth, ac y mae ysgolheictod Cymraeg mewn gwell cyfle a gwell cyflwr o lawer iawn nag ydoedd ugain mlynedd yn ôl. Ac am yr helaethu'n gyffredinol, mi ddywedaf mai fy marn bersonol i yw fod

Prifysgol Cymru wedi gwneud ei chyfran ddyledus o helaethu, ac mai da o beth fyddai arafu ac ymbwyllo a chanolbwyntio sylw ar loywi safonau dysgu ac ymchwilio, a chadw a chynyddu'r enw da sydd i'r Brifysgol yn y byd academig.

Cyhoeddwyd 1972

Ymateb Dr. Thomas Parry

ar dderbyn Medal y Cymmrodorion*

Fy nyletswydd gyntaf i, yn amlwg iawn, yw diolch yn y lle
cyntaf i Gyngor Anrhydeddus Gymdeithas y Cymmrodorion
am fy nyfarnu i'n deilwng o'r anrhydedd hwn, i'r Athro T. J.
Morgan am bopeth (neu bron bopeth) a ddywedodd, ac i
chwithau fel cynulleidfa am ddod yma y prynhawn yma, rhai
ohonoch, fel 'rwy'n gweld ar gipolwg, o gryn bellter.

Ar achlysur fel hwn y mae'n naturiol i ddyn fwrw golwg yn
ôl dros ei yrfa. A chymryd fod y pethau sydd wedi eu dweud
amdano yn weddol agos i'r gwir, y mae dyn yn meddwl beth
fu'r cymhelliad i wneud yr hyn a wnaed, pwy neu beth heblaw
efô'i hun a gyfranogodd yn y gwaith, ac y mae'n dod yn gwbl
glir fod nifer helaeth o ddynion a sefydliadau yn cael eu
cynrychioli yn fy mherson i. Y mae dylanwad rhieni, ac
athrawon medrus mewn ysgol a choleg, a chefnogaeth gwraig
a dealltwriaeth cyfeillion yn bethau y mae pawb yn barod i'w
cydnabod. Nid ydym bob amser mor barod i gyffesu ein dyled
i sefydliadau — peirianweithiau mawr, cymhleth ac am-
hersonol. Ond yr wyf fi'n llawn sylweddoli heddiw fy nyled fel
tipyn o ysgolhaig Cymraeg i ddau sefydliad yng Nghymru, sef
y Brifysgol, a'r Llyfrgell Genedlaethol.

Gŵr yw'r ysgolhaig a ddylai gael cwmni eraill o gyffelyb
fryd. Y mae'n drawiadol fod yr ysgolhaig Cymraeg modern
cyntaf, sef Gruffydd Robert, draw ym Milan yn alltud

* Neuadd Gregynog, Llyfrgell Genedlaethol Cymru, Aberystwyth, dydd
Sadwrn, Mawrth 27, 1976.

Catholig, wedi cyfleu ei ramadeg Cymraeg ar ffurf ymddiddan rhyngddo a'i gyfaill Morys Clynnog. Ond anodd credu fod gan y Pabydd cyndyn arall hwnnw, Thomas Wiliems, yr un cydymaith cydnaws yn Nhrefriw tua'r un adeg, na chan y Protestant ymroddedig, John Davies, neb tebyg iawn iddo ef ei hun ym mhlwyf Mallwyd tua 1620. At ddiwedd y ganrif honno yr oedd hi'n wahanol ar Edward Lhuyd. Yr oedd ef yn geidwad Amgueddfa Ashmole yn Rhydychen, ac yn gyfeill-gar ag ysgolheigion tebyg iddo ef ei hun, fel Robert Plot, George Hickes, Humphrey Wanley, Thomas Hearne ac eraill. Ond o amser Lhuyd hyd ddyddiau John Rhys dyn unig oedd yr ysgolhaig Cymraeg, ac amatur unig at hynny. Rhai felly oedd Lewis Morris ac Ieuan Fardd. Yr oedd William Owen Pughe wedi bod am rai blynyddoedd yn Llundain cyn dod i adnabod yr un Cymro arall yn y ddinas, peth sy'n anodd iawn ei gredu, ond ef ei hun sy'n dweud. Yn nhawelwch Trefflemin y bu Iolo Morganwg yn cymysgu gwir a chelwydd mor gelfydd a llwyddiannus. Yn y bedwaredd ganrif ar bymtheg yr oedd ysgolheictod Cymraeg yn mynd fwy a mwy yn ddiddordeb i'r amaturiaid deallus, dynion yn gweithio ar eu pennau eu hunain — Thomas Stephens, Gweirydd ap Rhys a Charles Ashton. A lle unig iawn, unig a thrist, oedd rheithordy Llan-wrin i Silvan Evans.

Yn ychwanegol at gwmnïaeth ei gymrodyr, y mae gofyn i'r ysgolhaig gael nawddogaeth. Rhaid iddo gael rhywun neu rywrai wrth ei gefn sy'n barod i roi iddo help ymarferol, mewn arian efallai, i ddwyn ei fwriadau i ben, neu i'w gefnogi mewn ffyrdd eraill. Pan gyhoeddodd Siôn Dafydd Rhys ei ramadeg Cymraeg yn 1592, dygwyd y gost gan Edward Stradling o Sain Dunwyd. Pan oedd Edward Lhuyd yn mynd i grwydro Cymru i chwilio am hynafiaethau, fe gyfrannodd tua dau gant o ddynion, yn esgobion ac arglwyddi ac uchel-wyr o bob math, arian at ei dreuliau. Rhoes Paul Panton, o Bentraeth, Môn, flwydd-dâl o ugain punt i Ieuan Fardd, ar yr amod ei fod yn cael ei lawysgrifau wedi ei farw. Cyn diwedd y ddeunawfed ganrif talodd Owain Myfyr am gynhyrchu *Barddoniaeth Dafydd ab Gwilym* a'r *Myvyrian Archaiology*. Nawdd unigolion hael oedd hyn, yn dibynnu'n llwyr ar gymeriad y noddwr. Bu ymgais fwy nag unwaith i wneud trefniadau mwy sefydlog a pharhaol i noddi dysg a gwybodaeth trwy sefydlu cymdeithasau i'r pwrpas. Dyna un o amcanion Cymdeithas y Cymmrodorion pan sefydlwyd hi yn 1751, ond ni chyrhaeddodd ei hamcan am lawer o flynyddoedd. Fe fu farw'r Gymdeithas unwaith, ac yn wahanol i'r rhan fwyaf ohonom ni, fe fu farw'r ail waith, ac yn wahanol i bawb ohonom ni, fe atgyfododd ddwywaith, a phan ddaeth i'r golwg am y trydydd tro, fe ddechreuodd noddi ysgolheictod o ddifri, gyda chychwyn ei chylchgrawn *Y Cymmrodor* yn 1877 a'r *Transactions* yn 1892. Yna y *Cymmrodorion Record Series*, a gweithiau fel *Lives of the British Saints* (1907-1913), *Catalogue of MSS. relating to Wales in the British Museum* (1900-1908), a llawer o lyfrau dysgedig eraill. A pheidiwn ag anghofio *Y Bywgraffiadur*, y gymwynas amhrisiadwy honno i bawb sy'n ymddiddori yn hanes a llenyddiaeth Cymru. Cymdeithas arall a wnaeth waith cyffelyb, ond ar raddfa lawer iawn llai, oedd y Welsh MSS. Society trwy wasg wych Llanymddyfri tua chanol y ganrif. Y mae cymdeithasau yn dal i noddi ysgolheictod yn ein dyddiau ni, ac yn rhoi cyfle i gyhoeddi ffrwyth ymchwil yn eu cylchgronau. Rhai felly yw cymdeithasau hanes y gwahanol siroedd a'r enwadau crefyddol. (Gyda llaw, yr wyf yn mawr obeithio na fydd i'r addrefnu a fu ar lywodraeth leol ddim amharu ar gymdeithasau hanes y siroedd gwreiddiol. Y mae'r hen siroedd yn unedau dilys a hanesyddol, ac nid oes reswm o gwbl oll dros eu hanwybyddu.)

Dyma un o brif swyddogaethau'r Eisteddfod Genedlaethol hefyd yn y blynyddoedd a fu. Cynnyrch cystadleuaeth mewn eisteddfod oedd popeth o bwys ar hanes llenyddiaeth Gymraeg yn y ganrif ddiwethaf — llyfrau Thomas Stephens, Gweirydd ap Rhys a Charles Ashton. Ac mor ddiweddar â dau-ddegau'r ganrif hon caed llyfr cyntaf G. J. Williams ar Iolo Morganwg a llyfrau mawr Thomas Richards ar hanes Piwritaniaeth, y cwbl o'r Eisteddfod Genedlaethol.

Y mae un sefydliad arall a fu'n hael iawn ei nodded i ysgolheictod yng Nghymru, er mai nid hynny oedd ei bwrpas cyntaf, sef yr Eglwys Esgobol. Ni fynnwn awgrymu am funud fod rheithoriaid a ficeriaid yr Eglwys — yr hen Eglwys Loegr yng Nghymru na'r Eglwys yng Nghymru heddiw — yn wŷr segur, ac amser yn pwyso'n drwm ar eu hysgwyddau ac ar eu meddyliau, ond rywsut fe gafodd amryw ohonynt amser i wneud gwaith ysgolheigaidd rhagorol yn y ganrif ddiwethaf, dynion fel Carnhuanawc, Robert Jones, Rotherhithe, Robert Williams, Rhydycroesau, a Hartwell Jones, ac yn arbennig y gŵr rhyfeddol hwnnw, Daniel Silvan Evans. Y mae hynyna'n ddigon i brofi mai gorchwyl oriau hamdden oedd ysgolheictod Cymraeg trwy'r blynyddoedd nes penodi John Rhys yn Athro Celteg yng Ngholeg Iesu, Rhydychen, yn 1877. Yna fe ddaeth tri Choleg Prifysgol Cymru a'u hathrawon Cymraeg, a chaed nifer o ddynion oedd yn ysgolheigion proffesiynol, yn gallu rhoi eu holl amser i ymchwilio a chyhoeddi gwybodaeth am Gymru, bob agwedd arni.

Mi gefais i'r fraint o fod yn gysylltiedig â Phrifysgol Cymru — mewn tri o'i Cholegau — ar hyd y blynyddoedd y bûm yn gweithio, ac eithrio'r pum mlynedd a dreuliais yn y Llyfrgell Genedlaethol, ac i'r ddau sefydliad hyn y mae imi ddiolch am y math o fyw a fu arnaf. Yr hyn y carwn i ei bwysleisio yw fod cyfraniad y Brifysgol a'r Llyfrgell i ffyniant diwylliadol Cymru wedi bod yn enfawr. Mi wn i am wendidau'r Brifysgol yn well na llawer : y mae'n rhy fawr; y mae'n dysgu rhai pynciau dibwys; y mae'n hau mân ddoethuriaethau diarwyddocâd; y mae'n cynnwys ar staffiau ei Cholegau rai Saeson diddiwylliant ac anoddefgar ('rwy'n deall fod dau neu dri o'r epil yn brefu yn Aberystwyth yma); ac y mae Cynghorau ei Cholegau yn anwybyddu dynion sy'n gynnyrch y Brifysgol ei hun wrth benodi i'r prif swyddi. Eto i gyd, y mae cyflwr ysgolheictod Cymreig heddiw, ac ers hanner can mlynedd, yn orchest wir odidog, ac i'r Brifysgol a'r Llyfrgell y mae'r diolch am hynny.

Beth sydd wedi digwydd? Yn gyntaf, y mae nifer o wŷr a gwragedd — nifer go helaeth, a chymryd y pum Coleg i ystyriaeth — wedi cael cyfle a chefnogaeth i dyfu'n ysgolheigion, o ddyddiau John Edward Lloyd ac Edward Anwyl ymlaen. Y maent yn ysgolheigion proffesiynol, llawn amser. Yn ail, cawsant gyhoeddi ffrwyth eu llafur mewn erthyglau a

71

llyfrau heb gostau ariannol iddynt hwy eu hunain, diolch i'r Bwrdd Gwybodau Celtaidd a Bwrdd y Wasg. Yn drydydd, gosodwyd safon gydnabyddedig o ragoriaeth mewn ysgol- heictod ac o onestrwydd meddwl. Y mae ffug ysgolhaig fel Ab Ithel, neu ramantydd toreithiog ac anghyfrifol fel Iolo Morganwg, erbyn hyn yn amhosibl. A defnyddio un o dermau Botaneg, fe gaed ambell *sport* fel Gwenogvryn Evans a Timothy Lewis, ond y mae'r gweddill o gynnyrch tir y Brif- ysgol yn datblygu yn unol â nodweddion priod y rhywogaeth. Law yn llaw â'r Brifysgol, er hyrwyddo ysgolheictod Cymreig, y mae'r Llyfrgell Genedlaethol, a thoreth o'r defnydd crai y mae'n rhaid i'r ysgolhaig wrtho wedi ei gronni a'i warchod a'i ddosbarthu.

A pheidiwn â dibrisio ysgolheictod, fel y mae tuedd weithiau i wneud, ac i ddefnyddio'r gair academig yn feirn- iadol, ac yn wir yn wawdus, oherwydd nid yw ysgolheictod ond moddion i ymgydnabod â chefndir diwylliadol y genedl, i adnabod y safonau hynny a osododd ein tadau, ac sydd wedi ein gwneud ni yr hyn ydym. Heb ysgolheictod ni fuasai ysgrifennu creadigol yn bod. Os yw'r dramodydd neu'r nofelydd neu'r bardd yn mynd at Aneirin neu'r Mabinogi neu Forgan Llwyd neu Bantycelyn am ysbrydiaeth neu ddelwedd, y mae'r ysgolhaig wedi bod yno o'i flaen, ac wedi rhoi goleuni ar aml lecyn tywyll. Os oes rhywun yn amau hyn, darllened deyrnged urddasol y llenor a'r beirniad, Saunders Lewis, i'r ysgolhaig o hanesydd, John Edward Lloyd, 'llusernwr y canrifoedd coll'.

Un pwynt arall o blaid ysgolheictod, sef yr effaith ar yr ysgolhaig. Mi wn cystal â neb fod llawer ysgolhaig yn gul ac yn gyfyng iawn ei rychwant. Ond os myn fanteisio ar ei gyfle, fe eill yr ysgolhaig dyfu i fod yn ddyn dysgedig, ac fe wyddom am ambell un felly, fel R. T. Jenkins, gŵr oedd yn meddu holl gyneddfau'r ysgolhaig, ac wedi troi ei ysgolheictod yn ddysg. A da inni fydd cofio'r dyfyniad o Mark Pattison sydd gan R. T. Jenkins yn un o'i ysgrifau:

Mae bod yn ddysgedig yn golygu cyfuniad arbennig o gof, dychymyg, arferion cyfundrefnol a sylwgarwch manwl, a'r cwbl wedi eu canolbwyntio am gyfnod hir ar astudio pethau

72

ysgrifenedig. Canlyniad yr ymdrech feddyliol barhaol hon yw, nid llyfr, ond dyn . . . Er mor brin yw athrylith, y mae lle i gredu fod y gŵr gwir ddysgedig yn brinnach.

Ychydig iawn o ysgolheigion a eill ymgyrraedd at y nôd aruchel hwn, ond fe eill pob ysgolhaig ymgysuro mai'r un rhai ar raddfa is yw ei gyneddfau yntau, sef cof, dychymyg, arferion cyfundrefnol a sylwgarwch manwl.

Y mae i'r ysgolhaig ryw gymaint o'r ddawn greadigol yn fynych. Ond peidiwn â chymysgu ei ddawn ef a dawn yr artist llenyddol. Y mae'n syn cymaint o ysgolheigion sy'n ysu am gael eu cydnabod fel llenorion, a chymaint o lenorion sydd am fod yn ysgolheigion. Ond gweithgareddau tra gwahanol ydynt — yr ysgolhaig yn gweithio mewn byd o amser, yn agored i gael ei gywiro, ac wedi ei dynghedu i gael ei anghofio. Ond y mae gwaith y gwir lenor yn ddigyfnewid ac yn dal i fyw. A'n dyletswydd ni yng Nghymru yw adnabod ein dawn ein hunain, bob un ohonom.

Y mae'r achlysur hwn y prynhawn yma, yn fy marn i, yn deyrnged i ysgolheictod yng Nghymru, ac yn arwydd fod Cymdeithas y Cymmrodorion, yn unol â'i siarter ar y dechrau a'r amcanion a fwriadwyd gan ei sylfaenwyr, yn dal i barchu'r ymchwil am y goleuni parthed y Gymraeg a'i llenyddiaeth a hanes Cymru.

Cyhoeddwyd 1976

Daniel Silvan Evans *

1818-1903

Mi garwn wneud yn gwbl glir ar y cychwyn nad darlith ysgol-
heigaidd gan awdurdod ar y pwnc yw'r anerchiad hwn,
oherwydd nid wyf fi'n gwybod dim am Silvan Evans ond a
ddysgais gan eraill, a'm hunig amcan yw estyn coffadwriaeth
gŵr oedd yn ysgolhaig Cymraeg, yn ŵr bonheddig hynaws ac
yn Gristion, ac wrth wneud hynny mynegi fy niolch didwyll
i Reithor Llanwrin heddiw, y Parch. William Roberts, am y
fraint fawr o gael sôn am Silvan Evans yn yr eglwys lle bu
ef yn gwasanaethu am saith mlynedd ar hugain olaf ei oes.
Er cymaint o dristwch ac o siomiant oedd yn ei fywyd, ac er
na lwyddodd i sylweddoli ei amcan mawr fel ysgolhaig, y
mae'n werth ei gofio am yr hyn a wnaeth ac am y safonau a
osododd iddo'i hun.

Ar 27 Mehefin 1875, pan oedd Coleg Aberystwyth yn dair
blwydd oed, penderfynodd y Cyngor benodi'r Parch. D.
Silvan Evans, B.D., yn Athro Cymraeg am gyflog o £150 yn y
flwyddyn. Yr oedd disgwyl iddo ddarlithio ddwywaith yn yr
wythnos, a rhoi darlithiau achlysurol ar ben hynny. Ar 20 o
Hydref ymddangosodd o flaen y Cyngor, a chytunwyd nad
oedd raid iddo draddodi'r darlithiau achlysurol. Ymhen tair
blynedd, sef ar 15 Hydref 1878, penderfynodd y Cyngor, gyda
chydsyniad yr Athro Cymraeg, dynnu ei gyflog i lawr i gan-

---

* Traddodwyd i Adran Gymmrodorol yr Eisteddfod, Maldwyn a'i
Chyffiniau, yn Eglwys y Plwyf, Llanwrin, Awst 6, 1981.

punt, hyn oherwydd prinder arian, nid dim diffyg yn yr Athro. Nid y swydd yn y Coleg oedd ffon ei fara, oherwydd ef oedd Rheithor Llanwrin.

Nid oedd y Gymraeg yn bwnc ar gyfer gradd y pryd hwnnw; nid oedd Prifysgol Cymru na'i graddau wedi dod i fod. Ond yr oedd yn bwnc yn yr arholiad i ddod i mewn i'r Coleg, a dyma un cwestiwn a osodwyd mewn arholiad felly unwaith : 'Is the statement made by some grammarians that, with some exceptions, the Welsh verb has no present tense, tenable, and what light do other Celtic dialects throw on the subject?' Y mae'n gwbl sicr na fuasai'r un ymgeisydd yn cael ei dderbyn i Goleg Aberystwyth na'r un Coleg arall heddiw petai raid iddo ateb y cwestiwn yna.

Yr oedd Owen Edwards yn un o ddisgyblion Silvan Evans rhwng 1880 a 1883, a dyma'i eiriau am ei athro yn ei lyfr *Clych Atgof:*

> Rhyw dro, hwyrach, caf ysgrifennu hanes athrawon cyntaf Coleg Prifysgol Cymru. Yr un a fu â mwyaf o ddylanwad arnaf fi oedd Daniel Silvan Evans, yr Athro Cymraeg. Ychydig ddisgyblion oedd ganddo gan nad oedd Cymraeg yn talu ar yr adeg honno. Cyfarfyddem ef yn ei ystafell ei hun, a darllenem ryw awdur fel y Bardd Cwsg neu Theophilus Evans gyda'n gilydd o gylch ei fwrdd. Gwnaeth inni gymryd diddordeb yng ngeiriau'r iaith Gymraeg ac yn enwedig yn ei geiriau llafar a'i geiriau gwerin. Dangosodd inni fod gogoniant lle y tybiasom nad oedd ond gerwindeb gwerinol o'r blaen. O dipyn i beth cawsom gipolwg yn awr ac yn y man ar ysblander ei chyfoeth. Yr hen athro tal, llygadlon, difyr — tawel fo ei hun yntau, wedi ei oes hir gyda geiriadur a gramadeg, yn hoffus Ddyffryn Dyfi. (Arg. 1958, t. 79)

Mewn man arall y mae Owen Edwards yn ychwanegu, 'A llawer tro wedi awr y ddarlith y buom yn adrodd ystraeon ysbrydion bob yn ail.' (*Cymru,* iii, 82).

Am wyth mlynedd y daliodd Silvan Evans y swydd o Athro Cymraeg, ac ymddiswyddodd yn 1883, ond nid yw'n glir pam. Yn ei adroddiad blynyddol am y flwyddyn honno y mae'r Prifathro T. C. Edwards yn awgrymu mai'r pellter o Lanwrin i Aberystwyth oedd y rheswm, ond nid oedd hwnnw'n ddim mwy nag yn y blynyddoedd cynt. Tebycach yw fod y teithio a'r darlithio yn mynd â gormod o'i amser.

Am hanes bywyd Silvan Evans y mae'r erthygl yn *Y Bywgraffiadur* yn bur lawn. Dyma'r prif ffeithiau. Ganed ef 11 Ionawr 1818 yn y Fron Wilym, plwy Llanarth, yn fab i Silvanus a Sarah Evans, ac yn un o saith o blant. O ran crefydd Annibynwyr oedd y teulu, ac ar ôl bod mewn ysgol neu ddwy yn ardal ei gartref aeth y bachgen i ysgol enwog Neuadd-lwyd at Thomas Phillips. Yn 1840, yn ddwy ar hugain oed, aeth yn fyfyriwr i Goleg Aberhonddu i ymbaratoi ar gyfer y weinidogaeth gyda'r Annibynwyr, ond wedi dim ond pedwar mis fe ymadawodd. Treuliodd bum mlynedd yn yr anialwch, os dyna'r ffordd i ddisgrifio cadw ysgol ym Mhencader a lle neu ddau arall. Ni chafodd fynd yn ôl i Goleg Aberhonddu, er rhoi cynnig arni fwy nag unwaith, a dyma droi am addysg a thrugaredd yng Ngholeg Dewi Sant, Llanbedr, ddydd Gŵyl Ddewi 1846. Bythefnos cyn hynny yr oedd wedi priodi â Margaret Walters o Nantcwnlle. Y mae ei thad yn cael ei ddisgrifio fel 'amaethwr cefnog ac eglwyswr parchus', ac y mae'n fwy na thebyg mai ar ei gefn ef yr aeth Silvan Evans i Goleg Llanbedr.

Ar ddiwedd ei gwrs penodwyd ef i guradiaeth Llandygwnning a Phenllech yn Llŷn, a dyma'r math o lecynnau diarffordd y bu'n gwasanaethu ynddynt ar hyd ei oes faith. Mynd i Langïan yn 1852, ac ar ôl deng mlynedd i Lan-ym-Mawddwy i ddilyn y ffug ysgolhaig hwnnw, John Williams ab Ithel. Daeth i Lanwrin ym 1876, ac yma y bu hyd ei farw ar Sul y Pasg, 12 Ebrill 1903, yn bump a phedwar ugain oed. O gofio'r llannau gwledig a thawel y bu Silvan yn gweinidogaethu ynddynt, a chofio hefyd ei natur fyfyriol a'i lwyr ymroddiad i astudio, y duedd yw meddwl amdano'n mwynhau bywyd esmwyth a bodlon, fel llawer o offeiriaid Eglwys Loegr. Ond nid felly. Prin fod neb wedi cael mwy o brofedigaethau. Bu iddo saith o blant. Bu un ferch farw yn naw oed, un arall yn flwydd a hanner, un arall yn dair, a mab (o'r un enw â'i dad) yn bedair a hanner. Cafodd ei fab hynaf, Thomas Walter Evans, ei hyfforddi i fod yn feddyg yn Guy's Hospital, a phasio yn MRCS ac arholiad cyntaf y FRCP. Aeth i Lerpwl yn feddyg, ond bu farw o'r typhoid yn 1878 yn 32 oed. Aeth mab arall, Tegid Aneurin Evans, hefyd yn feddyg, a dod yn swyddog meddygol tref y Fflint, ond yn 1887 bu yntau farw o'r typhoid, a'r un oed yn union â'i frawd, sef 32. Ar 30 Awst 1889, yr oedd Mrs. Silvan Evans yn mynd i Fachynlleth mewn cerbyd; rhusiodd y ceffyl, a thaflwyd hithau o'r cerbyd a chraciodd asgwrn ei phen. Bu farw fore trannoeth. Felly am 14 blynedd olaf ei oes nid oedd gan yr hen ysgolhaig neb o'i holl deulu niferus ond un mab, John Henry Silvan Evans. Graddiodd ef yng Ngholeg yr Iesu yn Rhydychen yn 1873, ond o 1889 hyd ddiwedd oes ei dad bu'n byw gartref yn Llanwrin, a rhoes lawer iawn o help amhrisiadwy i'w dad gyda'i waith ysgolheigaidd. Claddwyd Silvan Evans, nid ym mynwent ei blwy ef ei hun, ond yng Nghemais gyfagos, ac er mawr gywilydd i'w deulu, i'w blwyfolion, ac i holl genedl y Cymry yn wir, fe fu ei fedd heb garreg arno am 53 o flynyddoedd.

Cyn gwneud rhyw fath o drefn a dosbarth ar gynnyrch ysgolheigaidd sylweddol Silvan Evans, rhaid dweud ei fod yntau, fel llawer ysgolhaig arall o Gymro, wedi cychwyn fel bardd. Yn 1840, yn ddwy ar hugain oed, cyhoeddodd *Emynau ar Amrywiol Destynau,* hanner cant ohonynt. Yn 1843 daeth cyfrol arall, *Blodau Ieuainc,* darnau didactig caeth a rhydd, a nifer sylweddol o emynau eto. Yna daeth y drydedd gyfrol, *Telynegion ar Destynau Amrywiol,* yn 1846. Felly pan aeth Silvan Evans yn fyfyriwr i Goleg Dewi Sant yr oedd ganddo dair cyfrol o farddoniaeth ar ei enw — a gwraig. Yn ei hen ddyddiau, yn 1898, pan oedd yn 80 oed, cyhoeddodd *Telyn Dyfi, manion ar fesur cerdd.* Nid oes fawr o geinder na swyn ym marddoniaeth Silvan, a'r unig atgo amdano fel bardd yw'r ychydig emynau o'i waith sydd yn llyfrau'r gwahanol enwadau.

Eto y mae peth arbenigrwydd yn ei waith fel bardd. Yn un peth, y mae'n profi ei fod yn darllen barddoniaeth mewn ieithoedd eraill. Ceir cyfieithiadau o'r ieithoedd clasurol — gwaith Ofydd, Sapho ac Anacreon; rhai o'r Almaeneg, gan gynnwys Goethe; ac amryw o'r Saesneg, yn arbennig Byron. Peth arall, y mae yn y gyfrol *Telynegion* (fel y buasid yn disgwyl wrth yr enw) beth o'r ysbryd a'r mynegiant telynegol a geir yng ngweithiau Glanffrwd, Ieuan Glan Geirionydd, Alun a Cheiriog. Y mae'n weddol sicr mai Silvan Evans a greodd y gair 'telyneg' i gyfleu ystyr y gair Saesneg *lyric*. A'r trydydd peth diddorol yw fod yn yr ail gyfrol, *Blodau Ieuainc*, enghraifft gynnar iawn o soned yn Gymraeg. Cyfieithiad o soned Ffrangeg ydyw (efallai trwy gyfieithiad Saesneg, yn ôl Herman Jones, *Y Soned yn Gymraeg hyd 1900*, 52-5). Yr hyn a welir yng ngherddi Silvan Evans yw bywiogrwydd meddwl a chwilfrydedd barddol, yn hytrach na gwir awen. Ond y mae'n profi fod rhywbeth anghyffredin yn y dyn.

Un o bynciau mawr dadleuol y ganrif ddiwethaf, yn dilyn yn syth ar ôl cwymp oddi wrth ras a dirwest, oedd orgraff yr iaith. Bu dadlau a checru ynghylch yr egwyddorion am flynyddoedd. Penodwyd pwyllgor yn Eisteddfod fawr Llangollen yn 1858, a chyhoeddodd hwnnw ei argymhellion y flwyddyn ddilynol. Ym 1861 ymyrrodd Silvan Evans yn y ffrwgwd gyda llyfr o 190 o ddudalennau, *Llythyraeth yr Iaith Gymraeg*. Y mae rhan gyntaf y llyfr yn dangos cryn lawer o wybodaeth ac o astudiaeth, a'r ail ran yn cynnwys tua chwe mil o eiriau petrus. Ond yr oedd gwybodaeth ieithyddol yr awdur a chyhoeddiadau ysgolheictod Cymraeg y cyfnod yn rhy gyfyng i'r gwaith fod o lawer o werth, ac aeth pawb ymlaen i sillafu yn ei ffordd fach ei hun yn hapus.

Yr oedd y bedwaredd ganrif ar bymtheg yn nodedig am amlder ei chylchgronau, y rhan fwyaf ohonynt yn grefyddol, a llawer ohonynt yn fyrhoedlog. Un o'r rhai mwyaf diddorol oedd *Y Brython* (Tremadog), a gychwynnodd ei yrfa ym Mehefin 1858 yn rhywbeth rhwng newyddiadur a chylchgrawn, yn ymddangos bob wythnos ac yn cynnwys newyddion o bob math a phrisiau'r marchnadoedd ac amseroedd y trenau. Silvan Evans oedd y golygydd. Ond wedi pymtheg rhifyn fe newidiodd *Y Brython* ei natur yn llwyr a mynd yn gylchgrawn misol. Diddorol iawn yw sylwi fel yr oedd diddordebau'r golygydd yn dod i'r amlwg fwyfwy — erthyglau ar hanes Cymru a'i llenyddiaeth, cywyddau'r hen feirdd, ac yn arbennig iawn, detholion o hen benillion telyn, pethau nad oedd neb y pryd hwnnw yn rhoi fawr o bwys arnynt, ac y mae'n gryn glod i'r golygydd ei fod wedi gweld eu gwerth. Hefyd colofn reolaidd dan y teitl 'Llên y Werin', ymadrodd a ddyfeisiodd Silvan Evans ei hun i gyfieithu'r Saesneg *folklore*. Arferion a choelion gwerin oedd y cynnwys, a dyma eto beth hollol newydd mewn ysgolheictod Cymraeg. Yn sicr fe roes Silvan Evans ei nodau ei hun ar y cylchgrawn. Ond ym Mai 1860 bu raid iddo roi'r gorau i'r olygyddiaeth trwy orchymyn James Colquhoun Campbell, Esgob Bangor. Bu Silvan yn golygu'r *Archaeologia Cambrensis* o 1872 hyd 1875, ac fe adawodd ei ôl ar hwnnw hefyd trwy gyhoeddi ynddo fwy o erthyglau ar yr iaith nag oedd wedi bod ynddo cyn hynny.

Gwnaeth Silvan Evans gryn lawer o olygu o fath arall, sef cyhoeddi argraffiadau neu adargraffiadau o weithiau gan awduron eraill, ac yn hyn o orchwyl go gymysg yw ei record. Y gwaith cyntaf oedd golygu pymthegfed argraffiad *Gweledigaetheu y Bardd Cwsc* yn 1853. Ar y dechrau dywedir fod y llyfr wedi 'ei adferu i'w burdeb cyssefin heb na chwanegu ato, na thynu oddiwrtho, na chyfnewid arno.' Ond nid felly mewn gwirionedd, a chafodd y golygydd flas chwip John Morris-Jones: 'Ni thybiech wrth y geiriau cryfion hyn fod yr orgraff wedi ei doctora a'i phuweiddio hyd nad adwaenai Elis Wyn mo'i waith ei hun.' (Arg. 1898, t. li.) Yn 1854 daeth argraffiad newydd o *Gwirionedd y Grefydd Gristionogol* a gyhoeddwyd gyntaf gan Edward Samuel yn 1716, ac yma eto fe newidiwyd cryn lawer.

Rhaid nodi dau waith arall a wnaeth Silvan Evans mewn ffordd anfoddhaol. Yn 1849 yr oedd llyfr gwych y gŵr rhyfeddol hwnnw o Ferthyr Tudful, Thomas Stephens, wedi ymddangos, *The Literature of the Kymry*. Yn 1876 caed ail-argraffiad dan olygiaeth Silvan, ac wrth ei adolygu yr oedd John Rhys yn cwyno am na wnaeth y golygydd ddim ond darllen y proflenni, pan ddylai fod wedi cyfnewid ac ychwanegu yng ngoleuni ysgolheictod diweddarach. (*Y Cymmrodor*, i, 195.) Yna, yn 1878, fe gyhoeddwyd *magnum opus* Lewis Morris, *Celtic Remains*, a bodlonodd y golygydd ar ddefnyddio copi a wnaed gan nai i Lewis Morris, er bod y copi gwreiddiol, yn llaw Lewis Morris ei hun, ar gael yn yr Amgueddfa Brydeinig.

Mwy pleserus yw ystyried rhai gorchwylion mwy boddhaol. Ysgolhaig Cymraeg mwyaf y ddeunawfed ganrif yn ddiamau oedd Evan Evans (Ieuan Fardd). Gwyddai Silvan Evans hynny, a bu wrthi'n ddiwyd am flynyddoedd yn casglu ei farddoniaeth at ei gilydd. Ni lwyddodd i gael mynd i'r Plasgwyn, Pentraeth, Môn, lle'r oedd casgliad o bapurau Ieuan, ond cafodd ddigon o'i gerddi ac o'i lythyrau i wneud cyfrol hylaw, a chyhoeddwyd hi, gyda rhagymadrodd cryno, yn 1876. Bu'r llyfr yn dra defnyddiol trwy'r blynyddoedd; arno ef y seiliodd Mr. Saunders Lewis ei drafodaeth ar Ieuan yn *A School of Welsh Augustans.*

Un o bencampweithiau rhyddiaith Gymraeg, fel y gŵyr pawb, yw'r gwaith hwnnw a elwir yn fyr *Gramadeg Gruffydd Robert,* a gyhoeddwyd ym Milan, y rhan gyntaf yn 1567, a'r rhannau eraill, o'r ail i'r chweched, rywbryd ar ôl 1584. Ymhen tri chan mlynedd, sef yn 1883, fe gaed adargraffiad o'r llyfr fel atodiad i'r cylchgrawn *Revue Celtique,* a dyma'r unig gyfle a gafodd ysgolheigion i ymgydnabod â'r gwaith tra phwysig hwn nes cyhoeddi adargraffiad G. J. Williams yn 1939. Yn y rhagymadrodd i'r adargraffiad hwnnw fe ddywedir am argraffiad y *Revue Celtique,* 'Fe'i golygwyd gan H. Gaidoz, a bu Silvan Evans ac eraill yn ei gynorthwyo i baratoi'r testun ac i gywiro'r proflenni' (t. cl). Nid yw hyn yn gwbl deg â Silvan, oherwydd yn y rhagymadrodd y mae Gaidoz yn dweud ei fod ef ei hun wedi copïo i ddiwedd tudalen 92, h.y. Rhan I, yn yr Amgueddfa Brydeinig, a bod Silvan wedi copïo'r gweddill, 304 o dudalennau, a'i fod hefyd wedi darllen proflenni'r cyfan. Yn wir, mewn llythyr at Silvan y mae Gaidoz yn mynd mor bell â dweud fel hyn: 'As the reprint is made under your supervision, it must be considered your work.' (Llsgr. Cwrt-mawr 900B, yn Ll.G.C.) Y mae gorchwyl fel hwn yn enghraifft dda o'r llafur enfawr a digon diflas sy'n dod i ran ysgolhaig rai gweithiau heb fawr i ddangos amdano a heb fawr o gydnabyddiaeth.

Anhepgor cyntaf a sylfaenol unrhyw astudiaeth o iaith cenedl, ac yn arbennig o'i llenyddiaeth, yw gwybod pa lyfrau a gyhoeddwyd yn yr iaith honno, a chan bwy a pha bryd. Erbyn hyn y mae cofnodi llyfrau print wedi tyfu'n wyddor gymhleth, yn ymwneud â phwnc neu â pherson neu â rhanbarth. (Enghraifft ragorol yw *Llyfryddiaeth Môn* gan Mr. Dewi O. Jones a gyhoeddwyd yn ddiweddar.) Y mae llunio llyfryddiaethau yn un o brif ddyletswyddau llyfrgelloedd cyhoeddus. Y cyntaf a sylweddolodd bwysigrwydd llyfryddiaeth yng Nghymru oedd Moses Williams; cyhoeddodd ef yn 1717 lyfr bychan yn dwyn y teitl *Cofrestr o'r holl Lyfrau Printiedig, gan mwyaf a gyfansoddwyd yn yr Iaith Gymraeg, neu a Gyfieithwyd iddi hyd y Flwyddyn 1717.* Aeth bron i ganrif a hanner heibio cyn i neb gyhoeddi dim cyffelyb wedyn. Ond yn hanner cyntaf y ganrif ddiwethaf dyma weinidog Wesleaidd o'r enw William Rowlands (Gwilym Lleyn) yn mynd ati i gasglu enwau pob llyfr Cymraeg a gyhoeddwyd hyd 1800. Cyhoeddodd ffrwyth ei lafur mewn cylchgronau, ond bu farw cyn gwneud llyfr o'r defnydd, a Silvan a gyflawnodd y dasg honno. Bu farw Gwilym Lleyn yn 1865, ac ymhen pedair blynedd daeth *Llyfryddiaeth y Cymry* o'r wasg, yn gyfrol o dros 750 o ddudalennau. Yr oedd y copi gwreiddiol yn enbyd o wallus ac yn anghyflawn, ac fe gafodd y golygydd drafferth enfawr i gael trefn arno. Hyd yn oed wedyn nid oedd y gwaith yn berffaith, ond am flynyddoedd lawer bu'n gaffaeliad amhrisiadwy i bawb sydd wedi bod yn ymhel â hanes llenyddiaeth Gymraeg neu hanes crefydd yng Nghymru, ac yr oedd golygu'r llyfr hwn yn un o gymwynasau rhagoraf Silvan Evans.

Ni wn pa bryd y daeth Silvan i adnabod W. W. E. Wynne, sgweiar diwylliedig Peniarth ym Meirionnydd, hynafiaethydd, achyddwr a pherchennog y casgliad digyffelyb o lawysgrifau Cymraeg a brynwyd yn ddiweddarach gan Syr John Williams i fod yn sylfaen i'r Llyfrgell Genedlaethol. Yr oedd y ddau o gyffelyb fryd, a bu Silvan ym Mheniarth droeon yn darllen llawysgrifau. Ar 25 Medi 1862 ysgrifennodd Wynne ato yn ei wadd i Beniarth i gyfarfod Sgotyn o'r enw William Forbes Skene, cyfreithiwr a gwas sifil wrth ei alwedigaeth, a hanesydd wrth ei hyfrydwch, a gyhoeddodd yn ddiweddarach *Chronicles of the Picts and Scots* (1867) a *Celtic Scotland* (1876-80). Yr hyn oedd ganddo mewn golwg pan aeth Silvan i Beniarth i'w gyfarfod oedd cyhoeddi testun a chyfieithiad o'r farddoniaeth hynaf yn Gymraeg. Pan ymddangosodd *The Four Ancient Books of Wales* yn 1868, Silvan Evans oedd wedi cyfieithu Llyfr Du Caerfyrddin, Llyfr Aneirin a barddoniaeth Llyfr Coch Hergest. (Y pedwerydd oedd Llyfr Taliesin wrth gwrs, a Robert Williams, Rhydycroesau, a gyfieithodd hwnnw.)

Hyd yn oed i ni heddiw, ar ôl dros gan mlynedd o ddatblygiad mewn ysgolheictod Cymraeg a Cheltaidd, y mae meddwl am gyfieithu'r 'pedwar llyfr' hyn yn beth pur frawychus, a'r gwir wrth reswm yw nad oedd neb yn nyddiau Silvan Evans yn gwybod digon am ddatblygiad yr iaith nac am y cefndir hanesyddol i allu dehongli'r hen farddoniaeth yn derfynol. Ond yr oedd y cyfieithiadau a gaed gan Silvan a Robert Williams yn gyfryw ag y gallai Skene dynnu rhai casgliadau hanesyddol pwysig oddi wrthynt. Dedfryd Syr John Morris-Jones oedd, 'The work as a whole forms a most important contribution to the study of the poems' (*Y Cymmrodor,* xxviii, 22). A dyna glod go fawr, yn arbennig o enau gŵr mor feirniadol ei natur â Morris-Jones.

Dyna fras olwg ar brif weithiau Silvan Evans fel ysgolhaig, ond heb gyffwrdd yr agwedd honno yr adwaenir ef wrthi amlaf, sef y geiriadurwr. Yr oedd ei eiriadur cyntaf, yr un Saesneg-Cymraeg, a gyhoeddwyd gan Thomas Gee yn Ninbych, yn gryn orchest — dros fil o dudalennau mewn colofnau dwbl a phrint mân. Yn rhannau y daeth y gwaith o'r wasg, gan ddechrau cyhoeddi yn 1848, pan nad oedd yr awdur ond deg ar hugain oed. Gorffennwyd y cyhoeddi erbyn 1858, ac felly bu Silvan am un mlynedd ar ddeg wrth y gwaith, heb sôn am y blynyddoedd o baratoi ymlaen llaw.

Ynglŷn â hyn fe fu dau anghydfod ac ymrafael cyhoeddus nodweddiadol o'r ganrif ddiwethaf. Pan oedd geiriadur Silvan yn dechrau dod allan, yr oedd P. M. Evans, Treffynnon, yn dechrau cyhoeddi geiriadur Thomas Edwards (Caerfallwch). Dyma Caerfallwch yn cyhoeddi mewn llythyr yn y wasg fod Gee wedi gweld copi llawysgrif o'i eiriadur ef gyda'r bwriad o'i gyhoeddi, ac wedi ei gadw am allan o hydion a'i ddangos i Silvan, a bod hwnnw wedi lladrata drabiau mawr ohono ar gyfer ei eiriadur ef ei hun. Yn yr helynt hon yr oedd Gee a Silvan ar yr un ochr wrth reswm, ond at y diwedd, rywbryd yn 1858, aeth yn dân rhyngddynt hwythau ill dau. Yr oedd Silvan yn cyhuddo Gee o dalfyrru rhan olaf y geiriadur heb ganiatâd, ei argraffu'n derfynol heb i'r golygydd gael cywiro'r proflenni, ac argraffu'r darn olaf yn anfaddeuol o wallus. Canlyniad hyn oedd na wnaeth Silvan Evans ddim â Gwasg Gee mwyach, er iddo fyw am 45 mlynedd arall. (T. Gwynn Jones, *Cofiant Thomas Gee*, tt. 107-119.)

Ond beth am y geiriadur fel y cyfryw? Un peth sy'n sicr, sef ei fod wedi ei sylfaenu ar eiriadur mawr John Walters o Forgannwg, a ddaeth allan rhwng 1770 a 1794. Y mae rhinwedd fawr gwaith Walters yn amlwg yng ngwaith Silvan hefyd, sef rhoi sylw arbennig i idiomau'r iaith Saesneg a sut y dylid eu cyfleu yn Gymraeg. Rhagoriaeth arall yw amlder y cyfystyron, a nodwedd arbennig yw fod y geiriadur yn 'fodern' yn yr ystyr ei fod yn cynnwys geiriau Cymraeg am dermau technegol a gwyddonol oedd yn dechrau ymddangos yn Saesneg. Bu'n llyfr defnyddiol a buddiol i lawer iawn o Gymry.

Ond nid cynhyrchu rhywbeth hwylus at iws gwlad oedd nôd ac uchelgais Silvan Evans, eithr rhywbeth llawer iawn mwy ysgolheigaidd, sef geiriadur wedi ei seilio ar holl gynnwys llenyddol yr iaith hyd y gellid cael gafael arno, yn dangos datblygiad ystyron geiriau a'r cyfnewidiadau yn eu ffurfiau. Mewn erthygl yn *Y Brython*, 2 Gorffennaf 1858, y mae'n dangos yn glir beth oedd ganddo mewn golwg. Y mae mawr angen geiriadur newydd yn Gymraeg, a dyma pam: (a) y mae llawer o eiriau yn yr hen lenyddiaeth heb eu cynnwys mewn unrhyw eiriadur; (b) yr oedd lliaws o eiriau newydd yn y cyfnodolion a'r llu llyfrau oedd yn cael eu cyhoeddi ar y pryd, ac fe ddylid eu cofnodi; (c) dylid croniclo geiriau llafar gwlad. Y mae'r egwyddorion hyn yn gwbl iach a chywir, ac y mae'r cyfeiriad at lafar gwlad yn beth newydd iawn ac yn dangos annibyniaeth barn Silvan Evans.

Ymhen deufis yr oedd ganddo erthygl arall yn yr un cylchgrawn, yn dweud fod y Philological Society yn Lloegr wedi penderfynu cynhyrchu geiriadur Saesneg newydd. Dyma gychwyn y *New English Dictionary on Historical Principles* a gysylltir ag enw Syr James Murray, ac a ddaeth i gael ei alw'n ddiweddarach *The Oxford Dictionary.* Dadl Silvan yw y dylai fod geiriadur cyffelyb i'r iaith Gymraeg, ac o hynny ymlaen cynhyrchu geiriadur felly oedd amcan mawr ei fywyd. Prin ei fod yn sylweddoli maint aruthrol y gorchwyl; ymhen 123 o flynyddoedd, gyda chynnydd sylweddol yn nifer yr ysgolheigion Cymraeg ac yn eu cyfleusterau, nid ydym eto wedi sylweddoli delfryd Silvan Evans, a bydd gofyn gweithio am rai blynyddoedd eto cyn gorffen Geiriadur Prifysgol Cymru. Ond ymlaen yr aeth ef, gan ddarllen popeth y gallai gael gafael arno o bob cyfnod yn hanes yr iaith, nid yn unig mewn print, ond mewn llawysgrifau hefyd — byddai'n ymweld â Pheniarth yn bur fynych, a threuliodd gryn amser yn Llanofer, lle'r oedd papurau Iolo Morganwg. Fe brynodd bob geiriadur o fewn ei gyrraedd, gan gynnwys peth mor brin â geiriadur William Salesbury (1547). Ysgrifennodd gannoedd o lythyrau at ysgolheigion eraill, fel Ioan Pedr, Edward Breese, Thomas Stephens, Henri Gaidoz, Thomas Briscoe, ac yn ddiweddarach, John Rhys, Gwenogvryn Evans a Thomas Powel. Math arall o ohebwyr oedd Myrddin Fardd, Eben Fardd, Ceiriog a Gwilym Cowlyd; ei amcan gyda'r rhain yn fynych iawn oedd cael gwybod am eiriau llafar gwlad.

Aeth ugain mlynedd heibio, ac yna yn *Y Cymmrodor* am Ionawr 1878 ymddangosodd nodyn yn dweud fod Geiriadur Cymraeg-Saesneg Silvan Evans, 'so long in preparation', yn mynd i gael ei gyhoeddi'n fuan o dan nawdd Cymdeithas y Cymmrodorion. 'The onus of publication will be taken up by a number of gentlemen connected with the Principality who are anxious for its appearance.' Nid yw'n glir pwy yw'r 'gentlemen' hyn, ond gwyddom fod rhai o gyfeillion Silvan, fel Edward Breese a Robert Jones, Rotherhithe, yn pwyso arno ddechrau cyhoeddi, ac yn trafod y rhagolygon gyda chyhoeddwyr adnabyddus fel Mackensie yn Glasgow a Chatto and Windus yn Llundain. Wedi cryn ohebu llwyddwyd i gael Simpkin, Marshall & Co. a Trübner & Co. i ymddiddori, a William Spurrell, Caerfyrddin, yn argraffydd. Hyn yn 1878 a dechrau 1879. Ond nid aeth dim copi i'r wasg am bum mlynedd arall. Pam?

Yn y cyfamser fe ddigwyddodd peth diddorol iawn, sef i Silvan dderbyn llythyr, wedi ei ddyddio 30 Mai 1879, o'r 'Tynewydd, Llanddewi, Llanrwst', a'i lofnodi gan R. Roberts (Llsgr. Ll.G.C. 4493B). Hwn, fel y gŵyr y cyfarwydd, yw'r gŵr a adwaenir fel Y Sgolor Mawr, cefnder i'r athronydd Syr Henry Jones, wedi ennill trwydded athro ac wedi ei urddo'n offeiriad, wedi bod yn Awstralia am chwe blynedd mewn gwahanol swyddi, ond ar y pryd yn methu'n lân gael dim gwaith i'w wneud. Yr oedd ei orffennol yn tueddu i ddifetha'i bresennol a'i ddyfodol.

Yn y llythyr y mae Robert Roberts yn dweud ei fod wedi bod yn casglu defnydd ar gyfer geiriadur Cymraeg ers rhai blynyddoedd, ac wedi darllen y cwbl o waith y Cynfeirdd a'r Gogynfeirdd a Dafydd ap Gwilym a chryn lawer o ryddiaith y Cyfnod Canol, ac wedi codi enghreifftiau i brofi ystyron geiriau. Yn yr holl gasgliad yr oedd ganddo tua 120,000 o ddyfyniadau o'r math hwn. Y mae'n ymosod yn llym ar William Owen Pughe, ac yn ymhelaethu ar ei egwyddorion ysgolheigaidd ef ei hun, egwyddorion cwbl ddilys. Yna brawddeg fel hyn: 'I do not know whether this kind of Index or concordance may be of use to you in forming your dictionary.' Y mae'n rhaid fod Silvan wedi ateb yn bur ddiymdroi, oherwydd y mae Robert Roberts yn ysgrifennu llythyr hir arall ar 5 Mehefin, ac yn dweud ei fod yn anfon y ddwy gyfrol o 'Index' gyda'r trên i Fachynlleth. Benthyg oedd hyn, mae'n debyg. Yna, ymhen dwy flynedd, sef ar 26 Gorffennaf 1881, mewn llythyr arall, y mae Robert Roberts yn cynnig gwerthu'r cyfrolau: 'If you like to buy the vols. you can do so: but I must let you think yourself what you are to give for them.' Ni wyddom faint a dalodd Silvan amdanynt, ond fe'u prynodd.

Felly dyma'r sefyllfa: yr oedd Silvan Evans yn barod i ddechrau cyhoeddi ei eiriadur yn 1878, a chyhoeddwyr wedi eu sicrhau, ond ni ddaeth y rhan gyntaf allan am naw mlynedd, sef yn nechrau 1887. Erbyn hynny yr oedd defnydd geiriadurol y Sgolor Mawr wedi bod yn ei ddwylo am wyth mlynedd, ac yn eiddo iddo ers chwe blynedd. Pa faint o waith y Sgolor Mawr a aeth i eiriadur Silvan? Yn y rhagymadrodd i *Life and Opinions of Robert Roberts* y mae J. H. Davies, y golygydd, yn dweud fel hyn am eiriadur Silvan: 'One is inclined to think it might never have been published at all, had he not had the advantage of all the preparatory work of the ill-starred cleric.'

Fel y mae eraill wedi dweud, y mae'r gosodiad yna yn llawer rhy eithafol. Rhaid cofio fod Silvan wedi bod yn hel deunydd ar gyfer ei eiriadur am yn agos i ddeugain mlynedd, ond am chwe blynedd yn unig y bu'r Sgolor Mawr yn paratoi ei ddeunydd ef, ac y mae'n anodd iawn credu nad oedd Silvan wedi gweld pob ffynhonnell a welodd y Sgolor Mawr. O'r ychydig sylw yr wyf fi wedi ei roi i'r broblem yr wyf wedi gweld fod gan Silvan amryw o eiriau nad ydynt gan y Sgolor Mawr, fod gan y Sgolor Mawr rai dyfyniadau nad ydynt gan Silvan, a hefyd fod gan Silvan lawer o ddyfyniadau nad ydynt gan y Sgolor Mawr, yn arbennig o lyfrau rhyddiaith yr unfed ganrif ar bymtheg. Mewn gair, rhaid cytuno â dedfryd Dr. Enid Pierce Roberts mewn erthygl ar y pwnc 'na ellir profi dim yn bendant.' Sut bynnag, fe gyhoeddwyd y geiriadur yn rhannau fel hyn: Rhan I yn gynnar yn 1887; Rhan II ym Mai 1888; Rhan III ymhen pum mlynedd, sef yn 1893, a gorffen y gyfrol gyntaf o 1,264 o dudalennau. Ymddangosodd Rhan IV ymhen tair blynedd, sef yn 1896, a Rhan V, yr olaf, yn 1906, a'r awdur erbyn hynny wedi marw. Yr oedd wedi cyrraedd at y gair 'enyd', ac felly yn bur bell o'r diwedd.

Beth sydd i'w ddweud am ysgolheictod y gwaith hwn? Adolygwyd ef gan y Ffrancwr Joseph Loth mewn dwy erthygl sylweddol mewn cylchgrawn dysgedig Almaenaidd, a dyma brif bwyntiau ei feirniadaeth ef: (a) y mae llawer o eiriau heb eu cynnwys yn y geiriadur; (b) y mae rhai geiriau heb eu diffinio'n gywir; (c) y mae'r awdur wedi dilyn William Owen Pughe rai gweithiau wrth roi ystyr gair, yn lle penderfynu drosto'i hun. Y mae cwynion Loth yn ddigon teg. Gellir ychwanegu fod Silvan wedi cynnwys llawer o eiriau ffug Pughe, a heb ddweud mai dyna ydynt bob tro. Dangosodd G. J. Williams fod y geiriadur wedi ei lygru o gyfeiriad arall hefyd, sef y rhestrau o eiriau yr oedd Iolo Morganwg yn honni eu bod ar gael ym Morgannwg. Gwelodd Silvan y rhestrau hyn yn ystod ei fynych ymweliadau â Llanofer, a'u cynnwys yn ei eiriadur. (Gyda llaw, fe gyfrannodd Arglwyddes Llanofer yn hael at gyhoeddi'r geiriadur.)

Ar ochr arall y dafol fe ddylid rhoi dau neu dri o bethau go bwysfawr. (a) Y mae gan Silvan Evans gryn ddawn i adnabod ystyron geiriau ac i ddangos sut y mae'r gwahanol ystyron i'r un gair wedi datblygu. (b) Y mae'n cynnwys llawer o briod-ddulliau, neu o ddefnyddio gair mewn cysylltiadau eithriadol, e.e. dan y gair *canu* — canu gyda'r tannau, canu offeren, canu huw, canu cloch, canu'n iach, ceiliog yn canu, cath yn canu grwndi, etc. (c) Hyd y mae'n gallu, y mae'r awdur yn cynnwys geiriau cytras yn yr ieithoedd Celtaidd eraill, neu'n nodi fod gair yn fenthyg o'r Lladin; h.y. y mae'n dangos ei fod yn gynefin â gwaith yr ysgolheigion 'newydd', fel Whitley Stokes a Loth a John Rhys.

Dyna fi wedi ceisio rhoi arolwg digon amherffaith o weithgarwch Silvan Evans. Beth amdano fel ysgolhaig Cymraeg? Yr ydym yn ddigon pell oddi wrtho erbyn hyn, ac yn gwybod digon am gefndir ei ganrif, inni gael golwg weddol gytbwys arno. Wrth annerch yn ystod y gwasanaeth a gynhaliwyd yn eglwys Cemais ar 30 Mehefin 1956 pan ddadorchuddiwyd y garreg fedd, fe roes Syr Thomas Parry-Williams ddedfryd gryno arno yn y geiriau hyn: 'Yr oedd rhan o'r hen a llawer o'r newydd yng nghyfansoddiad ysgolheigaidd Silvan Evans,' a phur deg yw'r cydbwyso — '*rhan* o'r hen a *llawer* o'r newydd.'

Y mae llawer o feirniadu anffafriol wedi bod ar y bedwaredd ganrif ar bymtheg, a hynny'n haeddiannol y rhan fynychaf. Ond fel yr ydym yn symud ymhellach oddi wrthi yr ydym yn dod i weld ei rhinweddau. Un o'r rheini oedd yr ymdrechion a wnaed i wybod am orffennol y genedl ac i'w ddeall. Yr oedd hyn yn golygu darllen a chwilota i gasglu gwybodaeth, a throsglwyddo honno i eraill mewn erthyglau a llyfrau, gweithgaredd y rhai a elwir yn hynafiaethwyr neu ysgolheigion, ac erbyn diwedd y ganrif fe wyddai'r genedl gryn lawer yn fwy amdani ei hun nag a wyddai ar ei dechrau.

Y peth rhyfedd yw fod hyn wedi digwydd i genedl nad oedd ganddi trwy'r rhan fwyaf o'r cyfnod yr un brifysgol ac ond ychydig iawn o ysgolion uwchradd. Yr unig gynhysgaeth addysgol oedd gan Gymru oedd colegau'r enwadau crefyddol, ac er i'r rheini wneud llawer o waith da, ac er bod ar eu staff ambell ŵr gwir ddysgedig, fel Hugh Williams yng Ngholeg y Methodistiaid yn y Bala ac Ioan Pedr yng Ngholeg yr Annibynwyr yn yr un dref, ni fu yn yr un o'r Colegau ond ychydig iawn o ymwybod â hanes Cymru na'i hiaith na'i llenyddiaeth.

Tuedd y ganrif, yn naturiol, oedd cynhyrchu mwy o hynafiaethwyr nag o ysgolheigion. Gŵyr pawb y gwahaniaeth rhwng y ddau fath o ymchwiliwr — Myrddin Fardd, y gof o Chwilog, a John Rhys, Athro Celteg Rhydychen — oherwydd y mae rhai nodweddion yn eu cynnyrch sy'n dra gwahanol. Eto nid hawdd esbonio'r amodau sy'n creu ysgolhaig. Naturiol yw tybio fod addysg yn cyfrif — yr hyfforddiant a gafodd dyn yn y blynyddoedd pan benderfynwyd ansawdd ei feddwl. Cafodd John Rhys yr addysg orau y gallai'r oes ei chynnig iddo, yn Rhydychen ac ar y Cyfandir, a dysgodd egwyddorion ysgolheictod, megis chwilfrydedd cyniweiriol, dyfalbarhad a diffuantrwydd. Ond cofier i John Williams ab Ithel fod yn yr un Coleg yn Rhydychen, ac ymhonni fel ysgolhaig heb feithrin yr un o'r egwyddorion, yn arbennig diffuantrwydd. Ar y llaw arall, ni chafodd Thomas Stephens ond tair blynedd o ysgol gyffredin yn ei fywyd, a phan nad oedd ond wyth ar hugain oed fe gyhoeddodd y llyfr rhyfeddol hwnnw, *The Literature of the Kymry,* sef trafodaeth ar y Gogynfeirdd, gwaith trwyadl ysgolheigaidd, a phraw nad oes raid i ysgolhaig fod wedi bod trwy brifysgol. Yr awgrym a geir o'r ystyriaethau hyn yw fod yr ysgolhaig, fel y bardd, wedi ei eni, nid wedi ei wneud, fod rhywbeth cynhenid yn ei natur sy'n peri ei fod yn ymateb mewn ffordd arbennig i ffynonellau gwybodaeth. Ond rhaid wrth amodau ac amgylchiadau cyfaddas cyn y bydd i ysgolheictod ffynnu, a phrinder yr amodau hynny oedd yn llestair ysgolheigion Cymreig y bedwaredd ganrif ar bymtheg.

Ystyriwn yr amgylchiadau, a bydd hynny'n help i ddeall nerth a gwendid Silvan Evans. Cyn sefydlu'r Colegau Prifysgol difyrrwch oriau hamdden oedd ysgolheictod, rhywbeth i ymroi iddo pan geid cyfle oddi wrth orchwyl gwir bwysig bywyd, sef ennill moddion i ymgynnal. Y mae i hynny ei anfanteision amlwg. Un canlyniad oedd mai dynion unig oedd ysgolheigion a hynafiaethwyr Cymru, a rhai ohonynt mewn amgylchiadau sy'n edrych i ni yn ddigon anghydnaws, fel Thomas Stephens ynghanol diwydiant tyrfus Merthyr Tudful, neu Charles Ashton yn blismon yn Ninas Mawddwy, neu Egerton Phillimore yng Nghorris. Y mae cyfathrach ag eneidiau eraill o gyffelyb naws yn anhepgor i ysgolhaig; dyna pam yr oedd yr hen brifysgolion yn gasgliad o golegau. Mi allaf fi fy hun dystio i'r goleuni a gefais ar lawer pwnc wrth ei drafod gyda Thomas Richards neu R. T. Jenkins neu Glyn Roberts, a'r ysbrydiaeth i waith a gefais o sgyrsiau Ifor Williams. Y mae'n dra arwyddocaol i Gruffydd Robert, yn alltud ym Milan yn 1567, fynnu cwmni ei gyfaill Morys Clynnog i sôn am ramadeg yr iaith Gymraeg.

Gŵr unig oedd Silvan Evans, ac eithrio'r ychydig flynyddoedd a dreuliodd yn Athro Cymraeg yn Aberystwyth, a'r unig gyfathrach a fu rhyngddo ac ysgolheigion eraill oedd trwy lythyrau, gannoedd ohonynt. (A diolch am hynny, ar ryw ystyr, oherwydd y mae'r llythyrau ar gael i ni heddiw ac yn rhoi inni lawer iawn o wybodaeth am y gohebwyr.) Moddion cyfathrebu o'r pwys mwyaf i ysgolheigion ac i wyddonwyr heddiw yw cylchgronau dysgedig. Y mae gan y sawl sy'n astudio'r Gymraeg y *Bulletin* a *Studia Celtica* a *Llên Cymru* ac *Ysgrifau Beirniadol* a *Chylchgrawn Hanes Cymru,* heb sôn am gylchgronau yn Lloegr, Iwerddon a'r Cyfandir. Ond nid oedd i Silvan a'i gymheiriaid ond *Archaeologia Cambrensis* o 1846, y *Cymmrodor* o 1877 a'r *Revue Celtique* o tua'r un amser.

Bu nawdd a chynhorthwy i gyhoeddi gweithiau sylweddol yn broblem bob amser. Ni chawsid mo Ramadeg Cymraeg Siôn Dafydd Rhys yn 1592 oni bai i Syr Edward Stradling ddwyn y gost o'i gyhoeddi. Trwy'r blynyddoedd bu awduron yn casglu enwau tanysgrifwyr cyn penderfynu cyhoeddi llyfrau. Bu rhai cymdeithasau yn noddi dysg, megis y *Welsh Manuscripts Society* rhwng 1840 a 1862, ac yn arbennig iawn y gymdeithas sy'n cynnal y cyfarfod yma heddiw, sef y Cymmrodorion, gyda'r 'Records Series' o 1889 ymlaen, yn cynnwys catalogiau a chalanderiau a dogfennau hanesyddol o'r pwys mwyaf. A dyna'r Eisteddfod. Gwobr yn Eisteddfod Cymreigyddion y Fenni yn 1848 oedd y cymhelliad i Thomas Stephens ysgrifennu ei *Literature of the Kymry*. Ffrwyth cystadlaethau eisteddfodol oedd llyfrau Gweirydd a Charles Ashton ar hanes llenyddiaeth Gymraeg, a Chymdeithas yr Eisteddfod Genedlaethol a'u cyhoeddodd. Felly hefyd gyda llyfrau eraill Ashton. Cafodd dau ysgolhaig diweddar yr un nawdd gan yr Eisteddfod, sef G. J. Williams gyda'i lyfr cyntaf ar Iolo Morganwg, a Thomas Richards gyda'i lyfrau ar hanes Piwritaniaeth yng Nghymru. Fel y digwyddodd, ni chafodd Silvan Evans nawdd yr un gymdeithas na'r Eisteddfod, a'r unig help ariannol a gafodd, hyd y gwyddys, oedd £175 gan Arglwyddes Llanofer at gyhoeddi'r geiriadur rhwng 1886 a 1890. Erbyn hyn y mae grantiau'r llywodraeth a chyhoeddwyr nodedig fel Gwasg Prifysgol Cymru wedi gwneud rhagolygon yr ysgolhaig yn llawer gwell a'i fywyd yn haws.

Am y dyn ei hun, yr oedd cyneddfau a nodweddion y gwir ysgolhaig yn bur amlwg yn Silvan Evans. I gychwyn, yr oedd ganddo un delfryd mawr llywodraethol, sef cynhyrchu geiriadur Cymraeg safonol. Y mae rhai ysgolheigion — ac nid rhai gwael — yn gwasgaru eu hadnoddau dros lawer maes, ond y mae gan yr ysgolheigion mwyaf ryw un pwnc sy'n mynd â'u holl fryd. Delfryd Dr. John Davies. Mallwyd, oedd cyhoeddi gramadeg a geiriadur Cymraeg. Delfryd J. E. Lloyd oedd ysgrifennu hanes Cymru hyd gwymp Llywelyn. Delfryd John Morris-Jones oedd cynhyrchu gramadeg yr iaith ac egluro crefft y beirdd. Delfryd Ifor Williams oedd dehongli'r farddoniaeth gynnar. Cyrhaeddodd pob un o'r gwŷr hyn ei nôd, ond methodd Silvan Evans. Ond methiant anrhydeddus ydoedd, fel methiant Edward Lhuyd a J. Lloyd-Jones a G. J. Williams. Caf grybwyll y rhesymau yn y munud.

Beth bynnag yw'r delfryd a beth bynnag yw natur y gwaith, y mae'n rhaid i'r ysgolhaig wrth weithgarwch hir a chaled i gasglu ei ddefnydd. Yr oedd hyn yn nodwedd amlwg ar chwilotwyr fel Gweirydd ac Ashton; ni fu erioed y fath gasgliad toreithiog o ffeithiau ag yn eu llyfrau hwy. Dehongli'r ffeithiau yw'r gamp, ac i wneud hynny rhaid wrth ddychymyg a threiddgarwch meddwl. Dangosodd Silvan fod y ddawn hon ganddo wrth olrhain ystyron geiriau, fel y nodais eisoes. Y mae lle i gredu ei fod wedi deall mwy ar feddwl trofaus Iolo Morganwg na neb o'i gyfoeswyr, oherwydd tystiodd John Morris-Jones, wrth sôn am ei ymosodiad ef ei hun ar yr Orsedd a'i gred ar y pryd fod Iolo yn gwbl eirwir, ond wedi ei gamarwain gan rywrai o'i ragflaenwyr ym Morgannwg, 'Dywedodd Silvan Evans wrthyf nad oedd Iolo mor onest ag y tybiwn i yn fy erthyglau.' (*Y Beirniad*, i, 71.) Nid pawb a sylweddolodd hynny.

Yr oedd ymwybod Silvan Evans â chyfiawnder yn gryf. Gŵyr pawb am helynt Eisteddfod Llangollen yn 1858 pan ddyfarnwyd Thomas Stephens yn orau am draethawd ar Fadog ab Owain Gwynedd yn darganfod America, a Silvan yn un o'r beirniaid, ond y pwyllgor yn dyfarnu fod Stephens allan o'r gystadleuaeth am ei fod wedi profi nad oedd dim sail i stori Madog. Ymddiswyddodd Silvan o fod yn feirniad am fod ymddygiad y pwyllgor, nid yn unig yn annheg â Stephens, ond hefyd yn anonest. Enghraifft yw hyn sy'n dangos fod argyhoeddiad yr ysgolhaig yn argyhoeddiad moesol.

Eto i gyd, geill dyn gael argyhoeddiad cwbl ddiffuant ar bwnc arbennig heb i hwnnw fod yn egwyddor ysgolheigaidd o gwbl. Ni eill neb feio ar Gweirydd ap Rhys am fod yn Brotestant, ond nid fel ysgolhaig y mae'n llefaru wrth ddweud fel hyn ar ddiwedd dyfyniad o chwedl Amlyn ac Amig: 'Dyna ddigon . . . o'r sothach coelgrefyddol ac anwireddus yna; ond gwasanaetha i ddangos â pha fath lenyddiaeth ac addysg bwdr y porthid ein hynafiaid gan yr offeiriaid Pabaidd twyllodrus.' (*Hanes Llenyddiaeth Gymreig*, tudalen 77.) Yr oedd ymateb fel hyn yn eithaf cymeradwy yn awyrgylch crefyddol y bedwaredd ganrif ar bymtheg. Ond fe wyddai Silvan Evans amgen pethau. Yn ei ragair i *Llyfryddiaeth y Cymry* y mae'n gweld bai ar yr awdur, Gwilym Lleyn, am adael i'w Ymneilltuaeth grefyddol ymyrryd â'i farn. Meddai,

'Mewn gwaith fel hwn . . . dylasid ymgadw rhag ymdrin â neillduolion ymbleidiau ac â chywirdeb neu anghywirdeb credoau . . . Nid hanes crefydd yng Nghymru yw y pwnc . . . ond hanes Llyfrau Cymreig.'

Yr olaf o rinweddau Silvan Evans fel ysgolhaig y carwn sylwi arni yw ei ehangder. Gwendid yr ysgolheigion Cymraeg o John Davies i John Morris-Jones oedd cyfyngu eu hastudiaethau i weithiau clasurol ac i'r hen a'r sefydlog mewn iaith. Ym marn y ddau ŵr mawr yna yr oedd yr iaith wedi ei chrisialu, yn wir wedi ei rhewi, yng ngweithiau beirdd yr uchelwyr, ac yr oedd iaith lyfr a llafar eu hoes hwy eu hunain yn dramgwydd iddynt. (Y flodeugerdd orau sydd gennym o gwpledi beirdd yr uchelwyr yw Gramadeg mawr Morris-Jones.) Ond fe sylweddolodd Silvan fod gwerth mawr iawn yn iaith fyw ei oes ef ei hun, ac am flynyddoedd lawer bu'n casglu geiriau llafar gan ei gydnabod a'i gyfeillion. Gwelodd hefyd werth traddodiadau a storïau llafar gwlad, a chyhoeddodd lawer ohonynt yn *Y Brython* pan oedd yn olygydd y cylchgrawn hwnnw, a chyda John Jones (Ivon) cyhoeddodd gasgliad ohonynt, gyda rhai hen benillion, yn y gyfrol *Ystên Sioned* yn 1882. Yr oedd diddordeb Silvan yn y pethau hyn wedi cychwyn amryw flynyddoedd cyn i John Rhys ddangos pwysigrwydd chwedlau gwerin a'r tafodieithoedd yn *Y Cymmrodor* yn 1881. Yr oedd ganddo hefyd y craffter i weld fod daear Cymru yn elfen bwysig mewn ysgolheictod. Cyhoeddodd erthygl yn y *Montgomeryshire Collections* (iv, 345) ar enwau afonydd Cymru, peth nad yw wedi ei wneud, yn union fel yna, hyd y dydd hwn.

Daeth anrhydeddau yn gawod ar ben Silvan Evans yn ei hen ddyddiau. Dyrchafwyd ef yn ganon ac yn ganghellor yn esgobaeth Bangor yn 90au'r ganrif, ac yn gaplan i'r Esgob; etholwyd ef yn Gymrawd Anrhydeddus o Goleg Iesu, Rhydychen; ac yn 1901, pan oedd yn 83 oed, dyfarnwyd iddo radd D.Litt. Prifysgol Cymru er anrhydedd, ac yntau'n rhy lesg i fynd i'w derbyn.

Daeth einioes weithgar a helbulus Silvan Evans i ben heb iddo weld cyhoeddi ond cyfran o ffrwyth ei lafur hir ac ymroddedig ar y geiriadur. Ymateb cyntaf dyn i'r methiant hwn yw dweud fod y gorchwyl a osododd Silvan iddo'i hun yn ormod o faich i un person, hyd yn oed mewn oes hir. Y mae pob geiriadur hanesyddol a thraddodiadol mewn unrhyw iaith wedi ei gynhyrchu gan nifer o bobl yn cydweithio, a hyd yn oed felly wedi cymryd llawer o flynyddoedd. Mi grybwyllais yr *Oxford English Dictionary* eisoes. Dechreuodd y *Philological Society* gasglu defnydd ar gyfer hwnnw yn 1858. Dechreuwyd gweithio arno o ddifri yn 1878, ac nid cyn 1928 y gorffennwyd cyhoeddi. Dyna hanner can mlynedd o waith gan nifer o olygyddion cyflogedig a lliaws o wirfoddolwyr. Y mae Geiriadur Prifysgol Cymru ar dro er 1921 pan ddechreuwyd casglu'r defnydd, a dechreuwyd cyhoeddi yn 1950. Cywaith yw hwn hefyd wrth gwrs. Pa obaith felly oedd gan Silvan Evans i wneud gwaith cyffelyb ar ei liwt ei hun, hyd yn oed a chaniatáu fod llunio geiriadur Cymraeg, oherwydd swyddogaeth yr iaith, yn llawer llai o orchwyl na llunio geiriadur Saesneg? Onid diffyg barn gresynus oedd i Silvan fwriadu gwneud y gwaith?

Nid yn hollol felly. Iddo ef nid oedd swm y llenyddiaeth oedd wedi ei hargraffu, a'r pethau o wir bwys y gwyddai ef amdanynt mewn llawysgrifau, yn fwy nag a allai un gŵr eu cwmpasu. Wedi'r cyfan, nid oes raid darllen ac astudio pob cyfryw ddim a ysgrifennwyd mewn iaith i gynhyrchu geiriadur, pa mor drwyadl a therfynol bynnag y bwriedir iddo fod. Gwyddai Silvan yn iawn fod gweithiau llu o fân feirdd oes yr uchelwyr a chyfnodau diweddarach yn llawysgrifau Peniarth na welodd ef mohonynt. Prin iawn ei fod wedi darllen yr holl gannoedd o faledi a gyhoeddwyd yn y ddeunawfed ganrif. Ond gallai ddod i'r casgliad, a hynny'n eithaf teg, fod ganddo drawsdoriad digon cynrychioliadol o'r iaith i fynd ymlaen i lunio'r math o eiriadur oedd ganddo mewn golwg. Ei fai — a dyma'r prif reswm pam na fuasai wedi gorffen y gwaith — oedd peidio ag ymroi'n ddigon llwyr iddo. Petai heb dreulio un mlynedd ar ddeg ar y geiriadur Saesneg-Cymraeg, a heb wneud rhai pethau eraill fel ysgrifennu ar yr orgraff a chyfieithu'r *Four Ancient Books,* a golygu gwaith Gwallter Mechain yn dair cyfrol drwchus, buasai ganddo well gobaith.

Y mae pethau'n edrych yn wahanol iawn i ni heddiw rhagor

nag oeddynt i Silvan Evans. Ni fuasem yn dychmygu am lunio geiriadur heb allu manteisio ar lafur enfawr dau ysgolhaig arbennig, sef John Lloyd-Jones ac Ifor Williams. Y mae'r ddau hyn wedi egluro ystyron cannoedd o hen eiriau oedd gynt yn dywyll, ac wedi dangos ystyron dieithr llawer iawn o eiriau cyfarwydd. Heb eu llafur hwy buasai unrhyw eiriadur Cymraeg yn anghyflawn. Ond wrth reswm ni allai Silvan Evans ragweld hyn. Mewn geiriau eraill, nid oedd cyflwr a chyraeddiadau ysgolheictod Cymraeg yn y ganrif ddiwethaf yn gyfryw ag y gellid gwneud yr hyn a arfaethodd ef. Y peth eironig yw hyn: daeth rhifyn olaf y geiriadur allan yn 1906, a'r union flwyddyn wedyn yr oedd Ifor Williams yn dechrau egluro ystyron geiriau yn *Caniadau Cymru* (W. Leslie Jones), a bu wrthi'n gyson o hynny ymlaen mewn llyfrau a chylchgronau. Y gwir rhyfedd yw fod geiriadur Silvan yn rhy hwyr ac yn rhy gynnar yn ymddangos. Petai ar gael hanner can mlynedd yn gynt, er gwaethaf ei ddiffygion gallai fod yn ddefnyddiol fel brechdan i aros pryd. Petai hanner can mlynedd yn ddiweddarach, gallai fanteisio ar lawer o ddarganfyddiadau Ifor Williams.

NODIAD LLYFRYDDOL: Cyflwynwyd dau draethawd ymchwil ar Silvan Evans, y naill i Brifysgol Lerpwl gan y diweddar R. E. Hughes ym 1941, a'r llall i Brifysgol Cymru gan Mr. Morgan D. Jones ym 1952, a chefais lawer o fudd o ddarllen y traethodau hyn. Hefyd fe gyhoeddodd Mr. Jones erthygl bwysig yn rhoi hanes cyhoeddi'r geiriadur (*Journal of the Welsh Bibliographical Society*, viii, 24,64). Diddorol hefyd yw erthygl Dr. Enid Pierce Roberts, 'Silvan Evans a'r Sgolor Mawr', yn *Yr Haul a'r Gangell*, Hydref 1957. 5.

Cyhoeddwyd 1981

Gwili y Bardd

Wrth adolygu argraffiad Owen Edwards o weithiau Islwyn yn 1897, dywedodd Gwili mai cam â'r bardd oedd dwyn i'r golwg bob rhyw ganig fach ddibwys o'i waith: bod pob bardd yn cynhyrchu llawer o bethau o bryd i'w gilydd nad ychwanegant ddim at ei werth na'i enw da. Y mae'r wers yn amlwg. Wrth geisio mesur lle a theilyngdod Gwili yn hanes llên Cymru, y peth tecaf heddiw yw derbyn y cerddi a gasglodd ef ei hun ynghyd yn y gyfrol *Caniadau Gwili,* a ymddangosodd yn 1934. Diau fod pethau eraill o'i waith a ystyriai ef yn werth eu cyhoeddi mewn gwedd derfynol, oherwydd lled addawodd gyfrol arall. Ond gan na ŵyr neb pa rai oedd y rheini, na pha faint a dwtiai ef arnynt cyn eu cyhoeddi, nid oes ond llunio barn wrth yr hyn a fu dan ei law ef yn 1934.

Nid oes yn y llyfr ddim a ysgrifennwyd ar ôl 1906, a pherthyn y rhan fwyaf i'r blynyddoedd 1894-1900. Felly, pa newid bynnag a fu ar syniadau beirniadol yr awdur yn y pymtheng mlynedd ar hugain olaf o'i oes, arhosodd digon o'r hen safonau i beri na fynnai ddifa cymaint â hyn o'i gerddi cynnar.

Yn gyntaf dim, bwrier y meddwl yn ôl i ugain mlynedd olaf y ganrif ddiwethaf. Hwn oedd cyfnod y gŵr a elwid yn Fardd Newydd, y cyfnod mwyaf uchelgeisiol efallai a welodd Cymru erioed mewn beirniadaeth lenyddol, ac eto, cyfnod cymysglyd ryfeddol ydoedd. 'Gwirionedd, yn yr ystyr uchaf, yw barddoniaeth i fod,' medd un beirniad, gan beri i ddyn feddwl ei fod am drafod hanfod swydd y bardd gyda holl fedr athronydd cyfarwydd. Eithr ymhen dau dudalen llaesodd ei egnïon, ac

aeth yn gymaint o niwl arno nes iddo ysgrifennu'r peth hwn:
'Barddoniaeth ffydd, gobaith, cariad, o ryw fath, yw ager-
ysgogydd holl symudiadau cymdeithas.' Dyna'r uchelgais;
dyna'r gymysgfa.

Yr oedd y cymhelliad a barodd y syniadau newydd yn gwbl
gywir a chyfiawn. Blinasai dynion ar yr hen ganu Eisteddfodol,
yr awdlau a groniclai drychinebau, megis brwydrau a llong-
ddrylliadau, neu a ailadroddai straeon y Beibl yn ymfflam-
ychol a di-raen. Teimlid fod i brydyddiaeth swydd fwy
urddasol. Yn ôl Tafolog (gŵr a ddylanwadodd yn helaeth ar
syniadau beirniadol yn y cyfnod), amcan barddoniaeth yw
'dyfnhau, ehangu a dyrchafu ein gallu i fyned i mewn i'r
etifeddiaeth o fywyd a ddarparodd y Creawdwr ar ein cyfer'.
(*Y Geninen* XV, 173). Mewn geiriau gwahanol, nid ymdroi
gyda phethau gweledig y byd o'i amgylch yw dyletswydd y
bardd. Dylai weled trwy'r rheini oll at ryw ystyr ddyfnach a
mwy sylweddol. A dyfynnu'r un beirniad eto: 'Nid yw'r byd
o ymddangosiadau sydd yn ein hamgylchu ond gwisgoedd
materol i feddyliau Dwyfol.' (*Ibid* II, 53).

Y mae'n amlwg oddi wrth y dyfyniad olaf o ble y daeth
syniadau Tafolog, neu o leiaf beth ydoedd un o'i ffynonellau,
sef Islwyn. A dyfynnu geiriau'r Athro R. I. Aaron am y bardd
hwnnw: 'Mewn ymddangosiad yn unig y gwahana pethau
sylweddol oddi wrth ei gilydd. Mewn gwirionedd un ydynt,
yn tarddu o'r un man, yn rhan o'r un peth cyhyd ag y bônt
sylweddol, ac yn gorffen eto yn yr un man. Duw yw'r Sylwedd,
ac nid oes Sylwedd arall.' (*Y Llenor* VIII, 46). Ar farddon-
iaeth Islwyn, pa beth arall bynnag oedd ganddo, y seiliodd
Tafolog lawer o'i syniadau am waith bardd, a'r hyn a draeth-
wyd yn haniaethol a damcaniaethol gan Dafolog, fe'i gweith-
redid mewn aml ymson a myfyrdraeth gan y Bardd Newydd.

Nid bychan na dibwys yr ymosod a fu ar y syniadau hyn,
ac yn arbennig ar gynnyrch prydyddol y gwŷr a'u derbyniai.
Y mwyaf abl a'r tecaf o'r ymosodwyr cynnar yn ddiau oedd
Elphin. Mesurodd â llinyn cywir iawn bryddestau dynion y
mae'n well i mi yma beidio â'u henwi, gan fod rhai ohonynt
eto'n fyw, a pherthnasau iddynt o fewn cyrraedd y llyfr hwn;
ac o fesur, cafodd hwy'n fyr. Ei gŵyn bennaf yn erbyn y

beirdd oedd na wyddent beth oedd arddull prydyddiaeth; ysgrifennent yn rhyddieithol, gan gymysgu ffigurau a chyflawni aml drosedd arall nas goddefid mewn rhyddiaith hyd yn oed. Peth arall, nid prydferthwch sy'n eu cymell i ganu, ond dyfnderoedd astrus y meddwl. Yn waeth na dim, ni lwyddasant i feddwl o gwbl, rai ohonynt, ond dynwared meddylwyr trwy ddefnyddio'u geiriau a'u hymadroddion hwy. Ond llef yn y diffeithwch oedd Elphin, ac aeth y Bardd Newydd rhagddo'n dalog am rai blynyddoedd, gan honni rhoi i Gymru ei oes 'farddoniaeth fwy dynol a mwy ysbrydol nag a fodlonai Gymru Fu.'

Cafodd y Bardd Newydd aml hergwd gan eraill. Meddai Eilir Evans amdano, megis dros ei ysgwydd wrth drafod pethau eraill: 'Aed y 'bardd newydd' i'w grogi: dyma elyn gwaethaf Cymru heddiw.' Ei drosedd anfaddeuol oedd myned i'r Almaen i chwilio am ei ddull o ganu a'i sylwedd. Beia Brynfab arno am yr un gwendid, gan ychwanegu na eill neb ddeall ei farddoniaeth. Ond y gelyn cryfaf a mwyaf anghymodlon a wynebodd y Bardd Newydd oedd John Morris-Jones. Cafodd ef fantais ar Elphin, gan iddo gael ei gyfle i feirniadu yn yr Eisteddfodau Cenedlaethol, a thrwy hynny ledaenu ei syniadau, ac o dipyn i beth newid ansawdd y cynhyrchion. Hynny a fu'n dranc i'r Bardd Newydd. Dechreuwyd y cynnwrf yn y gwersyll yn Eisteddfod Bangor yn 1902, pan wobrwywyd 'Ymadawiad Arthur' Gwynn Jones, ac y dywedyd pethau plaen ac annymunol am rai cyfansoddiadau eraill a oedd yn y gystadleuaeth. Yn yr un flwyddyn ysgrifennodd John Morris-Jones i'r *Traethodydd* erthygl a alwai yn 'Swydd y Bardd'. Baich yr erthygl honno oedd y syniadau y parhaodd ef i gredu ynddynt hyd ddiwedd ei oes, ac a drafodwyd yn helaethach, ond heb fawr gyfnewid, yng *Ngherdd Dafod* ymhen tair blynedd ar hugain.

Damcaniaeth Aristoteles a gymerth John Morris-Jones yn gyffes ffydd iddo'i hunan. Gwaith barddoniaeth, ebr ef, yw efelychu dynion yn gweithredu, eithr gan ddewis o fywyd ei bethau gorau, a thrwy hynny greu prydferthwch newydd sy'n rhagori ar y bywyd ei hun. Pwysleisia mai'r diriaethol yn unig sy'n destun cân y bardd, ac na wedda iddo ef ymhel â'r

97

haniaethol o gwbl oll. Condemnia felly lawer o destunau cyffredin Eisteddfodau'r cyfnod, megis Eiddigedd, Geirwiredd, Ufudd-dod, Siomedigaeth, Gobaith. Beth bynnag am allu beirdd Cymru, ni chânt chware teg, pan esyd pwyllgorau destunau fel y rhain. Pwnc arall y dadleuir o'i blaid yw mai'r cyffredinol, nid y neilltuol, yw gwir destun cân pob prydydd. Felly nid priodol mo destun fel 'Yr Arglwydd Tennyson'. Ymhellach, nid â theipiau y mae a wnelo barddoniaeth; ni fedr neb ganu ar 'Y Diwygiwr' neu 'Y Celt'. Dyna brif fannau'r ddysg feirniadol newydd (petai'n newydd hefyd) a ddaeth wedi Eisteddfod Bangor, a'r ddysg hon a lwyddodd fesul tipyn i wthio'r Bardd Newydd oddi ar ei orsedd.

Nid digwyddiad undydd unnos oedd y cyfnewidiad hwn. Pur gyndyn oedd y Bardd Newydd i ymddiorseddu, a naturiol hynny, o gofio'i genhadaeth a'i ymwybyddiaeth o'r genadwri yr ymddiriedwyd iddo'i thraethu wrth ei gydwladwyr. Cafodd amryw i'w amddiffyn, a'r mwyaf medrus oedd gwrthrych y Cofiant hwn.* Cyn sylwi ar y rhan a gymerth Gwili ym mhrofedigaethau'r Bardd Newydd, buddiol fydd ceisio deall ei farn am dad ysbrydol y Bardd hwnnw, sef Islwyn. Wrth adolygu ei farddoniaeth eddyf: 'Ni fûm i erioed yn cyfrif Islwyn fel y mwyaf o'n beirdd.' Clywir yn y frawddeg yna awgrym o anghydwelediad â rhywrai a ystyriai mai Islwyn oedd pen bardd Cymru. Pur llym yw ei farn am 'Y Storm', a braidd yn ddilornus am y Bardd Newydd yr un pryd: 'Yn ei bryddest feithaf, meddyliau athronyddol a barddonol wedi eu gosod allan mewn arddull hollol ryddieithol sydd ganddo fynychaf, ac ofnaf fod y Bardd Newydd yn ei efelychu yn ei wendid yn ogystal ag yn ei gryfder.'

Eithr peryglus fuasai casglu oddi wrth y geiriau hyn nad oedd Gwili yn meddwl llawer o Islwyn, a'i fod ymysg y rhai a ymosodai ar Y Bardd Newydd. Yn ei farddoniaeth gynnar, pethau nas cynhwyswyd yn ei *Ganiadau*, gwelir olion Islwyn yn ddiamheuol, a hawdd iawn profi i Gwili ddarllen llawer ar ei waith. Nid oes fodd camddeall blas darn fel hwn:

---

* Cynhwyswyd yr erthygl hon yn y gyfrol *Gwili: Cofiant a Phregethau*, Gwasg Gomer, 1937.

O ba le tardd Dirgelwch? Onid yw
Y byd yn gyfrol o feddyliau Bod
Anfeidrol byth o'n safle? Nid yw dyn
Ond meddwl yn y gyfrol; ac o'i hun
Adnebydd leiaf.

(O'r bryddest 'A'r môr nid oedd mwyach.' *Y Geninen* XIX, Eist. 2.)

Ac y mae llawer cymaint o flas y Bardd Newydd arno ag y
sydd o flas gweithiau Islwyn. Ond nac anghofier mai yn 1895
yr ysgrifennwyd y llinellau yna. Yn y flwyddyn 1900, mewn
llythyr at y Parch. Charles Davies, Caerdydd, ar farddon-
iaeth Ceulanydd, dywedodd Gwili'r geiriau hyn: 'Gwn y
cydnabyddwch nad yw byth yn suddo llawer dan yr wyneb.
Canu i dlysni *arwynebol* y mae, neu i deimladau symlaf yr
enaid. Nis gwn a wyddai beth oedd *athroniaeth farddonol*.
Nid yw problemau bywyd wedi cael dim sylw ganddo.'
Dyna'n union y math o lefaru a ddisgwylid gan y Bardd
Newydd. Sylwer ar yr angen am athroniaeth farddonol, a'r
pwyslais ar broblemau bywyd, hanfodion y farddoniaeth
'newydd'.

Yn 1902 ysgrifennodd Gwili i'r *Geninen* 'Air dros y Bardd
Newydd', sef ateb i ymosodiad Eilir Evans. Yn yr erthygl
honno cyfynga'i hun i brofi mai buddiol yw ymgydnabyddu
â llên estron, ac yn eu mysg, llên yr Almaen. Gwaith hawdd
oedd profi hynny, ac ni cheir golwg ar ei wir syniadau am
brydyddiaeth yn y drafodaeth hon.

Odid nad y peth gorau a ysgrifennodd Gwili oedd ei
erthygl yn rhifyn Gorffennaf 1903 o'r *Geninen,* o dan y teitl
'Swydd y Beirniad', ac ar ffurf ymddiddan rhwng Iolo a
Bleddyn. Atebiad ydoedd i erthygl John Morris-Jones ar
'Swydd y Bardd'. Er galw Gwili a Silyn, gan ryw ysgrifennwr
anfodlon ar ôl Eisteddfod Caernarfon yn 1906, yn ddisgyblion
Morris-Jones, nid oedd Gwili yn unfryd â'i athro yn 1903.
Derbyniai yntau ddiffiniad Aristoteles, eithr ar amodau. Ei
gŵyn bennaf yn erbyn Morris-Jones yw ei fod yn 'pennu
ffiniau i athrylith y Bardd.' Wrth wahardd i fardd gyffwrdd
yn yr haniaethol, wrth ddwedyd na ellir canu i bethau'r
presennol, ac wrth osod teipiau y tu allan i diriogaeth
barddoniaeth, y mae'r beirniad, medd Gwili, yn 'cyfyngu ar

athrylith greadigol.' Deil ef na ellir gosod deddfau a rheolau, a barnu pob cyfansoddiad prydyddol wrth y rheini, oherwydd bod y beirdd mawr oll yn hwyr neu'n hwyrach yn torri dros ben rheolau ac yn myned y tu hwnt i ddeddfau. 'Ni wyddom pa wedd newydd a geir ar gelf gain yfory . . . Ar faes y galon y mae heddiw gad y byd. A dyna ystyr y farddoniaeth fwy mewnol a gychwynnwyd gan Goethe, a barhawyd gan Wordsworth, Tennyson, Clough a Browning; a barheir, fe allai, gan y Bardd Newydd, er maint ei ddiffyg.' Mae safle Gwili'n ddigon clir yn yr erthygl hon, ac yn ddigon teg cyn belled ag yr â. Ond ni chrybwyll ef ochr arall y pwnc, sef bod yr athrylith bennaf yn gorfod cydymffurfio â defodau celfyddyd i raddau pur helaeth, ac mai swydd y beirniad goleuedig yw gwarchod y defodau hynny. Dyna, mewn gwirionedd, a wnaeth John Morris-Jones ar hyd ei oes, cadw o flaen meddyliau beirdd y defodau cyntaf a mwyaf elfennol — purdeb iaith, glendid ymadrodd, urddas arddull. Ac ni ellir dywedyd, o edrych yn ôl heddiw, iddo atal twf yr un athrylith, na phennu ffiniau a lesteiriodd neb.

Yn ei draethawd ar y testun 'Barddoniaeth: Beth yw?' a enillodd y wobr yn Eisteddfod Meirion yn 1904, er mai crynodeb yw'r gwaith gan mwyaf o gasgliadau prif feirniaid llenyddol y byd, fe geir rhai brawddegau a ddengys farn bersonol Gwili ei hunan. Er enghraifft, y mae'n amlwg ei fod ychydig yn nes at safbwynt John Morris-Jones parthed swyddogaeth y presennol a'r haniaethol mewn barddoniaeth. 'Gwaith y bardd yw gogru'r presennol o'r amgylchiadol a berthyn iddo, a rhoddi i'r dansoddol [h.y. yr haniaethol] a'r teip fywyd arbennig neu bersonol.' Ond deil o hyd nad oes raid i'r bardd ymatal yn llwyr rhag cyffwrdd â haniaethau. Gwelir peth o ôl y Bardd Newydd hefyd yn y traethawd hwn yn y pwyslais a roir ar 'ddrychfeddyliau gogoneddus, a dehongliadau cywir o fywyd.'

Credaf ein bod bellach wedi chwilio digon ar ysgrifeniadau Gwili i fedru deall beth oedd ei syniadau am farddoniaeth yn y cyfnod pan ysgrifennodd y rhan fwyaf o'r *Caniadau.* Gellir crynhoi fel hyn: Yr oedd arno amryw o nodau'r Bardd Newydd. Credai mai gwaith bardd oedd edrych ar fywyd o dan y croen megis; nid bodloni ar ymddangosiadau allanol Natur a dynion, ond chwilio am ryw ystyr ddyfnach a thraethu 'athroniaeth farddonol'. Ond eto yn rhinwedd ei ddarllen eang, teimlir fod ei orwelion yn llawer lletach nag eiddo'r Bardd Newydd a'i bleidwyr arferol, yn ddigon llydan yn wir iddo fedru gweled gwendid y gwŷr hynny. Sylweddolodd fai amlycaf yr ysgol honno, sef ei difaterwch ynghylch purdeb ymadrodd, a'i thuedd i fod yn dywyll heb fod yn ddwfn.

Erbyn blwyddyn cyhoeddi'r *Caniadau* ni newidiodd nemor ddim ar ei farn, fel y dengys y Rhagair. Naturiol felly fydd gweled yn y gyfrol farddoniaeth bur wahanol i'r hyn a gynhyrchid gan feirdd eraill yn 1934, ac ers llawer blwyddyn cyn hynny. Pan oedd bardd ar ôl bardd yn ysgrifennu telynegion, a'r delyneg wedi llwyr gartrefu yn ein mysg, ni cheir yn y llyfr hwn ond rhyw ddwy gerdd y gellir eu galw yn delynegion. Am y gweddill, rhed drwyddynt ryw fath o athroniaeth a bair eu bod mewn tir gwahanol iawn i'r delyneg, ac a'u rhydd yn yr un dosbarth â chanu'r Bardd Newydd gynt, ond heb ei gymaint o'r elfen bersonol ac o brofiad ag y sydd mewn telyneg, ac eto nid telynegion mohonynt. Gellir esbonio'r gwahaniaeth fel hyn: Mewn telyneg ceir profiad ennyd awr, profiad hollol ddeoledig ar wahân i weddill bywyd y bardd, ac ar wahân i weddill bywyd y byd. Ni raid iddo fod yn brofiad parhaus i'r bardd; dichon mai unwaith mewn oes y cafodd ddim tebyg iddo. Ond am y canu arall, gwneir ymdrech bob amser i gysylltu pob profiad â gweddill profiadau'r bardd. Gweir ef i mewn i ystof ac anwe ei holl fywyd. Mynegir un gyfundrefn gyfan o brofiadau a ystyrir yn athroniaeth. At hynny yr amcanai'r Bardd Newydd; at hynny y cyrhaeddodd Gwili.

Gellir olrhain y gyfundrefn hon trwy lawer o'r *Caniadau*. Nid yw'r byd materol gweledig ond rhith, plisgyn am ryw gnewyllyn lle mae hanfod bywyd:

> Beth ydyw mater ei hun, erbyn hyn,
> Ond gwisg weledig yr ysbryd gwyn?   (t. 55)

Mae rhyw ysbryd o dan holl wrthrychau Natur, ac ynddynt a thrwyddynt:

101

O, paid â thorri brigau'r coed
A throi eu gwedd yn wyw;
Mae ysbryd yn yr allt erioed
Mewn myfyr dwys yn byw.   (t. 43)

Dywedir weithiau mai Duw yw'r ysbryd anweledig hwn:

Beth ydyw'r cread ond corff i Dduw —
Corff y mae'i feddwl fel gwaedlif byw
Tragwyddol yn rhedeg trwyddo o hyd?   (t. 61)

Ac eto:

Ar lawer bore, wrth rodio dan y brig,
Dychryn i mi oedd sancteiddiola'r wig;
A mynych dro, yn heddwch dwfn y coed,
Gwelais yr Anweledig mawr lle trig.   (t. 70)

Os medr bardd weled trwy Natur a chael hyd i'r sylwedd,
medr roi lliw'r sylwedd dros Natur oll; medr weddnewid y
byd yn ôl ei deimlad ef ei hun:

Gwelwn y nef yn las, a gwanwyn mawr
Yn torri o'm calon newydd dros y byd.   (t. 50)

O ystyried y byd materol fel hyn, fe ddilyn na rydd y bardd
ddim ystyriaeth ddifri i Natur a'i gwrthrychau. Nid ystyria
Natur yn amcan ynddi ei hun. Ni chynhyrfir mohono ddim
gan gŵyn y gwynt, gan felin Trefîn, gan y llwynog neu'r
gylfinir, gan fis Mai, gan nant y mynydd, gan Ynys Enlli, gan
eirlysiau na chan ddim o'r pethau mân a dibwys a rydd fod
i brofiadau mawr a phwysig yng nghalonnau rhai beirdd.
Mewn gair, ni chân fyth delyneg.

Dichon y daw i gof rhywun y soned a gyhoeddodd Gwili
yn Y Llenor, rhifyn Hydref 1929. Onid i afon fach ger ei
gartref y canodd yn honno, afon Gwili efallai?

Miwsig yr afon oedd y gyntaf gân
A dorrodd ar fy nghlyw o ganu'n byd.

Ie. Ond sylwer ar un llinell arwyddocaol sydd ynddi:

Hyn a'm deffroes o'r bywyd sydd fel hun.

Pwnc y soned yw bod bywyd plentyn fel cwsg, a bywyd canol
oed yntau fel cwsg; ond bod cyfnod effro yn y canol, a'r hyn

102

a ddeffroes y bardd oedd yr afon. Felly moddion neu gyfrwng yn unig oedd yr afon. A phwysig yw cofio nad 'Afon Gwili' yw teitl y soned, ond 'Cwsg'.

O blith holl gerddi hir Gwili, y mae dwy yn rhagori. Dywaid ef yn y Rhagair iddo lwyddo i ganu heb bregethu yn y gerdd 'Trystan ac Esyllt', a digon gwir hynny. I brydydd a oedd mor agos i'r Bardd Newydd o ran amser a thueddfryd, cryn gamp oedd canu cân fel hon, gan adrodd y chwedl yn ddigwmpas a diymhongar. Ond bradychir tueddiadau'r cyfnod gan ambell dro ymadrodd cwmpasog nad yw'n ddim amgen na rhyddiaith chwyddedig, megis 'Ond bys dyletswydd sydd at bruddach gwaith,' neu 'A daw blodeuad tyner dros ei rudd.' Sut bynnag, y mae'n werth astudio'r bryddest hon wrth ochr pryddestau adnabyddus eraill ar yr un testun, er gweled y cyfnewid a ddigwyddai yn ein llên ar ddechrau'r ganrif hon.

Y gerdd hir arall yw 'Mair Ei Fam Ef'. Dyma waith gorau'r bardd. Y mae un nam arni, sef bod yr awdur yn myned i ormod o drafferth i ddangos ei Brotestaniaeth. Ar wahân i hynny, mae i'r gerdd lawer o rinwedd, yn arbennig ar ei dechrau a'i diwedd. Y mae'n dawel a di-ffrwst, yn amyneddgar a defosiynol, a rhywfaint o'r un heddwch ynddi ag a geir yn awdl Mr. Gwenallt Jones i'r 'Mynach'. Gwelir y duedd grefyddol honno sydd mor gyson yng ngweithiau Gwili, ac sydd weithiau'n dramgwydd i anian y bardd ynddo, wedi ei ffrwyno a'i disgyblu, a'r bardd yn ymostwng yn wylaidd mewn syndod, yn lle mentro'n feiddgar i graidd Duwdod a phob bodolaeth, fel y gwnâi'r Bardd Newydd hyderus gynt.

Pwysig yw cofio ddarfod i Gwili, er cymaint ei barch i ganu athronyddol a dwfn, ganu rhai telynegion tlysion. Un ohonynt yw 'Cyfrinach Atgof', y gerdd gyntaf yn y *Caniadau*. Ceir dwy arall yn y gyfrol *Rhwng Doe a Heddiw*, a gellir rhoi pwys ar y rhain, gan mai Gwili ei hun a'u dewisodd. Gwelir cynildeb a glendid saerniaeth neilltuol yn 'Cyfrinach Atgof', sy'n nodweddu'r telynegion gorau. Yn 'Mai ym Mhenfro' ceir cydymdeimlad â Natur sy'n gosod Gwili ymhell iawn oddi wrth y Bardd Newydd, a safonau ei bryddestau Eisteddfodol cynnar. Ni allai neb ganu pennill fel yr un a ganlyn ond a wybu lawer am y deffroad diweddar:

103

Mae blodau ar ffenestri,
    Mae blodau'n dringo'r tai;
A gŵyr afrifed lwyni
    Eithinaur ddyfod Mai.
Mae'r llanw'n codi a llifo
    Dros wrymoedd tywod mân;
A'r haul yn araf ddisgyn draw
    I fôr o waed a thân.

Gellir dywedyd am Gwili, fel y dywedodd yntau am Islwyn:
'O na fuasai wedi canu mwy o delynegion.'

Cyhoeddwyd 1937

Y Bardd Newydd Newydd

RHAI SYLWADAU PROFOCLYD

Cytunwyd yn ein mysg ers llawer dydd bellach fod swm a sylwedd llenyddiaeth y ganrif ddiwethaf, a benthyca term Saesneg, 'in inverse proportion' — y swm yn fawr ac yn helaeth, y sylwedd yn fach ac yn dila, ac fel y cynyddai'r swm, lleihâi'r sylwedd. Rhyfeddwn uwchben y ffaith ddarfod i'r ganrif gynhyrchu mynyddoedd o stwff, a'r mynyddoedd hynny yn anialdiroedd cras, heb odid flewyn o borfa arnynt. Dyrchafwn ein dwylo a'n golygon a'n lleisiau mewn gweddi ddwys i ddiolch nad ydym ni fel dynion eraill, fel Dewi Wyn, Hwfa Môn, Tudno, Ceiriog (*pace* yr Athro Gruffydd), Iolo Caernarvon, a'r tlodion eraill. Ond tybed a ydym mor wahanol i'r tlodion hyn ag y tybiwn weithiau ein bod? Cofier bod adwaith yn dduw, neu'n ddiafl, sy'n chwarae â dynion, ac yn gwneuthur difrifwch y doethaf ohonom yn ddoniolwch o dan ei ddwylo. Er gwaethaf condemniad Mr. R. T. Jenkins ar arfer rhai dynion o apelio at hanes, mentraf ddweud mai nid llifo ymlaen fel afon ddidor y mae amgylchiadau dynion, ond gweithio fel pendil yn ôl ac ymlaen, a chyn sicred ag y rhed i un eithaf, fe red yn ôl cyn hir i'r eithaf cyferbyniol.

Ystyrier yn ddifrif yr amgylchiadau yn niwedd y ganrif ddiwethaf a dechrau hon. Yr awdlau Eisteddfodol wedi myned yn rhemp. Degau ohonynt yn ddim ond adroddiad moel o hanesion fel 'Drylliad y Rothesay Castle'; aralleiriad o storïau'r Beibl fel 'Cystudd, Adferiad ac Amynedd Job'; disgrifiad diddychymyg o natur, fel 'Y Flwyddyn'; darn go helaeth o hanes y byd fel awdl Islwyn i'r 'Genhadaeth.'

Teimlai dynion nad rhyw beiriant dweud straeon oedd y bardd. Nid gwneud sŵn hyfryd oedd ei waith. Nid chwarae â chytseiniaid fel plentyn â marblis. Tybed nad oedd iddo ryw genadwri yn y byd? Dywedasai Lewis Edwards ers blynyddoedd fod y bardd, drwy ei grebwyll 'yn esgyn uwchlaw pob teimladau personol, ac uwchlaw pob gwrthrychau neilltuol sydd mewn bod, i dir gwirionedd cyffredinol.' Bu'n pwysleisio gorchwyl y bardd: 'Pe bai y beirdd yn ystyried mawredd eu swydd, a'r cyfrifoldeb sydd yn perthyn iddi, hwy a arswydent rhag camddefnyddio eu talentau.' Nid rhyw gellweiriwr penysgafn mo'r bardd, ac ni ddylai chwerthin ac ymddifyrru mwy nag Abel Huws. Y mae mawredd a chyfrifoldeb yn perthyn i'w swydd. Cysylltwyd ag ef y gair bendigaid hwnnw 'gweledigaeth,' a meddwl amdano fel gweledydd neu broffwyd. Nid na ddichon proffwyd ennill cadair mewn Eisteddfod; ond nid fel cadair yn llys Hywel Dda yr ystyrir hi, eithr fel cadair angel. Ac y mae coron Eisteddfodol bron mor arwyddocaol ym meddyliau dynion â choron y gogoniant ei hun.

A bron yr un pryd ag y daeth y syniad hwn yn gyffredin, dyma'r pregethwr Ymneilltuol yn dyfod i'w etifeddiaeth lenyddol. Wedi i'r offeiriaid, o Wallter Mechain hyd Ab Ithel, eistedd yn hir a chyffyrddus yn uchel seddau'r Eisteddfod, dyma'r gweinidogion Ymneilltuol yn bwrw ymaith eu rhagfarn a bwrw i mewn i lenydda, a daeth creadigaeth newydd sbon danlli i fod, sef y bardd-bregethwr-broffwyd.

Rhaid oedd cael syniad newydd am farddoniaeth, i gyfateb i safle ddyrchafedig ac urddasol y bardd. Nid clwstwr o eiriau wedi eu gosod wrth ei gilydd â deheurwydd syfrdanol, a rhyw bethau plentynnaidd fel odlau a mesur a chynghanedd yn eu clymu, yw barddoniaeth o gwbl. Nid dim mor gyffredin. Os yw bardd yn broffwyd, rhaid cael rhyw sail athronyddol — neu athronyddlyd ym marn ambell ledfegin diwybod — i'w waith. Nid consuriwr geiriau yw proffwyd. Felly beth yw barddoniaeth? Dyma eiriau Tafolog, y gŵr a roes lafar i syniadau beirniadol haniaethol y cyfnod: '. . . yr ysbryd sydd wrth wraidd ein holl fywyd meddyliol, ac yn angerdd neu rym ysgogol holl symudiadau cymdeithas, pa un bynnag ai mewn cyfeiriad tymhorol neu foesol ac ysbrydol y byddo.'

Felly mae barddoniaeth ym mhawb ac ym mhopeth, byw a difyw. Dygir y gred i ymyl bod yn chwerthinllyd, a dweud y lleiaf, pan ddywaid Tafolog mai barddoniaeth yw'r gorawen ysbrydol a gâi dyn o gydnabod iddo pan lwyddai i ddal twrch daear yr oedd pawb arall wedi methu ei ddal. Barddoniaeth hefyd oedd yn enaid Charles Ashton yn peri iddo ysgrifennu ei lyfr ar hanes llenyddiaeth. A dyfynnu Tafolog unwaith eto, 'Gwirionedd yw barddoniaeth; nid addurn ar wirionedd, ond gwirionedd yn ei addurn a'i ogoniant pennaf.' Ffordd rhai dynion heddiw o sôn am y peth fuasai ei alw yn 'ultimate reality.'

Cyfyd dau beth o hyn. Yn gyntaf, os y gwirionedd sydd y tu cefn i bopeth yw barddoniaeth, yna nid yw'r pethau a welwn ond rhith, plisgyn am y bywyd ei hun. Nid yw'r gwel-edig yn werth ei ystyried; rhaid treiddio trwodd at y sylwedd. Câi beirdd Cymru eu patrymau yng ngwaith Wordsworth:

> For I have learned
> To look on nature, not as in the hour
> Of thoughtless youth; but hearing oftentimes
> The still sad music of humanity,
> Nor harsh nor grating, though of ample power
> To chasten and subdue.

Neu o Tennyson:

> Flower in the crannied wall
> I pluck you out of the crannies;
> I hold you here, root and all, in my hand,
> Little flower; but if I could understand
> What you are, root and all, and all in all,
> I should know what God and man is.

Cymharer â'r olaf linellau Islwyn:

> Edrychaf ar y pêr flodeuyn draw —
> Mae mwy na blodyn yma — mwy i mi,
> Mwy i bob un êl heibio yn dy law.
> Fel dôr blygedig egyr ef iti,
> A'r enaid rodia i ryw Wynfa fu.
> Chwyrn ddadfachluda amser, a chwyd y byd drachefn.

Symbolau, arwyddion, yw popeth gweledig yn natur. Hawdd iawn profi, petai angen, mai Islwyn oedd ffynhonnell llawer o syniadau'r beirdd a ddaeth ar ei ôl. A dyfynnu'r Athro R. I. Aaron am Islwyn, 'Mewn ymddangosiad yn unig y gwahana pethau sylweddol oddi wrth ei gilydd. Mewn gwirionedd, un ydynt, yn tarddu o'r un man, yn rhan o'r un peth . . . ac yn gorffen eto yn yr un man.'

Yr ail beth sy'n dilyn yw hyn: gwaith bardd yw treiddio trwy'r pethau gweledig allanol hyn at y gwirionedd, neu'r farddoniaeth, sydd y tu hwnt iddynt. Galluogi dynion i weled rhywfaint o'r gwirionedd hwn yw ei swydd; dyna pam y dywedodd Lewis Edwards fod yn perthyn i'r swydd honno fawredd a chyfrifoldeb. Ni ddylai bardd ymdroi â gwrth-rychau natur, a chanu amdanynt. Yn wir rhwystrau yw'r rheini oll, gorchudd ar y pethau mawrion, a chamddefnydd pechadurus ar awen y bardd fuasai sôn amdanynt er eu mwyn eu hunain. Felly ni chenir byth delynegion, er i Geiriog ddechrau'n bur ddeheuig. Islwyn, nid Ceiriog, a ddilynir. Swydd y bardd felly yw, nid *gwneud* barddoniaeth, oherwydd y mae barddoniaeth yn bod eisoes ym mhob peth, ond yn hytrach *darganfod* barddoniaeth, darganfod y gwirionedd. Ond sut y mae gwneud hynny? Pa gynneddf mewn dyn sy'n addas i'r gorchwyl? Rhoir rhywfaint o bwys ar y teimlad, rhywfaint hefyd ar y rheswm, ond cwbl anaddas y rhain ynddynt eu hunain. Y gynneddf angenrheidiol yw dychymyg. Eithr gofaler am ddiffinio dychymyg mewn ffordd neilltuol, a dyma ddiffiniad Tafolog: 'Ymgais meddwl terfynol i sylweddoli'r annherfynol ydyw dychymyg.' Nid dyma ddychymyg i ni heddiw. Awgryma'r gair 'ymgais' weithred ewyllysiol. Felly gweithred fwriadus yw sylweddoli'r annherfynol, ac nid y dychymyg, mewn gwirionedd, sy'n ei wneud, ond y rheswm. Ymresymu y mae'r bardd, felly, ac yn wir, athronydd yw. Ac onid athronydd, yn hytrach na bardd, oedd Islwyn? I ym-resymu, rhaid wrth gryn dipyn o amser a gofod. O ganlyniad, nid telyneg yw'r cyfrwng, ond pryddest. Y mae ffurf a thestun y delyneg yn ei gwneud yn anghyfaddas i'r beirdd hyn, ac felly nid rhyfedd na chaed yr un telynegwr gwerth ei halen rhwng Ceiriog ac Eifion Wyn.

Soniwyd gynnau am y pregethwr. Rhaid cofio mai crefydd-wyr solet a sad oedd pob un o feirdd amlwg diwedd y ganrif ddiwethaf, ac arwain hynny i un peth anochel. Beth yw'r sylwedd sydd y tu ôl i bopeth gweledig? Ni phetrusa'r beirdd hyn am eiliad. Mae'r ateb ganddynt. Nid yr absoliwt, na'r diamodol na dim arall, ond yn syml a phlaen — Duw. Peidiasant â bod yn athronwyr, a rhoesant y lle blaenaf i'w crefydd. Ond nid cwbl deg yw dywedyd fel y dywedwyd droeon amdanynt, sef eu bod yn cymysgu barddoniaeth a chrefydd yn un gybolfa anobeithiol. Nid eu cymysgu a wnaethant, ond gwneuthur un peth ohonynt. Y gwahaniaeth rhwng un o'r beirdd newydd hyn a Williams Pant-y-celyn yw hyn : i Williams cyfrwng yw barddoniaeth i fynegi teimladau dyn at Dduw, ond i Ben Davies, dyweder, mynegiant ydyw o deimladau Duw at ddyn. Treiddio i mewn i fwriadau ac arfaeth y Duwdod yw gwaith y bardd a thraethu'r rheini wrth ddynion. Yn iaith Tafolog eto : 'Yn awyrgylch ysbrydol Barddoniaeth y mae'n bosibl byw uwchlaw y byd . . . nid yw addoliad ond barddoniaeth yn yr eithafradd.'

Dyna gredoau llenyddol y gŵr a elwid yn ei gyfnod yn Fardd Newydd : y ddau Ben — Bowen a Davies, David Adams, Gwili, Iolo Caernarvon, Rhys J. Huws ac eraill. Buont wrthi'n ddifrifol iawn eu hagwedd mewn Eisteddfod ar ôl Eisteddfod yn ceisio sylweddoli'r annherfynol (chwedl Tafolog), ac weithiau cael coron am wneud. Ac â chofio hyd rhai o'r pryddestau, yr oedd sylweddoli'r annherfynol yn enw tra chymwys ar eu gwaith. Ond nid hir y cawsant lonydd. Un o gondemnwyr craffaf diwedd y ganrif oedd Elphin, ac yn ei erthyglau yn *Y Geninen* bu'n llathennu'r Bardd Newydd â holl nerth bôn braich. Ei bwynt mawr oedd (a phwynt hollol gywir) fod y Bardd Newydd, yn ei fawr awydd am sylweddoli'r annherfynol, wedi colli gafael ar grefft barddoniaeth. Pwysleisia'r diffyg chwaeth lenyddol yn ei waith, yr ymchwydd gwag, y ffuantrwydd a'r ymfflamychu. Dyfynna ambell enghraifft anfad, megis hon :

A ffydd
Yn nillad y goleuni'n bloeddio'n gryf
Mai llygaid cariad yw'r olwynion oll.

Dyma enghraifft arall, a sylwadau Elphin arni :

Mae'n gweld
Syniadau prydferth fel enfysau fil
O'r gorwel yn olwyno allan, gan
Ymdorri dros y wlad yn ddarnau gwawl,
Yn dawnsio'n filoedd dros y llwydaidd faes,
Ac wedi gwibdaith yn ymgasglu'n ôl
Yn fil enfysau uwch mynyddoedd gwyn,
Mynyddoedd annwyl Cymru, gan ymdroi'n
Goronau iddynt.

'Gwarchod pawb! Mil o enfysau yn rowlio hyd y wlad, yn
torri'n dipiau mân, yn dawnsio, wedyn yn asio wrth ei gilydd,
ac yn y diwedd yn troi'n goronau ar ben mynyddoedd Cymru.
Hei, Yankees, brysiwch yma. Ni welsoch *chwi* erioed ddim
tebyg i hyn. This licks creation!'
   Ymosodwr arall oedd Eilir Evans. Ond nid beirniadaeth,
yn ystyr orau'r gair, oedd gan Elphin nac Eilir. Gwatwareg a
choegni oedd eu harfau hwy, a llwyddasant i beri i'r Beirdd
Newydd deimlo'n anghysurus efallai, ond nid trwy eu gwatwar
yr oedd rhoi taw arnynt. Peth hawdd a syml ryfeddol yw
gwneud hwyl am ben barddoniaeth sâl, a geill dyn digon
canolig ei ddawn wneuthur hynny'n llwyddiannus iawn weith-
iau. I newid sylfeini cred dynion rhaid wrth rywun go gryf, a
rhaid wrth arf amgen na gwatwar. Yn 1903 dywedodd yr
Athro W. J. Gruffydd eiriau gwatwarus am y beirdd hyn:
'I newid tipyn ar eiriau Shelley, buasai'n well ganwaith gennyf
fynd i golledigaeth gyda Williams Pant-y-celyn ac Ann
Griffiths na mynd i wynfyd gyda holl bryddestau hirion ac
emynau gwaed-deneuon y Bardd Newydd.' Ac nid gwatwar
yn unig, oherwydd rhoes ei fys ar wendid mawr y Bardd
Newydd: 'Teimlad yw prif angen llenyddiaeth Cymru
heddiw.' Mewn geiriau gwahanol, y mae gormod o athron-
yddu yn llên Cymru.
   Ond y gŵr a adawodd ôl ei ddwrn yn derfynol ar y Bardd
Newydd oedd Syr John Morris-Jones. Y gwahaniaeth
rhyngddo ef ac ymosodwyr eraill oedd fod ganddo ddamcan-
iaeth feirniadol wahanol i'r Bardd Newydd, hollol wrthwyneb,
mewn gwirionedd. Mewn erthygl yn *Y Traethodydd*, 1902,
o dan y teitl 'Swydd y Bardd,' traetha Morris-Jones ei ddam-

caniaeth. Damcaniaeth Aristoteles yw honno, a gwelir hi wedi ei gosod allan yn llawn yng *Ngherdd Dafod.* Cynnwys honno dri phen. Yn gyntaf, gwaith bardd yw efelychu dynion yn gweithredu, ond gan ddewis y pethau gorau a phrydferthaf allan o fywyd, a thrwy hynny greu prydferthwch newydd. A dyna'r Bardd Newydd wedi bod yn dal am flynyddoedd mai *darganfod* a datguddio'r prydferthwch sydd y tu cefn i bopeth y mae'r bardd, nid *creu* prydferthwch. Yn ail, y diriaethol yw testun y bardd, ac nid oes a wnelo â'r haniaethol o gwbl oll. A'r Bardd Newydd druan wedi ymhuodli ynghylch Siomedigaeth, Diwydrwydd, Sancteiddrwydd, Gobaith, Brwdfrydedd, etc. Yn drydydd, y cyffredinol, nid y neilltuol, yw maes barddoniaeth. A dyna'r bryddest fawr honno i'r Arglwydd Tennyson o dan yr ordd yn syth. Mewn gair yr oedd maentumio fel hyn yn tynnu pob ffon o'r ystol oedd gan y Bardd Newydd yn ceisio dringo i gyfeiriad yr annherfynol. Ond ni thorrodd ef ei galon. Yn hytrach, ceisiodd roi ffyn newydd yn ei ystol, a'r ymgais orau oedd erthygl Gwili ar 'Swydd y Beirniad' yn *Y Geninen* yn 1903, lle y dywaid fod Morris-Jones ar fai yn pennu ffiniau i athrylith y bardd. Yn union fel ei feistr, Islwyn, mynnai Gwili dragwyddol heol.

Eithr gildio fu raid i'r Bardd Newydd, er i Gwili ddal i gredu ynddo hyd ddiwedd ei oes. Cyfieithodd Syr John Morris-Jones gathlau Heine. Cyhoeddodd Silyn Roberts a W. J. Gruffydd eu telynegion. Gwnaeth Eifion Wyn y delyneg yn faes arbennig ei ddawn fel bardd. Hyd yn oed yn y pryddestau Eisteddfodol caed dirfawr newid. Testunau o chwedlau a hanes Cymru, fel Trystan ac Esyllt a'r Arglwydd Rhys. Mewn gair, daeth teimlad yn rhan helaeth a phwysig o farddoniaeth Cymru. Gadwyd i'r annherfynol gymryd ei siawns. Anghofiodd pawb am yr ysbryd y tu ôl i bethau, a chanwyd gyda hwyl i'r gweledig syml, i bryd a gwedd merch, dail yr Hydref, gwylanod, mis Mai. Aeth pawb i deimlo, teimlo'n angerddol, teimlo'n ddwfn, teimlo ar hyd ei oes. Ni bu erioed y fath garu. Yr oedd gan bob bardd ei anwylyd, yn Fenna neu Wen neu riain y rhedyn. Yn wir, aeth yr ysbryd telynegol yn rhemp, a dawnsiodd yn wên i gyd i gynteddoedd urddasol yr awdl hyd

111

yn oed. Yn Eisteddfod Genedlaethol 1910 caed awdl na ddychmygwyd erioed ei bath — dyn yn dadlennu ei deimladau noethion ar goedd y genedl, gan dystio'n ddifloesgni nad yw'n malio botwm corn am yr annherfynol na'r pethau sydd y tu hwnt i'r gweledig. 'Ac o nefoedd gwin nwyfiant, ni chenfydd serch nefoedd sant.'

Yna yng nghwrs amser daeth yr adwaith anesgor, a dyma ni heddiw'n byw yn oes y Bardd Newydd Newydd. Bu'r Bardd Newydd yn broffwyd ac yn ddehonglwr. Bu dilynwyr Morris-Jones yn creu prydferthwch. Ond gwrandawer ar un o feirdd ifainc ein hoes ni: 'Y mae gwir farddoniaeth bob amser yn agos at galon bywyd, am mai'r bardd ydyw'r pwynt cyffwrdd mwyaf angerddol sydd rhwng bywyd a phrofiadau dynion, ac am mai trwy farddoniaeth (a chrefydd) y caiff dyn yr ymdeimlad dyfnaf o werth bywyd, a eill roddi mynegiant i'w broblemau mawrion.' (Y Ddau Lais, td. xii.). Dyna'r Bardd Newydd Newydd. Ef yw'r pwynt cyffwrdd rhwng bywyd a phrofiadau dynion. Trwyddo ef y daw bywyd i mewn i brofiadau dynion. Ef yw'r gweledydd a'r dehonglwr, yn union fel y Bardd Newydd gynt. Yn wir gallasai Tafolog ysgrifennu'r geiriau uchod, ond yn unig na wyddai am y ddau air 'ymdeimlad' a 'phroblemau.'

Yn ôl Morris-Jones y mae rhai pethau sy'n bendant y tu allan i diriogaeth barddoniaeth. Geiriau anfarddonol, er enghraifft; enwau personau, fel Robert Hughes; pethau materol y byd sy ohoni heddiw; ac yn arbennig arddull rhyddiaith, arddull ffwrdd-â-hi, heb ôl caboli a gloywi arni. Daliai Gwili mai cam-farn oedd hyn. Ac meddai'r Athro W. J. Gruffydd, 'Nid oes dim yn y byd y tu allan i fyd barddoniaeth, boed ynddo'i hun mor rhyddieithol ag y tybier, am y rheswm nad oes dim y tu allan i feddwl y bardd.' Ac ebe'r Bardd Newydd Newydd, 'Fe wêl yr Ysgol Newydd bosibilrwydd barddoniaeth yng nghefndir diwydiannol y cyfnod, ac ym mhroblem economaidd dyn. Dyma gredo Mr. Gwilym R. Jones, Mr. Alun Llywelyn Williams a Mr. W. H. Reese. Ond y rhyfeddaf peth yw gweled y gŵr a luniodd y campwaith hwnnw mewn arddull goeth a theimlad yn 1910, yn ymwrthod â'r arddull farddonol ac yn herio damcaniaeth ei hen feistr, gyda llinellau moelion fel y rhain:

> Gadawsom ffordd y sir am ryw hen lôn
> Rhyngom a'r mynydd, gan fod iddi giât
> (Giât mochyn ydyw'r enw arni ym Môn)
> A roddai hawl i groesi tir y stât.

Clywyd uchod gri'r Athro Gruffydd yn 1903 am deimlad mewn barddoniaeth — 'Teimlad yw prif angen llenyddiaeth Cymru heddiw.' Yn gyffelyb Morris-Jones ar hyd ei oes, fel y tystia *Cerdd Dafod*: 'Y teimlad yw'r testun, ac nid yw natur ond moddion i'w draethu neu achlysur iddo. Nid oes werth barddonol i ddisgrifiad ond fel mynegiant o deimlad.' Diffyg y Bardd Newydd ddeugain mlynedd yn ôl oedd bod yn amddifad o deimlad. Ac wele'r Bardd Newydd Newydd eto, bob cyfle a gaiff, yn llwyr anwybyddu'r teimlad. Sylwer mor aml y crybwyll broblemau mawrion, cymdeithasol a diwydiannol. Ni chyffyrddwyd teimlad neb erioed gan broblem, a'r deall, nid y teimlad, yw'r hyn a ddatrys y broblem yn y pen draw. Ac os mynnir ystyried gwaith y Bardd Newydd Newydd yn hytrach na'i osodiadau beirniadol, cymerer un o'i gerddi gorau un, sef 'Y Creigiwr' gan W. H. Reese. Disgrifir y creigiwr wrth ei waith, a hynny â dawn amlwg gwir fardd, a gwelwn lywio'r gân at bwynt neilltuol ar y diwedd. Beth yw'r pwynt hwnnw? Ai hiraeth am fod fel y creigiwr, ai cyd-ymdeimlad ag ef, ai tosturi tuag ato? Nage. Nid unrhyw deimlad, ond hyn:

> Nid oes a enir,
> nad ysgerir drwy gyni
> o'r grombil glos a'i gwasgodd,
> ac nas collir o'r lwynau a'i cenhedlodd,
> a'r groth a'i gwarchododd —
> bid graig, bid ŵr, bid werin.

Dyna uchafbwynt y gerdd; nid mynegiant o deimlad, ond gosodiad yn tarddu o'r deall. Trwy sylwi ac ymresymu y daeth y bardd i'r casgliad yna, a rhydd hyn inni fel ei ddehongliad ef ar un agwedd ar fywyd. Afraid dangos gormod o enghreifftiau o'r duedd hon, ond diddorol sylwi fel y mae telynegwr teimladol fel Mr. I. D. Hooson yn llithro i'r un cyfeiriad. Dyger ar gof i gychwyn gerdd Crwys i'r Sipsi, a'i phennill olaf fel hyn:

> Prin yw'r arian yn y god,
> Ond mae amser gwell i ddod;
> Mi rof gariad i hen ferched
> Ac mi werthaf lond fy masged,
> Yna'n ôl at Romani
> I garafan a garaf fi,
> Hei ho, hei-di-ho.

Dyna'r tinc telynegol ysgafn hyd y diwedd. Yn awr, cymerer pennill olaf cerdd wych Mr. Hooson ar yr un testun:

> Dros ael y bryn y dring y lloer,
> Mae'r tân yn awr fel hithau'n oer;
> Angerdd pob fflam a thân pob nwyd
> A dry'n ei dro yn lludw llwyd.

Codwyd o fyd y sipsi i fywyd yn gyffredinol. Y gwir yw bod y ddwy linell olaf yn hollol amherthnasol i weddill y gerdd. Trafodant y cyffredinol, a gadewir yr arbennig a fu'n destun y gân hyd y ddwy linell olaf.

Un cyhuddiad mawr a ddygid yn erbyn y Bardd Newydd gynt, a chyhuddiad hollol deg hefyd, oedd ei fod yn dywyll, yn gymylog, yn niwlog, yn anodd iawn ei ddeall a'i ddilyn i gyfeiriad yr annherfynol. Canlyniad hynny oedd ei fyned ef a'i waith yn anniddorol. Gwaetha'r modd, y mae'r un peth yn wir am y Bardd Newydd Newydd. Darllener rhai o brydd-estau'r Eisteddfod Genedlaethol am y blynyddoedd diwethaf (nid enwaf yr un rhag tynnu'r beirdd yn fy mhen), ac fe welir bod y Bardd Newydd Newydd mor dywyll bob blewyn, ac mor amleiriog hefyd, ag y bu'r Bardd Newydd erioed.

Gwelsom ddarfod i'r bardd fyned eto'n weledydd, yn ddehonglwr. Ond nid yw'r Bardd Newydd Newydd mor hy ar y cyfanfyd ag y bu ei gymrawd gynt. Ac yn aml fe ffeiriodd ef y macrocosmos am y microcosmos. Nid dehongli'r cyfanfyd, ond dehongli ei bersonoliaeth gymhleth ef ei hun:

> Tybed fy mod i, O Fi fy Hun,
> Yn myned yn iau wrth fyned yn hŷn,

114

A gwanwyn a gwenau a gwibiog hynt
Yn gwahodd fel y gwahoddent gynt?

Neu'n debycach i'r Bardd Newydd:

Mae ynof byth a hefyd gyngor terfysg
Myfïau anghytûn yn pennu deddf;
Pob un yn lleisio'i ble'n aflafar gymysg,
Angof a chof, pob greddf a'i gelyn reddf.

Yn rhyfedd, y mae'r dyfyniad olaf yn dwyn ar gof inni eiriau
Tafolog, mor bell yn ôl â 1897: 'Y mae môr mawr barddon-
iaeth yn ymchwyddo rhwng y 'Myfi' dieithr o'n mewn a'r
'Nid myfi' dieithrach o'r tu allan i ni.'

Do, aethom yn ôl i safonau deugain mlynedd yn ôl, ond
enillwyd llawer yn y cyfamser. Nid yn ofer y pregethodd Syr
John Morris-Jones lendid iaith ac urddas ymadrodd. Y mae'r
hanfodion elfennol hyn gan bawb o'r Beirdd Newydd
Newydd. Ac y mae un rhinwedd achubol arall sy'n amlwg yn
y to diweddaraf. Ni honnant ddeall a dehongli'r cyfanfyd
crwn fel y Bardd Newydd, ac ni chynigiant allwedd y cread
inni. Cyfaddefant, fel y seryddwyr, fod y cread a bywyd yn
ddirgelwch wedi'r cwbl, ac na ellir ei ddehongli, ond yn unig
ryfeddu wrth edrych arno.

Cyhoeddwyd 1939

Barddoniaeth Elfed

Wedi marw Elfed yn hynafgwr hybarch y llynedd ysgrifennwyd cryn lawer amdano, ac anodd ar hyn o bryd yw cael dim newydd i'w ddweud amdano, petai angen am hynny. Fy amcan i yn hyn o lith fydd ceisio cyfleu prif nodweddion ei farddoniaeth — ei materion a'i moddau — heb geisio cyfrif yn feirniadol am yr un o'r nodweddion hynny.

Cyhoeddodd Elfed ei gyfrol gyntaf o farddoniaeth yn 1895, pan oedd yn bymtheg ar hugain oed, a bu pedwar argraffiad ohoni rhwng hynny a 1902. Cyhoeddodd 'ail gyfres' o gerddi yn 1901, a chasglwyd y cwbl ynghyd a'u cyhoeddi eto yn 1909. Felly ni chyfansoddodd y bardd ond ychydig o gerddi ar ôl troi ei ddeugain oed. Ni wn a gafodd unrhyw un arall o feirdd cynnar y deffroad y profiad o weled pedwar argraffiad o'u gwaith yn dilyn ei gilydd mor agos. Y mae'n ymddangos mai mil oedd rhif y copïau ymhob argraffiad; felly argraffwyd (a gwerthwyd hefyd yn ddiamau) bedair mil o gopïau mewn rhyw saith mlynedd o amser. Y mae hyn yn braw go sicr, gallwn feddwl, fod rhywbeth yng ngherddi Elfed oedd yn gafael ar y pryd, ac os oedd y farddoniaeth yn newydd, yr oedd yng Nghymru ddarllenwyr oedd yn barod amdani. Ni bu raid i Elfed wthio'i waith na'i safonau ar ei gyhoedd. Nid ystyriwyd mohono'n wrthryfelwr; ni chondemniwyd mohono am newydd-deb ei ffordd o feddwl nac o ddweud. Plesiwyd y sawl oedd yn hoffi cerddi Mynyddog, Talhaiarn a Cheiriog, a phlesiwyd hefyd y gwŷr 'athronyddol' oedd yn darllen Islwyn a'r 'Bardd Newydd.'

Ac eto nid Ceiriog nac Islwyn oedd yn llefaru. Sain newydd

ydoedd, ond nid mor newydd â John Morris-Jones a W. J. Gruffydd, y gwŷr a dynnodd yr hen ysgol yn eu pennau a chael eu galw yn geiliogod y Colegau. Nid oedd Elfed yn annhebyg yn hyn o beth i Owen Edwards. Y mae gennym ddigon o dystiolaeth gan wŷr oedd yn ifainc pan ddechreuodd Owen Edwards ysgrifennu, tystiolaeth i newydd-deb ei arddull a'i agwedd at bethau, a'r hoender a ddôi i eneidiau wrth ddarllen ei weithiau. Ond ni bu raid iddo ymladd dros ei safbwynt na goddef cilwg gelynion. Yr oedd mynd ar *Cymru* fel a oedd ar farddoniaeth Elfed. Yr oedd Owen Edwards yn gymeradwy. Ni chyhoeddodd ef yr un efengyl anghyfarwydd fel y gwnaeth Emrys ap Iwan, ac ni ffromodd yr un darllenydd wrth ei syniadau nac ymosod arno am gyfeiliorni yn ei ffyrdd.

Bod yn newydd heb fod yn dramgwyddus oedd camp Elfed ac Owen Edwards. Nid y gynneddf i feirniadu ond y ddawn i werthfawrogi oedd yn ysgogi eu gwaith llenyddol. Rhoes y ddau eu bendith yn hael ar y Sabath yng Nghymru gan ymgroesi rhag y bwbach hwnnw yr oedd cymaint o Gymry'r cyfnod yn arswydo rhagddo heb erioed ei weld, sef Sul y Cyfandir. Canent glod yr Ysgol Sul a'r Seiat, dau sefydliad oedd efallai ar uchaf eu bri yn ugain mlynedd olaf y ganrif ddiwethaf, a meddylient feddyliau John Penry ac Ieuan Gwynedd, arwyr Cymru Biwritanaidd ac Ymneilltuol. Nid yw hyn mor lliwgar â phlicio gwallt yr hanner Cymry gydag Emrys ap Iwan neu alw arwyr *Trysorfa'r Plant* yn Phariseaid gydag awdur 'Sionyn,' ond efallai y gallwn ofyn, heb fod yn ganoloedaidd nac yn orgeidwadol, tybed nad oes raid wrth lawn cymaint o graffter i weld yr hyn sydd dda mewn pethau hen gyfarwydd ag i weld eu gwendidau? Hawdd yw gweld bai, fel y gŵyr pawb ohonom a fu'n meddwl peth am genhadaeth eglwys a swyddogaeth gwladwriaeth. Anos o lawer yw cydnabod rhagoriaethau sefydliadau ffaeledig.

Yr oedd y gwerthoedd hynny a fawr brisid gan gyfoeswyr Elfed yn werthfawr ganddo yntau. Y profiad dynol amlycaf o'r cyfan yn ei waith yw'r profiad crefyddol. Nid oes iddo ysgafnder anghyfrifol Ceiriog ac eraill o'i ragflaenwyr, na rhith baganiaeth fwriadedig ei olynwyr; y mae'n nes i Iolo Caernarfon, David Adams a Ben Davies, ond yn lle eu mawreddogrwydd digellwair hwy y mae ganddo ef symledd a phertrwydd. Canodd lu o gerddi sy'n drwyadl grefyddol (ond nid yn emynau chwaith); defnyddiodd destun seciwlar a'i alegoreiddio; dyry dro crefyddol ym mhennill olaf ei gerdd bryd arall, fel yn 'Aros a Myned,' lle mae'n sôn am y blodeuyn yn ei unfan a'r afon yn symud rhagddi, ac ar y diwedd:

> Y mae popeth yn ei le
> Pan yn dilyn golau'r ne':
> Aros di, a bydd yn fawr;
> Brysia dithau, ddydd ac awr:
> Llifo at Dduw y mae'r afonydd,
> Tyfu at Dduw mae'r blodau llonydd.

I oes Elfed yr oedd hyn yn glo cwbl addas i gerdd, yr uchaf-bwynt cwbl gyfiawn, ac efallai ein bod ninnau erbyn hyn wedi symud yn ddigon pell oddi wrth syniadau rhamantaidd rhai o'i ddilynwyr i fod yn fwy goddefgar yn hyn o beth. Na thybied neb fy mod am honni fod pryddest Elfed i Orsedd Gras yn well barddoniaeth na 'Thrystan ac Esyllt' W. J. Gruffydd, ond y mae'n bryd inni gydnabod y profiad cref-yddol fel un o ddefnyddiau cyfreithlon cerdd, ac os bydd y profiad hwnnw'n ddigon angerddol nes gorfodi'r bardd i bregethu, pregethed, ond iddo bregethu'n awenyddol. Nid beirniadaeth yw condemnio bardd am ei fod yn pregethu ar gân; y drwg yw pregethu ar rigwm, a dyna wendid Elfed weithiau:

> Nid oes raid i un
> Sefyll wrtho'i hun;
> Mae y Duwdod a'i dangnefedd
> Ar ymylon ei unigedd;
> Dyna ddechrau'r ne'—
> Rhoi i Dduw ei le.

Thema arall gymeradwy yn y cyfnod oedd gwladgarwch Cymreig, y gwladgarwch hoenus, ffyddiog hwnnw sy'n ymestyn yn llinyn drwy ganu rhydd y ganrif ddiwethaf, ac a dderbyniwyd gan John Morris-Jones ac eraill o wŷr amlwg deffroad dechrau'r ganrif hon. Y mae Elfed yn chwythu'r corn hwn — y corn gwlad — cystal â neb:

118

Mae Arthur Fawr yn cysgu,
A'i ddewrion sy o'i ddeutu,
A'u gafael ar y cledd:
Pan ddaw yn ddydd yng Nghymru,
Daw Arthur Fawr i fyny
Yn fyw — yn fyw o'i fedd.

Yr oedd hyn yn ddiamau yn brofiad digon diffuant ar y pryd,
pan oedd mudiad 'Cymru Fydd' yn ei fri, cyn i wleidyddion a
gwerinwyr wneud brad y genedl. Perffeithrwydd artistig y
gogwydd hwn oedd 'Gwlad y Bryniau' Gwynn Jones. Math o
bregethu yw hyn eto, pregethu egwyddorion cenedligrwydd,
ond y mae'n bregethu cain. Y mae yntau'n colli ei rym pan
glywir sain anhynod yn y corn, yn arbennig pan yw'r corn
hwnnw yn seinio yn oes Llywelyn y llyw olaf:

Nid ydyw cenedl yn genedl cyn dysgu cenhadaeth
Ei hysbryd a'i theithi, ynghanol ymdrech dynoliaeth.

Bu rhyw chwarae mig â Natur yn nôd amgen y bardd ers
llawer blwyddyn cyn i Elfed ddechrau canu erioed, ond nid
ystyriwyd mohoni'n wir ffynhonnell ysbrydiaeth gan neb o
feirdd y bedwaredd ganrif ar bymtheg. (Ni thwyllir neb
bellach wrth reswm gan wladeiddiwch 'Alun Mabon'.) Un o
gyraeddiadau uchaf ein canrif ni oedd dyrchafu Natur a'i
gwrthrychau i dir yr awen gain — o Eifion Wyn hyd Williams
Parry ac I. D. Hooson a William Jones, Tremadog, yn y
dyddiau hyn. Ond nid yw Elfed yn fardd Natur. Eithaf ei
ddiddordeb ynddi yw ei disgrifio fel cefndir i rywbeth arall,
megis yn llinellau cyntaf 'Llywelyn ein Llyw Olaf':

Arafai yr haul wrth nesu at frig yr eigion
A'r dydd yn cauad ei lygad glas ar y wendon.

Yr un modd ar ddechrau 'Y Sabboth yng Nghymru':

Lle rhodia awel Rhagfyr
Yn nychlyd drwy y coed,
A'r ddalen ola'n siglo'n grin
Dan ei gaeafol droed;
Daw'r Gwanwyn hawddgar eto,
A'r blodau lond ei law;
Daw'r dail yn ôl i wisgo'r coed,
Dan fendith gwlith a glaw.

Go arwynebol yw peth fel hyn. Y mae ambell gyffelybiaeth o fyd Natur ychydig yn fwy effeithiol:

A oes ardal yn y famwlad, mynydd llwm neu ddyffryn bras,
Lle na fu, *fel enfys Ebrill,* olau addfwyn Gorsedd Gras?

Y rheswm am ddiffyg diddordeb yn Natur ymysg gwŷr y ganrif ddiwethaf oedd eu bod mor brysur yn trin ac yn trafod dynion — yn ymladd dros eu hiawnderau mewn diwydiannau ac yn achub eu heneidiau yn y capeli. Daeth y dyngarwch hwnnw a ddysgwyd gan Ryddfrydiaeth Radicalaidd yn ysbrydiaeth i feirdd, gan ddechrau'n egwan yn awdl 'Elusengarwch' Dewi Wyn a'i sôn am y gweithiwr yn 'dwyn ei geiniog dan gwynaw.' Cyrhaeddodd ei benllanw yng nghydiad y ddwy ganrif, ac yma eto y mae Elfed yn nofio yng nghanol ffrwd ei gyfnod, gyda'i 'Englynion i Feibion Llafur' a'i gerdd i Streic Fawr Bethesda, a cherdd arall yn dechrau fel hyn:

Amaethwr Cymreig, dyna i gyd,—
Ei ddiwrnod i'w dyddyn a roes:
Ac erwau mynyddig, a drud,
Fu ganddo i'w trin drwy ei oes.

Dyma frawd neu gefnder i Hen Lanc Tyn-y-mynydd neu'r Hen Chwarelwr, a'r dyn hwnnw y dywedodd Gwynn Jones amdano —

Garw oedd ei wyneb a chorniog ei law
(Ysgydwais hi, do, syr, er gwaethaf y baw).

Ac o bopeth a ysgrifennodd Elfed y peth mwyaf adnabyddus yw'r gerdd yn dechrau â'r pennill:

Nid cardod i ddyn, ond gwaith!
Mae dyn yn rhy fawr i gardod:
Mae cardod yn gadael craith,
Mae y graith yn magu nychdod.

Megis nad oedd Elfed yn fardd Natur, nid oedd ychwaith yn fardd serch, er iddo sôn llawer amdano. Fel Ceiriog, o'i flaen, y mae'n edrych ar garu fel rhyw ddireidi diniwed, rhywbeth i gellwair yn ei gylch, rhywbeth i'w drin yn nawddogol garedig mewn tymer dda — y math o beth nad yw byth yn digwydd i ni:

Diberygl yw meddwl am lawer mun,
Ond Ah! pan yw'r meddwl i gyd am un.

Yr ydym yn gweled y wên faddeugar dirion. Nid yw angerdd
y nwyd yn cynyddu dim pan gyferchir hi yn rhethregol fel

Anfarwol Serch, ddolurus Serch,
Penyd nefolaidd mab a merch.

Yr oedd serch yn rhy agos i ddibyn cnawdolrwydd i neb yn y
ganrif ddiwethaf fentro ei ddilyn ymhell.

Fe gytunir bellach, mi gredaf, mai testunau ei oes yw
testunau barddoniaeth Elfed. Nid yw hynny ond naturiol,
wrth reswm, ac nid teg fai disgwyl i fardd ymddyrchafu
goruwch confensiynau ei gyd-ddynion. Ond y mae hyn yn
egluro ei boblogrwydd, ac y mae rhai nodweddion ar ei ddull
o fynegi ei feddwl sy'n ei egluro ymhellach. Yr oedd ganddo
ddawn fawr i lefaru'n glir ac yn ddigamsyniol, ac yn fynych
yn ei briod lais ei hun. Gwir y clywir tinc Islwynaidd ambell
dro, fel:

A'r orsedd saphir fel gwelediad tân
Yn ffurfafennu'r oll mewn dydd o Dduw.

Ond ambell dro arall ceir trawiad gwir awenyddol mewn
geiriau prin:

Eneidiau yn eu brys dan loywder oes.

Ysgrifennodd amryw o englynion unigol, ond un ohonynt yn
unig sy'n dda, sef:

Bore oes, O! mor brysur — y gwibia
Gobaith ar ei antur:
Canai lai pe gwelai gur
Y blodau dan y bladur.

Y mae hwn wedi cydio ac yn dra adnabyddus ers llawer dydd.
Felly hefyd epigram arall o'i waith:

Dante — dos i'w ddilyn;
Shakespeare — tro i'w fyd:
Cofia Bantycelyn
Yr un pryd.

121

Ond nid y ddawn epigramatig bur oedd yr eiddo ef, eithr yn hytrach y ddawn i ddweud pethau trawiadol, a braidd yn glyfar, weithiau drwy wrth-ddywediad,

> Mae serch yn gryf, mae serch yn wan,
> Gall gredu a chanu a marw'r un man.

Weithiau trwy wrthgyferbyniad, fel wrth sôn am droedigaeth Howell Harris ym mynwent Talgarth:

> Mae'r meirw yn eu beddau
> Yn cysgu 'hyd y wawr';
> Eneidiau meirwon dynion byw
> Sy'n codi yma'n awr!

Y mae hyn yn perthyn yn nes i areithyddiaeth yr ymadrodd llafar nag i gyfrwystra barddoniaeth, a daw hynny'n glir iawn mewn peth fel hwn:

> Gwaith Duw yw enwau ac enwadau cred —
> Gwaith dynion yw enwadaeth.

ac eto:

> Blinai'r galon orau i wrando ar weddïau dynolryw;
> Ond anamlder y gweddïau — dyna sydd yn blino Duw.

Ond yn oes y bardd, oes gynefin â huawdledd y pulpud, oes aur areithyddiaeth grefyddol Cymru, yr oedd ymadroddi fel hyn yn gafael. Ac yr oedd yn fwy cyrhaeddgar fyth pan roid gwawl o ogoniant barddonol o'i gylch:

> Plygodd Duw foreau gwyn Ei feddwl yn orseddfainc fawr,
> Ac eisteddodd Ei Gyfiawnder yn eneiniog yno i lawr.

Ac eto:

> Angel mawr yw'r angel hwnnw ymostynga yn ddi-fraw
> Er mwyn codi dail syrthiedig hydref enaid yn ei law.

Newidiodd safonau beirniaid a chwaeth darllenwyr, a rhaid cofio hynny wrth geisio deall yr apêl oedd ym marddoniaeth Elfed i ddarllenwyr Cymraeg pan ymddangosodd gyntaf.

Y cwbl y ceisiais i ei wneud yn yr erthygl hon oedd dangos pam yr oedd Elfed i raddau mor helaeth yn fardd ei oes, sef blynyddoedd cyntaf y ganrif hon. Fe ddylid yn awr ei ystyried fel bardd pob oes, ond byddai gofyn erthygl arall i hynny.

Cyhoeddwyd 1954

John Lloyd-Jones
1885-1956

Y tro cyntaf y gwelais i John Lloyd-Jones oedd mewn ystafell yng Ngholeg Bangor pan ymddangosais ger ei fron i'm harholi'n llafar am radd M.A. yn 1929. Nid oes gennyf rithyn o gof am ba bethau y soniwyd yn y drafodaeth honno, ond yr wyf yn cofio'n glir y gollyngdod a gefais o weld yr arholwr yn ŵr mwyn a gwên hyfryd ar ei wyneb drwy'r holl holi ac ateb. Gwelais ef bron bob Mehefin ar ôl hynny am chwarter canrif pan ddôi heibio yn ei swydd o arholwr allanol yn y Gymraeg, ac mi ddysgais ar fyr dro fod y mwynder a'r wên yn rhan o bersonoliaeth a oedd hefyd yn cynnwys manylder a llymder barnwrol. Os digwyddai na fyddai ymgeisydd am radd M.A. yn haeddu pasio, byddai gan yr arholwr amryw dudalennau ffwlsgap o'i feiau wedi eu rhestru â thaclusrwydd didrugaredd, ac ni allai hyd yn oed Syr Ifor Williams, bugail pryderus pob rhyw ddafad gloff, fennu ar ei farn na chyffroi dim ar y mwynder pendant chwaith.

Mwynder a llymder oedd heulwen a chysgod ei gymeriad ym mhopeth a fu ac a wnaeth. Yn fwyn y barddonodd. Nid oes yn ei awdl i'r Gaeaf na rhwysg meddyliau na rhodres cynghanedd, dim ond y myfyr oesol ar fyrder einioes wedi ei grisialu yn hanes marw merch ifanc. Mwynder hiraeth a chwithdod sydd yn ei englynion 'Y Glyn.' Ond y mae yma hefyd holl lymder disgyblaeth cerdd dafod na welwyd fawr o'i hafal er y bymthegfed ganrif. Rhoes y bardd yn ei awdl dair cadwyn o englynion, a rhannodd y gerdd yn adrannau

cytbwys ac wyth llinell a deugain ymhob un. Mynnodd awen-
yddu o fewn cynllun a osodwyd arno, nid gan ddeddf na
thraddodiad, ond gan ei gariad ef ei hun at drefn a dosbarth.
Y cariad hwn yn wir a enillodd y dydd, a throi Lloyd-Jones
yn un o brif ysgolheigion Cymraeg pob oes. Ieitheg a
geiriaduriaeth, neu'n fwy syml, tarddiad ac ystyron geiriau,
oedd ei faes arbennig. Ef oedd un o'r rhai olaf i ddwyn ymlaen
yr astudiaeth ieithegol a gychwynnwyd gan Rhys a Morris-
Jones. Y sawl sy'n gynefin â chynnwys gramadeg mawr
Morris-Jones, fe ŵyr fod ynddo gannoedd o gynigion i olrhain
geiriau Cymraeg i'r famiaith wreiddiol, a seren o flaen pob
hen ffurf i ddangos mai gair tybiedig ydyw. Bu'r olrhain hwn
yn ffasiynol iawn gan ysgolheigion Cymru a'r Cyfandir am
genhedlaeth, ond daethpwyd i farnu, ac yn hollol resymol, mai
pwysicach yw ceisio darganfod ystyron y lliaws geiriau tywyll
sydd yn y Gymraeg na dilyn tarddiad geiriau'r iaith fyw i
ffurfiau mewn iaith farw. Y mae ysgolheictod Lloyd-Jones yn
enghraifft wych o'r droedigaeth fuddiol hon, a gwelir ei
ffrwyth yn y gwaith rhyfeddol hwnnw, *Geirfa Barddoniaeth
Gynnar Gymraeg.*

Mi garwn allu cyfleu i Gymry digoleg, a cholegol, y fath
gampwaith gorchestol yw'r Eirfa hon, ond byddai edrych
drwyddi am bum munud yn well gwers ac agoriad llygad na
dim a allaf fi ei ddweud. Ond mi ddywedaf, er hynny, ac mi
ddechreuaf â rhai ffigurau. Y mae'r hyn a argraffwyd cyn
marw'r awdur yn 672 o dudalennau mawrion, a thua 2000 o
eiriau a ffigurau ar bob un. Cynnwys ugeiniau o eiriau cyfar-
wydd, ac ugeiniau hefyd a eglurwyd am y tro cyntaf yn y
gwaith hwn. Y mae llawnder a manylder ambell ymdriniaeth
yn syfrdanol. Y mae'r gair bach *bod* yn edrych yn ddigon
diniwed, ond y mae'r drafodaeth arno ef a'i amryfal ffurfiau
yn llenwi naw tudalen ac yn cynnwys tua 15,000 o eiriau. Ac
nid bodlon yr awdur byth ar groniclo ffurfiau ac ystyron
geiriau cyffredin ac anghyffredin. Pan ddigwydd enw gŵr neu
wraig, rhaid cofnodi hwnnw, a gwahaniaethu'n ofalus rhwng
nifer o bersonau o'r un enw. Y mae yma 23 o wahanol ddynion
o'r enw Dafydd, a 32 o Ruffuddiaid, a'r drafodaeth ar bob un
cystal â bywgraffiad.

Beth sydd y tu cefn i waith fel hwn? I gychwyn, llafur a dygnwch diollwng. Sylweddoler fod yr awdur wedi darllen pob gair o farddoniaeth Gymraeg hyd tua 1400 a phopeth sydd wedi ei gyhoeddi o'r canrifoedd wedyn; ac nid darllen yn unig ond cofnodi pob gair a ddarllenodd. Yna'r llafur o ysgrifennu'r gwaith enfawr hwn ar gyfer y wasg, a hynny mewn llaw deg ddealladwy a fyddai'n batrwm ac yn gerydd i lawer ysgogyn llaprwth mewn ysgol a choleg sy'n ystyried mai gorchest yw ysgrifennu fel na ddeallo neb ei dipyn meddwl ond ef ei hun. Yna dwyn y gwaith drwy'r wasg a darllen proflenni â llygad a allai ddal ar bob rhith o wall. Dyna'r llafur, ond ychwaneger gofal a manyldeb. Y mae ysgolheigion Cymraeg wedi defnyddio'r Eirfa yn gyson ers chwarter canrif, ac nid wyf yn credu fod neb ohonynt wedi darganfod mwy na rhyw ddau wall neu dri yn y miloedd a'r miloedd cyfeiriadau at ddualennau a llinellau. Ychwaneger eto ddoniau priod y gwir ysgolhaig (oherwydd fe eill ambell un lafurio am oes a manylu'n ddiderfyn ar gloddfa o ynfydrwydd) sef yw'r rheini, gallu darganfod ystyr gair na wyddai neb ei ystyr o'r blaen a gallu dosbarthu'r ystyron yn grefftus; mewn gair y ddawn sydd yn anhepgor i ysgolhaig (fel y mae hefyd i'r barnwr ar y fainc, y meddyg neu'r gwyddonydd) sef gallu iawn ddefnyddio tystiolaethau.

Ni wn pa bryd y dechreuodd Lloyd-Jones weithio ar gyfer yr Eirfa, ond rhaid mai'n gynnar iawn ar ei yrfa, flynyddoedd lawer cyn cyhoeddi'r rhan gyntaf yn 1931. Daeth y rhannau eraill allan yn ysbeidiol hyd y seithfed yn 1952, ac y mae'r wythfed yn y wasg. Bellach ni wêl ei hawdur ddim mwy o'i Eirfa, ond fe erys hi am lawer blwyddyn yn sylfaen anhepgor, nid yn unig i astudio'r hen farddoniaeth, ond i astudiaethau gramadegol, cystrawennol a llenyddol yn gyffredinol.

Wrth ei orchwyl fel Athro Cymraeg yng Ngholeg y Brifysgol yn Nulyn y gwnaeth Lloyd-Jones ei gampwaith ysgolheigaidd. Ni fanteisiwyd ar yr un cyfle i'w benodi ar staff Prifysgol Cymru, er gwyched peth fuasai hynny. Yn Iwerddon am bron ddeugain mlynedd, trwy helyntion y gwrthryfel a'r rhyfel cartrefol, enillodd barch calon pob Gwyddel a'i hadnabu. Cefais unwaith y fraint o fynd yn ei gwmni i ymweled â Mr.

Sean T. O'Kelly, Arlywydd Iwerddon, yn ei breswylfod swyddogol, Arus an Uachtarain, a gwrando ar y gŵr bach hoffus hwnnw yn sôn am ei anturiaethau yn ystod wythnos y Pasg, 1916, am ei garcharu gan ei frawd-yng-nghyfraith ei hun yn ystod y rhyfel cartrefol ac am lu o bethau anhygoel eraill na allent ddigwydd i neb ond i Wyddel. Awr o sgwrs i'w chofio oedd honno. Ac yr oedd Arlywydd y Weriniaeth a'r Athro Cymraeg yn ymdaro'n hwyliog, a'r naill fel ei gilydd yn mawrygu cymeriad y llall.

Eto fe ŵyr y sawl a gafodd gyfrinach Lloyd-Jones na allodd y Protestant hwn o Ymneilltuwr Cymraeg erioed ymdoddi i gymdeithas Gatholig Iwerddon. Ac un o ragoriaethau pennaf ei gymeriad oedd iddo allu cynnal a meithrin ei safbwynt bersonol ei hun heb dramgwyddo neb o'i gwmpas. Y mae yn ein plith ni Gymry rai eneidiau dethol, ond rhamantaidd, a fyn sôn beunydd am ein cefndyr yn Iwerddon ac yn Llydaw, heb gofio dim am y gwahaniaethau sylfaenol ym magwraeth y ddau deulu sydd wedi gwneud y cefndyr hyn mor ddieithr a gwahanol inni ag ambell gefnder sydd gan rai ohonom yn America ac na welsom erioed mohono. Syndod mor gyndyn ydym i gydnabod mai ein brodyr ni yw'r Saeson, a sylweddoli nad oes dim yn anghyson rhwng cydnabod hynny ac ymladd i'r eithaf rhag y ganibaliaeth o gael ein traflyncu gan ein brodyr. Yr oedd Lloyd-Jones yn gwbl glir ei feddwl ar hyn o beth.

Dychwelodd i Gymru, i'w hen gartref yn Nolwyddelan, ychydig fisoedd cyn ei farw. Yr oedd rhyw geinder gweddus mewn claddu ei gorff yn naear ei fro ef ei hun, wedi gwasanaeth syml ond hyfryd yn y capel lle magwyd ef, ar brynhawn eithriadol o fwyn rhwng dau gyfnod o lymder gaeafol.

Cyhoeddwyd 1956

John Morris-Jones

1864-1929

Dyma gwestiwn y gellid ei osod yn un o'r cystadlaethau holi a geir weithiau ar y radio: beth yw'r berthynas rhwng cloc trydan, bardd cadeiriol, a llyfr ar ramadeg? Yr ateb wrth gwrs fuasai Syr John Morris-Jones, am ei fod wedi gwneud nifer o glociau trydan, wedi beirniadu am flynyddoedd yng nghystadleuaeth y gadair yn yr Eisteddfod Genedlaethol, ac wedi ysgrifennu'r llyfr mwyaf a ysgrifennwyd erioed ar ramadeg yr iaith Gymraeg — *A Welsh Grammar,* a gyhoeddwyd yn 1913.

Flynyddoedd yn ôl, pan oedd plant Syr John yn fychain, fe'u trawyd â rhyw dwymyn heintus, a bu raid i'w tad gadw o'r coleg, oherwydd Athro Cymraeg yng Ngholeg y Brifysgol ym Mangor oedd ef. I ddifyrru'r amser segur hwnnw aeth yntau ati i wneud cloc trydan (peth pur anghyffredin yng Nghymru y pryd hwnnw), a chysylltu'r prif gloc hwnnw â nifer o glociau llai yng ngwahanol ystafelloedd ei dŷ, sef Tŷ Coch, Llanfair-pwll, Sir Fôn. Ac yr oedd gwneud y clociau hyn yn golygu torri pob olwyn ac echel ynddynt o ddarnau o bres, a llunio'r wynebau a'r bysedd a'r cwbl ond y cas.

Dyma felly ddyn medrus iawn â'i ddwylo, a dyn oedd yn hoff o wneud pethau'n gywrain ac yn fanwl gywir. Os edrychwch ar *Gweledigaetheu y Bardd Cwsc,* sef yr adargraffiad a olygwyd gan Syr John yn 1898, fe welwch lun o'r Lasynys, ger Harlech, cartref yr awdur, Ellis Wynne, a gwaith Syr John yw'r llun hwnnw. Ar ddalen-deitl neu ar glawr pob llyfr a gyhoeddir gan Wasg y Brifysgol (ag eithrio'r gyfres hon) y mae sêl y Wasg, sef llun tarian ag arni bedwar llew, a chylch crwn o'i chwmpas yn cynnwys enw'r Wasg. Syr John Morris-Jones a gynlluniodd y sêl hon ac a wnaeth y cerfiad cyntaf ohoni. Yr oedd ganddo hefyd ei sêl bersonol ei hun, a ddefnyddid ganddo i'w gosod ar gŵyr coch wrth selio llythyr i'w gofrestru. Yr oedd hon wedi ei gwneud o dair llythyren gyntaf ei enw wedi eu torri ar garreg yn brydferth iawn, a phan ofynnodd rhywun iddo ymhle y cafodd y sêl, ei ateb oedd: 'Fi fy hun a'i torrodd hi â chyllell boced.'

Y mae'n amlwg y gallai Syr John fod wedi bod yn grefftwr nodedig iawn — yn saer dodrefn graenus, dyweder, neu of arian neu aur, neu'n wir yn artist yn peintio lluniau neu'n cerfio delwau. Ond fe droes ef ei ddawn grefftol i lunio pethau cywrain mewn cyfrwng arall, sef barddoniaeth. Fel hyn, er enghraifft:

> Mi ganaf gerdd i'r wenwlad,
>   Y wlad y'm ganed i;
> Gwlad fwynlan yw fy henwlad,
>   Heb ei chyffelyb hi.
> Mae ysbryd dewr Llywelyn
> Yn fyw, a byw yw'r delyn,
> A'r iaith er pob rhyw elyn
>   Yn para yn ei bri.
>
> Ei nentydd glân rhedegog
>   A ennill bennill bardd;
> Ei bryniau gwyllt caregog,
>   Cyfoethog ŷnt a hardd;
> A thanynt mewn tawelwch
> A hyfryd ddiogelwch,
> Ei theg ddyffryndir welwch
>   Yn gwenu megis gardd.

O sylwi ar yr odlau dwbl a'r cyffyrddiadau o gynghanedd yn y penillion yna, fel welwch mor fedrus oedd eu hawdur fel crefftwr geiriau.

TRI DARLUN

Y mae'r sawl sy'n cofio John Morris-Jones yn cadw yn eu cof dri darlun ohono. Yn gyntaf, y beirniad eisteddfodol, yn adnabyddus i filoedd o Gymry. Awn yn ôl i'r flwyddyn 1921, pan oedd yr Eisteddfod Genedlaethol yng Nghaernarfon. Y mae'n ddiwrnod cadeirio'r bardd, a'r hen bafiliwn enfawr dan ei sang. Dacw John Morris-Jones yn codi i draddodi'r feirniadaeth ar yr awdlau. Y mae'n ddyn tal a lluniaidd ei gorff, wedi ei wisgo, fel bob amser, yn raenus, a choler wen uchel am ei wddw a'i phigau yn agor allan dan ei ên, a honno'n ên hirfain gadarn. Y mae ei wallt yn ddu ac yn hir, wedi ei rannu ar yr ochr chwith, a chudyn ohono yn tueddu i syrthio'n barhaus dros ei lygad de.

Nid oes, yn 1921, ddim o'r peiriannau a gaed yn ddiweddarach i chwyddo'r llais a'i gario i bellafoedd unrhyw adeilad, ac yn ystod yr wythnos bu'r rhai oedd yn eistedd ym mhen draw'r pafiliwn hirgul yn cwyno eu bod yn methu clywed y sawl a fyddai'n siarad ar y llwyfan. Ond nid oes raid cwyno ar John Morris-Jones; y mae ei lais tenoraidd, ysgafn, treiddgar yn glywadwy yn y cyrion eithaf. Testun yr awdl oedd 'Min y Môr' (ac fe gofiwch mai Meuryn a enillodd). Wedi sôn am y gwahanol ymgeiswyr dyma'r beirniad yn cyrraedd at yr awdl orau, ac yn darllen y llinellau hyn:

> Gwelais long ar y glas li
> Yn y gwyll yn ymgolli;
> Draw yr hwyliodd drwy'r heli,
> A Rhywun hoff arni hi;
> Düwch rhiniol dechreunos
> Ledai'i law dros ei hwyl dlos,
> A throai liw y llathr len
> Ail i arliw elorlen;
> Troi ymaith i wlad dramor
> Wnaeth er maint alaethau'r môr;
> Ond hi ddychwel drwy'r heli,
> A Rhywun hoff arni hi.

Dull Syr John o adrodd y farddoniaeth yw ei llafarganu, bron yn unsain, ac y mae'n amlwg ei fod wrth ei fodd gyda'r llinellau hyn. Y mae'r gynulleidfa o filoedd wrth ei bodd hefyd, ac yn rhoi cymeradwyaeth uchel iddo nes bod raid iddo fynd yn ei flaen i ddyfynnu rhagor.

Dyna John Morris-Jones mewn Eisteddfod Genedlaethol. Ni fyddai byth yn colli'r Eisteddfod, a bu'n beirniadu'r awdl yn gyson am dros ugain mlynedd. Yr oedd yn frenin ar y llwyfan, a'i bersonoliaeth drawiadol yn dal y gynulleidfa. Ond yr oedd yn fwy na hynny, oherwydd wrth feirniadu'n gyson am flynyddoedd fel hyn fe lwyddodd i gael beirdd Cymru i ysgrifennu'n lân ac yn goeth.

Ond yn awr am yr ail ddarlun — John Morris-Jones mewn cylch cyfyngach. Yr ydym yn ôl tua'r flwyddyn 1924, yng Ngholeg Bangor, ac y mae bron yn amser dechrau un o'r darlithoedd Cymraeg. Aeth y merched i mewn i'r ystafell Gymraeg, ac y mae'r bechgyn y tu allan yn siarad, efallai'n canu. Tawodd y siarad a'r canu yn sydyn, oherwydd daeth Syr John rownd y gongl, a cherdded yn bwyllog urddasol i'r ystafell. Awn ninnau ar ei ôl, bawb i'w sedd. Eistedd yr Athro wrth y bwrdd, a galw enwau aelodau'r dosbarth — yn bwyllog o hyd — a phawb yn ateb 'Yma.' Yna mynd ymlaen â'r ddarlith, a'r darlithydd yn para ar ei eistedd. Nid yw'n mynd yn huawdl nac yn cynhyrfu, dim ond llefaru'n dawel, gan sylwi ar fanion bethau gramadeg, fel y bo pawb yn deall yn drwyadl yr hyn sy'n cael ei ddarllen. A phob gair yn Saesneg, oherwydd hi, y pryd hwnnw, oedd iaith swyddogol hyd yn oed yr adran Gymraeg.

Yn y dull tawel hwn y mae'r Athro yn cyrraedd at bwynt arbennig yn y cywydd a ddarllenir, ac yna, dyma adael y manylu gramadegol a'r cyfieithu i'r Saesneg, a darllen hyd ddiwedd y cywydd:

Henffych well, Fôn, dirion dir,
Hyfrydwch pob rhyw frodir,
Mirain wyt ymhlith moroedd
A'r dŵr yn gan twr it oedd.

A dyna'r dosbarth i gyd yng ngafael yr un gyfaredd â'r gynulleidfa ym mhafiliwn Caernarfon, ac fel y gynulleidfa honno, yn curo dwylo a churo desgiau yn fawr eu boddhad. Peth eithriadol oedd hyn, serch hynny, oherwydd yng ngolwg ei ddosbarth ysgolhaig manwl a chydwybodol oedd Syr John,

131

a gŵr na fuasai neb yn beiddio mynd yn hy arno. Yn wir, yr oedd ar bawb dipyn o'i ofn.

Am hynny da yw bod trydydd darlun, er mwyn inni gael iawn olwg ar y dyn. Byddai Syr John a Lady Morris-Jones yn arfer gwadd myfyrwyr yr adran Gymraeg i'r Tŷ Coch i giniawa, a byddai lletygarwch a chroeso ar eu gorau yn y tŷ hwnnw. Yr oedd yn y Tŷ Coch neuadd helaeth ag ynddi le tân agored fel 'simnai fawr' hen-ffasiwn. Yn rhan o'r lle tân yr oedd plât pres crwn, tua deunaw modfedd ar ei draws, a llun y ddraig goch wedi ei weithio ynddo — enghraifft arall o ddawn Syr John fel crefftwr. Byddai yno fel rheol dân coed llachar, ac o'i gwmpas, wedi'r cinio, eisteddai'r teulu a'r gwahoddedigion. I'r myfyrwyr, a oedd yn gynefin â gwrando ar yr Athro yn darlithio'n ddifri yn Saesneg, hyfryd iawn oedd ei glywed yn sgwrsio'n ysgafn a hwyliog yn Gymraeg. Yn wir, ni fu neb gwell am adrodd straeon difyr am hen gymeriadau Môn neu am ei athrawon a'i gyd-fyfyrwyr yn Rhydychen. Yno y byddai, yn ŵr rhadlon a charedig, yn smocio'i getyn ar delerau da â phawb. Byddai'n hwyr y nos ar y cwmni o fyfyrwyr yn troedio'n ôl tua Bangor, a byddent wedi blino cyn diwedd y daith, ond byddai ias yn eu cerdded wrth feddwl eu bod wedi dod mor agos at un o ddynion gwir fawr eu hoes.

Y BACHGEN A'I ADDYSG

Pam yr oedd John Morris-Jones yn un o ddynion mwyaf Cymru? Pan fyddai ymwelwyr yn dod i Goleg Bangor i weld y lle, os deallent fod John Morris-Jones yn mynd i ddarlithio, byddent yn sefyll wrth ddrws yr ystafell Gymraeg er mwyn cael cipolwg arno'n pasio. Os byddai ef yn darlithio yn y wlad y tu allan i'r coleg — er na fyddai hynny ddim yn aml iawn — byddai'n siŵr o gael cynulleidfa sylweddol. Mewn gair, yr oedd ef yn arwr i gannoedd o bobl yng Nghymru. Beth a wnaeth i ddod mor enwog?

Cyn ateb y cwestiwn y mae'n rhaid inni gael gwybod tipyn o hanes Syr John. Un o bobl Môn oedd ef, wedi ei eni yn Nhrefor, Llandrygarn, yn 1864, ond ei deulu wedi symud, pan oedd ef yn ifanc, i Lanfair-pwll, ac yno y cafodd ef ei ysgol bob-dydd. Y pryd hwnnw yr oedd ysgolion uwch, megis ysgolion gramadeg, yn bethau prin iawn yng Nghymru, ond yn ffodus i John Morris-Jones, yr oedd un ohonynt heb fod ymhell o'i gartref ef. Honno oedd Ysgol y Friars ym Mangor, hen ysgol oedd y pryd hwnnw dros dri chant oed, ac yno yr anfonwyd y bachgen o Lanfair yn 12 oed. Rhaid fod rhywbeth arbennig ynddo iddo gael mynd yno o gwbl.

Rhyw dair blynedd cyn i John Morris-Jones ddechrau yn Ysgol y Friars yr oedd prifathro newydd wedi ei benodi yno, sef Daniel Lewis Lloyd, brodor o Lannarth, Sir Aberteifi. Yr oedd ef yn un o'r dynion hynny y mae arnom oll ddyled fawr iddynt, sef athro cydwybodol yn cymryd gwir ddiddordeb yn ei ddisgyblion ac yn gwneud ei orau drostynt. Ymhen rhyw dair blynedd arall gadawodd Lloyd Ysgol y Friars a mynd yn brifathro Coleg Crist, Aberhonddu, ac yr oedd ganddo gymaint o feddwl o rai o'i ddisgyblion nes iddo fynd â hwy gydag ef. Un o'r rheini oedd John Morris-Jones. Groeg, Lladin, a mathemateg oedd y prif bynciau a astudid yn yr ysgolion hyn — nid oedd y nifer mawr o bynciau a ddysgir mewn ysgol ramadeg heddiw yn cyfrif dim yr adeg honno — a mathemateg oedd hoff bwnc Morris-Jones.

Pan ddaeth yr amser iddo adael yr ysgol, i Goleg Iesu, Rhydychen, yr aeth, ac yno y cymerodd ei radd yn 1887, gan lynu wrth fathemateg o hyd. Pam y penderfynodd y llanc fynd i Goleg Iesu, ni wyddom, ond efallai mai am mai dyma hen goleg ei athro, Daniel Lewis Lloyd, ac y mae'n werth cofio hefyd fod Athro Celteg y coleg hwnnw yn Gymro go enwog, sef John Rhys.

Yn awr, fe ddigwyddodd peth rhyfedd iawn i John Morris-Jones tra bu yn y coleg. Er mai mathemateg oedd ei bwnc yn swyddogol, fe ddechreuodd ddangos diddordeb mawr mewn pwnc arall, sef y Gymraeg. Byddai'n mynd i wrando ar John Rhys yn darlithio, ac yn treulio cryn lawer o amser yn darllen llyfrau a llawysgrifau Cymraeg yn llyfrgell y brifysgol, a

133

adwaenir fel Llyfrgell Bodley. O ran pleser yn unig yr oedd yn gwneud hyn, ond yr oedd wedi gwneud cymaint o argraff ar John Rhys ac eraill nes i awdurdodau Coleg Iesu roi ysgoloriaeth iddo i fynd ymlaen i astudio Cymraeg ar ôl iddo gael ei radd.

Digwyddodd peth arall pwysig hefyd yn Rhydychen. Pan aeth ef yno yn 1883, yr oedd yno nifer o ddynion ifainc eraill o Gymru yn fyfyrwyr, ac yn 1886 penderfynodd saith ohonynt ffurfio cymdeithas a'i galw yn 'Gymdeithas Dafydd ap Gwilym.' Ymysg yr aelodau eraill yr oedd rhai a ddaeth yn adnabyddus iawn yng Nghymru yn ddiweddarach, megis O. M. Edwards a J. Puleston Jones. Byddai'r Gymdeithas yn cyfarfod yn rheolaidd, yn ystafelloedd yr aelodau yn y gwahanol golegau, a buont yn ffodus iawn i gael John Rhys yn llywydd arnynt. Yng nghyfarfodydd y Gymdeithas fe fyddent yn trafod pob math o bynciau yn ymwneud â Chymru, a bu'r cyfarfodydd yn ysbrydiaeth i wneud pob un o'r aelodau yn well Cymro nag y bu erioed.

Erbyn 1889 yr oedd yn bryd i John Morris-Jones adael y brifysgol, ond nid oedd ganddo ddim rhagolygon am swydd. Dywedodd yn gellweirus wrth un o'i gyfeillion yn Rhydychen ei fod am fynd yn ôl i Lanfair ac agor siop a rhoi uwchben y drws, 'John Morris-Jones, B.A. (Oxon.), licensed to sell tobacco.' Ond ni ddaeth hi ddim i hynny arno, oherwydd yn ffodus iawn yr oedd Coleg y Brifysgol ym Mangor yn chwilio am ddarlithydd yn y Gymraeg, ac fe benodwyd John Morris-Jones i'r swydd. Yn Ionawr 1889 y bu hynny.

Nid oedd y coleg ym Mangor ond prin bum mlwydd oed pan ddechreuodd Morris-Jones ar ei waith yno — yn 1884 yr agorwyd ef. Sefydliad bychan ydoedd, ac nid oedd fawr o alw am y Gymraeg fel pwnc. Ond yn raddol fe wellodd pethau. Fe ddaeth y Gymraeg yn bwnc yn yr ysgolion, a daeth y darlithydd newydd i gael mwy o fyfyrwyr fesul tipyn. Yr oedd digon o raen ar yr adran erbyn 1895 i'r coleg benderfynu gwneud y darlithydd yn Athro, ac Athro Cymraeg yng Ngholeg y Brifysgol, Bangor, fu ef hyd ei farw yn 1929. Ac nid yn y coleg ym Mangor yn unig yr oedd ef yn athro Cymraeg, oherwydd bu'n dysgu'r iaith Gymraeg a rheolau ei

134

barddoniaeth i Gymru gyfan. Ac yn awr fe geisiwn ninnau ddeall sut y bu iddo wneud hynny.

DYSGU'R IAITH

I gychwyn gadewch inni ystyried yr hyn a wnaeth John Morris-Jones i'r iaith Gymraeg, ac fe gychwynnwn gyda'r sillafu. Y mae'n anodd iawn i ni heddiw sylweddoli pa mor gymysglyd oedd sillafu'r iaith Gymraeg tua diwedd y ganrif ddiwethaf. Fe ŵyr pob plentyn ysgol heddiw sut y mae sillafu geiriau Cymraeg (neu fe ddylai wybod, beth bynnag), ond tua'r amser yr oedd John Morris-Jones yn fyfyriwr yn Rhydychen, nid oedd dim trefn na rheol. Er enghraifft, yr oedd y gair *cymryd* weithiau yn *cymeryd* ac weithiau yn *cymmeryd*. Yr ydym ni heddiw bob amser yn ysgrifennu *dweud*, ond y pryd hwnnw yr oedd rhai'n ysgrifennu *dweyd*, rhai *dyweyd*, a rhai *dyweud*. Yr oedd y cwestiwn ymhle i ddyblu *n* wedi mynd yn gymaint o broblem nes i rai ysgrifenwyr benderfynu peidio byth â'i dyblu yn unman, ac i eraill fynd i'w dyblu bob cyfle a gaent. O ganlyniad fe welid ffurfiau fel *ysgrifenu, penau, tynu, cannol, gwahannol* — sydd i gyd, wrth gwrs, yn anghywir. Fe fu llawer cynnig ar gael rhyw gytundeb, ond nid oedd dim yn tycio, a phawb yn mynd ymlaen yn hapus a phengaled i sillafu rywsut-rywsut.

Bu'r broblem hon yn destun trafodaeth yng Nghymdeithas Dafydd ap Gwilym yn Rhydychen pan oedd Morris-Jones yn fyfyriwr yno. Yna yn 1893 cyhoeddwyd llyfr yn dwyn y teitl *Welsh Orthography,* gan bwyllgor arbennig, a John Morris-Jones yn ysgrifennydd iddo. O'r diwedd yn 1928 fe gaed rhyw lun o drefn pan gaed rheolau pendant wedi eu llunio gan bwyllgor dan nawdd y Brifysgol a'u cyhoeddi yn y llyfr *Orgraff yr Iaith Gymraeg.* John Morris-Jones oedd cadeirydd y pwyllgor hwnnw, a thrwy'r blynyddoedd rhwng 1893 a 1928 yr oedd wedi bod wrthi'n galed, mewn beirniadaethau eisteddfodol ac mewn erthyglau i'r wasg, yn ceisio cael gan ei gydwladwyr weld synnwyr ynglŷn â sut i sillafu'r iaith.

Ond mater bach, ar ryw ystyr, yw sillafu, neu o leiaf, mater elfennol ydyw, ac y mae yma rai pobl yng Nghymru hyd yn oed heddiw sy'n dal yn ffroenuchel nad yw o ddim gwahaniaeth sut y bydd neb yn sillafu. Ond pobl yw'r rheini sy'n rhy ddiog i ddysgu. Pwysicach, wrth reswm, na sut i sillafu geiriau yw sut i'w defnyddio, oherwydd dyma sylfaen yr hyn y byddwn yn ei alw yn arddull. Yn hyn o beth eto fe wnaeth John Morris-Jones gymwynas fawr â Chymru. Pan oedd ef yn ddyn ifanc yr oedd yn ffasiwn ysgrifennu Cymraeg mewn dull rhwysgfawr a ffug-fawreddog, gan ddefnyddio llawer mwy o eiriau nag oedd eisiau, ac yn fynych iawn cyfieithu ymadroddion yr iaith Saesneg yn llythrennol, air am air, i'r Gymraeg. Dyma enghraifft: 'Gwnaeth y bachgen ei feddwl i fyny i bresenoli ei hun yn nhŷ ei feistr pan fyddai'r haul yn gwneud ei ymddangosiad y diwrnod dilynol.' Dysgodd John Morris-Jones mai peth hollol anghymreig oedd brawddeg fel yna, ac mai'r ffordd i gyfleu'r ffaith oedd dweud 'Penderfynodd y bachgen fod yn nhŷ ei feistr gyda'r wawr drannoeth.'

Y mae hyn i gyd yn edrych yn syml iawn i ni heddiw, ac ni fuasai neb erbyn hyn yn ysgrifennu'r frawddeg drwsgl uchod. Ond yr ydym ni wedi manteisio ar ddysgeidiaeth Morris-Jones, ac yn ei ddyddiau ef ei hun yr oedd raid wrth gryn wybodaeth o'r iaith i allu condemnio'r ffordd od yr oedd gwŷr y cyfnod yn ysgrifennu Cymraeg. Yn wir, yn ei wybodaeth fawr o'r iaith Gymraeg yr oedd ef yn rhagori ar ei gyfoeswyr. Fel y dywedwyd o'r blaen yr oedd John Morris-Jones wedi dechrau astudio'r Gymraeg gyda John Rhys yn Rhydychen, pan ddylai fod yn gwneud mathemateg, a daliodd i'w hastudio'n ofalus am flynyddoedd wedyn.

Yr oedd y wlad i gyd yn gwybod hyn, ac yr oedd disgwyl mawr am lyfr safonol ar yr iaith gan John Morris-Jones. O'r diwedd dyma fe'n ymddangos yn 1913 — *A Welsh Grammar, Historical and Comparative* — yn llyfr corfol o 477 o dudalennau. Cafodd groeso mawr. Trefnodd Cymdeithas y Cymmrodorion yn Llundain wledd odidog i ddathlu'r cyhoeddi ac i anrhydeddu'r awdur. Dyma ffrwyth blynyddoedd o ymchwil yn ymddangos yn llyfr hardd ac urddasol. Y mae'n wir na chafodd gystal croeso ym Mharis ag a gafodd yn Llundain, oherwydd ysgrifennwyd cyfres o erthyglau pur feirniadol ar y gramadeg gan y Ffrancwr Joseph Loth (a oedd, gyda llaw, wedi priodi Cymraes o Rosgadfan, Arfon). Ond at rannau o'r llyfr yn unig yr oedd Loth yn ergydio, ac fe ddihangodd rhannau eraill yn ddianaf, a'r rhannau hynny, wedi'r cwbl, yw'r pwysicaf.

Y GRAMADEG MAWR

Gan fod y Gramadeg yn llyfr pwysig iawn, y mae'n rhaid inni aros gydag ef am eiliad neu ddwy. Rhaid inni gofio fod Syr John yn ceisio gwneud dau beth yn y gwaith hwn. I gychwyn, y mae'n disgrifio'r iaith Gymraeg fel yr oedd yn yr hen amser ac fel y mae wedi datblygu wedyn. Er enghraifft, y mae'n dangos fod yn yr iaith air bach a ysgrifennir heddiw fel *y, yr* neu *'r*, a'i fod yn cael ei ysgrifennu chwe chan mlynedd yn ôl fel *e* ac *er*, a mil o flynyddoedd yn ôl fel *ir*. Wedyn y mae'n dangos fod gan yr iaith Gymraeg ddull cymhleth iawn o wneud lluosog enwau rhagor na'r dull syml Seisnig o ychwanegu *s*. Y mae saith ffordd yn Gymraeg, ac y mae'r awdur yn eu hegluro'n llawn. Ac ymlaen fel yna drwy holl nodweddion yr iaith. Dyna yw gramadeg, yn ystyr fanwl y gair, ac fel gramadegwr, sef dyn yn disgrifio nodweddion yr iaith, ni fu yn hanes yr iaith Gymraeg neb cystal â John Morris-Jones. Ac yma fe ddylem gofio mai dim ond dau ramadegwr gwir feistrolgar a fu yng Nghymru erioed cyn ei amser ef. Y cyntaf oedd Gruffydd Robert, gŵr a ffoes i'r Cyfandir yn amser y Diwygiad Protestannaidd, ac a gyhoeddodd, ym Milan yn yr Eidal, ramadeg Cymraeg yn ddwy ran, y naill yn 1567 a'r llall tua 1584. Yr ail ramadegwr mawr oedd Dr. John Davies, rheithor Mallwyd yn Sir Feirionnydd. Cyhoeddodd yntau ramadeg o'r iaith Gymraeg, wedi ei ysgrifennu yn Lladin, yn 1621. A'r trydydd, a'r mwyaf, oedd John Morris-Jones.

Nid disgrifio'r iaith yn unig a wnaeth ef yn ei Ramadeg. Y mae hefyd yn cymharu geiriau'r iaith â geiriau ieithoedd eraill, yn arbennig yr ieithoedd Celtaidd eraill, megis Gwyddeleg neu Lydaweg, er mwyn dangos sut yr oedd geiriau wedi datblygu o'r hen ieithoedd gwreiddiol ganrifoedd maith yn ôl. Dyma'r math o beth: y mae'n cymryd y gair Cymraeg *pen*, ac yn dangos mai'r gair cyfatebol yn hen iaith Geltaidd Gâl (Ffrainc heddiw) oedd *pennos*, ac yn yr iaith Wyddeleg, *cenn.* Y mae'n dangos hefyd fod y geiriau Celtaidd hyn yn perthyn i'r gair Saesneg *head*, a'r Almaeneg *Haupt*, a'r Lladin *caput*. Anodd iawn i bobl gyffredin fel ni yw sylweddoli fod *pen* a *caput* yn dod o'r un gair gwreiddiol rywbryd ers talwm iawn, ond y mae ieithegwyr (sef y dynion sy'n astudio'r wybodaeth hon) yn gallu gwneud rhyfeddodau. Y maent hefyd, yn fynych iawn, yn anghytuno â'i gilydd, a dyna pam, i ryw raddau, yr ysgrifennodd Joseph Loth mor anffafriol am rai pethau yn y Gramadeg.

Ond efallai hefyd fod ar Joseph Loth awydd talu'n ôl i Syr John am rywbeth yr oedd ef wedi ei wneud rai blynyddoedd cyn hynny, yr hyn y byddwn yn ei alw ar lafar gwlad yn dalu hen sgôr. Yr oedd Loth wedi ysgrifennu llyfr ar y cynganeddion a'r mesurau mewn barddoniaeth Gymraeg, a John Morris-Jones, wrth ei adolygu, wedi gweld llawer o feiau arno. Yn wir, aeth mor bell mewn un man â dweud y gwyddai ef am bostman yn Sir Fôn oedd yn gwybod mwy na'r Athro Loth am gynghanedd.

RHEOLAU BARDDONIAETH

Fe adawn y ffrae fach yna heb ddweud rhagor, oherwydd y mae hyn yn ein dwyn at yr hyn a wnaeth John Morris-Jones dros reolau barddoniaeth Gymraeg. Fel y gŵyr pawb, y mae un nodwedd arbennig iawn ar hen farddoniaeth Cymru, sy'n ei gwneud yn wahanol i farddoniaeth unrhyw wlad arall, sef y gynghanedd, a hefyd y mesurau neilltuol, fel yr englyn a'r cywydd a'r hir-a-thoddaid, sy'n gysylltiedig â'r gynghanedd. Y mae beirdd Cymraeg wedi bod wrthi ers chwe chan mlynedd yn ysgrifennu barddoniaeth ar gynghanedd, ac ers

138

pedwar can mlynedd o leiaf y mae dynion wedi ysgrifennu i egluro'r gynghanedd. Yn yr unfed ganrif ar bymtheg ysgrifennodd Simwnt Fychan a Wiliam Midleton draethodau ar grefft y beirdd, a bu amryw eraill yn traethu hyd at Ddafydd Morganwg a'i *Ysgol Farddol* yn y ganrif ddiwethaf. A'r rhyfeddod yw hyn: nid oedd neb ohonynt wedi darganfod yr egwyddor i ddosbarthu'r gynghanedd yn gywir nes i John Morris-Jones ei disgrifio.

Y mae pawb sy'n deall rhywfaint ar y gynghanedd yn gwybod fod y llinell a ganlyn yn Gytbwys Acennog:

Dy wên sydd yn denu serch.

Acennog, am fod acen ar ddiwedd dwy ran y llinell, sef 'sydd' a 'serch'; cytbwys, am fod y ddwy ran fel ei gilydd yn diweddu ag acen.

Ar y llaw arall, y mae'r llinell hon yn Gytbwys Ddiacen:

Dy wyneb fel ôd unnos.

Diacen, am fod dwy ran y llinell yn diweddu heb acen, sef sillafau olaf 'wyneb' ac 'unnos'; cytbwys, am mai felly y mae'r ddwy ran yn diweddu.

Ymhellach, y mae'r llinell hon yn Anghytbwys:

Llawr y llan fydd lle'r llonnaf,

am fod y rhan gyntaf yn diweddu ag acen ('llan'), a'i ail heb acen ('llonnaf'). Dyna'r egwyddor sylfaenol o dan bob dosbarthiad o'r Gynghanedd Groes, y Draws, a'r Sain, a John Morris-Jones oedd y cyntaf i'w gweled a'i deall.

Treuliodd ef flynyddoedd yn darllen hen farddoniaeth Cymru ac yn astudio crefft y beirdd — y cynganeddion a'r mesurau — a ffrwyth hynny yw'r llyfr *Cerdd Dafod*, a gyhoeddwyd yn 1925. Y mae dwy ran glir i'r llyfr hwn: y gyntaf yn trafod natur ac ansawdd barddoniaeth yn gyffredinol ym mhob gwlad a chyfnod, a'r ail yn trafod mesurau'r beirdd Cymraeg. Y mae llawer i'w ddweud yn erbyn y rhan gyntaf, ond y mae'r ail ran yn awdurdodol ac yn derfynol, ag eithrio mewn manion.

Y mae sôn am y gynghanedd a'r mesurau yn ein hatgoffa am helynt fawr Gorsedd y Beirdd. Yr helynt honno, efallai, yn fwy na dim, a ddug Morris-Jones i sylw'r wlad gyntaf. Y mae pawb heddiw yn gynefin â gweld yr Orsedd ar lwyfan yr Eisteddfod Genedlaethol pan fyddant yn coroni neu gadeirio'r bardd, ac y mae pawb yn gwybod, ac yn fodlon cyfaddef, mai Iolo Morganwg, ryw gant a hanner o flynyddoedd yn ôl, a ddyfeisiodd yr Orsedd. Ond pan oedd John Morris-Jones yn ddyn ifanc, yr oedd llawer o aelodau'r Orsedd yn credu fod y sefydliad yn aruthrol o hen, yn mynd yn ôl, yn wir, i oes y Derwyddon, yn y cyfnod cyn Crist. Yr oedd ambell un mwy ynfyd na'i gilydd wedi gwneud crefydd ohoni ac yn ymwadu â Christionogaeth.

Wrth ddarllen llenyddiaeth Gymraeg yr oedd Morris-Jones wedi sylwi nad oedd dim sôn o gwbl yn unman am y fath sefydliad â Gorsedd y Beirdd, ac yr oedd hynny'n beth rhyfedd iawn os oedd hi'n bod drwy'r canrifoedd ac wedi cael dylanwad mawr, fel yr oedd rhai yn honni, ar feirdd Cymru. Yn ysgrifeniadau Iolo Morganwg yr oedd y sôn cyntaf amdani, ac yr oedd ef, yn ôl a ddywedai, wedi cael yr hanes yn llyfrau beirdd Morgannwg yn yr oes o flaen ei oes ef ei hun. Wedi chwilio pob tystiolaeth, fe ddaeth Morris-Jones i'r casgliad fod rhywrai ym Morgannwg, cyn amser Iolo, wedi bod yn llunio anwireddau a bod Iolo wedi cael ei dwyllo ganddynt. (Yn ddiweddarach o flynyddoedd y darganfu'r Athro G. J. Williams mai Iolo'i hun oedd awdur athrylithgar yr holl anwireddau.) Cyhoeddodd Morris-Jones nifer o erthyglau yn y cylchgrawn *Cymru* (dan olygiaeth ei gyfaill O. M. Edwards) yn y flwyddyn 1896, i brofi mai ffug a chelwydd oedd yr hyn a ddywedai rhai o'i haelodau am hynafiaeth yr Orsedd. Creodd hyn gyffro enbyd ar y pryd, a chafodd awdur yr erthyglau ei wawdio a'i ddilorni a'i alw'n bob enw. Ond er nad oedd ef wedi deall y gwir i gyd, yr oedd wedi dadlennu digon ar gefndir yr Orsedd fel na feiddiai neb gweddol gall ddweud mwy ei bod yn hen sefydliad. Yr oedd ei ymchwil amyneddgar ef am y gwir yn yr erthyglau hyn yn un o'r camau pwysicaf tuag at ddeall hanes llenyddol Cymru yn niwedd y ddeunawfed ganrif a dechrau'r bedwaredd ar bymtheg.

140

EI FARDDONIAETH

Dyna ni wedi cael rhyw fras olwg ar yr hyn a wnaeth John Morris-Jones i'r iaith Gymraeg ac i fesurau ac arferion traddodiadol y beirdd. Fel dyn yn llunio rheolau, yn gosod y ddeddf i lawr megis, y gwelsom ef hyd yn hyn. Yr ydym wedi sylwi arno'n dadansoddi'r iaith ac yn cloddio at elfennau'r gynghanedd. Fe ddywedwyd ar y dechrau ei fod yn hoff o lunio pethau â'i ddwylo, rhoi pethau wrth ei gilydd, adeiladu. Ac yn awr rhaid inni fwrw cip ar yr ochr honno i bersonoliaeth John Morris-Jones, oherwydd ar ryw ystyr dyma'r agwedd bwysicaf ar ei gymeriad.

Ychydig cyn diwedd y ganrif ddiwethaf fe ddaeth cyfnewid mawr ar farddoniaeth Gymraeg ac ar syniad dynion am waith bardd a phwrpas barddoniaeth. Yr oedd to o feirdd wedi codi a oedd yn ystyried eu swydd yn ddifrifol iawn. Cyn hynny yr oedd beirdd fel Talhaiarn a Cheiriog wedi canu cerddi ysgafn a hwyliog, ar y dyb fod barddoniaeth i fod i ddiddori dynion. Ond yr oedd y to newydd yn argyhoeddedig mai gwaith bardd oedd agor llygaid ei gyd-ddynion ar broblemau mawr bywyd a marwolaeth, ceisio deall y pethau dirgel ac anodd eu hesbonio sydd yn y byd mawr o'n cwmpas, a chael golwg briodol ar berthynas dynion â Duw. Mewn gair, yr oedd y beirdd hyn yn edrych arnynt eu hunain fel proffwydi, dynion yn cael gweledigaeth arbennig, ac arweinwyr i eraill. Felly yr oedd eu barddoniaeth yn llawn o feddyliau dwfn ac astrus — llawn o bopeth, yn wir, ond awen a swyn.

Yn erbyn hyn i gyd fe gododd John Morris-Jones ei lef yn bendant ac yn dra chlywadwy. Nid gweled gweledigaethau yw busnes bardd, meddai ef, ond teimlo'n ddwfn, ac wedyn traethu ei deimladau mewn iaith goeth a glân. Ac y mae'r iaith goeth a glân yn bwysig iawn. Fel gramadegwr yr oedd ef wedi dod i ddeall beth oedd nodweddion puraf yr iaith Gymraeg, ac fel crefftwr ac artist llenyddol yr oedd ei reddf yn dweud wrtho fod raid wrth y nodweddion puraf hynny mewn barddoniaeth. Crefftwr ac artist llenyddol? Ie'n sicr, oherwydd cyn bod yn 30 oed yr oedd Morris-Jones wedi cyfieithu a chyfansoddi swm sylweddol iawn o farddoniaeth, a honno'n rhyfeddol o gain a glân ei gwisg.

I weled ar gip pa mor wahanol i'w gyfoeswyr oedd syniad John Morris-Jones am farddoniaeth fe ystyriwn i gychwyn y darn hwn gan Islwyn, tad yr ysgol o feirdd a gondemnid ganddo ef:

> Pechod — O, y mae
> Yn ffaith aruthrol; mynydd tywyll bod,
> Y gorwedd lladdfa amser wrth ei draed,
> Cwympedig genedlaethau'r byd.
> Pa fodd y daeth i mewn? O gofyn, ddyn,
> Pa fodd y gelli ei osgoi? Pa le
> Y cei y llusern sy'n goleuo'r bedd,
> Y grisiau prinion hyd y marwol fryn,
> Y rhaff dragwyddol ar y llif o farn,
> Y bwa yn y cwmwl lle y mae
> Cyfamod gwreiddiol bod o hyd mewn grym,
> Hedd-fwa sy'n ymlifo i mewn i Dduw,
> Yn hardd ymagor i'r tragwyddol ddydd
> A oedd i godi ar y bore fyd
> Dros wynion fryniau diniweidrwydd gynt,
> Ond a symudwyd heibio'r oesoedd oll
> I wawrio dros ben arall amser, dros
> Ddiweddaf oriau'r ddaear?

Rhaid sylwi ar un neu ddwy o nodweddion amlwg yn y darn hwn: (1) Crefyddol yw ei ansawdd, a phechod, problem fawr crefydd, yw ei destun. (2) Profiad yr Eglwys Gristionogol, nid profiad un dyn arbennig, sy'n cael ei draethu. (3) Y mae'r arddull yn areithyddol, arddull dyn yn ceisio argyhoeddi eraill. Sylwer ar y cwestiynau rhethregol, a hefyd ar y dull y ceisir creu effaith drwy osod yr ansoddair o flaen yr enw yn fynych, e.e. 'cwympedig genedlaethau', 'marwol fryn', 'bore fyd', 'gwynion fryniau', 'diweddaf oriau'. (4) O'r chweched llinell i'r diwedd un frawddeg hir a geir. I gael gafael ar y frawddeg hon rhaid i'r darllenydd ymegnïo â'i ddeall yr holl ffordd.

Yn awr, cymerer un o gerddi John Morris-Jones:

> Dau lygad disglair fel dwy em
> Sydd i'm hanwylyd i,
> Ond na bu em belydrai 'rioed
> Mor fwyn â'i llygaid hi.

142

Am wawr ei gwddf dywedyd wnawn
Mai'r cann claerwynnaf yw,
Ond bod rhyw lewych gwell na gwyn,
Anwylach yn ei liw.

Mae holl dyneraf liwiau'r rhos
Yn hofran ar ei grudd;
Mae'i gwefus fel pe cawsai'i lliw
O waed y grawnwin rhudd.

A chlir felyslais ar ei min
A glywir megis cân
Y gloyw ddŵr yn tincial dros
Y cerrig gwynion mân.

A chain y seinia'r hen Gymraeg
Yn ei hyfrydlais hi;
Mae iaith bereiddia'r ddaear hon
Ar enau 'nghariad i.

A synio'r wyf mai sŵn yr iaith,
Wrth lithro dros ei min,
Roes i'w gwefusau'r lluniaidd dro
A lliw a blas y gwin.

Dyma rywbeth gwahanol iawn. Profiad cyffredinol eto, mae'n
wir, sef serch, ond wedi ei fynegi y tro hwn o safbwynt un
person: teimlad y bardd at ei gariad. Nid argyhoeddi yw
amcan y bardd, ond traethu ei brofiad. Nid oes dim yn areith-
yddol yn y gerdd, ac y mae pob brawddeg yn fyr ac yn rhoi
argraff ar y darllenydd ar unwaith. Y gwahaniaeth rhwng y
ddau ddarn hyn o farddoniaeth yw'r gwahaniaeth rhwng John
Morris-Jones a rhai o feirdd eraill ei gyfnod.

EI GYFIEITHIADAU

Cafodd y math newydd hwn o farddoniaeth ddylanwad mawr
ar feirdd Cymru, ond nid cerddi gwreiddiol John Morris-Jones
ei hun efallai a barodd y dylanwad, yn gymaint â'i gyfieith-
iadau o delynegion y bardd Almaenaidd Heine. Y mae'r

cyfieithiadau hyn yn esmwyth a rhugl a naturiol yn Gymraeg, fel y gerdd hon, dyweder:

Mae iâr fach yr haf yn caru'r rhos,
A hofran o'i gylch y bydd,
A'i charu hithau, a hofran o'i chylch
Mae pelydryn o dywyn dydd.

Ond pwy aeth â serch y gwridog ros?
Mi garwn pe dwedai a'i gŵyr;
Ai'r eos a gân ei melys gainc,
Ai tawel seren yr hwyr?

Fy nghalon ni ŵyr pwy yw cariad y rhos,
Ond caru'r wyf fi, fe'i gŵyr,
Y rhos, a'r pelydryn, ac iâr fach yr haf,
A'r eos, a seren yr hwyr.

A sôn am gyfieithu, fe gofiwn mai campwaith a gorchest Morris-Jones oedd cyfieithu gwaith y bardd Persaidd enwog, Omar Khayyâm, a oedd yn byw yn y ddeuddegfed ganrif. Canmoliaeth sydd yn rhai o'r penillion hyn i fywyd esmwyth y bardd gyda'i gariadferch:

Ychydig wridog win a llyfr o gân,
A thorth wrth raid, a thithau, eneth lân
Yn eistedd yn yr anial gyda mi —
Gwell yw na holl frenhiniaeth y Swltân.

Nid oes eisiau poeni am ddim yn y byd hwn ond pleser:

Yf win; cei huno'n hir yn erw'r plwy
Heb ffrind na phriod i'th ddiddanu'n hwy;
Nac adrodd y gyfrinach hon wrth neb:
'Y rhos a wywodd ni flodeua mwy.'

Ond y mae'r bardd, er hynny, am ddod i delerau â'i Dduw:

Blinderau'r byd i'm henaid esmwythâ;
Cudd rhag y byd y drygau a'm gwarthâ;
Heddiw dod im dy dangnef, ac yfory
Megis y gweddai i'th drugaredd gwna.

Nid cyfieithiadau a thelynegion oedd unig gynnyrch barddol John Morris-Jones. Ysgrifennodd ddwy awdl dra nodedig.

144

Cerdd wlatgarol yw 'Cymru Fu: Cymru Fydd', wedi ei hysgrifennu mewn iaith seml ac eglur, ac yn llawn o'r gobaith hwnnw am ddyfodol y genedl oedd mor amlwg tua diwedd y ganrif ddiwethaf. Dyma efallai y llinellau mwyaf adnabyddus yn yr awdl hon:

Di fegi bendefigion, — oreugwyr,
Uchelwyr, â chalon
I'th garu, fy nglân fanon,
A charu'th iaith, heniaith hon.

Ac fe ddaw it heirdd feirddion — i ganu
Gogoniant y cyfion;
Ac â newydd ganeuon,
A thanbaid enaid y dôn'.

Gwŷr crefydd a geir, cryfion — yn nerth Duw,
Wrth y dyn, yn eon
Gryf a lefair air yr Iôn —
Ofni Duw'n fwy na dynion.

Ystryw ac anonestrwydd — celwyddog
Gladdant mewn gwaradwydd;
Rhagrith diafl a'i bob aflwydd,
Gweniaith, ffug waith, ffy o'u gŵydd.

Ni bydd rhith lledrith anlladrwydd — drwot,
Distrywir pob arwydd;
Gwlad ry eurglod i'r Arglwydd,
A thi'n wlad o faith iawn lwydd.

Ni thrig annoeth ddrygioni — ynod mwy,
Na dim ôl gwrthuni;
Nac anwybod na thlodi,
Yn wir, nid adwaeni di.

Ynod bydd pob daioni, — hoff bau deg,
A phob digoll dlysni;
Pob gwybod a medr fedri;
Aml fydd dy ddrud olud di.

Yr awdl arall yw 'Salm i Famon.' Dychangerdd yw hon, sef yw hynny, cerdd lle mae'r bardd yn cymryd arno foli Mamon, sef duw cyfoeth, ond mewn gwirionedd yr hyn y mae'n ei wneud yw condemnio'n llym y rhaib am arian sydd yn y byd.

145

O dduw cyfoeth, doeth wyt ti;
On'd oedd elwach d'addoli?
Ac nid duw dig, eiddig wyd;
Duw odiaeth haelfryd ydwyd.
Yn lle cenfigen y Llall,
Ti ni ddori Dduw arall.
Dywaid y Llall heb dewi —
'Nid cyson Mamon â Mi':
Tithau, 'Y gorau i gyd,
Yn ddifai, gwnewch o'r ddeufyd.'
O dduw gwych, bonheddig wyt,
Caredig — gorau ydwyt.

Onid hawdd it ei oddef,
A gwenieithio iddo Ef?
Ac onid hoff gennyt ti
I ddyliaid ei addoli?
Da odiaeth i'th benaethiaid
Weled coel y taeog haid;
Gado'r ffydd i gyd i'r ffŵl,
A da fydd i'r difeddwl;
A bryd calon dynion doeth,
Ti a'i cefaist, duw cyfoeth.

YR ATHRO

Yr oedd John Morris-Jones yn ysgolhaig, ond ni fodlonodd
ar gasglu gwybodaeth a'i chyhoeddi mewn llyfrau; mynnodd
hefyd ddysgu i'w gydwladwyr yr hyn a ddysgodd ef ei hun.
Dysgodd iddynt sut i sillafu geiriau'r iaith yn rhesymol ac yn
gyson, a dysgodd iddynt hefyd sut i ddeall yn glir y gynghan-
edd a'r hen fesurau. Yr oedd ef hefyd yn fardd, ond ni fodlon-
odd ar farddoni i'w foddhau ei hun; mynnodd egluro i feirdd
Cymru sut i ganu barddoniaeth well nag a genid ganddynt ar
y pryd. Cymwys iawn felly yw'r hyn a dorrwyd ar garreg ei
fedd ym mynwent eglwys Llanfair-pwll:

JOHN MORRIS-JONES

1864 - 1929

ATHRO CYMRAEG

Cyhoeddwyd 1958

146

Griffith John Williams

Pan eis i yn ddarlithydd i Goleg Caerdydd yn syth ar ôl graddio ym Mangor yn 1926, 'doeddwn i erioed wedi gweld na W. J. Gruffydd na G. J. Williams, yr unig rai ar staff yr Adran Gymraeg. Mi ddysgais yn fuan mai prif rinwedd W. J. Gruffydd oedd ei fod yn gadael llonydd i ddyn, a chan nad oeddwn innau ddim yn llencyn ymwthgar, ni fu fawr o gyfathrach rhwng Gruffydd a mi drwy gydol y tair blynedd y bûm yn yr Adran. Os byddai rhywbeth yn codi i beri imi fod eisiau gweld Gruffydd, mi fyddwn yn mynd i'w ystafell, agor y drws, a gweld yr Athro yn eistedd mewn cadair isel o flaen tân gas yn ysgrifennu ar bapur ar ben ei lin. 'Sudachi?' meddwn yn ddiysbryd. Fe drôi Gruffydd ei ben, symud ei sbectol fodfedd i lawr ei drwyn ac edrych drosti, a dweud, 'Hylô'. Dim neidio ar ei draed yn groesawgar, dim cynnig imi eistedd, dim gwên, dim, yn wir, ond osgo awgrymog mai gorau po gyntaf y buaswn yn dweud fy neges ac yn mynd. Ymhen blynyddoedd wedyn y cyrhaeddais i aeddfedrwydd meddwl ac ysbryd i allu cynnal sgwrs â Gruffydd ac i'w adnabod yn iawn.

Am G. J. Williams, ar y llaw arall, 'doedd ganddo ddim ystafell imi fynd iddi na sbectol i 'sbïo drosti, ac ni thawodd erioed ar ddim ond 'Hylô' cwta.

'Doedd gan neb ohonom ni ddarlithwyr ystafell breifat yng Ngholeg Caerdydd y pryd hwnnw, a 'doedd dim ond dau le i gyfarfod. Un oedd yr Ystafell Gyffredin, ystafell i ddynion yn unig, lle gellid siarad iaith dynion yn blaen ac yn uchel, a'r merched mewn diogelwch dilychwin yn eu hystafell eu

147

hunain am y coridor â ni. Yr oedd yn yr Ystafell Gyffredin honno y casgliad rhyfeddaf o gymeriadau digyffelyb a fu erioed, ym Mhrifysgol Cymru o leiaf — cyfle coll C. P. Snow neu Kingsley Amis. 'Doedd G. J. Williams ddim yn disgleirio yn y ffurfafen serennog honno.

Ond yr oedd yno fangre arall, sef pen draw Llyfrgell Salesbury, y tu ôl i gwpwrdd enfawr ei led a'i uchder, lle gallai'r llyfrgellydd, Hubert Morgan, a'i westeion dethol herio pob rheol trwy smocio'n dangnefeddus. Yno, y bore cyntaf imi yn y Coleg, y dois o hyd i G. J. Williams. Ychydig iawn o fyfyrwyr a fyddai'n mentro i Lyfrgell Salesbury, a phan fyddai un mwy haerllug na'i gilydd yn agor y drws byddai Hubert Morgan yn cerdded yn gyflym i'w gyfarfod gan ofyn 'Be chi'n moyn?' Yr amcan oedd cadw'r myfyriwr yn ddigon pell rhag iddo glywed aroglau'r mwg baco. Ofer fwriad!

Gan mai cyfathrach euog pen draw'r Salesbury oedd yr unig siawns i sgwrsio, nid â'r Coleg y byddaf fi'n cysylltu G. J. Williams yn fy meddwl, ond â'i dŷ ym Mhenarth. Tua'r ail Sadwrn ar ôl imi ddechrau yng Nghaerdydd, cefais wahoddiad i fynd i dreulio'r pnawn ym Mhenarth. Cyrraedd yno tua dau, siarad dan amser te, siarad wedyn dan tua saith, a minnau'n codi a sôn am fynd adref. Ond yr oedd swper yn barod. Beth am drên yn ôl i Gaerdydd? Yr oedd trên am hanner nos. G.J. yn dod i'm hebrwng i'r stesion, a dal i siarad hyd y funud olaf. Cyrraedd Caerdydd am chwarter wedi deuddeg, wedi colli'r tram olaf a gorfod cerdded i Cathays— aberth bychan, hyd yn oed i gerddwr llegach fel fi, am ddeng awr o ddiddanwch. Dyma'r un diddanwch ag oeddwn wedi ei brofi yn y llety ym Mangor fel myfyriwr, gyda John Gwilym Jones, Roger Hughes, Guto Davies, Huw Roberts, Meirion Roberts a'r hen griw i gyd, ac yr oedd yn gynhorthwy mawr i leddfu peth ar y trawsnewid chwyrn o fyd cymdeithasgar myfyriwr i unigrwydd lletty darlithydd, a hwnnw'n gorfod paratoi'n ofalus wyth o ddarlithiau bob wythnos. Ac felly ar lu o ddyddiau Sadwrn, haf a gaeaf, y bûm i'n mwynhau croeso a sirioldeb G. J. Williams a Mrs. Williams.

O edrych yn ôl a chofio'r holl siarad, y mae'n syndod na ddihysbyddwyd pob testun sgwrs. Ond ar stesion Penarth am hanner nos yr oedd pob sgwrs ar ei hanner. Y mae gennyf gof clir am bynciau'r siarad. Ni fyddem byth yn siarad am Gymru'r dydd a'i thrafferthion; 'doedd cyflwr yr iaith a'r diwylliant ddim yn gaddug yn enaid G. J. Williams y pryd hwnnw. Yr oedd ef yn byw'r bywyd llawn, iachusol, ymroddgar sy'n naturiol i bob gweithiwr onest. Ni fyddem chwaith yn blingo'n cydnabod. Nid oeddem yn malio dim am eu rhinweddau, nac am eu ffaeleddau diddorol. Ysgolheictod a llenyddiaeth Gymraeg oedd prif destun y sgwrsio. Ond peidied neb â meddwl mai pâr o snobyddion deallusol oeddem, oherwydd yr oedd pwnc arall a fyddai'n cael ei drin â llawn cymaint o ymroddiad, sef hanes cymeriadau difyr ardal Cellan, bro cartref G. J. Williams. Fe fyddai ef yn adrodd storïau am y rheini gyda brwdfrydedd huawdl, gan eistedd yn syth yn ei gadair, ei lygaid yn gloywi, ei law yn chwifio'i getyn nes cyrraedd yr uchafbwynt, ac yna eistedd yn ôl yn foddfa o chwerthin a pheswch. Wedi inni ddod atom ein hunain, fe fyddai G.J. yn cyhoeddi'r coloffon arferol : 'Mahi'n berffeth wir, odi ma-hi, ma-hi mor wir â'r pader.' Hyn gyda difrifoldeb oedd bron yn geryddgar, er nad oedd neb wedi amau geirwiredd hyd yn oed y stori fwyaf annhebygol.

Ond nid y storïau am Gellan fyddai'n peri i mi gael fy nghyfareddu, ond ehangrwydd ei wybodaeth ysgolheigaidd, hyd yn oed y pryd hwnnw. Ac y mae'n werth cofio iddo fod wrthi am bymtheng mlynedd ar hugain arall yn hel i'w gronfa. Yr oedd ef ar y pryd yn gweithio ar ramadegau'r beirdd, y gyfrol a gyhoeddwyd dan y teitl *Gramadegau'r Penceirddiaid* ymhen ychydig flynyddoedd. Yr oeddwn i'n astudio gramadeg Siôn Dafydd Rhys ar gyfer traethawd M.A., ac er bod hwnnw'n beth cwbl wahanol, yr oedd y sôn a'r siarad am ramadegau'r beirdd yn ddiddorol ac yn bwysig imi. Dyna'r pryd yr agorwyd fy llygad i weld y gwahaniaeth rhwng syniad y beirdd am ramadeg ar y naill law a syniad Gruffydd Robert a Siôn Dafydd Rhys ar y llaw arall. Yr oedd yr ymddiddan yn nhŷ G. J. Williams yn enghraifft wych o'r berthynas a ddylai fod rhwng ysgolhaig a'i ddisgybl, ac os yw'r gwaith tiwtorial a wneir yn y Prifysgolion heddiw cystal â'i sgwrsio ef, y mae myfyrwyr yn sicr ar eu hennill.

Peth arall y byddai G. J. Williams yn hoff o'i wneud oedd estyn o'r silffoedd y llyfrau hen a phrin yr oedd ef wedi eu casglu, troi eu dalennau gyda balchder, ac ymhelaethu ar hanes yr awduron neu wahanol argraffiadau'r llyfrau. A chyda llaw, nid wyf yn meddwl fod neb yng Nghymru oedd yn gwybod mwy am lyfryddiaeth Gymraeg — y wybodaeth fanwl, drwyadl honno oedd yn syfrdanu a digalonni dyn, ei ddigalonni oherwydd sylweddoli ehangder llwm ei anwybodaeth ef ei hun. 'Rwy'n cofio'n arbennig un llyfr oedd ganddo (a hwnnw o ddiddordeb neilltuol i mi ar y pryd), sef copi gwych o ramadeg Siôn Dafydd Rhys (1592). Dyma'r copi harddaf o ddigon sydd ar gael — ei ddalennau'n lân, y rhwymiad lledr yn loyw, aur ar ei dair ymyl, ac yn goron ar y cwbl, enw William Maurice, Cefn-y-braich, arno fel ei berchennog gynt. Dyma'r math o drysor oedd yn peri i ias o falchder gerdded corff a meddwl ei berchennog newydd.

Heblaw'r egwylion hyn dan do, cefais gyfle droeon i fynd gyda G. J. Williams a Mrs. Williams i grwydro ym Mro Morgannwg. 'Rwy'n cofio'n arbennig un pnawn Sadwrn braf ym mis Mai, pan aethom i Drefflemin i weld ardal mebyd Iolo Morganwg a'r gofeb iddo yn yr Eglwys. Pan oeddem ar gychwyn cerdded yn ôl i Lanilltud am y trên, dyma hi'n dymchwel y glaw yn sydyn, ac yn para i ddymchwel nes bod raid teliffonio o ffarm gyfagos am dacsi. Ac erbyn i hwnnw gyrraedd, y glaw wedi peidio. Bu llawer o gellwair mai Iolo oedd yn rhywle yn cosbi'r gŵr oedd wedi dadlennu awduriaeth cywyddau'r 'Ychwanegiad'. Nid oedd G. J. Williams y pryd hwnnw wedi deall na dangos cymaint o ryfeddod oedd Iolo.

Wrth atgofio'r ysgolhaig mawr a'i wybodaeth anfesuradwy, ei weithgarwch diymarbed, a'i ddulliau gwyddonol fanwl, mi fyddaf fi'n hoffi meddwl am y cwmnïwr dynol, cyfeillgar, croesawus y bûm i'n ddigon ffodus i fod yn agos iawn ato am dair blynedd. Fe gedwir ei ysgolheictod i'r cenedlaethau a ddaw yn ei lyfrau a'i erthyglau. Arnom ni oedd yn ei adnabod y mae'r cyfrifoldeb am gyfleu'r darlun cyfan o'r gŵr hoffus a chwbl ddifalais hwn.

Cyhoeddwyd 1964

Syr Ifor Williams

(I)

YR ATHRO, Y CYFAILL, Y PENNAETH

Mi fûm i mor ffodus â chael bod yn fyfyriwr i Ifor Williams, ac wedyn am ddeunaw mlynedd yn ddarlithydd odano yn yr Adran Gymraeg ym Mangor, ac mi ddois i adnabod yr athro a'r pennaeth yn bur drwyadl.

Yn nauddegau'r ganrif hon bychan oedd nifer y myfyrwyr a fyddai'n gwneud Anrhydedd mewn unrhyw bwnc, oherwydd yn y cwrs terfynol y byddai'r mwyafrif yn pori. Yn fy amser i, dim ond pump oedd yn y Dosbarth Anrhydedd, ac yn ei ystafell breifat (y nesaf at Ystafell Gyffredin y Staff) y byddem yn cyfarfod Ifor Williams bob amser. Eistedd o gwmpas y bwrdd a darllen Canu Aneirin. 'Doedd ei gyfrol fawr ef ar Aneirin ddim allan y pryd hwnnw wrth gwrs, ac yr oedd raid inni gopio'r testun o lyfr Skene, *The Four Ancient Books of Wales*.

Y mae hyn yn dwyn ar gof mai un o gyfraniadau mawr Syr Ifor i astudiaethau Cymraeg oedd darparu testunau ar gyfer myfyrwyr — Breuddwyd Macsen, Lludd a Llefelys, Chwedlau Odo, Pedair Cainc y Mabinogi, Dafydd Nanmor, Guto'r Glyn (trwy gydweithrediad) a detholiad o gywyddau Dafydd ap Gwilym.

O gylch y bwrdd yn ei ystafell byddai'r Athro'n sgwrsio'n hamddenol. Sgwrs oedd pob darlith iddo ef; ni feithrinodd erioed ddull y siaradwr cyhoeddus beth bynnag fyddai maint ei gynulleidfa. Ond ni roes erioed ddarlith sych, ac yr oedd dau reswm am hynny : fe fyddai ganddo ryw sylw ffraeth bob hyn a hyn, ac yr oedd hyd yn oed y sylwedd ysgolheigaidd yn ddiddorol. Yr oedd canu Aneirin yn frith o hen eiriau marw na wyddai neb ond Ifor Williams eu hystyr, ac yn lle rhoi'r ystyr gerbron ei fyfyrwyr, fel rhyw eiriadur llafar, fe fyddai ef yn mynd trwy'r holl broses o ymresymu a arweiniodd at yr ystyr. Yr oedd hynny yn gyfareddol yn fynych. Fe welir y dechneg yn ei liaws nodiadau ar ystyron geiriau, yn arbennig yn y *Bwletin*.

Yn y dyddiau hynny y dull o addysgu mewn llawer o brif-ysgolion oedd dull 'y ddarlith a'r llyfr.' Ni ofynnwyd erioed i ni ysgrifennu traethawd trwy gydol y cwrs, ac ni chafwyd dosbarth tiwtorial na chyfarwyddyd ar beth i'w ddarllen yn y llyfrgell. Ond yr oedd dull Ifor Williams o ddarlithio, yn enwedig i'r Dosbarth Anrhydedd, yn gwneud iawn i raddau am y diffyg hwn.

Wedi tair blynedd yng Ngholeg Caerdydd, yn ymgodymu â Lladin yn ogystal â Chymraeg, mi ddychwelais i'm hen Adran ym Mangor yn ddarlithydd (am y cyflog, cwbl anrhydeddus y pryd hwnnw, o £350). Gydag ambell bennaeth adran y mae dyn yn cael golwg newydd arno wedi dod yn aelod o'i staff rhagor nag fel myfyriwr. Ond ni theimlais i mo hynny gydag Ifor Williams, oherwydd yr un oedd ei agwedd ef at fyfyriwr ag at ddarlithydd. Fel pennaeth yr oedd yn ddelfrydol ar lawer cyfri; ni fyddai byth yn busnesu, ond ar y llaw arall, os byddai arnaf eisiau help neu gyngor, fe'u cawn hyd helaeth-rwydd ganddo ef. Dim ond ar ddau bwnc yr oeddem yn methu gweld lygad-yn-lygad yn y blynyddoedd cynnar. Yr oeddwn i, ar ôl bod yng Nghaerdydd gyda W. J. Gruffydd a G. J. Williams, wedi cael syniadau i'm pen oedd braidd yn ddieithr ym Mangor, a byddai raid imi ddadlau'n galed weithiau gyda'r pennaeth i gael eu gweithredu. Yna yn ddiweddarach, wedi imi ddechrau gweithio ar Ddafydd ap Gwilym, ar argymhelliad yr Athro, mi fyddwn yn cael cerydd ambell waith am na fuaswn yn cyhoeddi mwy, a minnau druan yn treulio fy amser yn marcio traethodau myfyrwyr ac yn hel y stwff yn y llyfrgelloedd.

Yr oedd Syr Ifor yn credu mewn cyhoeddi 'sglodion', fel y byddai'n dweud yn aml. Canu Aneirin a cherddi Taliesin oedd y 'blocyn' y bu ef yn ei naddu ar hyd ei oes, ac yr oedd

152

ambell sglodyn addawol yn tasgu i ffwrdd. Wedi ei drin a'i dwtio fe fyddai hwnnw'n mynd ar y farchnad ysgolheigaidd yn y *Bwletin*. Trwy lwc, 'doedd Syr Ifor ddim yn ymberffeith-iwr, yn yr ystyr ei fod yn mynnu cael popeth yn derfynol gadarn cyn mentro i'r wasg. 'Roedd yn bwrw ei ddarganfydd-iadau gerbron y byd yn hael, er mantais enfawr i bawb ohonom.

Y tu cefn i'r cyhoeddi yr oedd y chwilio parhaus a'r myfyrio. Ymchwiliwr greddfol, ymroddedig ydoedd. Yn ystod yr holl flynyddoedd y bûm i ym Mangor ni welais Syr Ifor yn yr Ystafell Gyffredin fwy na hanner dwsin o weithiau. Nid oedd yn un o ffyddloniaid siaradus y Senedd na'r Gyf-adran, ac yr oedd yn barnu fod gwaith mwy buddiol i'w wneud na dilyn pwyllgorau.

Ymroi, felly, i ysgolheictod Cymraeg bendraphen. Yn an-ochel ni allai ymhel rhyw lawer â dim arall. 'Doedd cynnyrch llenyddol ei oes o ddim diddordeb iddo, yng Nghymru heb sôn am wledydd eraill. Ni thiwniwyd ei glust i beroriaeth awen, a 'doedd beirniadaeth lenyddol ddim yn ei gyffwrdd. Yn ddoeth ddigon fe wariodd ei ddyddiau a'i nosau ar ysgol-heictod.

I'w helpu i lwyddo fe'i doniwyd â chof cwbl eithriadol. 'Rwy'n cofio fy mod unwaith wedi bod yn ymlafnio yn ceisio gwneud synnwyr o un o gywyddau Dafydd ap Gwilym, a bore trannoeth dyma fi'n gofyn i Syr Ifor a oedd yn gwybod rhyw-beth am y llinellau. 'Ie', meddai, 'mae'r rheina'n anodd ofnadwy,' a mynd rhagddo i ddyfynnu rhagor. 'Mi fûm i'n gweithio ar y cywydd pan oeddwn i'n paratoi'r Detholiad, ond wnes i mo'i gynnwys o.' Yr oedd hyn tua 1944, a deng mlynedd ar hugain wedi mynd heibio er pan oedd ef yn gweithio ar Ddafydd ap Gwilym. Ond yr oedd yn cofio'r llinellau a'r holl broblemau ynglŷn â hwy.

Ar y llaw arall, fe fyddai'n methu weithiau gyda phobl. Un o'i straeon gorau yn ei erbyn ei hun oedd honno amdano yn pregethu mewn capel yn y wlad yn ymyl Bangor ryw fore Sul, ac wrth fynd allan yn cyfarch merch ifanc siriol, ac yna'n troi at un o'r blaenoriaid, 'Un o fy stiwdants i yn y Coleg.' 'Nage wir,' meddai'r blaenor, 'Waitress yn Robert Roberts ydi hi.' Yr oedd caffi Robert Roberts y pryd hwnnw yn gyrch-fan gyffredin i staff y Coleg.

Mi gefais i'r fraint fawr o fyw ym Mangor yng nghwmni eraill o ysgolheigion enwog y genedl — Syr John Lloyd, Thomas Richards, a'r Dr. R. T. Jenkins, a phetai gennyf y ddawn, mi allwn ysgrifennu math o anatomi ysgolheictod. Ond rhaid imi fodloni yn awr ar ddweud fod pob un o'r ysgolheigion mawr hyn yn bersonoliaeth gwbl unigol — Lloyd, y gŵr bonheddig cwrtais; Richards, y cellweiriwr afieithus; Jenkins, y gŵr â'r meddwl miniog a'r diwylliant syfrdanol o eang. Ond yr oedd un peth yn gyffredin iddynt, fel i bob ysgolhaig arall, sef di-dwylledd a gonestrwydd digymrodedd, lle'r oedd ysgolheictod yn y cwestiwn. Felly Syr Ifor Williams. Yr oedd syniadau cyfeiliornus neu ffug ysgolheictod yn ei gythruddo i fêr ei esgyrn. Fe aeth i drafferth fawr i wrthbrofi syniadau Timothy Lewis yn *Barddrin,* fel y gwrthwynebodd John Morris-Jones syniadau Gwenogvryn Evans. Ond yr oedd un gwahaniaeth mawr rhwng y ddau feirniad. Fe fyddai Syr John yn fynych yn gignoeth o goeglyd, yn dweud pethau blaenllym fyddai'n torri at y gwaed. Ond nid wy'n credu i Syr Ifor ddweud nac ysgrif-ennu dim byd coeglyd erioed.

Nid wy'n siŵr sut i esbonio hyn. Efallai mai arf y gŵr addfwyn yw coegni. (Mi wn am un llenor o Gymro, y mwynaf o ddynion, sy'n gallu dweud pethau deifiol.) Er ei holl radlon-rwydd, nid gŵr addfwyn yn yr ystyr hon oedd Syr Ifor. Nid gwneud un gosodiad ysgubol i lorio'i wrthwynebwr, ac yna tynnu'n ôl i'w gragen, oedd ei dechneg ef o ddadlau, ond dal ati i ymresymu heb gyffroi na cholli ei dymer, rhoi'r un dadleuon mewn geiriau gwahanol lawer gwaith nes y byddai ei wrthwynebwr yn gildio o syrffed a blinder. Gwelais ef yn gwneud hyn ynglŷn â phenodiad pwysig yn y Coleg, ac yn cael gan bwyllgor cyfan newid ei feddwl.

Yr oedd dycnwch a phenderfyndod fel hyn yn rhan fawr o'i natur. Yr oedd yn gwbl sicr o'i bethau, yn graff a hirben, ac nid oedd byth yn gwegian. Nid wy'n credu iddo ef newid ei feddwl erioed ar ddim. Yr oedd ei wreiddiau'n ddwfn iawn yn nhir Ymneilltuaeth biwritanaidd y ganrif ddiwethaf. Rhyddfrydwr oedd yn wleidyddol ('rwy'n cofio'i glywed yn dadlau'n gryf dros fasnach rydd), ac yr oedd yn credu ym Mhrydain Fawr, yn gymaint ag yng Nghymru. 'Doedd ystranciau gwleidyddol glaslanciau anghyfrifol yn y tridegau yn ennill dim o'i gydymdeimlad; yn wir yr oeddynt yn hollol groes i'w athrawiaeth ef am wedduster pethau.

A chofio hyn, yr oedd y tri ohonom a fu gyda'n gilydd ar staff yr Adran Gymraeg ym Mangor am bymtheg mlynedd yn drindod ddigon rhyfedd. Y llall oedd Robert Williams Parry, y bardd. Yr oedd ef a Syr Ifor wedi bod yn bennaf cyfeillion am flynyddoedd, er na fu dim dau ddyn erioed mwy gwahanol. Nid oedd y bardd yn ysgolhaig, nid oedd yn Rhyddfrydwr, ac yr oedd yn ffieiddio piwritaniaeth. Yr oedd yn ddiwylliedig o ddiog, ac yn well ganddo dreulio wythnos ar lunio soned nag awr ar ddatrys ystyr darn o hen farddoniaeth. Er nad oedd yn ysgolhaig, yr oedd yn edmygu ysgolheigion, eu hedmygu'n syfrdan, fel yr ydym ni heddiw'n edmygu gwyddonwyr, heb lwyr amgyffred beth y maent yn ei wneud. Ac er nad oedd Syr Ifor yn fardd, yr oedd yntau'n edmygu beirdd, fel yr ydym ni heddiw'n edmygu'r arlunwyr modern, sy'n dipyn o dreth ar ein dealltwriaeth, ond nad ydynt yn gwneud dim drwg.

Yr oedd y ddau yn byw mewn dau gylch oedd yn gorgyffwrdd yn fynych, goddefgarwch a chydymdeimlad yn teyrnasu, a phob un yn dysgu'r myfyrwyr yn ei ffordd ei hun, a'r naill mor ddeniadol â'r llall. Ond aeth y bardd yn anfodlon ar ei fyd (rhinwedd anhepgor mewn bardd da), aeth i boeni ynghylch y ffordd y mae Cymru'n trin ei phroffwydi, ac yr oedd yn dueddol i newid ei feddwl. Yr oedd Syr Ifor, ar y llaw arall, wedi ymdynghedu i'w ysgolheictod a'i ymchwil, fel gŵr i'w weledigaeth, ac fe aeth y ddau gylch i orgyffwrdd yn llai mynych.

Dyma gyfnod 'yr academig dôst.' Fe fu'r bardd ei hun yn cyfranogi o'r lluniaeth hwn, ac yn mwynhau'r gyfeillach yn gymaint â neb. Yr achlysuron oedd te pnawn yn ystafell Syr Ifor (yr ystafell ben erbyn hynny, yn edrych dros ddinas Bangor ar fynyddoedd Eryri).

Fe fyddai'r oedfa bob amser yn felys iawn, a Syr Ifor ar ei orau yn arllwys straeon a digwyddiadau o goffor y cof di-

155

hysbydd — y cwmnïwr digyffelyb. Gŵr y cwmni bychan oedd ef, er iddo annerch cynulleidfaoedd sylweddol lawer gwaith wrth ddarlithio hyd y wlad. Ac er fod cylch ei gydnabod yn eang iawn, bychan oedd cylch ei gyfeillion.

Yr oedd yn caru sgwrsio, ac yn bencampwr ar y gorchwyl, ac er y byddai aml sgwrs yn 'siarad siop' rhonc, ni fyddai'n ddim llai swynol er hynny. Yr wyf fi wedi adnabod dau ŵr oedd yn gallu gwneud trafod ysgolheictod, nid yn unig yn ddiddorol, ond yn ysbrydiaeth hoenus i'r gwrandawr. G. J. Williams ac Ifor Williams oedd y rheini. Mi dreuliais oriau ac oriau yn llythrennol yn gwrando ar Syr Ifor yn egluro rhywbeth yr oedd newydd ei ddarganfod y noson cynt, ar ôl bod yn stryffaglio i'w ddeall, efallai am wythnosau. Ar ddalen flaen y copi o *Ganu Llywarch Hen* a roes yn rhodd imi pan gyhoeddwyd ef, fe ysgrifennodd 'I'm cyfaill T.P., gyda diolch am ei amynedd yn gwrando am Lywarch Hen.' I mi, yn sicr, yr oedd diolch, nid yn unig am fy mod yn gwybod llawer o gynnwys y llyfr cyn ei ddarllen, ond am fod brwdfrydedd yr awdur yn heintus a'i sgwrs yn ysbrydiaeth.

Un o drychinebau ysgolheictod yng Nghymru yw'r nifer o weithiau a adawyd heb eu gorffen. Bu farw Edward Lhuyd pan nad oedd ond yn dechrau cyhoeddi ei waith. Gadawodd Silvan Evans ei eiriadur ar ei hanner. Nid ysgrifennodd Morris-Jones ei lyfr ar gystrawen. Bu farw Lloyd Jones cyn gorffen ei Eirfa, a G. J. Williams cyn gorffen cofiant Iolo Morganwg. Ond yr oedd ymroddiad Ifor Williams yn gymaint nes iddo ddwyn ei fwriad i ben a chyflawni gorchwyl ei fywyd, ac y mae canu Aneirin a Thaliesin yn anhraethol eglurach i ni heddiw nag y buasai oni bai amdano ef.

Cyhoeddwyd 1965

Syr Ifor Williams

(II)

RHYFEDDOL EI GAMP

Ganed Ifor Williams ym Mhendinas, Tre-garth, Arfon, 16 Ebrill 1881. Bu yn Ysgol y Friars ym Mangor am un flwyddyn yn unig, oherwydd cafodd anaf i'w gefn, a bu'n gaeth i'r gwely am rai blynyddoedd. Wedi gwella aeth i Ysgol Clynnog fel ymgeisydd am y weinidogaeth gyda'r Methodistiaid Calfinaidd, ac i Goleg Bangor yn 1902 a graddio mewn Groeg i gychwyn ac yna yn y Gymraeg. Penodwyd ef yn Ddarlithydd Cynorthwyol yn y Gymraeg yn 1907, a chafodd Gadair bersonol yn 1920. Ymddeolodd yn 1947, a bu farw 4 Tachwedd 1965.

Un o ddiddordebau cynnar Ifor Williams oedd Cymraeg llafar, a thraddododd lawer iawn o ddarlithiau cyhoeddus ar y pwnc. Diddordeb arall oedd enwau lleoedd. Cyhoeddodd gyfres o erthyglau ar enwau lleoedd ardal Bethesda yn y papur lleol, *Y Gwyliwr*, yn 1907. Bwriadai unwaith gyhoeddi gwaith mawr a safonol ar y pwnc, a dechreuodd gasglu'r defnydd. Ond bodlonodd ar y llyfr defnyddiol a diddorol hwnnw *Enwau Lleoedd* (1945).

Yr oedd dwy agwedd i ysgolheictod Ifor Williams, y naill yn llai pwysfawr na'r llall, er nad yn llai pwysig ar un ystyr. Un oedd y gwaith ymarferol a wnaeth i gynhyrchu defnydd darllen i ysgolion a cholegau. Ym mlynyddoedd cynnar y ganrif yr oedd testunau i'w darllen mewn cyrsiau Cymraeg yn druenus o brin, ac ymgais i gywiro'r diffyg oedd *Breuddwyd Maxen* (1908), a *Cyfranc Lludd a Llevelys* (1910), ac yna yn ddiweddarach *Chwedlau Odo* (1926). Y mae'n syn meddwl fod Cymru wedi gorfod aros hyd 1930 cyn cael argraffiad

157

safonol o'i chlasur enwocaf, sef *Pedair Cainc y Mabinogi,* ac i Ifor Williams y mae'r diolch am hwnnw. Yr un cymhelliad oedd y tu ôl i'r detholiad o gywyddau Dafydd ap Gwilym a'i gyfoeswyr (1914), ond bod hynny wedi arwain i waith pellach mewn erthyglau sylweddol, sef olrhain dylanwad beirdd y Cyfandir ar Ddafydd, a chyswllt ei gâr, Syr Rhys ap Gruffydd ag Einion Offeiriad. Yr oedd hyn yn help sylweddol a phwysig i ddeall y bedwaredd ganrif ar ddeg yng Nghymru.

Ond nid dyna brif faes ymchwil Syr Ifor. Yn hytrach, yr Hengerdd, sef y farddoniaeth gynharaf yn Gymraeg, a gysylltir ag enwau Aneirin, Taliesin a Llywarch Hen, a rhai cerddi eraill dienw.

Yn 1906, yn syth ar ôl graddio, dechreuodd weithio ar gerdd Aneirin 'Y Gododdin', a bu wrthi yn ddi-fwlch nes cyhoeddi'r llyfr sylweddol hwnnw, *Canu Aneirin,* yn 1938. Dehonglodd y gerdd fel cwyn am y milwyr a gollwyd mewn cyrch aflwyddiannus i geisio adennill Catraeth, safle filwrol bwysig (yn sir Efrog heddiw) oddi ar y Saeson rywbryd tua'r flwyddyn 600. Dangosodd fod Taliesin yn fardd i Urien, yr enwocaf o frenhinoedd yr hen Ogledd yn y chweched ganrif, a bod chwedl werin wedi datblygu yn ei gylch.

Am Lywarch Hen, nid bardd oedd ef, ond y gŵr y canwyd amdano mewn cyfres hir o englynion. Yr oedd unwaith saga faith amdano ef a'i feibion, yn gymysg o farddoniaeth a rhyddiaith. Collwyd y rhyddiaith, ond cadwyd y farddoniaeth. Perthyn y chwedl i ganol y nawfed ganrif. (Teg yw dweud fod rhai ysgolheigion diweddar yn gwrthod yr esboniad hwn.)

Dyma'n fyr iawn ganlyniadau gwaith ymchwil Syr Ifor, ond nid yw'r crynodeb yn rhoi unrhyw awgrym o'r llafur caled a'r ymroddiad diwyd a arweiniodd at y wybodaeth. Cyn cyrraedd y casgliadau terfynol yr oedd raid wrth astud-iaethau cefndirol a chyfochrog helaeth. Gwŷr y Gogledd oedd Aneirin a Thaliesin — y wlad lle mae heddiw ogledd Lloegr a deheudir yr Alban — ac yn cynnwys nifer o fân deyrnas-oedd. Rhaid oedd ceisio gwybod hanes y rhanbarth hwn a'i frenhinoedd, a chan mai'r ffynhonnell am beth o'r hanes oedd Nennius, gŵr oedd yn ysgrifennu tua'r flwyddyn 800, rhaid oedd mesur gwerth ei dystiolaeth ef, a thraethodd Syr Ifor rai pethau tra phwysig amdano.

Un cwestiwn hanfodol oedd beth oedd cyflwr yr iaith Gymraeg tua'r amser yr oedd Aneirin a Thaliesin yn byw. Felly, dyma fynd ati i astudio'n ofalus iawn bopeth y gwyddys yn weddol sicr ei fod yn perthyn i'r chweched a'r seithfed ganrif, megis yr arysgrifau ar gerrig (cofebau'r meirw y rhan amlaf), a phethau diweddarach o ychydig fel y glosau, sef y geiriau Cymraeg a roed uwchben y llinellau mewn llyfrau Lladin gan ryw Gymry yn ymgodymu ag iaith ddieithr.

Y mwyaf rhyfeddol o holl gampau Syr Ifor yn y maes hwn oedd ei waith ar y dernyn o Hen Gymraeg a elwir 'Computus', a ysgrifennwyd yn y ddegfed ganrif, ac sy'n cynnwys sylwadaeth ar dablau seryddol. I leygwr na ŵyr ddim am seryddiaeth y mae'r holl gefndir yn astrus, ond fe lwyddodd Syr Ifor i ddeall y cefndir hwnnw a hefyd i egluro'r darn ei hun er mor hen ac anghyfarwydd yr iaith.

Ond yr oedd un broblem goruwch pob un arall ynglŷn â dehongli'r Hengerdd, sef deall yr eirfa ar ôl pymtheg cant o flynyddoedd. Yn ystod y cyfwng maith hwn aeth llu o eiriau i ddifancoll a bu newid ar ystyron geiriau eraill. Y peth sylfaenol oedd ceisio penderfynu ystyr y geiriau, ac yn hyn o orchwyl yr oedd Syr Ifor yn ddigymar. Yr oedd ganddo fath o reddf i'w helpu, ond gwaith caled oedd y cychwyn. Ei ddull gyda gair dieithr oedd casglu pob enghraifft ohono oedd ar glawr a'u hastudio'n ofalus. Yna chwilio am eiriau cyfatebol yn yr ieithoedd Celtaidd eraill. Weithiau byddai'r ystyr yn newid yng nghwrs y canrifoedd, ac yr oedd gofyn craffter a sensitifrwydd hollol eithriadol i sylweddoli beth oedd yn digwydd.

Cyhoeddodd Syr Ifor gannoedd o nodiadau ar ystyron geiriau, yn ei lyfrau ac ym *Mwletin y Bwrdd Celtaidd*. Yr oedd yn dechrau yn *Y Geninen* yn 1908 ac yr oedd wrthi yn ei lyfr ar Daliesin yn 1960, o fewn pum mlynedd i'w farw. Y mae'r nodiadau hyn yn amhrisiadwy, nid yn unig i ddeall yr Hengerdd, ond hefyd i bawb sy'n gweithio ar hen destun, ac y mae'r budd a ddaeth i ysgolheictod Cymraeg o athrylith Ifor Williams yn helaeth iawn yn wir.

Ni wn i am yr un ysgolhaig a fwriodd iddi â chymaint o gysondeb gydag un nôd pendant mewn golwg, a llwyddo i gyrraedd y nôd hwnnw i bob pwrpas. Bu farw Silvan Evans pan nad oedd ond yn dechrau cyhoeddi ei eiriadur. Ni chyhoeddodd John Morris-Jones ei lyfr ar gystrawen. Yr oedd J. Lloyd-Jones ymhell o orffen yr *Eirfa,* a G. J. Williams ond tua hanner y ffordd trwy gofiant Iolo Morganwg. Ond fe lwyddodd Syr Ifor i ddehongli'r Hengerdd.

Ni fu erioed yn ddyn cyhoeddus, ar wahân i bregethu ar y Suliau a darlithio i gymdeithasau ledled Cymru, a gwasanaethu cyrff dysgedig fel Cymdeithas Hanes Môn. Ond cyn diwedd ei oes rhoes y radio gyfle iddo i ddatblygu'r ddawn arbennig oedd ganddo i lunio sgyrsiau oedd hefyd yn ysgrifau difyr i'w darllen, a chyhoeddwyd tri chasgliad o'i ysgrifau, *Meddwn i, I ddifyrru'r amser* a *Meddai Syr Ifor* (ar ôl ei farw).

Mewn darlith, a hefyd mewn sgwrs, yr oedd ganddo ddawn ryfedd i gyfleu gwybodaeth mewn dull tra diddorol ac i roi ysbrydiaeth i bawb oedd o gyffelyb fryd iddo ef ei hun. Cefais i'r fraint fawr o weithio o dano ym Mangor am ddeunaw mlynedd, ac ni fu pennaeth erioed mor hynaws ac mor barod ei gyngor a'i gymwynas.

Cyhoeddwyd 1981

Gwenallt

*Cywydd a ddarllenwyd mewn cyfarfod yng Ngholeg Aberystwyth
i ddymuno'n dda i'r bardd ar ei ymddeoliad, Mai 7, 1966.*

Y bardd bach uwch beirdd y byd,
Da ydwyt yn dywedyd,
Dywedyd mai da ydyw
Gwir hanfod ein bod a'n byw.

Diddig gynt oedd prydyddion,
A'u melys gysurus sôn
Am oes aur, am ias hiraeth,
Awel trum neu heli traeth,
Neu nefol hwyl rhyw hen flys—
Difyrrwch edifarus.
Sêr swil a phersawrus wynt
Eu dyrïau direwynt,
A siffrwd mêl awelon,
Yn tiwnio'n braf tan ein bron.
Mwyth eu hoen i'n hesmwytháu;
Mewn hoen gwrandawem ninnau.

Ond fel brath tost daethost ti,
Yn ddaearol dy ddyri.
Un dwys ei wedd, cennad siom
Ac ing oes; a gwingasom.
Torrodd dy brotest eirias
Ar gwsg hyfryd ein byd bas:

161

Mai ofer ein gwychder gwael,
Mor ofer â'n hymrafael;
Mai ofer ein gwacter gwych,
A phwdr, wedi craff edrych.
Mwyniannau mân yw ein maeth
A'n duw yw marsiandïaeth.

Dyn â'i gamp ar daen i gyd,
Ei wyddor a'i gelfyddyd;
A'i obaith am adnabod,
O ddawn ei ben, ruddin bod —
Y sêr yn y pellterau,
A'r ffrydli trwy'r gwythi'n gwau —
Hynny oll a enillwyd
Heb ddwfn hedd, heb ddofi nwyd,
Heb geinder na gwylder gwâr,
Na Duw i loywi daear.

Gelwaist ti, er miri mawr
Y dorf yn ei rhuthr dirfawr,
Am arafwch, am rywfaint
O hamdden sagrafen saint,
Am ofn Duw, am fan dawel,
Lle gŵyr, lle clyw a lle gwêl
Pob gŵr mewn difwstwr fyd
Foddau'r nefol gelfyddyd.

Nid o ysgol na choleg
Y tardd dy gelfyddyd deg,
Ond o'th enaid a'th ynni
Byrlymog, dihalog di:
Gorchest awen ddilestair,
Rhwydd gamp yn gwefreiddio gair.

Byd ni fedd ddim rhyfeddach
Na'r ddawn a bair i ddyn bach
Herio'i oes a'i gwyllt rysedd
A'i rhaib oer o'r crud i'r bedd,

Herio dydd aur y didduw,
Am iddo ef amau'i Dduw.
Diwyrgam, sicr dy ergyd,
Hir y bo yn her i'r byd
Dân dy nwyd i'n denu oll
I encil o ddifancoll,
Encil dawel ddihelynt,
Fel a fu'n y Gymru gynt.

Wrth droed ei orsedd heddiw
Yn daer iawn ein hyder yw
Na chlwyfo briw na chlefyd
Y bardd bach uwch beirdd y byd.

Gwenallt

*(Anerchiad a draddodwyd yng Nghapel y Tabernacl, Aberystwyth,
ddiwrnod ei angladd, 27 Rhagfyr, 1968)*

Mewn un ystyr yr wyf fi yma heddiw, fel yr wyf wedi bod ar
amryw o achlysuron cyffelyb ysywaeth er pan wyf yn fy
swydd, i roi teyrnged i aelod o staff y Coleg, gŵr oedd yn dal
y swydd o Ddarllenydd yn yr Adran Gymraeg, ac a ym-
ddeolodd ddwy flynedd yn ôl, ar ôl gwasanaethu am yn agos
i ddeugain mlynedd, ac yn swyddogol megis, mi garwn
gyflwyno cydymdeimlad pawb fu'n gydweithwyr i Gwenallt
i'w weddw a'i ferch a'i chwaer a holl aelodau'r teulu. Cyn-
ddisgybl o Ysgol Sir Ystalyfera, a chyn-fyfyriwr o'r Coleg hwn
oedd Gwenallt, ac yr oedd wedi bod yn athro yn Ysgol Sir
y Barri, cyn ei benodi'n ddarlithydd yn y Coleg yn 1927. Fel
llawer darlithydd ifanc arall, aeth Gwenallt ati i gael gradd
uwch, ac yna bu'n gweithio ar y defnydd a gyhoeddwyd yn
y gyfrol *Yr Areithiau Prôs*. Ond nid yr Oesoedd Canol oedd
ei faes i fod, er iddo gyhoeddi un ysgrif bwysig iawn ar Feirdd
yr Uchelwyr. Fe symudodd ei ddiddordeb yn nes i'w oes ei
hun pan gyhoeddodd *Blodeugerdd o'r Ddeunawfed Ganrif*,
detholiad sydd wedi bod yn hynod o ddefnyddiol ers blynydd-
oedd mewn ysgol a choleg. Yna fe symudodd ei faes eilwaith,
ac fe ymsefydlodd yn y ganrif ddiwethaf, gan ysgrifennu ar
Alun a Cheiriog a Daniel Owen, ac yn arbennig Islwyn;
gwnaeth gyfraniad pwysig at astudiaeth o gerdd ryfedd y
bardd hwnnw, 'Y Storm.'

Wedi iddo fod am rai blynyddoedd yn ddarlithydd fe benodwyd Gwenallt yn ei bryd yn ddarlithydd uwch, ac ychydig flynyddoedd yn ôl, wedi i'r Brifysgol sefydlu'r raddfa newydd o Ddarllenydd, efô oedd y cyntaf un yng Ngholeg Aberystwyth i gael ei benodi i'r raddfa hon — anrhydedd nid bychan. Trwy gydol y cyfnod maith y bu'n gweithio yn yr Adran Gymraeg fe wnaeth Gwenallt ei farc fel athro myfyrwyr ac fel ymchwiliwr, ac fe fu'n ffodus i gael cefnogaeth a chydymdeimlad gan y ddau Bennaeth Adran y bu'n gweithio o danynt. I goroni ei yrfa, rhoes y Brifysgol y radd o Ddoethuriaeth iddo er anrhydedd, pan oedd yn ymddeol. Dyna yrfa academig lwyddiannus a gwerth ei choffáu — bywyd llyfn a llafurfawr, difyr a disgybledig yr ysgolhaig. Ond nid dyna sydd ym meddwl neb ohonom ni sydd yma y pnawn yma. Y mae'r gŵr academig yn fynych â'i fryd ar ei efrydiau, yn ymroddedig i'w ddewis orchwyl, a heb ymboeni cymaint â'i frodyr sydd mewn gorchwylion eraill ynghylch y byd sydd ohoni. Ond am Gwenallt, fe wyddom ni, ei gyfeillion a'i gydnabod — ac fe ŵyr llu mawr yng Nghymru — fod y byd sydd ohoni, mewn llawer agwedd arno, wedi bod yn ing enaid iddo fo, a bod rhinweddau yn ei natur oedd o raid yn gwrthdaro yn erbyn safonau'r byd a gofynion y wladwriaeth. Ac nid y byd na'r wladwriaeth oedd yn gorfod dioddef, ond yr eiddilyn o gorff a'r cadarn ei ysbryd a ddewisodd fynd i garchar am hir fisoedd blin yn lle mynd yn filwr. Tynged astrus oedd eiddo'r gwrthwynebwr cydwybodol yn y rhyfel mawr cyntaf, ac fe wnaeth Gwenallt ei brofiadau yn ddefnydd nofel yn *Plasau'r Brenin*.

O'r plasau hynny y daeth yn fyfyriwr i Goleg Aberystwyth, a chael ei adnabod a'i gydnabod gan ei gydfyfyrwyr fel bardd. Pan oedd yn fyfyriwr fe enillodd gadair am awdl i Ynys Enlli, mangre wahanol iawn i Gwm Tawe, ac yn sicr i blasau'r brenin. Adwaith y foment efallai. Neu tybed a oedd ef mewn gwirionedd am 'droi ei gefn ar wegi'r byd, a'i fryd ar Ynys Enlli' (fel y canodd bardd mawr arall o'r dref hon)? Ond yr oedd peth rhyfeddach i ddigwydd. Yn y flwyddyn 1926 yr oedd dros ddwy filiwn o bobl yn ddi-waith ym Mhrydain, a'u nifer ar gynnydd. Ymhen pum mlynedd yr oeddent yn tynnu

165

at dair miliwn. Dyma flynyddoedd y cyni a'r prinder, y ceginau cawl a'r gorymdeithio i Lundain, a deheudir Cymru yn dioddef efallai fwy nag unrhyw ran o'r deyrnas. Ac yn y flwyddyn honno, sef 1926, fe enillodd Gwenallt gadair Eisteddfod Abertawe am awdl i'r Mynach. Beth, mewn difri, oedd yr atyniad iddo fe yn y testun hwn — y Mynach, y symbol hwn o'r Oesoedd Canol, oedd wedi swyno cymaint ar y beirdd rhamantaidd oedd yn ffoi rhag realaeth galed eu hoes hwy eu hunain? A oedd y mab hwn i weithiwr dur o'r Alltwen yn ffoi ac yn gwrthod wynebu'r cyni yn ei fro? A oedd ef, fel y rhamantwyr, am greu iddo'i hun fyd deoledig, lle y gallai ymhyfrydu yn y gwerthoedd yr oedd yn eu prisio? Bro ddedwydd breuddwydion, rhyw Afallon ddethol.

Na, nid felly. Yr oedd y bardd a ganodd yr awdl i'r Mynach wedi bod trwy brofiadau mwy ysgytwol a mwy arteithiol na hyd yn oed y profiadau ym mhlasau'r brenin. Fe fu amser pan oedd ef yn meddwl fod modd diwygio cymdeithas drwy chwyldro, ac wedi derbyn dysg yr adain chwith eithaf. Ond 'roedd wedi sylweddoli fod raid diwygio dyn cyn cyffwrdd â chymdeithas, ac 'roedd wedi darganfod y grym a allai wneud hynny. A dyfynnu ei eiriau o'i hun, 'Chwyldroi personau a wna'r Efengyl, ac nid chwyldroi cyfundrefn.' A dyna un peth amlwg yn yr awdl i'r Mynach — person yn cael ei chwyldroi. Dull y chwyldro yw hunan-ymholi, a nôd y chwyldro yw cymodi dyn â Duw. Dyn yn meistroli dyheadau a gwyniasau ei gnawd ac yn eu dyrchafu i wasanaeth Duw a dyn. Mynegodd Williams Pantycelyn yr un peth pan ddywedodd:

> Rho fy nwydau fel cantorion
> Oll i chware â'u bysedd cun
> Ar y delyn sydd yn seinio
> Enw Iesu mawr ei hun.

Ymhen dwy flynedd canodd Gwenallt awdl arall, 'Y Sant,' at Eisteddfod Treorci, a chyffelyb yw thema honno. Y mae'n deg dweud mai aeddfedu yr oedd ei brofiad yn y blynyddoedd hyn, ei amgyffred yn ehangu, ei gydymdeimlad yn dyfnhau, ei ogwydd beirniadol yn miniocáu, a'i grefft farddol yn mynd yn fwyfwy praff a gorffenedig.

Ac yna yn 1939 fe gerddodd y bardd yn rhwydd a diymdrech i'w orsedd, pan gyhoeddwyd *Ysgubau'r Awen.* Y mae'r sawl ohonom sy'n cofio'r gyfrol yn dod allan yn cofio hefyd y sioc o ryfeddod a'r ias gyfareddol oedd yn cerdded ein heneidiau. Dyma ganu crefyddol hollol wyneb-agored, a ninnau wedi arfer credu mai dim ond emynwyr oedd yn gwneud crefydd yn destun cân, a'r beirdd gorau ac enwocaf i gyd yn ei hanwybyddu. Dyma ganu am Gymru hefyd, heb sôn gair am ei nentydd rhedegog na'i bythynnod gwyngalchog. A dyma hefyd fesurau herciog a diamynedd, a geirfa gyhyrog. Yr oedd yn y gyfrol gyfuniad o wyleidd-dra a phendantrwydd, yr ymofynnydd pryderus a'r deddfroddwr awdurdodol. Ond fe ddaethom ni i adnabod y lleferydd, a phan ymddangosodd *Cnoi Cil, Eples* a *Gwreiddiau,* bob un yn ei dro, 'roedd y syndod yn llai, ond yr ysgytwad yn gymaint bob tipyn. Cyrhaeddodd Gwenallt ei lefel yn *Ysgubau'r Awen.* Ei gamp ar ôl hynny oedd cadw ar yr un gwastad, ac fe lwyddodd, a siarad yn gyffredinol.

Y mae'n deg dweud mai mewn barddoniaeth, yn hytrach nag mewn ysgolheictod, yr oedd gwir hyfrydwch Gwenallt. Ac yr oedd i farddoni ddwy agwedd — y myfyrio ar y byd, yr hyn a alwodd ef yn 'ferthyrdod myfyrdod mawr,' ac yna'r hyn a alwodd eto yn 'orfoledd creu.' Bardd oedd ef yn siarad wrth ei wlad a'i oes. Fe fu'n siarad wrtho'i hun yn yr awdlau eisteddfodol, yn rhoi trefn ar ei enaid, ac wedi cael siâp go lew ar hwnnw, dyma fo'n mynd ati yn ei bedair cyfrol i siarad â'i gyfoeswyr. Awgrymodd rhywun mai propaganda oedd ei farddoniaeth — propaganda Crist. 'Doedd o'i hun ddim am gydnabod hynny, ond 'roedd o'n dweud fod gan farddoniaeth ddylanwad ar bersonoliaeth, fod ei hapêl at yr ewyllys, y teimlad a'r deall. Y mae'n gofidio am gyflwr Morgannwg a'i 'phentrefi peiriannol, proletaraidd,' ac am fod Rhydcymerau yn goedwig yn lle bod yn gymdogaeth. Y mae'n galaru am eiddilwch yr Eglwys heddiw, ac am lesgedd popeth ysbrydol. Ond nid yw fel rhai heb obaith ganddynt, oherwydd pa mor rhacsiog a rafliog bynnag yw Cymru, a pha mor wamal bynnag yw ysbryd dyn, y mae'r Ysbryd Glân o hyd yn nerthol, ac yn barod i weithio ond iddo gael y cyfle. Ac y mae ein traddodiad ni Gymry gennym yn ffynhonnell grym, ond inni sylweddoli hynny.

167

R. T. Jenkins

(I)

YR YSGOLHAIG A'R LLENOR

Erbyn hyn myfi yw'r unig un sydd ar ôl o'r hanner dwsin o aelodau staff Coleg Bangor y dywedwyd amdanynt, 'Yn bwyllog bwytawn, o dafell i dafell betryal, yr academig dost.' Fe ddywedwyd yn yr un cyswllt, 'Ar ein clyw clasurol ac ysbryd y lle ni thrystia na phwmp y llan na haearnbyrth celloedd.' Ac yr oedd y gŵr a ddywedodd hyn mewn soned ddeifiol ei llid yn un o'r chwech.*

Dyma nhw yn nhrefn eu hymadawiad, y rhai fyddai'n cyfarfod tua phedwar o'r gloch ar bnawn Llun yn ystafell Ifor Williams: Robert Williams Parry, bardd, a gŵr teimladwy, oedd fel rheol yn fwy o ymgomiwr nag o wrandawr, ond yn y seiadau hyn, lle byddai'r ymadroddi'n fyrlymus, yn fodlon iawn i wrando. Ifor Williams, perchennog y nenbren, a'i gof yn llawn o straeon doniol ac o ramant ei ymchwil i ystyron geiriau, a'i farn yn fwy didostur nag y byddai dyn yn tybio wrth yr wyneb graslon. Thomas Richards, a'i barabl yn rhyferthwy, a'i galon yn llawer tynerach nag yr oedd y cilwg gerwin yn awgrymu. Robert Alun Roberts, gwyddonydd medrus ac adnabyddus yn ei faes, oedd yn hoff o gwmni beirdd a llenorion a haneswyr, ac yn darllen eu llyfrau. Ac yna R. T. Jenkins, cyfrannwr helaeth at swm difyrrwch pob cyfarfod o'r chwe gŵr hyn.

---

* Dyma helaethiad ar yr anerchiad a draddododd y Dr. Thomas Parry yn y cyfarfod coffa yn y Tŵr-gwyn, Bangor.

168

Yr oedd ef wedi dod i'r Coleg yn 1930 fel Darlithydd Annibynnol yn Hanes Cymru, pan benderfynwyd rhoi ei le haeddiannol i'r pwnc hwnnw. Mi wyddwn i amdano fel awdur nifer o erthyglau ar Ffrainc, ei hanes a'i llenyddiaeth, ac ar rai pynciau a phersonau yn hanes Cymru. Yr oeddwn wedi gweld tipyn arno yng Nghaerdydd yn ystod y tair blynedd cyn hynny. Mi wyddwn y gair oedd iddo fel athro Hanes yn Ysgol y Bechgyn yn y ddinas honno, ac yr oedd pawb yn gwybod rywsut neu'i gilydd ei fod wedi darllen yn helaeth iawn, a bod ei ddiwylliant dipyn yn ehangach nag eiddo'r cyffredin o ddynion. Ond ni allwn ddweud fy mod yn ei adnabod.

Yna mi ffeindiais fod ei ystafell ef a'm hystafell innau gyferbyn â'i gilydd ar y llawr canol yn y bloc o ystafelloedd darlithwyr. Nid oeddwn yn hollol hapus. Yr oedd arnaf ofn y byddai gwybodaeth enfawr y cymydog newydd hwn yn gwneud yn boenus o eglur y cyfyngiadau oedd ar wybodaeth a diwylliant y llanc chwech ar hugain oed. A pheth arall, gyda'r gwahaniaeth mewn oed a phrofiad a dysg a phob agwedd ar gymeriad, sut tybed y byddai ef a minnau yn ei tharo hi'n bersonol?

Buan y penderfynwyd hynny, oherwydd mi ffeindiais fod y cymydog academig yn dra chymdogol, yn taro i mewn i'm hystafell i ryw ben o bob dydd bron, a minnau rhag blaen yn magu digon o hyfdra i daro i mewn arno yntau. Nid oedd raid ofni y byddai ei sgwrs yn ddysgedig y tu hwnt i amgyffred un oedd yn ymwybodol iawn o'i anwybodaeth ei hun; yn hytrach sgwrsio ysgafn heb falio am fod yn ddoeth nac yn adeiladol ond bob amser yn ddiddorol, sgwrs yn codi o ddynoliaeth radlon, yn ymwneud â gwendidau a cholliadau dynion meidrol, neu'n mynegi rhagoriaethau cyfeillion a chydnabod. Anfynych, hyd yn oed er ceisio, y gallwn dynnu allan ohono beth o'r wybodaeth enfawr y gwyddwn ei bod ganddo. Mi sylweddolais fod rhyw atalfa gwbl naturiol yn gwahardd i R. T. Jenkins arddangos ei ddysg.

Felly hefyd yn ei ysgrifeniadau. Y mae'r cefndir o ddarllen eang, ymroddedig yn gwbl amlwg ym mhopeth a ysgrifennodd R. T. Jenkins, ond anfynych iawn y mae'n sôn am y blynyddoedd y bu'n ymgyfoethogi ar ddarllen llyfrau. Eithriad amlwg yw'r ysgrif gyda'r teitl anaddawol 'Mudo,' lle mae'n trafod y broblem beth i'w wneud â gormodedd o lyfrau, yn arbennig wrth fynd o un tŷ i un arall. Ysgafn iawn a chellweirus yn aml yw'r dadleniad: 'Bûm ar hyd fy oes yn crwydro, yn gwibio yn hytrach, o'r naill faes i'r llall.' Canlyniad yw hyn, medd ef, i'r 'syniad *amateur* am addysg,' mewn gwrthgyferbyniad i'r duedd ddiweddar i arbenigo mewn un maes cyfyng. Ond pa faint bynnag a wibiodd y gŵr darllengar hwn, fe fu hefyd yn ymlwybro'n ofalus a threfnus, ac y mae hynny'n dod i'r golwg ambell waith rhag ei waethaf. Y mae'n sôn mewn un man amdano'i hun yn 'gweithio drwy'r casgliad helaeth o nofelau Ffrangeg sydd yn y Llyfrgell,' sef llyfrgell dinas Caerdydd. Yr wyf fi'n teimlo fod rhywbeth llawer mwy na'r amatur gwibiog, rhywbeth brawychus o broffesiynol yn wir, yn y 'gweithio drwy' yna. Wrth sôn amdano'i hun yn gwibio, nid yw'r awdur ond yn gwneud yr hyn a wnaeth mor aml, sef gadael i'w wyleidd-dra fychanu ei ddiwylliant eang.

Yr oedd y tri-degau, blynyddoedd cynnar R. T. Jenkins ym Mangor, dan gysgod bygythiol a chynyddol yr amgylchiadau cydwladol yn Ewrop. Yr oedd unbennaeth Mussolini yn yr Eidal yn ernes o rywbeth gwaeth i ddod. Ymosododd yr Eidal ar Ethiopia a'i gorchfygu mewn ychydig fisoedd heb i neb godi bys i wrthwynebu. Daeth Hitler i awdurdod yn yr Almaen, a Franco yn Sbaen wedi rhyfel cartref didostur—popeth yn argoeli'n adfydus, a llywodraeth liprynnaidd ym Mhrydain yn rhy ddienaid i wneud dim ond edrych ar Ewrop yn llithro tua'r dibyn. A thros y dibyn yr aeth gyda dechrau'r rhyfel mawr yn 1939.

Yn nechrau haf 1940 fe gwympodd Ffrainc, digwyddiad a barodd ddychryn i bawb ym Mhrydain, a gofid enaid i'r rhai hynny oedd yn adnabod Ffrainc yn dda ac yn ei charu hi a'i diwylliant, fel y mynegwyd yn angerddol gan Ambrose Bebb yn 1940, *Lloffion o Ddyddiadur*. Eto i gyd, er cymaint o amser a dreuliodd R. T. Jenkins yn Ffrainc, er mor llwyr yr oedd yn adnabod ei hanes a'i llenyddiaeth, er mor ffiaidd gan bob gŵr gwâr oedd daliadau a gweithredoedd y Natsiaid, nid oes yr un gair yn ei ysgrifeniadau ef am y goresgyniad

170

alaethus. Ni thraethodd na gofid na dig, mwy na phetai'r trychineb heb ddigwydd erioed. Mwy na hynny, y mae'r sawl oedd yn agos ato ym Mangor yn ystod cyfnod y rhyfel yn gwybod na fyddai ef byth yn sôn ar sgwrs am hynt yr ymladd nac am yr angau'n ymdywallt o'r ffurfafen nac am y prinder a'r gwasgfeuon, ond yn hytrach yr un ymagweddu heulog ag arfer, yr un cellwair, yr un ymhyfrydu mewn cwmnïaeth ddiddan. Yr oedd hyn yn rhyfedd i mi.

Yn ystod y rhyfel aeth erthyglau R. T. Jenkins i'r *Llenor* yn brinnach. Cyhoeddodd ddwy erthygl ar 'Casglu Ffyrdd' yn 1940, a 'Yr Olwg Gyntaf' yn 1941. (Dyma'r unig rai a gyhoeddodd eilwaith fel rhan o'r gyfrol yn 1956.) Y mae'r erthygl 'Y Pac Llyfrau' ar ffurf llythyr at gyfaill ifanc yn ei gynghori pa lyfrau i fynd gydag ef oddi cartref, gyda'r awgrym mai i'r lluoedd arfog y mae'r cyfaill yn mynd. Y mae rhyw islais o'r rhyfel yn y teitl 'Llythyrau o'r Ffrynt' hefyd, er mai term o'r rhyfel mawr *cyntaf* oedd 'y ffrynt', ond sôn y mae'r ysgrif am lythyrau rhai o Deulu Trefeca a aeth i ffwrdd i ymladd rhwng 1756 a 1760. Yn 1941 cyhoeddodd ei gyfieithiad o 'Say not the struggle naught availeth' A. H. Clough, ac y mae yma eto islais o'r tymor tywyll hwnnw:

Na ddwed mai ofer ydyw'r ymdrech,
Y dioddef a'r llafurio cŷd,
Na ddaw byth ddiffyg ar d'elynion
Na gwella byth ar gyflwr byd.

Er syndod i lawer ohonom ar y pryd, dyma fo'n ymddangos fel bardd yn 1944, ac yn canu cerdd grefyddol iawn ei naws i Lanilltud-y-Faerdref. Dyna bron y cwbl a gyfrannodd i'r *Llenor* yn ystod blynyddoedd blin y rhyfel.

Ond yr oedd wrthi'n brysur iawn serch hynny. Cafodd blwc o fod yn 'ddyn cyhoeddus,' oherwydd ei lithio gan D. R. Hughes i fod yn un o wŷr blaen yr Eisteddfod Genedlaethol, pan oedd amgylchiadau'r rhyfel wedi peri newid gwedd y sefydliad hwnnw. Dechreuodd ei gyswllt â'r Eisteddfod tua 1937, yn ôl ei dystiolaeth ef ei hun, a phara am ryw ddwy flynedd neu dair ar ôl i'r rhyfel ddod i ben. A dweud y gwir, rhyfedd gan bawb oedd yn adnabod R. T. Jenkins oedd y brwdfrydedd a'r gweithgareddau eisteddfodol hyn — yr ysgol-haig dyfnddysg. y darllenwr diwylliedig, dethol a chain ei chwaeth, yn ymlafnio gyda fersiwn grebachlyd o beth nad oedd ar ei orau ond sefydliad gwerinaidd ac amaturaidd, sefydliad nad oedd ef wedi ymhyfrydu dim ynddo cyn hynny. Diddordeb D. R. Hughes hefyd oedd yn cyfri am ymroddiad ei gyfaill gyda *Cofion Cymru,* y cylchgronyn hwnnw oedd yn cael ei anfon yn rhad ac am ddim i bob Cymro yn y lluoedd arfog ym mhob rhan o'r byd. Bu'n gweithio'n ddygn i gyn-hyrchu hwnnw, ac ysgrifennodd storïau ysgafn iddo.

Yr oedd gweithgarwch fel hyn (a phethau eraill y gellid eu nodi, fel Cymdeithas y Cymmrodorion ac Urdd y Graddedig-ion) yn ddefnyddiol ddigon, ond ni allai ei gyfeillion agosaf, fel Thomas Richards a minnau, lai na gofidio wrth weld yn ei ystafell yn y Coleg y gronfa enfawr o bapurau ar gyfer ysgrif-ennu ail gyfrol *Cofiant O. M. Edwards,* gwaith yr oedd ef yn fwy cyfaddas na neb byw arall i'w ddwyn i ben. Ac yr oedd ail gyfrol *Hanes Cymru yn y Bedwaredd Ganrif ar Bymtheg* yn disgwyl wrtho.

Fe fu llawer o bendroni a gresynu, ac mi fyddwn i fy hun mor ddiniwed â thybio mai rhyw ffurf ar ddihangfa rhag enbydrwydd yr amseroedd oedd y prysurdeb annormal ac annodweddiadol hwn. Fe wyddom oll mai un adwaith naturiol i'r pethau sy'n wirioneddol gas gennym yw eu gosod mewn congl neilltuedig yn yr ymwybod a pheidio â sôn amdanynt. Mi wyddwn i, ac fe wyddai pawb, fod y gyflafan drychinebus ar ddinasoedd Ewrop ac ar y gwareiddiad a gododd y dinas-oedd hynny yn gwbl groes i'r adeiladwaith o ddiwylliant cain yr oedd R. T. Jenkins wedi ei godi'n gaer iddo'i hun. Er gwaethaf ei dawedogrwydd mewn ysgrif a sgwrs, yr oedd wedi dangos ei deimladau hyd yn oed yn 1937: 'y dyddiau tywyll hyn, pan ymddengys pob ymchwil i'r gorffennol yn hollol wag ac ofer.'

Ond yng nghanol y rhyfel fe ddechreuodd ar orchwyl mawr a llafurus, sef paratoi'r *Bywgraffiadur Cymreig.* Y mae ef ei hun wedi dweud yr hanes yn y Rhaglith i'r gyfrol. Yr oedd Syr John Lloyd ac yntau wedi dechrau ar y gwaith golygyddol, sef dewis yr enwau i'w cynnwys a phenderfynu ar yr ysgrifenwyr, yn 1943, ac fe fyddent yn cyfarfod ddwywaith yn yr wythnos yn rheolaidd. Er fod geiriaduron bywgraffyddol eraill i'w cael fel arweiniad i'r ddau olygydd, yr oedd y rheini'n anghyflawn iawn, ac i gyd yn gorffen cyn diwedd y ganrif ddiwethaf, ac felly yr oedd gofyn cael gwybodaeth drwyadl o hanes Cymru drwy'r canrifoedd i allu dewis y gwŷr y dylid ysgrifennu amdanynt, a hynny i lawr i 1940. (Y mae'n syndod ac yn gysur fod y mwyaf gofalus a gwybodus ohonom yn llithro — yn yr Atodiad y mae John Morris-Jones.) Bu farw Syr John Lloyd yn 1947, a Syr William Davies, y cydolygydd arall, yn 1952, ac nid oedd ond R. T. Jenkins yn aros pan ymddangosodd y *Bywgraffiadur* yn 1953. Yn ystod y deng mlynedd y bu ef yn gweithio ar y gyfrol yr oedd wedi ymroi'n ddiarbed, nid yn unig fel golygydd a phopeth yr oedd hynny'n ei gynnwys, megis dwyn y llyfr drwy'r wasg, ond hefyd fel awdur tua phedwar cant o gyfraniadau ar bersonau a theuluoedd.

Fe eill cynhyrchu geiriadur bywgraffyddol ymddangos yn orchwyl llafurus a dieneiniad—casglu, trefnu a gwireddu toreth o ffeithiau am bersonau unigol a digyswllt, craffu'n brysur ar y manion yn lle edrych yn esmwyth ar olygfa eang. Ond teg yw tybio fod R. T. Jenkins wedi cael llawer o bleser o olygu'r *Bywgraffiadur,* oherwydd bywydau dynion oedd un o'i ddiddordebau pennaf. Meddai mewn un man, 'Wrth ysgrifennu ar Hanes byddaf bob amser yn ymddiddori mewn personoliaeth — yn ymddygnu, er enghraifft, i geisio deall Hywel Harris, heblaw ceisio egluro'r haniaeth neu'r mudiad a elwir yn "Fethodistiaeth".' Fe gofiwn hefyd am y swyn oedd iddo mewn cofiannau. Mewn gair, trwy gymeriadau dynion, eu syniadau a'u gweithredoedd, yr oedd ef yn astudio Hanes. Ceisio deall cymhellion ac amcanion y bersonoliaeth ddynol oedd yr allwedd i ddeall Hanes fel pwnc. Dywedodd dro arall, 'Nid wyf yn cofio imi erioed "weld" caer Rufeinig ym Mhrydain heb deimlo graddau helaeth o siom. Nid yw llygad na dychymyg yr hynafiaethydd gennyf; y mae'n rhaid imi gael gweld y peth ar ei draed.' Yr oedd dau reswm pam nad oedd yr olion Rhufeinig yn apelio ato : nid oes iddynt ddim gogoniant pensaernïol fel, dyweder, eglwys gadeiriol Chartres; ac yna, nid oedd ef yn adnabod neb a fu'n byw yno, na gwybod dim am yr un bersonoliaeth unigol o fysg y Brythoniaid neu'r Rhufeiniaid. Ond fe wyddai lawer am Robert Prys a Dorti Owen a John Gambold a Rousseau, ac felly yr oedd y Giler a Thyddynygarreg a Hwlffordd a Chenonceaux yn ennill ei fryd a'i ddiddordeb.

Diddorol sylwi pa fath o gymeriad a gyrfa oedd, yn ei farn ef, yn rhoi'r boddhad pennaf i ddynion, a'r math o gymeriad mewn gwirionedd oedd ef ei hun. Un o'i ddywediadau dadlennol yw hwnnw sy'n digwydd yn ei ysgrif 'Rabbi Saunderson': 'Os credwch (fel y credaf i) mai Meddwl yw hanfod yr hollfyd, yna nid yw'n rhaid profi ichwi mai bywyd o feddwl yw'r bywyd perffaith.' Y gŵr yn anad neb sy'n byw'r math yma o fywyd yw'r ysgolhaig, ac am hwnnw fe ddywedodd, 'Ymddengys i mi mai nôd amgen yr ysgolhaig yw ymddiddori'n bennaf yn y gorffennol, mai gŵr yw ef sy'n byw'n bennaf ymhlith llyfrau.' Personoliaeth wedi ei llunio gan lyfrau oedd R. T. Jenkins.

Ond na feddylied neb wrth osodiad fel yna mai cael ei lunio'n oddefol fel haearn tawdd mewn mowld a ddigwyddodd iddo, oherwydd yr oedd elfen weithredol a chreadigol gref yn y ffordd yr oedd ef yn astudio ac yn ysgrifennu hanes. Nid dadansoddi yn unig gymeriadau a chymelliadau dynion yr oedd ef, ond eu cyfansoddi hefyd, eu gosod gerbron ei ddarllenwyr fel personoliaethau crwn a sylweddol.

Nid syn efallai i'r ddawn greadigol gael ei mynegi'n fwy uniongyrchol yn ystod blynyddoedd y rhyfel mewn dwy nofel fer — *Orinda* yn 1943 a *Ffynhonnau Elim* yn 1945. Nid oes dim cymhariaeth safon rhwng y ddwy nofel hyn o gwbl, wrth reswm; y mae *Orinda* yn gampwaith. Ond y mae braidd yn drawiadol fod prif gymeriad y ddau lyfr yn ymdebygu i'w gilydd, yn deip arbennig. Yr oedd Richard Aubrey a Phylip Rhys wedi cael eu haddysgu yn Rhydychen, o ganlyniad yn glasurwyr cadarn, yn casglu llyfrau ac yn hoff ohonynt, ac yn fodlon iawn ar fyw'r bywyd neilltuedig, digyffro oedd i'w gael yng Ngholegau Rhydychen yn yr ail ganrif ar bymtheg ac yn rheithordai Cymru yn y ganrif ddiwethaf. Nid oedd yr un ohonynt yn ysgolhaig, yn ystyr dechnegol y gair hwnnw, ond yr oeddynt yn wŷr dysgedig, ac ond iddynt gael llonydd (peth na chafodd Aubrey mohono bob tro) yr oedd eu llyfrau yn gynhaliaeth ddigonol iddynt. I'r dosbarth hwn yr oedd R. T. Jenkins ei hun yn perthyn, ac yn yr un dosbarth y cafodd ei gyfeillion — W. J. Gruffydd, John Roberts (ei weinidog yng Nghaerdydd), Morgan Humphreys, Syr John Lloyd a Thomas Richards. Yr oedd pob un o'i wir gyfeillion yn berchen llyfrgell.

Y ddawn artistig greadigol a'r diddordeb mewn cymeriadau hanesyddol fel bodau byw, a'r swyn oedd iddo yn eu llwybrau a'u trigfod, dyna sy'n cyfri fod y pedair cyfrol o ysgrifau R. T. Jenkins yn rhoi i'w ddarllenwyr yr ias o foddhad a geir o ddarllen llenyddiaeth, oherwydd yr oedd personoliaeth gyfoethog y gŵr hwn yn trydanu pob hanes am ei deithiau a phob ymdriniaeth â gwŷr mawr yr amser a fu. Fe deithiodd trwy Gymru a Lloegr a Ffrainc, ar drên ac ar droed ac yng ngheir ei gyfeillion, ac fe ddywedodd ei stori, er adeiladaeth i ni yn ddiamau, ond hefyd er difyrrwch anhraethadwy. 'Gerddwr mawr, gorwedder mwy.' Daeth y teithio i ben; y mae'r ddeudroed yn llonydd, a'r dealltwriaeth craff, cwmpasog yn segur. Ond fe bery R. T. Jenkins i rodio trwy lenyddiaeth Cymru â holl urddas ysgolhaig, hanesydd, llenor a gŵr bonheddig cyflawn.

Cyhoeddwyd 1970

175

R. T. Jenkins

(II)

HANESYDD A LLENOR

Buasai'n rhyfedd gan lawer feddwl mai Cymro Cymraeg mwyaf dysgedig y ganrif hon oedd awdur y rhigwm yma:

> Anfonais dan felltithio
> I gyrchu'r meddyg mwyn;
> Odid na ddaw, dan duthio,
> I wrando ar fy nghŵyn.
> O bydded yn ei fag o
> Ryw gyffur cryf a dago
> Y cythraul o lymbago
> Sy'n gwanu trwy fy lwyn.

Flynyddoedd yn ôl byddai rhyw bedwar neu bump ohonom oedd ar staff Coleg Bangor yn cael te gyda'n gilydd ar bnawn Llun yn ystafell Syr Ifor Williams, ac am ryw reswm rhyfedd aethom ati i ysgrifennu cerddi hwyliog — pawb ond y gwir fardd yn ein mysg, R. W. Parry. O gerdd glyfar iawn gan R. T. Jenkins yn dweud ei brofiad efo poen yn ei gefn y daeth y pennill uchod. Y mae pawb sy'n gynefin â darlithiau neu ag ysgrifau'r gŵr hwnnw yn gwybod am yr hiwmor oedd yn gymaint rhan ohono.

Ganed ef yn Lerpwl ar 31 Awst, 1881, ond symudodd y teulu i Fangor pan gafodd y tad swydd yn y Coleg newydd yn 1884. Collodd ei rieni o fewn ychydig i'w gilydd pan oedd yn blentyn bach, a magwyd ef gan ei daid a'i nain a'i fodryb yn y Bala. Cafodd sylfaen glasurol solet i'w addysg yn Ysgol

176

Tŷ-dan-domen. Graddiodd o Goleg Aberystwyth yn 1901, ac o Goleg y Drindod, Caergrawnt, yn 1904. Bu'n athro yn Ysgol Sir Aberhonddu am dair blynedd ar ddeg o 1904 ymlaen, ac am gyfnod cyffelyb yn Ysgol y Bechgyn yng Nghaerdydd. Daeth i Fangor yn 1930 yn bennaeth yr Adran Hanes Cymru. Ymddeolodd yn 1949.

Petai rhieni R. T. Jenkins wedi byw, y mae'n bur sicr na chawsid mo'r cynnyrch sylweddol a gaed ganddo yn yr iaith Gymraeg. Saesneg oedd iaith y cartref, i ysgol fach ddethol iawn ym Mroncastell yr anfonwyd y plentyn, ac yng nghapel Saesneg Princes Road, 'capel *snobs* Upper Bangor,' chwedl yntau, y byddai'r teulu'n addoli ar y Sul. Mynd i fyw yn y Bala a'i hachubodd.

Ond arhoswn funud i sôn am swm enfawr ei waith fel hanesydd a llenor — y llyfrau ar hanes Cymru yn y ddeunawfed ganrif a'r bedwaredd ar bymtheg, hanes Hen Gapel Llanuwchllyn, hanes y Morafiaid, nifer helaeth o erthyglau a gasglwyd yn bedair cyfrol, dwy nofel, *Orinda* a *Ffynhonnau Elim*, cyfrol o hunangofiant, a thros chwe chant o erthyglau yn y *Bywgraffiadur*, heblaw golygu'r gyfrol gyfan yn Gymraeg ac yn Saesneg. Enfawr o lafur, pe na bai'n ddim arall. Ond yr oedd yn llawer mwy oherwydd y mae cynnyrch ysgrifenedig R. T. Jenkins yn ffrwyth personoliaeth arbennig iawn. Ac yn y Bala y meithrinwyd y bersonoliaeth honno, gan ei wneud yn Gymro Cymraeg yn y fargen.

Yr oedd nam ar ei leferydd, a dyna un rheswm yn ddiau ei fod yn tueddu y pryd hwnnw i gilio i'w gragen. Bu raid iddo ymostwng i ddisgyblaeth bur gaeth hefyd gan ei daid a'i nain — ei warchod yn ofalus a'i gadw rhag cyfeillachu ond ychydig â phlant o'i oed. Yn ei eiriau ef ei hun, fe'i gwnaed 'yn ddof, yn ddiantur, yn anghymdeithasgar, yn drwsgl'. Ond fe gafodd ollyngdod a dihangfa, ac mewn darllen y bu hynny. A darllen y bu am flynyddoedd lawer; yr oedd bron yn ddeugain oed cyn dechrau ysgrifennu. A'i ddyfynnu ef ei hun eto, 'Darllenwn bopeth — y llyfrau yn y cwpwrdd gwydr yn y gegin, diwinyddiaeth bod ag un, y llyfrau yn llyfrgell y dre a'r llyfrau yn llyfrgell dda iawn Coleg y Bala'. Yn ddiweddarach ar ei oes, pan aeth i fyw i Gaerdydd, aeth trwy'r holl gasgliad helaeth o nofelau Ffrangeg oedd yn llyfrgell y ddinas, yr awduron Groeg a Lladin a'r Tadau Eglwysig, heb sôn am gannoedd o lyfrau mewn ieithoedd eraill. Trwy hyn i gyd, ac oherwydd fod ganddo gof diollwng, daeth R. T. Jenkins yn ŵr o wybodaeth gwbl eithriadol. Enillodd hyn i gyd ar draul aberthu cyfathrach naturiol â'i gyd-ddynion. 'Meudwyaidd oeddwn eto,' meddai amdano'i hun yn fyfyriwr yn Aberystwyth. Yng Nghaergrawnt nid ymunodd â chlwb na chymdeithas, ac ar ei deithiau yn Ffrainc nid yw byth bron yn tynnu sgwrs â neb, yn wahanol iawn i Ambrose Bebb ar deithiau cyffelyb.

Ac eto, yn rhyfedd iawn, yr oedd gan y gŵr encilgar hwn ddiddordeb afieithus mewn dynion — dynion y gorffennol, a hefyd dynion ei oes a'i wlad ond iddynt fod o gyffelyb fryd iddo ef ei hun. Ni welwyd mohono erioed yn dal pen rheswm efo chwarelwr neu was ffarm neu siopwr, fel y gallai Ifor Williams wneud yn rhadlon ddigon yn nhai capeli'r wlad wrth fynd rownd i bregethu. Ond yr oedd swyn diderfyn iddo yn nodweddion a chymhellion John Hughes o Aberhonddu ac Ioan Pedr, ac yn arbennig iawn, Howell Harris. Ysgrifennodd hefyd yn ddeallus a chraff am wŷr a adnabu, fel Richard Bennett, J. E. Lloyd, E. Morgan Humphreys, a'r naw yn y llyfr *Cyfoedion*.

Amcanion a chyraeddiadau'r dyn unigol ac ymdaro dyn â dyn oedd Hanes i R. T. Jenkins, ac yn y mannau lle trigai dynion yr oedd ei hoffter. 'Dyn tref wyf fi,' meddai unwaith. Petrusodd yn hir cyn cynnig am swydd yn Aberaeron, am fod y lle'n rhy wledig. Dyn tref yn yr ystyr yr oedd Johnson a Pope a Richard Morris ac Owain Myfyr yn ddynion tref yn y ddeunawfed ganrif, y ganrif fwyaf hoff gan R. T. Jenkins, dynion yn cydnabod y gwedduster a'r syberwyd hwnnw sydd i'w ddisgwyl lle mae pobl wâr yn byw gyda'i gilydd. Mewn tref hefyd y ceir yr agwedd honno ar gelfyddyd yr oedd ef yn fwyaf hyddysg ynddi, sef pensaernïaeth, a dyna paham y mae'r rhan fwyaf o'i ysgrifau ar Ffrainc yn bererindodau o dref i dref, gan ymhyfrydu yn yr eglwysi cadeiriol.

Gweithgareddau dynion — ond nid gwrthdrawiadau dynion byw. Yn wahanol iawn i'w gyfaill W. J. Gruffydd, nid ysgrifennodd R. T. Jenkins erioed am broblemau cyfoes Cymru — cyflwr yr iaith, Seisnigrwydd yr Eisteddfod Genedlaethol neu lygredd awdurdodau lleol y Deheudir. Hyd yn oed pan gafodd Ffrainc gweir derfynol yn 1940 (yn ôl ei harfer ym mhob rhyfel) ni fynegodd ef, er ei holl gariad ati, ddim gofid, yn wahanol eto i Ambrose Bebb, a gymerodd ato'n ddifri iawn. Yr unig fudiad a gododd ei wrychyn oedd yr *Action française*, mudiad adweithiol yn Ffrainc, a'i gefnogwyr yn poeri ar eu gwrthwynebwyr ar y stryd ac yn eu curo — y math o ymarweddiad nad yw dinaswyr gwâr a chwrtais yn ei gymeradwyo. O ddewis y dref, ni wirionodd R. T. Jenkins erioed ar olygfeydd y wlad, fel y gwnaeth O. M. Edwards, dyweder. 'Byddaf fy hun yn gallu byw yn weddol heb harddwch natur os na fydd yno hefyd ryw gyffyrddiad â dyn a'i helynt'. Nid oedd i deimlad ond bychan iawn o le yn ei batrwm ef ar bethau. Er iddo fyw yn y Bala, lle'r oedd mwy o grefydd wedi ei ganoli ar y llathen sgwâr nag yn odid unman arall yng Nghymru, ni chafodd ddim profiadau crefyddol ysgytiol tanbaid. Diwinyddiaeth oedd ei grefydd. 'Plentyn oeraidd, dadansoddol, beirniadol oeddwn'. Yr un fath yr oedd dyn yn ei farn, a dyna un rheswm dros gasáu rhai pethau — tref Aberystwyth, y Boi Sgowts, pob math o ddramâu, a'r dôn 'Dorcas'.

Eto i gyd ni rwystrodd ei natur feirniadol i'r hanesydd hwn fod yn llenor tra graenus. Lluniodd ei erthyglau a'i lyfrau gydag ehangder chwaeth y pensaer oedd am godi adeilad i blesio ac i bara, a lluniodd ei frawddegau gyda manylder y saer crefftus, fel yn y frawddeg hon am 'y bardd Lladin Lucretius, a bregethodd atheistiaeth (i bob diben ymarferol) mewn epig soniarus a mawreddog, gan ymfalchïo'n brudd ym mychander dyn yng nghanol y bydysawd oer, diderfyn, diamcan, rhwng dau dragwyddoldeb o ddiddymdra'. Dyna beth yw arddull, a dyna hanfod llenyddiaeth.

Cyhoeddwyd 1981

179

Barddoniaeth Waldo Williams

Yn Eisteddfod y Barri yn 1968, wrth feirniadu'r bryddest, gwnaeth Euros Bowen, Waldo Williams a minnau beth na wnaed mohono erioed o'r blaen, sef anghytuno'n llwyr ar prun oedd y gerdd orau, a bu raid cael pedwerydd i ddyddio rhyngom. Nid oedd Waldo Williams wedi beirniadu llawer yn yr Eisteddfod Genedlaethol, ond yn rhyfedd braidd, yr oedd wedi anghytuno â'i gydfeirniaid ddwywaith cyn hynny. Yn Llandybïe yn 1944, er fod Dyfnallt a Dewi Emrys o blaid gwobrwyo, am atal yr oedd ef, ac yn Llandudno yn 1963 anghytunodd, yn bendant iawn hefyd, â Chynan a Gwilym R. Jones ar y gerdd orau. Ffôl fyddai ceisio profi, o'r tri achlysur hwn, fod safonau Waldo yn wahanol i eiddo'i gydfeirniaid bob tro, ac eto y mae'n ddiddorol cymharu'r ddwy gerdd yr oedd ef yn eu pleidio yn 1963 ac yn 1968. Cerddi dwys, myfyriol, a thywyll ar brydiau ydynt.

Ni wn i ddim a fu i Waldo Williams gystadlu yn yr Eisteddfod Genedlaethol fwy nag unwaith. Yr unwaith honno oedd yn Abergwaun yn 1936 ar destun na fedrai ef ddim yn hawdd beidio â chanu iddo, sef 'Tŷ Ddewi'. Simon B. Jones a enillodd. Ond yr oedd y beirniaid yn siarad yn bur ganmoliaethus am awdl *Clegyr Boia*. Dywedodd John Lloyd Jones amdano mai ef 'ar ei orau yw bardd mwyaf y gystadleuaeth eleni', ac meddai G. J. Williams, 'Credaf mai *Clegyr Boia* ydyw'r bardd mwyaf yn y gystadleuaeth'. Nid yw Gwenallt mor frwdfrydig: 'Y mae gan y bardd hwn awen, ond awen ydyw heb ddisgyblaeth'. Dyma'i ddedfryd ar drydedd ran yr awdl: 'Yn y rhan olaf, lle'r â'r bardd i athronyddu ac i feirniadu, ni cheir ond niwl a chic'. Meddai G. J. Williams ar y llaw arall: 'Y mae'r drydedd adran yn llawer amgenach, ac i'm tyb i, yn hon y ceir y farddoniaeth orau yn y gystadleuaeth'. Ni ellir bellach dafoli'r barnau gwrthgyferbyniol hyn, oherwydd er bod yr awdl wedi ei chyhoeddi fel y gerdd gyntaf yn *Dail Pren,* y mae'r bardd wedi diwygio cryn dipyn arni, a barnu wrth y dyfyniadau yn y beirniadaethau.

Yn y blynyddoedd cyn y rhyfel diwethaf fe ysgrifennodd Waldo Williams nifer o bethau mewn rhyddiaith, a'u cyhoeddi yn *Y Ford Gron, Y Faner, Heddiw* a mannau eraill — ysgrifau fel 'Hiwmor yr Ysgol Sul', 'Bargen i Bawb o Bobl y Byd' (hanes ei ymdrech i werthu hen fotor beic), 'Ffrwyth Ymchwil' (olrhain perthynas y limrig a'r englyn). Ysgafn a doniol yw natur y rhain. Wedyn storïau, fel 'Toili Parcmelyn', 'Ffôn' a 'Y Darlun', hanesion am gefn gwlad, heb ryw lawer o raen llenyddol arnynt.

Mi garwn nodi un peth go ryfedd yn y cyswllt yma. Ym Medi 1931 cyhoeddodd Waldo Williams y gerdd adnabyddus 'Cofio' yn *Y Ford Gron,* ac ymhen deng mis fe gyhoeddodd yn yr un cylchgrawn ysgrif yn dwyn y teitl 'Geiriau'. Dyma un paragraff o honno:

> Daw pang o hiraeth dros ddyn weithiau wrth gofio llu mawr geiriau anghofiedig y byd — geiriau coll yr ieithoedd byw, a holl eiriau'r hen ieithoedd diflanedig. Buont yn eu dydd yn hoyw yng ngenau dynion a da oedd gan hen wragedd crychlyd glywed plant bach yn eu parablu. Ond erbyn hyn ni eilw tafod arnynt ac ni ŵyr Cof amdanynt, cans geiriau newydd a aeth i mewn i'w hystyron hwy.

Y mae'r paragraff hwn yn ailadrodd rhai o ymadroddion y gân, fel y gwêl y cyfarwydd, a'r awgrym yw nad oedd yr awdur yn cymryd yr ysgrif hon yn ddifri iawn. Y mae'n gwbl sicr fod y gerdd yn fynegiant llawer mwy diffuant a mwy caboledig na'r ysgrif o ymdeimlad y bardd â swyddogaeth geiriau. Yr oedd ymateb Waldo i'r byd a'i bethau — rhinweddau a gwendidau dynion, sŵn a lliwiau daear ac awyr — yn ymateb bardd, ac felly yn gyfryw na ellid mo'i fynegi ond gyda'r confensiynau a'r dulliau mynegiant hynny sy'n bod mewn barddoniaeth.

181

Y mae'r sawl oedd yn adnabod Waldo Williams yn gwybod fod dwy ochr dra gwahanol, gwrthgyferbyniol bron, i'w bersonoliaeth. Yr oedd y doniolwr a'r cellweiriwr, y gŵr a allai reffynnu straeon difyr a diddori'r cwmni heb ball am oriau. Y mae ei ffraethineb ef a'i gyfaill Idwal Jones yn rhan o chwedloniaeth Coleg Aberystwyth er y dyddiau yr oeddent yn fyfyrwyr yno. Yr oedd i'w gymeriad ochr heulog oedd yn pefrio yng nghwmni ei gydnabod a'i gyfeillion. Ond yr oedd iddo hefyd ochr ddifri a theimladol, a byddai ei argyhoeddiadau yn ei gordeddu i waelod ei fod. Dioddefodd atafaelu ei eiddo a mynd i garchar yn hytrach na thalu treth at amcanion na allai ef mo'u cymeradwyo.

Prin fod raid dweud nad oedd dim anghysondeb yn hyn. Yr oedd gallu ymroi i londer bywyd, a hefyd bryderu ynghylch y gwerthoedd uchaf a phuraf, yn peri fod Waldo Williams yn byw bywyd tra chyfoethog, er gwaethaf y boen yr oedd ei argyhoeddiadau yn ddiau yn ei hachosi iddo ar brydiau. Praw o hynny oedd y serennedd tawel oedd yn amlwg yn ei ymarweddiad, a hynny mewn argyfyngau llethol. Cafodd fy ngwraig a minnau y fraint o fod yn agos iawn ato pan fu farw ei wraig, a hwythau heb fod yn briod ond am amser byr — oriau mwyaf adfydus ei einioes — ac yr oeddem yn rhyfeddu at fwynder gwastad ei feddwl, er ei bod yn amlwg fod sylfeini ei fyd yn siglo.

Yr esboniad ar hyn, os esboniad hefyd, yw fod ganddo ffynhonnell o nerth yn ei enaid ei hun. Er gwaethaf rhai ysbeidiau o wendid ac o fethu ymgynnal heb help, yr oedd y nerthoedd mewnol yn gadarn iawn, a'r 'canol llonydd' yn sadio ac yn sefydlogi ei holl gymeriad yn y diwedd.

Y mae hyn i gyd yn dod i'r golwg yn gyson yn ei farddoniaeth. Y mae'r gyfrol *Dail Pren* yn cynnwys nifer bach o'i gerddi cellweirus, rhai ohonynt yn bur fedrus eu crefft. Ond corff y llyfr yw'r cerddi difri lle mae'r bardd yn mynegi ei adwaith i fywyd.

Y mae yn ei farddoniaeth rai nodweddion sy'n gyffredin iddo ef a beirdd Cymraeg eraill ein dydd. Yr hyn yw Rhyddu i Syr Thomas Parry-Williams, a Sir Gaerfyrddin i Gwenallt, dyna yw Sir Benfro i Waldo Williams:

Mur fy mebyd, Foel Drigarn, Carn Gyfrwy, Tal Mynydd,
Wrth fy nghefn ym mhob annibyniaeth barn.
A'm llawr o'r Witwg i'r Wern ac i lawr i'r Efail
Lle tasgodd y gwreichion sydd yn hŷn na harn.   (30)

Yn y mannau hyn y lluniwyd ei bersonoliaeth; ynddynt hwy
y mae'r rhagoriaethau y mae ef yn eu prisio. Y mae ef yn
sylweddoli fod y llecynnau hyn yn cael eu bygwth gan Raib
ac Elw a Militariaeth, a dyna ystyr yr alwad ingol.

Mae rhu, mae rhaib trwy'r fforest ddiffenestr.
Cadwn y mur rhag y bwystfil, cadwn y ffynnon rhag y baw.

Nid hiraeth mwyth, melys, nac ymlyniad maldodus yw'r
berthynas rhwng y bardd a'i hen gynefin. Y mae'r fro yn dal
gafael arno am fod 'annibyniaeth barn' yn nodwedd ar ei
phreswylwyr, fel yn y dyfyniad uchod, neu eto yn y pennill
hwn:

O! Gymru'r gweundir gwrm a'r garn,
Magwrfa annibyniaeth barn,
Saif dy gadernid uwch y sarn
    O oes i oes.
Dwg ninnau atat: gwna ni'n ddarn
O'th fyw a'th foes.   (24)

Cyffredin a threuliedig yw'r ymadrodd 'annibyniaeth barn'
ynddo'i hun, ond ym marddoniaeth Waldo Williams y mae'n
farn mewn adeilad cymesur. Y sawl sy'n annibynnol ei farn
yw hwnnw na fynn ei gyflyru gan na ffasiwn yr awr na
phwysau cred y mwyafrif na phwerau'r cyfryngau cyfathrebu.
Y mae'n mynnu edrych ar y byd o'i safbwynt ef ei hun, a
gweithredu yn ôl ei argyhoeddiad. Dyma'r un peth mewn
geiriau eraill:

Rai bychain, a'm cenedl fechan, oni ddyfalwch
Y rhin o'ch mewn, nas dwg un Cesar i'w drefn?   (80)

Yr annibyniaeth a'r rhin hon oedd yn peri fod y bardd ei hun
yn ei fywyd bob dydd yn herio deddf gwlad pan oedd galw
am wneud hynny. Dyma briodoledd y personau unigol yn
henfro'r bardd.
    Ond yr oedd hefyd briodoledd gymdeithasol, priodoledd ar

ddynion yn eu cyfathrach â'i gilydd, sef cymdogaeth dda, caredigrwydd, addfwynder, tosturi, maddeugarwch, ac am y rhain i gyd y mae gan y bardd un gair, sef 'brawdoliaeth'.

> Fy Nghymru, a *bro brawdoliaeth,* fy nghri, fy nghrefydd,
> Unig falm i fyd, ei chenhadaeth, ei her. (30)

Dyma air allweddol holl farddoniaeth ddifri Waldo Williams. Y mae'n debyg iddo gael rhyw ddatguddiad neu weledigaeth neu efallai droedigaeth a effeithiodd yn drwm arno mewn perthynas â'r syniad o frawdoliaeth dynion. Mewn llythyr at Olygydd *y Faner* (13 Chwefror 1958) y mae'r bardd yn dweud fel hyn:

> Yn y bwlch rhwng y ddau gae tua deugain mlynedd yn ôl sylweddolais yn sydyn ac yn fyw iawn, mewn amgylchiad personol tra phendant, fod dynion, yn gyntaf dim, yn frodyr i'w gilydd.

Nid gormod dweud mai thema gyson, neges barhaol, pregeth amlwg Waldo Williams yw pwysigrwydd hanfodol a throsgynnol brawdoliaeth dyn. Canodd un gerdd ar y testun, ac y mae'n dechrau:

> Mae rhwydwaith dirgel Duw
> Yn cydio pob dyn byw;
> Cymod a chyflawn we
> Myfi, Tydi, Efe. (79)

Meddai mewn cerdd arall:

> Daw'r bore ni wêl ond brawdoliaeth
> Yn casglu teuluoedd y llawr. (68)

A eto:

> Ni thycia eu deddfau a'u dur
> I rannu'r hen deulu am byth,
> Cans saetha'r goleuni pur
> O lygad i lygad yn syth. (72)

Y frawdoliaeth hon, o'i lledaenu o'r Preseli i Gymru gyfan ac i wledydd byd, a rôi ben ar ryfeloedd a phob dioddef:

> Peidiai rhyfel a'i helynt,
> Peidiai'r gwae o'r pedwar gwynt

Pe rhannem hap yr unawr,
Awyr las a daear lawr.
Oer angen ni ddôi rhyngom
Na rhwyg yr hen ragor rhôm
Pe baem yn deulu, pob un,
Pawb yn ymgeledd pobun. (33)

Egwyddor seml a chyffredin iawn yw hon, wrth gwrs, wedi
ei choledd a'i chymell gan filoedd o Gristnogion gonest a
chrefyddwyr eraill hefyd. Bu'n destun aml araith ac ysgrif pan
oedd Sosialwyr yn sosialwyr. Yr oedd yn gonglfaen i'r hen
Gynghrair y Cenhedloedd druan a'r Cenhedloedd Unedig
llawn cyn druaned. Ond nid pregethu'r egwyddor fel rhywbeth
sy'n hanfodol rhwng dynion a'i gilydd yn unig y mae Waldo
Williams. Yr egwyddor hon yw hanfod popeth yn y byd, a hi
sy'n amodi bodolaeth ei hun. Y mae'r ymadrodd 'gwreiddyn
Bod' yn digwydd ddwywaith yn y farddoniaeth:

Nid oes yng ngwreiddyn Bod un wywedigaeth
Yno mae'n rhuddin yn parhau.
Yno mae'r dewrder sy'n dynerwch
Bywyd pob bywyd brau. (64)

Ac meddai mewn cerdd arall:

Un yw craidd cred, a gwych adnabod
Eneidiau yn un â'r rhuddin yng ngwreiddyn Bod. (90)

Y ddawn y mae ar ddynion ei hangen yw'r gallu i ganfod
trwy ymddangosiad pethau at y rhuddin dwfn, hanfodol hwn.
Delwedd arall sydd gan y bardd i gyfleu hyn yw bod llen
rhyngom a'r rhuddin, ond bod modd, trwy wahanol symbyl-
iadau ac ar rai achlysuron, gael gan y llen ymagor ychydig
bach inni gael gweld trwy agen gul. Am y merthyron Catholig
y mae'n dweud:

Mae pob un yn rhwyll i'm llygad yn y llen. (90)

Ceir yr un geiriau eto wrth sôn am y sêr:

Fry o'm blaen yn sydyn neidiodd
Seren gynta'r nos i'r nen,
A'i phelydriad pur ni pheidiodd,
Rhwyll i'm llygaid yn y llen. (82)

185

Y tu draw i'r llen y mae goleuni, fel y goleuni sydd yn yr wybren. Dyma'r 'môr goleuni' sydd yn y gerdd 'Mewn Dau Gae', ac am hwnnw fe ddywedodd y bardd yn y nodyn yn *Y Faner*, 'Teimlad o orfoledd a gwerthfawredd bywyd yw'r môr goleuni'. Gan mai o'r wybren uwch ein pennau y mae pob goleuni naturiol yn tarddu, y mae'r wybren yn symbol o'r glendid ac o'r purdeb sy'n wrthwyneb i bechod y byd:

> Odidoced brig y cread
> Wrth ei lawr a'n cleiog lwybr
> Lle mae gwreiddiau chwerw'r dyhead
> Sy'n blodeuo yn yr wybr. (82)

Pa fodd y mae i ddyn ennill y cyflwr sy'n peri ei fod yn gallu amgyffred gwreiddyn Bod yn gyflawn, neu'n cael golwg trwy'r rhwyll yn y llen, neu'n cael profi'r môr goleuni? Ni thâl amneidio tuag at y wlad well heb hefyd ddangos y ffordd tuag ati. Yn y llythyr yn *Y Faner* y mae'r bardd yn dweud fod 'y saethwr, yr eglurwr sydyn', neu o dan enw arall, 'yr Ysbrydolwr', sy'n rholio'r môr goleuni at ddyn, yn rhoi iddo hefyd 'syniad pendant, deall egwyddor'. Hyn yn ychwanegol at 'y syniad o orfoledd a gwerthfawredd bywyd'. Y mae'n fath o ganfyddiad neu dryweliad arbennig iawn — gweledigaeth, os mynnwch — sy'n cynhyrfu dyn i'w waelodion, ac yn ei wneud yn fod gwahanol i'r hyn ydoedd o'r blaen.

Y mae gan y bardd air arbennig am hyn, sef adnabod, ac y mae'n digwydd yn gyson yn ei gerddi. Ysgrifennodd un gerdd gyfan o dan y teitl, yn cynnwys y llinellau hyn:

> Ti yw'n hanadl. Ti yw ehedeg
> Ein hiraeth i'r wybren ddofn. (63)

Meddai mewn cerdd arall,

> Beth yw adnabod? Cael un gwraidd
> Dan y canghennau. (67)

Sef gallu olrhain yr hyn sydd o'r golwg yn y dyfnder yn cynnal ac yn cynyddu'r pethau gweledig. Yn 'Mewn Dau Gae' y mae'r Ysbrydolwr

> Yn chwiban adnabod, adnabod nes bod adnabod. (27)

Yn y gerdd i Gandhi, 'Eneidfawr', disgrifir y gŵr hwnnw yn ymdroi ymysg gwrthodedigion ysgymun y byd,

Gan gredu, os un yw Duw, un ydyw dynion hefyd,
Gan droedio hen dir adnabod lle chwyth awelon y nef. (89)

Ac yma y mae brawdgarwch a'r adnabod hanfodol, ymdreiddiol hwn wedi eu dwyn at ei gilydd a'u cydgysylltu.

Dyna ymgais dra annheilwng i ddangos prif thema barddoniaeth Waldo Williams, thema sy'n argyhoeddiad ofnadwy o ddwys a difri iddo ef ei hun. Thema bwysig arall yw gwladgarwch, a'r cariad tanbaid at Gymru a'r iaith. Yn hyn o beth y mae tuedd i gysylltu Gwenallt a Waldo fel dau fardd mawr y blynyddoedd diweddar yng Nghymru, a chymryd eu bod yn ymdebygu i'w gilydd. Y mae hynny'n wir amdanynt cyn belled â'u bod yn condemnio materoliaeth a hunan-gais y dydd heddiw, a'u bod yn teimlo ing yn eu calonnau wrth edrych ar gyflwr diwylliant ac iaith eu gwlad, a'u bod hefyd yn gweld eu delfryd yn y cefn gwlad y gwyddent hwy amdano yn eu hieuenctid, y naill yn Sir Gaerfyrddin a'r llall yn Sir Benfro.

Ond y mae gwahaniaeth hanfodol rhyngddynt. Y mae Gwenallt yn llidiog a milain, yn ddychanus a gwawdlyd, a hyd yn oed yn ddrwg ei dymer ar brydiau. Y mae'n dwrdio a dweud y drefn. Ond y mae Waldo Williams yn addfwyn, yn amyneddgar, ac er ei fod yn teimlo'n angerddol, neu efallai oherwydd ei fod yn teimlo felly, nid yw'n gollwng ei dafod ar na dyn na chyfundrefn. Fel y digwydd i ambell un, y mae'r ochr arall i'w gymeriad, ei synnwyr digrifwch (peth oedd yn brin yng nghymeriad Gwenallt) yn ei gadw rhag ymhyllio a glafoerio, ond heb wanhau dim ar rym ei argyhoeddiad.

Gwahaniaeth arall rhwng y ddau fardd yw fod Gwenallt yn gweld iachawdwriaeth dynion yn y grefydd Gristionogol uniongred, ac yn cael noddfa yn yr eglwys. Y mae Waldo Williams, mae'n wir, yn cydnabod fod yr egwyddor fawr o frawdoliaeth a chariad yn hanfod yn Nuw ac yn cael ei harddangos yng Nghrist. Ond nid oes yr un gyfundrefn sy'n gallu ei gwarchod na'i hyrwyddo :

187

Mae'n hen frawdgarwch syml
Tu hwnt i ffurfiau'r Deml. (79)

Nid ar yr eglwys y mae ei ogwydd ef, ond ar yr 'Ysbrydolwr', rhyw awen sy'n tarddu yn y bersonoliaeth ei hun, ac sy'n peri'r 'adnabod' hwnnw sy'n rhoi dealltwriaeth o frawdgarwch dyn ac ysbryd cymod. Y mae ei ymddiriedaeth ef yn debyg i eiddo'r Crynwyr, yr unig gymdeithas Gristionogol yr oedd ef yn ei gwir fawrygu.

Nid oes ofod ond i grybwyll y tywyllwch neu'r astrusi sydd yn rhai o gerddi'r bardd. Fe deimlir ar unwaith fod gwahaniaeth amlwg rhwng y cerddi a ysgrifennwyd yn y tri-degau, fel 'Cofio', 'Menywod' a 'Cwm Berllan' a'r cerddi diweddarach, fel 'Yr Heniaith', 'Odidoced Brig y Cread' neu 'Cwmwl Haf'. Yn y cerddi aeddfetach hyn y mae'r delweddau, y gwibio sydyn, y cynildeb awgrymog a'r meddwl llwythog yn creu math o idiom farddol sy'n ddieithr i lawer ohonom, ac sy'n gofyn peth ymdrech i'w hamgyffred. Ceir enghraifft ragorol o drafodaeth oleuedig ar un o gerddi'r bardd, 'Mewn Dau Gae', gan Mr. Bedwyr Lewis Jones yn *Llên Doe a Heddiw* (Gwasg Gee, 1964). Yn wir, yr unig ffordd i werthfawrogi dull Waldo Williams o ymagweddu at y byd ac i ddeall ei fynegiant o'i weledigaeth yw aros yn bwyllog uwchben ei waith, fel y gwnaeth awdur yr erthygl honno.

NODYN.—Y mae'r ffigurau ar ôl y dyfyniadau yn cyfeirio at rif y tudalen yn y gyfrol *Dail Pren* (Gwasg Aberystwyth, 1956).

Cyhoeddwyd 1971

Thomas Jones

1910-1972

Y mae o fewn blwyddyn neu ddwy i ddeugain mlynedd er
pan oeddwn i'n mynd i lawr yn fy nghar o Aberystwyth i
Gaerdydd wedi bod yn gweithio yn y Llyfrgell Genedlaethol,
ac yn rhoi lifft cyn belled â'r Allt-wen yng Nghwmtawe i
ddarlithydd ifanc yn Adran Gymraeg Coleg Aberystwyth.
Dyna ddechrau fy nghyfeillgarwch i â Thomas Jones, cyfeill-
garwch a barhaodd yn ddi-dor nes i rwyg yr angau ein
gwahanu.

Nid gormod dweud fod Thomas Jones yn un o'r hanner
dwsin o ysgolheigion Cymraeg mwyaf a gynhyrchodd Prif-
ysgol Cymru. Un o'i brif nodweddion (a nodwedd yw honno
sy'n anhepgor i bob ysgolhaig) oedd ei ymroddiad i waith. Yr
oedd pawb o'i gydnabod yn rhyfeddu at ei ddiwydrwydd, ac
wrth edrych heddiw ar gyfanswm canlyniadau ei lafur, y
mae'r rhyfeddod yn fwy. Peth arall amlwg iawn yn ei berson-
oliaeth oedd trylwyredd, yn yr ystyr ei fod yn gwybod pob
cwr o'r maes ysgolheigaidd y byddai'n digwydd bod yn ei
drafod. Enghraifft o hynny yw'r adolygiad a ysgrifennodd
mor bell yn ôl â 1944 i'r *Faner* ar lyfr Henry Lewis. *Yr Elfen
Ladin yn yr iaith Gymraeg*, gan ddangos ei fod yn gwybod
mwy na'r awdur am y pwnc, a Henry Lewis ei hun, chwarae
teg iddo, oedd y cyntaf i gydnabod hynny. Y drydedd nod-
wedd ar ei ysgolheictod oedd barn gytbwys wedi ei seilio ar y
dystiolaeth oedd ar gael, heb byth anelu at ryw rysedd o
wreiddioldeb diwarant.

Fel llawer ysgolhaig arall, bu Thomas Jones yn rhyw gell-wair â barddoni; y mae soned ganddo, 'Dihangfa' yn *Y Llenor* am 1939. Gallai ysgrifennu Cymraeg rhugl a gafaelgar, fel y gwelir yn *Mân Us,* cyfrol o sgyrsiau radio ar amryfal bynciau, ac yn *Stori Bob Nos,* cyfieithiad o saith stori werin o'r Wyddeleg. Ond ni fynnodd ddatblygu dawn lenyddol, gan ddewis yn hytrach gymhwyso'i feddwl miniog a'i safonau di-gymrodedd at ysgolheictod.

Fel mater o gymwynas, am ei bod yn cael ei gofyn ganddo, y bu'n ymwneud â'r cyfnodau diweddar, fel golygu gweithiau Brutus, *Wil Brydydd y Coed* a *Bugeiliaid Epynt,* a golygu pedair cyfrol o ysgrifau O. M. Edwards yn 1958, i ddathlu canmlwyddiant geni'r gŵr hwnnw. Enghraifft arall o'r math yma o waith defnyddiol oedd golygu'r ail gyfrol o ddetholion o ryddiaith Gymraeg a ymddangosodd yn 1956. (Efallai y caniateir i gyn-brifathro Coleg Aberystwyth alw sylw at y ffaith mai Adran Gymraeg y Coleg hwnnw oedd yr unig un a wnaeth ei chyfran ynglŷn â'r cynllun i gyhoeddi cyfres o ddetholion o ryddiaith.) Un rhinwedd yn Thomas Jones y mae'r gwaith hwn yn ei dangos yw y gellid dibynnu arno i'r pen draw i gyflawni unrhyw waith y byddai wedi ymgymryd ag ef.

Fe gofir amdano hefyd fel cyfieithydd. Fe droes waith Gerallt Gymro o'r Lladin i Gymraeg, a gwneud llawer i'n goleuo am y gŵr hwnnw a'i oes, yn arbennig yn y ddwy erthygl gynhwysfawr yng nghylchgrawn y Llyfrgell Genedl-aethol, Cyfrol VI. Camp raenus iawn yw'r cyfieithiad o'r *Mabinogion* yng nghyfres *Everyman,* a gyhoeddwyd yn 1949, gan mlynedd union ar ôl cyfieithiad enwog Lady Charlotte Guest, ac yn y gwaith hwn yr oedd i Thomas Jones ran allweddol fel ysgolhaig Cymraeg ac fel cymar i'w gyd-weithiwr, Gwyn Jones.

Y mae'r erthyglau a'r nodiadau a gyhoeddodd Thomas Jones mewn cylchgronau fel *Llên Cymru, Cylchgrawn y Llyfrgell Genedlaethol, Bwletin y Bwrdd Celtaidd* a *Thrafod-ion y Cymmrodorion,* yn niferus iawn, a phob un ohonynt yn gyfraniad gwerthfawr at ein gwybodaeth am iaith, llenyddiaeth neu hanes Cymru. Dechreuodd gyfrannu i'r *Bwletin* yn 1935, a bu wrthi heb ond ychydig o fylchau hyd 1968. Yma y dechreuodd alw sylw at Elis Gruffudd, 'y milwr o Galais,' a dangos mor ddiddorol, a phwysig yn aml, oedd hanesion y Cymro hwnnw am beth a welodd ef yn digwydd yn Ffrainc yn chwarter cyntaf yr unfed ganrif ar bymtheg. Dyma destun ei ddarlith O'Donnell yn 1955, a gyhoeddwyd yn rhifyn cyntaf *Cylchgrawn Hanes Cymru.*

Ond gorchest fawr yr Athro oedd ei lafur enfawr dros ddeng mlynedd ar hugain ar *Frut y Tywysogion.* Y *Brut,* fel y gŵyr y cyfarwydd, yw'r ffynhonnell bwysicaf o ddigon am hanes Cymru yn yr Oesoedd Canol, a defnyddiwyd ef yn helaeth gan Syr John Lloyd yn ei *History of Wales.* Bu amryw o ysgolheigion yn trin testun y *Brut* o ddyddiau Humphrey Llwyd yn yr unfed ganrif ar bymtheg trwy Robert Vaughan, Moses Williams, Aneurin Owen ac ab Ithel, hyd at Gwenogvryn Evans. Ond nid oedd neb wedi cynhyrchu argraffiad beirniadol ohono. Yn 1928 dangosodd Syr John Lloyd yn ei ddarlith goffa John Rhys i'r Academi Brydeinig fod tri fersiwn o'r *Brut* i'w cael yn y llawysgrifau, a dyma gydnabod egwyddor sylfaenol a phwysig.

Pencampwaith Thomas Jones oedd cyhoeddi, mewn pedair cyfrol, destunau cywir a dibynadwy o'r tri fersiwn hyn. Yn 1941 ymddangosodd y fersiwn sydd yn llawysgrif Peniarth 20 yn y Llyfrgell Genedlaethol, gyda rhagymadrodd byr ac ychydig nodiadau. Yn 1952 daeth cyfieithiad o hwn i'r Saesneg, gyda rhagymadrodd a nodiadau sylweddol. Yna yn 1955 cyhoeddwyd y fersiwn a chyfieithiad i'r Saesneg ar y ddalen gyfarwyneb. Ac yn 1971, dyma'r trydydd fersiwn, a elwir *Brenhinedd y Saesson,* wedi ei drin yn yr un modd, yn gyfrol o 493 o dudalennau. Y mae swm y cynnyrch hwn yn aruthrol, ond pwysicach na hynny yw fod safon y gwaith, fel gorchwyl ysgolheigaidd, yn wir odidog, ac yn batrwm o'r hyn sy'n dod o lafur diymarbed, gwybodaeth eang, a gofal a manyldeb cyfewin. Diolch fod y golygydd wedi cael byw i weld cyflawni'r dasg, er nad oedd ganddo druan fawr wrth gefn.

Dyna'r ysgolhaig. Nid llai y dyn. Gŵr rhadlon ydoedd, temprus, parod ei gymwynas i'w gyd-ysgolheigion ac i'w ddis-

191

gyblion. Gŵr heb rithyn o falais yn ei enaid, na ddaliodd ddig at neb erioed. Mewn gair, gŵr oedd, o ran ei gymeriad a'i ysgolheictod, yn glod i'w genedl.

Cyhoeddwyd 1972

R. Williams Parry

(I)

'ENAID DIGYMAR HEB GEFNYDD'

Yn wyneb y diddordeb sy'n bod y dyddiau hyn yn Robert Williams Parry a'i farddoniaeth mi dybiais mai nid dwl o beth fyddai i mi roi ar gof a chadw beth o hanes y bardd mewn cyfnod arbennig yn ei fywyd, gan mai fi yw'r unig un sydd ar ôl o'r gwŷr oedd megis yn brif gymeriadau'r ddrama ar y pryd. Y mae hanes swyddi a symudiadau Williams Parry i'w gael yn ei eiriau ef ei hun yn *Gwŷr Llên*, tt. 185-6, ac yno fe welir iddo gael ei benodi ar staff Coleg Bangor ym mis Rhagfyr 1921. Y rheol y pryd hwnnw oedd fod pawb yn cychwyn ar staff prifysgol fel Darlithydd Cynorthwyol ar Brawf, ac felly yntau. Ar ôl tair blynedd o brawf penodwyd ef yn aelod parhaol o'r staff, ac ymhen rhai blynyddoedd wedyn dyrchafwyd ef yn Ddarlithydd, gyda chodiad yn ei gyflog. Yr oedd yn rhannu ei amser rhwng gwaith yn yr Adran Gymraeg y tu mewn i'r Coleg a gwaith gyda dosbarthiadau allanol, ac yr oedd ei gyflog, a siarad yn fanwl gywir, yn dod o ddwy ffynhonnell wahanol, sef hanner o gronfeydd cyffredinol y Coleg, a hanner o goffrau'r Cyd-bwyllgor Efrydiau Allanol. (Y mae i hyn beth pwysigrwydd, fel y cawn weld yn nes ymlaen.)

Am saith mlynedd ar ôl ei benodi, sef hyd 1929, gyda dosbarth y flwyddyn gyntaf (a elwid yn 'Intermediate') yr oedd bron y cyfan o'i waith. Byddai'n darlithio i'r dosbarth hwnnw ar hanes llenyddiaeth y bedwaredd ganrif ar bymtheg ac ar ffurfiau llenyddol fel y delyneg, yr englyn, y soned a'r

193

stori fer. Yn ystod tymor yr haf byddai'n darlithio ar awdlau diweddar, megis 'Y Gaeaf' ac 'Ymadawiad Arthur,' i ddosbarthiadau'r ail a'r drydedd flwyddyn — rhyw ddwy neu dair darlith. Yna yn 1929 dechreuodd ddarlithio i'r dosbarth Anrhydedd ar Lydaweg, pwnc, yn rhyfedd braidd, yr oedd yn bur hyddysg ynddo, oherwydd dyna destun ei draethawd am radd M.A. flynyddoedd ynghynt. Y flwyddyn wedyn cymerodd y cwrs ar Ddafydd ap Gwilym gyda thrydedd flwyddyn y Radd Gyffredin a'r dosbarth Anrhydedd gyda'i gilydd, un awr yr wythnos. Ifor Williams oedd wedi bod yn cymryd y cwrs hwnnw cyn hynny.

Dyna waith Williams Parry yn yr Adran Gymraeg, hyd yr wyf fi'n gallu cofio. Yn ychwanegol at hyn fe fu am ychydig o flynyddoedd yn darlithio i fyfyrwyr y cwrs hyfforddi athrawon ar yr hyn oedd yn cael ei alw yn 'Welsh Method.' Cynnwys y cwrs hwn oedd darlithiau ar farddoniaeth delynegol a ffurfiau llenyddol eraill, fel hyfforddiant i'r myfyrwyr ar sut i gyflwyno barddoniaeth Gymraeg i blant ysgol. Yr oedd ychydig o dâl ychwanegol i'w gael am y gwaith hwn. Pan ddois i ar staff y Coleg yn 1929 gofynnodd Williams Parry imi a garwn i ymgymryd â'r cwrs, ac am ryw reswm rhyfedd mi gytunais, a threfnwyd hynny gyda'r Athro R. L. Archer, pennaeth yr Adran Addysg. Am ddwy flynedd mi fûm yn ymdrybaeddu gyda phroblemau'r ddwy iaith, oherwydd yr oedd hynny'n dechrau dod yn bwnc o bwys. Yna mi sylweddolais yr hyn oedd eisoes mor amlwg â'r haul, sef nad oedd gennyf ddim cymhwyster o gwbl oll at y gwaith, ac mi rois y gorau iddo. (Y gŵr a benodwyd yn fy lle, ar ran amser, oedd Mr. J. T. Jones, Porthmadog yn awr, ond athro ysgol ym Mangor y pryd hwnnw, er mawr fantais i'r myfyrwyr a budd i'r pwnc, yn bendifaddau.)

I ddeall yr hyn a ddigwyddodd yn ddiweddarach da fydd oedi am ychydig i roi cyfri o'r cwrs Anrhydedd Cymraeg ym Mangor fel yr oedd yn y dau-ddegau, a'r hyfforddiant a gefais i a phawb o'm cyfoeswyr. Byddai John Morris-Jones yn darlithio ar Lyfr Du Caerfyrddin, Ieitheg Geltaidd a Gramadeg Cymraeg Canol (ar sail ei lyfr, *A Welsh Grammar*), y glosau Hen Gymraeg, yr Arysgrifau Ogam a Galeg, ac elfennau'r iaith Lydaweg. Maes Ifor Williams oedd canu Aneirin (cyn iddo ef gyhoeddi ei lyfr mawr ar y canu hwnnw, a'r myfyrwyr yn gorfod gwneud eu copïau eu hunain o'r testun allan o *Four Ancient Books of Wales,* W. F. Skene), hanes llenyddiaeth cyfnod y Cynfeirdd, Hen Wyddeleg a Dafydd ap Gwilym. Ar Ddafydd yr arfer oedd darllen hanner y cywyddau yn *Dafydd ap Gwilym a'i Gyfoeswyr* un flwyddyn, a'r hanner arall y flwyddyn wedyn, gyda dwy neu dair darlith ar linellau'r hyn oedd yn y rhagymadrodd. Yr oeddem wedi astudio meysydd eraill yn ein blwyddyn gyntaf, megis testun o ryddiaith Cymraeg Canol, ychydig o gywyddau Beirdd yr Uchelwyr, a'r elfen Ladin yn y Gymraeg. Dyna'r hyfforddiant uniongyrchol. At hyn yr oedd disgwyl inni ddarllen llyfr W. J. Gruffydd ar Feirdd yr Uchelwyr, a'r llall ar ryddiaith y Dadeni a'r Diwygiad wedi iddo ymddangos yn 1926; darllen hefyd unrhyw erthygl o bwys ar rywun neu rywbeth y gallem ddod o hyd iddi ar ein liwt ein hunain yn yr ychydig gylchgronau oedd ar gael y pryd hwnnw. Aethom i'r afael â *Cywyddau Iolo Goch ac Eraill* pan ddaeth hwnnw allan yn 1925. Fe welir fod y cwrs yn ochri'n gryf at iaith, ei fod yn ymgyfyngu, yn hynny o'r agwedd lenyddol oedd ynddo, i'r cyfnodau cynnar, fod rhannau helaeth iawn o'r maes Cymraeg fel pwnc astudiaeth academig heb eu cyffwrdd, ac nad oedd dim ymgais i gael unoliaeth nac i gydgysylltu'r amryfal rannau. Dyna sut yr oedd ym Mangor, ond nid fel yna'n union yn y Colegau eraill.

Yr oedd un gŵr a gododd ei lef yn erbyn y drefn, gan gyhoeddi gwae uwchben cyrsiau Cymraeg y tri Choleg (yr oedd hyn cyn sefydlu Abertawe), a hynny mor gynnar â 1915. Robert Williams Parry oedd hwnnw. Yn y cylchgrawn *The Welsh Outlook* am y flwyddyn honno (t. 433) y mae ganddo erthygl yn dwyn y teitl 'Welsh in the Welsh Colleges,' datganiad difloesgni o adwaith synhwyrol y sawl yr oedd ganddo dipyn o barch i lenyddiaeth a thipyn o syniad beth a ddylai addysg brifysgol fod. Y mae'n dechrau trwy gondemnio'r dull o ddysgu Cymraeg yn yr ysgolion, 'on the lines of a foreign language.' Yna y mae'n dweud am y Colegau, 'The treatment of certain aspects and periods of Welsh Literature in the

195

University Colleges is gravely inadequate. With a syllabus that is consistently scrappy and meagre, the methods are antiquated and stupid to a degree.' Nodir tri bai arbennig ar y cyrsiau Cymraeg. '(a) The Welsh syllabus in each year is calculated to give the student a most commendable fluency in the writing of *English;* (b) the prescribed history of Welsh literature ends with the year 1800, thus precluding the voluminous writings of our Victorian authors, good or bad. These include our best lyricists, our finest essayists, our only considerable novelist, our nearest approach to Drama, and the most thoughtful of our poets; (c) the list of prescribed books to be read conjointly with the history of our general literature is infinitesimal.' O gymharu'r cwrs Cymraeg a'r cwrs Saesneg y mae'n dangos fod llawer iawn mwy o lyfrau gosod yn y cwrs Saesneg, a'u bod yn cynnwys cynnyrch llenyddol y bedwaredd ganrif ar bymtheg.

Ond dyma'r gwendid mwyaf anfaddeuol: 'The Welsh syllabus is marred by that most rampant and ancient travesty — the translating into English of Welsh poetry and prose.' Y mae'r awdur yn cydnabod fod cyfieithu o'r Saesneg i'r Gymraeg yn brawf ar ddawn ymgeisydd i ysgrifennu rhydd-iaith Gymraeg. Ond y mae gwell ymarfer na hynny i'w gael: 'Exercises in Welsh composition should consist in Welsh answers to Welsh questions on Welsh literature.' I ddeall gwir ergyd y frawddeg hon rhaid cofio mai yn Saesneg yr oedd bron bawb yn darlithio ac yn arholi yn y Gymraeg yng Ngholegau'r Brifysgol yr adeg honno. Dyna farn Williams Parry yn 1915, ac fe gytuna pawb ohonom a ŵyr rywbeth am lunio cwrs prifysgol ac am ddysgu myfyrwyr ei fod yn siarad synnwyr.

Pan benodwyd ef i staff Adran Gymraeg Coleg Bangor ymhen chwe blynedd ar ôl iddo ysgrifennu'r erthygl yna, fe ddisgwylid iddo greu chwyldro bach yn y cyrsiau, yn arbennig gyda'r dosbarthiadau uchaf, y dosbarth Anrhydedd yn fwy na'r un. Ond nid felly y bu. Fel y dywedwyd eisoes, am y saith mlynedd cyntaf gyda myfyrwyr y flwyddyn gyntaf yn unig yr oedd bron y cyfan o'i waith. Bu ef yn pwyso am gael hyfforddi myfyrwyr hŷn yn llenyddiaeth y bedwaredd ganrif ar bymtheg a'r ugeinfed ac yng nghelfyddyd llenyddiaeth, eithr heb argyhoeddi ei bennaeth y byddai hynny'n beth da, a'r cyswllt cyntaf rhyngddo a'r dosbarth Anrhydedd oedd y cwrs ar Lydaweg a ddechreuwyd yn 1929.

Ychydig cyn hynny (fy argraff i yw mai ar ddechrau'r sesiwn 1928-29 y bu) fe ddigwyddodd peth go chwithig. Er mwyn bodloni awydd Williams Parry am gael darlithio i'r dosbarthiadau uwch, yr oedd Ifor Williams wedi gofyn iddo, ar rybudd byr, gymryd y cwrs ar hanes llenyddiaeth o 1550 ymlaen ('doedd 'ymlaen' ddim yn golygu mynd ymhell iawn) gyda'r dosbarthiadau a elwid Terfynol 1 a Therfynol 2 — rhyw 60 i 70 o fyfyrwyr. Dyna fu am flwyddyn. Ond nid oedd y bardd yn hapus; yr oedd yn anesmwyth a nerfus yng ngŵydd y dosbarth, ac yn teimlo nad oedd y myfyrwyr yn ei gymryd o ddifri. Ar ôl ei ddarlith gyntaf ym mis Hydref ar ddechrau'r sesiwn dilynol fe ddaeth i'r casgliad na allai byth ddal ati, a gofynnodd i Ifor Williams ei ryddhau. Cytunodd yntau, a chymryd y cwrs ei hun, ac felly fynd yn ôl i'r drefn oedd yn bod cyn hynny, a'r myfyrwyr yn cael clywed am ffaeleddau William Salesbury, ac am yr S.P.C.K. a'r *Welsh Trust*. Wrth ddweud hanes yr arbrawf seithug hwn byddai Williams Parry yn pwysleisio mai achos y methiant oedd ei fod yn darlithio ar *hanes* llenyddiaeth, maes nad oedd ganddo ond ychydig o feistrolaeth arno, yn lle ar *safonau* llenyddiaeth.

Tua'r un adeg yr oedd newid ar fin digwydd yn yr Adran Gymraeg. At ddiwedd y flwyddyn 1928 yr oedd iechyd John Morris-Jones yn gwanychu, ac am y rheswm hwnnw, i ryw raddau beth bynnag, fe roed awdurdod i'r Adran Gymraeg benodi Darlithydd Cynorthwyol newydd. Cyn symud i wneud hynny fe fu trafod ar safle a rhagolygon Williams Parry. Yr oedd tri pheth yn bosibl. Yn gyntaf, gallai aros fel yr oedd, yn gweithio hanner y tu mewn i'r Coleg a hanner y tu allan. Yn ail, gallai ddod i mewn yn llawn amser, a rhoes Ifor Williams wahoddiad taer iddo wneud hynny. Golygai hyn wrth reswm wneud mwy o waith yn yr Adran nag yr oedd yn ei wneud ar y pryd. Ond beth fyddai hwnnw? Yr oedd gogwydd maes llafur y dosbarthiadau uchaf, fel y gwelwyd, yn drwm i gyfeiriad yr hen lenyddiaeth, ac nid oedd cydnabydd-

197

iaeth i'r cyfnodau diweddar nac i feirniadaeth lenyddol, sef pynciau arbennig y bardd. Hefyd yr oedd y cynnig aflwyddiannus i ddysgu hanes llenyddiaeth ar yr union adeg yma yn ei ddigalonni. Yn drydydd, gallai fynd ar y staff allanol yn llawn amser, ac ychwanegu dosbarth neu ddau efallai at y rhai oedd ganddo eisoes. Bu ef yn ystyried y trydydd posibilrwydd hwn o ddifri ac yn ceisio sicrwydd ar ddau neu dri o bwyntiau, megis cael yr un cyflog a'r un telerau pensiwn, a dal i gael ei gydnabod fel aelod parhaol o staff y Coleg. Ar ôl ymgynghori â'r Prifathro Emrys Evans a chael ei fodloni ar y pwyntiau hyn, gwnaeth gais ffurfiol at y Cyd-bwyllgor Efrydiau Allanol am gael ei ystyried fel darlithydd allanol amser llawn, ac wedi peth petruster cymeradwyodd y Cyd-bwyllgor y drefn newydd.

Yr oedd Ifor Williams felly yn rhydd i benodi Darlithydd Cynorthwyol y tu mewn i'r Adran, ac yn Ebrill 1929 fe'i penodwyd, a fi oedd hwnnw. Rywbryd ar ôl hynny anfonodd y Cofrestrydd lythyr swyddogol at Williams Parry ar ran y Cyd-bwyllgor Efrydiau Allanol i ddweud am y penodi i'r staff allanol, ond gan ychwanegu na allai'r Cyd-bwyllgor ymrwymo i'r trefniant newydd ond am flwyddyn yn unig. Yr oedd hyn yn sioc enbyd iddo, oherwydd fe ddehonglodd eiriau'r Cyd-bwyllgor fel bygythiad i'w ddyfodol, ac fe aeth i ofni y gallai'r Coleg ei ddiswyddo ymhen y flwyddyn. Yr oedd yn gweld bai ar Ifor Williams am lenwi'r swydd fewnol cyn iddo ef benderfynu'n derfynol ar y swydd allanol. Ond a bod yn deg, ni ellir collfarnu Ifor Williams yn y cyswllt hwn, oherwydd pan oedd yn llenwi'r swydd fewnol yr oedd dan yr argraff fod Williams Parry wedi dewis y swydd allanol.

O'r fan yma ymlaen dechreuodd pethau fynd o chwith. Yr hyn oedd y tu cefn i amharodrwydd y Cyd-bwyllgor i ymrwymo am fwy nag un flwyddyn oedd nad oedd dim sicrwydd y byddai'r nifer gofynnol o ddosbarthiadau i'w cael y flwyddyn wedyn. Petai'r fath beth â bod prinder dosbarthiadau, yr oedd y Cyd-bwyllgor yn cadw'r hawl i ofyn i'r darlithydd fynd yn ôl i'r hyn ydoedd cynt. Nid ystyriwyd am funud, wrth reswm, dorri ar ei gyflog, heb sôn am ei ddiswyddo. Ond aeth y bardd i boeni ac i feddwl fod ei ddyfodol yn ansicr. 'Rwy'n credu fy

198

mod yn iawn wrth ddweud na fu iddo, yn rhyfedd iawn, ofyn barn y Prifathro na'r Cofrestrydd ar hyn, ac aeth rhai blynyddoedd heibio heb iddo sylweddoli beth oedd y wir safle.

Sut bynnag am hynny, a chymryd yr olwg yr oedd ef ei hun yn ei chymryd ar bethau, yr oedd ei fyd yn edrych yn ddigon diflas tuag Ebrill a Mai 1929: y swydd allanol yn ansicr, y swydd fewnol wedi ei llenwi, a dim byd yn edrych yn safadwy a sefydlog ond ei hen swydd, sef bod yn ddarlithydd hanner i mewn a hanner allan. Y mae gennyf gof imi glywed fod Ifor Williams wedi galw yng nghartref y bardd ym Methesda i drafod y broblem ag ef. Mynnai'r pennaeth mai annoeth fyddai i'r bardd fynd yn ddarlithydd allanol, hyd yn oed petai'n fodlon ar y telerau, am y byddai hynny'n golygu teithio ar bedair noson (neu ragor) bob wythnos trwy fisoedd y gaeaf, ac er nad oedd y bardd ond pump a deugain oed ar y pryd, nid oedd ei iechyd yr hyn y carai iddo fod. Yr oedd yn dueddol i gael annwyd ar ychydig. Y canlyniad oedd iddo syrthio'n ôl ar ei safle flaenorol. Byth ar ôl hyn yr oedd yn teimlo fod y Coleg wedi gwneud cam ag ef, yn wir wedi gwneud peth oedd yn gyfystyr â thorri cytundeb, trwy (fel yr oedd ef yn gweld pethau) gynnig iddo swydd, ac yna gosod amod oedd yn gwneud y cynnig yn un amhosibl ei dderbyn. Bu i hyn ogwyddo'i farn ar fater arall a gododd ymhen rhyw ddwy flynedd.

Yr oedd yr hyn a draethwyd uchod wedi digwydd cyn i mi ymuno â staff Adran Gymraeg Bangor ym mis Hydref 1929, a thrwy glywed yr hanes y dois i'w wybod, ac yr wyf yn dibynnu ar fy nghof am gywirdeb yr hyn a ddywedais. Ond mi glywais gymaint am yr hyn a fu, yn bennaf gan Williams Parry ei hun, a hefyd gan Ifor Williams, ac ymhen blynyddoedd wedyn gan y Prifathro Emrys Evans mewn sgyrsiau atgofus, nes bod y stori wedi ei hargraffu yn o ddwfn ar fy meddwl. O hyn ymlaen yr wyf yn bur siŵr o'm pethau, oherwydd yr oeddwn yn dyst byw i bopeth oedd yn digwydd, a mwy na hynny, myfi, yn gwbl anfwriadol, ac am ysbaid yn ddiarwybod i mi fy hun, oedd canolbwynt y troellwynt oedd yn dechrau chwythu trwy'r Adran Gymraeg. Ond er mai fi oedd achos yr helynt, wrthyf fi, yn fwy nag wrth neb arall, y byddai fy nghefnder yn dweud ei gŵyn — peth oedd yn gyson â'i natur gwbl agored a difalais ef.

Maddeuer imi am ymollwng i ychydig o hunangofianna, ond y mae'n rhaid wrtho i ddeall yr hyn a ddigwyddodd. Mi eis i i Gaerdydd yn ddarlithydd mewn Cymraeg a Lladin yn 1926, yn syth ar ôl graddio ym Mangor, a gorchmynnwyd imi gan bennaeth yr Adran Gymraeg, sef W. J. Gruffydd, roi pedair darlith bob wythnos, a'r rheini wedi eu rhannu rhwng myfyrwyr y flwyddyn gyntaf, yr ail a'r drydedd. 'Doedd gen i ddim dewis ond gweithio fel ceffyl i baratoi'r darlithiau a marcio cyfieithiadau a thraethodau. Mi ddysgais ystyr yr ymadrodd ymostwng i'r drefn. Mi ddysgais bethau eraill hefyd, megis pa gyrsiau y gellid (ac y dylid) eu cynnwys mewn maes llafur Cymraeg mewn Coleg Prifysgol, oherwydd yr oedd syniadau W. J. Gruffydd a G. J. Williams yn wahanol i eiddo John Morris-Jones ac Ifor Williams.

Pan gefais gynnig dod i Fangor, yr atyniad pennaf oedd cael ymroi yn gyfan gwbl i'r Gymraeg, a thrwy hynny roi ar waith rai o'r syniadau yr oeddwn wedi cyfarwyddo â hwy yng Nghaerdydd. Yr oeddwn wedi gorffen fy nhraethawd M.A. fel rhan o'r ymlafnio chwyslyd yn y Coleg arall, a chyda chyflawnder o hyder anwybodus llanc pump ar hugain oed, yr oeddwn yn barod i dorri unrhyw gŵys a ofynnid imi, ac ychydig o rai eraill, ar dir fy hen gartref ym Mangor. Mi gefais bob rhwyddineb gan Ifor Williams, dim ond imi beidio ag ymyrraeth gormod yn y drefn oedd ohoni, oherwydd gŵr oedd ef yn caru sefydlogrwydd ac yn rhoi pris ar rinweddau hir arfer. Oherwydd i'r Coleg gydnabod y tair blynedd yr oeddwn wedi eu treulio yng Nghaerdydd fel cyfnod prawf, yr oeddwn yn aelod parhaol o'r staff o'r cychwyn ym Mangor, ac ymhen dwy flynedd newidiwyd fy nheitl o fod yn Ddarlithydd Cynorthwyol i fod Ddarlithydd. (Rhaid cofio nad oedd newid fel hyn ddim yn digwydd yn awtomatig y pryd hwnnw; gallai dyn fod yn Ddarlithydd Cynorthwyol am flynyddoedd.)

Nid oeddwn i fy hun, na neb arall chwaith, yn sylweddoli fod hyn yn peri tramgwydd a gofid i'r darlithydd arall yn yr Adran. Yr oedd ef yn ŵr teimladwy, a hynny, nid balchder na chenfigen yn sicr, yw'r esboniad ar ei adwaith i'r amgylchiadau newydd. Gall unrhyw un a chanddo ronyn o ddych-ymyg a'r ddawn i'w roi ei hun yng nghroen dyn arall sylweddoli fod Williams Parry mewn safle chwithig. Erbyn 1931 yr oedd ugain mlynedd er pan enillodd ef gadair yr Eisteddfod Genedlaethol ym Mae Colwyn am ei awdl 'Yr Haf,' a thrwy hynny ddod i amlygrwydd yn syth trwy Gymru gyfan. Yr oedd wedi beirniadu'n gyson yn yr Eisteddfod, ac yn ei feirniadaethau ysgrifenedig wedi ymdrafferthu i egluro ansawdd gwir farddoniaeth, a thrwy hynny ddyrchafu chwaeth beirdd Cymru a gwella'u cynhyrchion. Bu hefyd yn ysgrifennu erthyglau beirniadol yn y cylchgronau, a chyhoeddodd gyfres o erthyglau felly yn *Y Genedl*, un o bapurau Caernarfon dan olygiaeth E. Morgan Humphreys. Yr oedd casgliad o'i farddoniaeth, *Yr Haf a Cherddi Eraill*, wedi ei gyhoeddi yn 1924, saith mlynedd cyn yr amser yr wyf fi'n sôn amdano, ac wedi ei gydnabod yn ôl ei haeddiant gan bawb oedd â hawl i farnu. O ran oed yr oedd ef yn gyfoes â W. J. Gruffydd, T. H. Parry-Williams, Henry Lewis ac Ifor Williams ei hun, Athrawon cadeiriog bob un.

Yr oedd ddeng mlynedd yn hŷn na G. J. Williams a Saunders Lewis, a phymtheng mlynedd yn hŷn na Gwenallt Jones a Stephen J. Williams. Ac yn fwy perthnasol fyth, yr oedd ugain mlynedd yn hŷn na'r darlithydd arall yn yr Adran, ond yr oedd hwnnw'n cael ei dalu am amser llawn y tu mewn i'r Coleg, ac o ganlyniad yn rhoi mwy o ddarlithiau nag ef, a hynny i fyfyrwyr o bob graddfa. A barnu wrth swm, a hefyd wrth natur ei waith, y bardd a'r beirniad cenedlaethol oedd y lleiaf pwysig a'r hawsaf i'w hepgor o'r triawd athrawon yn Adran Gymraeg Coleg Bangor. Mewn gair, nid oedd ei statws yn yr Adran ac yn y Coleg yr hyn y dylai fod; nid oedd yn adlewyrchu ei statws ym mywyd llenyddol ei genedl. Yr oedd hyn yn ei frifo, ac yn sicr nid y darlithydd arall yn yr Adran oedd y dyn i weld bai arno.

Y peth i'w wneud wrth reswm oedd cael gair â phennaeth yr Adran, egluro sut yr oedd yn teimlo, ac os gellid awgrymu rhyw lwybr ymwared, gwneud hynny. O safbwynt yr efengyl academig, gŵr cwbl uniongred oedd Ifor Williams, yn credu'n gadarn fod gan bob athro Coleg ddwy ddyletswydd, ac mai'r rhain oedd dwy amod dyrchafiad, a dyna oedd y rheini, parodrwydd i ddarlithio ar wahanol agweddau o'r pwnc i bob graddfa o fyfyrwyr, a hefyd nifer o gyhoeddiadau ar ei enw. Yn achos Williams Parry, yr oedd y drafferth yn 1928, pan ofynnodd am gael ei ryddhau o ddarlithio i'r dosbarth cyfun, Terfynol 1 a 2, wedi bod yn anffodus. Ond erbyn hyn yr oedd wedi torri trwy'r mur oedd wedi ei gadw rhag y dosbarthiadau uchaf, ac yn darlithio ar Lydaweg ac ar Ddafydd ap Gwilym. I wella'i statws yn yr Adran fe ddylai'r bardd, yn ôl Ifor Williams, fagu digon o ffydd ynddo'i hun i allu wynebu pob dosbarth, bach a mawr. A chyda golwg ar y cyhoeddi, nid oedd y pennaeth yn disgwyl i'r bardd gynhyrchu'r math o ymchwil yr oedd ef ei hun yn ei gyhoeddi mor rheolaidd ym *Mwletin* y Bwrdd Celtaidd. Fe fyddai'r un mor werthfawr ac yn llawn mor ddefnyddiol petai'r bardd yn cyhoeddi beirniadaeth lenyddol, oherwydd y mae hynny'n ymchwil hollol deilwng o ddarlithydd mewn Coleg. Ond heb gyhoeddi 'does dim gobaith am ddyrchafiad nac unrhyw fath o wella statws mewn prifysgol.

Ateb Williams Parry i ddadl y darlithio oedd ei fod yn barod iawn i gyfarfod y dosbarthiadau uchaf, ond iddo gael dysgu celfyddyd llenyddiaeth iddynt, nid ei hanes. Am bwnc y cyhoeddi, yr oedd ef wedi cyhoeddi beirniadaethau yn *Nhrafodion* yr Eisteddfod Genedlaethol yn bur reolaidd ers nifer o flynyddoedd. Yn wir, yr hyn oedd *Bwletin* y Bwrdd Celtaidd i Ifor Williams, dyna oedd y *Trafodion* hyn i Williams Parry.

Cwestiwn go sylfaenol yn y cyswllt yma oedd, beth, os rhywbeth, oedd lle artist llenyddol, bardd yn yr achos hwn, mewn prifysgol, neu mewn geiriau eraill, a oedd ar brifysgol ryw ymrwymiad i fardd? Mynych y clywais Williams Parry yn sylwi ar y gydnabyddiaeth a roid gan brifysgolion i rai o'r beirdd Saesneg fel beirdd: Walter de le Mare mewn swydd gydnaws â'i natur ym Mhrifysgol Lerpwl, Edmund Blunden yn Japan, ac Alfred Noyes mewn rhyw brifysgol yn America. Onid oedd yng Ngholeg Bangor ryw gilfach a fyddai'n nodded i ŵr fel efô? Bu'n ystyried amryw gynlluniau. Yr oedd yn bosibl o hyd iddo fynd yn ddarlithydd allanol amser llawn, ond nid oedd lawer o swyn yn hynny am resymau amlwg. Gallai adael y gwaith allanol a chael gan y Coleg ryw deitl a fyddai'n arbennig iddo ef, heb ddim newid mewn na gwaith na chyflog, cael rhyw *niche* iddo'i hun, chwedl yntau. Peth gwell fyddai iddo ddod i mewn i'r Adran yn gyfan gwbl ac ymgymryd â rhagor o waith, fel y byddai'n Ddarlithydd yn ystyr gyflawn y gair hwnnw. Byddai hynny'n codi ei statws ac yn ei roi ef a minnau ar yr un tir. A'r gwaith ychwanegol fyddai cwrs ar y bedwaredd ganrif ar bymtheg ac un arall ar y grefft lenyddol. Ond ni chaed ymateb. Yr oedd hyn i gyd yn 1931.

Yn 1932 cafodd Williams Parry wahoddiad gan y Prifathro Emrys Evans i draddodi cyfres o dair neu bedair darlith gyhoeddus yn Gymraeg yn y Coleg yn ystod y sesiwn oedd yn dilyn. Yr oedd hyn yn ddigwyddiad blynyddol, a'r darlithydd yn dewis ei destun ei hun. Gwrthododd. Eglurodd wrth y Prifathro sut yr oedd ef yn teimlo ynglŷn â'i statws yn yr Adran, sut y bu i'r Coleg wneud tro gwael ag ef yn 1929, pan oedd ef wedi penderfynu mynd yn ddarlithydd allanol amser llawn, ond y Cyd-bwyllgor yn gwrthod sicrhau ei swydd am fwy na blwyddyn, a sut hefyd y bu'n ceisio gan Ifor Williams gydnabod ei awydd i ddod i mewn fel darlithydd llawn yn yr Adran. Mewn gair, dywedodd wrtho holl hanes ei anesmwythyd.

Yn ystod y drafodaeth a fu rhyngddynt gwnaeth y Prifathro yn glir i'r bardd beth oedd y tu cefn i agwedd y Cyd-bwyllgor yn 1929, ac nad oedd dim rhithyn o berygl wedi bod erioed iddo golli ei swydd. (Dyma'r tro cyntaf iddo ef ddeall hynny.) Esboniodd iddo hefyd rai pethau eraill: mai mater y tu mewn i'r Adran oedd iddo gael darlithio ar ei hoff bynciau i'r dosbarthiadau uchaf, ac yr oedd y Prifathro yn barod i wneud unrhyw beth a allai i hyrwyddo hynny, os gallai heb ymyrryd â hawliau Ifor Williams fel pennaeth yr Adran; nad oedd dim gobaith ei wneud yn ddarlithydd mewnol llawn amser, oherwydd byddai'n rhaid tynnu ar gronfeydd cyffredinol y Coleg i gael y swm oedd yn cyfateb i'r hyn oedd yn cael ei dalu gan y Cyd-bwyllgor Efrydiau Allanol at y cyflog, swm o tua dau gant a hanner o bunnau, ac yr oedd arian yn brin, a'r grant i'r Coleg wedi ei thocio y flwyddyn honno. Hefyd fe draethodd y Prifathro ei farn yn gwbl onest ac agored nad oedd dim ymrwymiad ar brifysgol i benodi beirdd fel y cyfryw yn aelodau o'i staff, gan mai hyrwyddo ysgolheictod a chydnabod ysgolheigion yw dyletswydd prifysgol.

Erbyn hyn yr oedd y bardd yn teimlo'n hollol ddiymadferth. Y mae'n wir i'r Prifathro awgrymu iddo roi ei achos yn ffurfiol gerbron Cyngor y Coleg, ac addo iddo bob chware teg i gyflwyno'i ddadl. Ond fe wyddai ef yn iawn na fyddai i'r Cyngor benderfynu ar ddim cyfnewidiad heb gydsyniad yr Adran a'r Prifathro, ac yr oedd wedi methu ennill eu cydsyniad hwy. (Gyda golwg ar ddadl yr arian, yng nghanol y trafodaethau hyn fe ymadawodd y Cofrestrydd, W. P. Wheldon, am swydd Ysgrifennydd Cymreig y Weinyddiaeth Addysg, a chan ei fod ef wedi cael codiad yn ei gyflog dipyn cyn hynny, codiad oedd yn ei osod yn uwch na'r Athrawon, er mawr boen i'r frawdoliaeth honno, fe dybiai rhai ohonom na fyddai ei olynydd ddim yn cael yr un cyflog, ac y buasai'r gwahaniaeth ar gael i helpu dyn bach fel y bardd. Ond nid fel yna y gweithiwyd y sym.)

Yn ei ddiflastod cychwynnodd y bardd ar streic lenyddol. Fel protest yn erbyn yr hyn yr oedd ef yn ei ystyried yn driniaeth annheg ac annheilwng ar ran y Coleg, ymdynghedodd na fyddai iddo ysgrifennu na chyhoeddi dim barddoniaeth na beirniadaeth nes cywiro'r cam a wnaed ag ef. Yr oedd wedi cael gwahoddiad i gyhoeddi cyfrol o'i farddoniaeth gan Wasg Gregynog, ond nid oedd am gytuno i wneud hynny chwaith. Parhaodd y distawrwydd am dair blynedd. Ond yn 1935 fel gyhoeddodd y bardd nodiadau ieithyddol ym *Mwletin* y Bwrdd Astudiaethau Celtaidd. Nid hawdd iawn i neb ddeall erbyn hyn beth a'i cymhellodd i ysgrifennu a chyhoeddi'r nodiadau hyn, ond i mi a nifer bach o'i gyfeillion agosaf yr oedd yn edrych yn adwaith dealladwy ar y pryd. Sut bynnag, trwy drugaredd fe ailafaelodd yn ei brydyddu a chyhoeddi yn rhifyn haf 1936 o'r *Llenor* y gerdd o dan y teitl 'A. E. Housman,' gyda thair seren yn lle enw awdur ar ei diwedd. Yna dechreuodd gyhoeddi cerddi yn *Y Llenor* a *Heddiw* dan yr enw Brynfab, ac yn fuan wedyn defnyddiodd ei enw priodol.

Dyna hanes yr helynt heb ymhelaethu gormod. Ni fynnwn i honni y gallwn roi barn derfynol ar gymeriad nac ymarweddiad neb, ond 'rwy'n credu y dylwn gofnodi'r hyn a wn, o'm profiad uniongyrchol, am ansawdd meddwl pob un o'r ddau ŵr yr wyf wedi bod yn sôn amdanynt, a hefyd am yr amodau academig mewn lle fel Coleg Bangor fel yr oeddynt ddeugain mlynedd yn ôl, pan oedd rhai pethau'n dra gwahanol i'r hyn ydynt heddiw, gan obeithio y bydd hynny'n rhywfaint o help i'r rhai sydd heddiw'n ymddiddori yn yr hanes i ddeall sut y bu i ddau ŵr oedd wedi bod yn gyfeillion agos am flynyddoedd fethu cydsynio ar bwnc oedd o bwys hanfodol i un ohonynt.

Mi fûm i'n gweithio gydag Ifor Williams ym Mangor am ddeunaw mlynedd, a byddwn yn ei weld ryw bedwar diwrnod o bob wythnos yn ystod y tymor. Mi ddois i'w adnabod yn drwyadl. Er cymaint ei radlonrwydd a'i ddawn ymddiddan, ni fyddai'n cyfathrachu ond â nifer fach iawn o'i gydathrawon. Ni welais ef erioed yn yr Ystafell Gyffredin, ac yn bur afreolaidd y byddai'n mynychu cyfarfodydd y Senedd a'r Gyfadran. Ysgolhaig ymroddedig oedd ef. Gwnaeth gymwynas amhrisiadwy â Chymru ac ag ysgolheictod Cymreig a Cheltaidd trwy egluro, hyd y gallai, farddoniaeth Aneirin a Thaliesin, a'r cerddi a gysylltir ag enwau Llywarch Hen a Heledd, a darparodd argraffiad bychan hylaw o farddoniaeth Dafydd ap Gwilym a'i gyfoeswyr. Ond er ei holl ymwneud â barddoniaeth, ni allod erioed (ac ni cheisiodd) amgyffred barddoni fel gweithgaredd artistig. Nid yw na gwell na gwaeth am hynny, wrth reswm. Yr oedd yn ddiddanwr digyffelyb ar lafar, yn gallu sgwrsio ac adrodd straeon am oriau, a'i gof dihysbydd yn ei gynnal. Tipyn ymlaen ar ei oes fe droes y ddawn hon yn grefft yr ysgrifennwr rhyddiaith difyrrus, diolch i raddau i'r cyfle a roes y radio iddo fel cyfrwng, fel y gwelir yn ei dair cyfrol, *Meddwn i, I Ddifyrru'r Amser* a *Meddai Syr Ifor*. Ond nid ymgysegrodd erioed i dyfu'n llenor praff, er na fuasai dim yn ei blesio'n fwy na chael ei ystyried fel y cyfryw.

Am flynyddoedd fe fyddai Ifor Williams yn pregethu ar y

Suliau ac yn darlithio i gymdeithasau ar hyd a lled y wlad, ac yn y cysylltiadau hyn yr oedd yn dra chymeradwy. Yr oedd felly hefyd gyda'i fyfyrwyr, am ei fod bob amser yn eu trin yn gyfeillgar, ac am fod ei ddarlithiau yn ddiddorol ac yn fynych yn ffraeth. Ac eto, yr oedd llawer o benderfyndod a chyndyn-rwydd, hyd at ystyfnigrwydd weithiau, yn ei natur — ystyfnig-rwydd mwyn, didwrw a di-ildio. Yn yr ysbryd hwnnw y gwrthododd roi ei enw wrth betisiwn i Lys y Brifysgol i adfer Mr. Saunders Lewis i'w swydd yng Ngholeg Abertawe ar ôl helynt yr Ysgol Fomio yn 1936, er bod llawer o staff Coleg Bangor, gan gynnwys rhai Saeson, wedi gwneud hynny. (A sôn am betisiwn, yr oedd ef a minnau ymysg yr ysgolheigion Celtaidd o Brydain a Ffrainc ac Iwerddon a roes eu henwau tua'r un adeg wrth betisiwn personol i Adolf Hitler i ofyn iddo adfer ei freiniau dinesig i'r ysgolhaig Celtaidd enwog, Julius Pokorny. Ond ofer fu'r cais hwnnw hefyd.)

Mewn un peth yn unig yr oedd Ifor Williams a Williams Parry yn ymdebygu, sef yn eu hamharodrwydd i gymysgu â'u cydaelodau ar staff y Coleg. Ym mhopeth arall yr oedd eu dwy bersonoliaeth yn gwbl wahanol. A dweud y peth yn ystrydebol, bardd oedd Williams Parry, ac fel bardd y byddai'n meddwl, yn teimlo, yn gweld, yn deall ac yn llefaru. Nid oes raid i mi fanylu ar holl oblygiadau'r gosodiad yna, ond dweud fod yn ei natur ddyfnderoedd o dosturi, hydeimledd hyd at groendeneurwydd, a dwy nodwedd sy'n edrych yn groes i'w gilydd, sef tuedd i borthi tramgwydd ar y naill law a synnwyr digrifwch a chellwair ar y llall. Yr oedd ganddo gydwybodolrwydd yr ysgolhaig, ond nid y dygnwch dieneiniad y mae'n rhaid wrtho i wynebu'r llafur diflas hwnnw sy'n rhan o bob ysgolheictod. Pan gafodd ddarlithio ar hanes llenyddiaeth yn 1928 a methu cael hwyl arni yn ei farn ef ei hun, yr oedd ei ddychymyg yn creu darlun o'i an-effeithiolrwydd, darlun yr oedd ef yn ei osod ym meddyliau ei fyfyrwyr, a hynny efallai heb ddim cyfiawnhad. Yna yr oedd y gydwybod yn ymyrryd ac yn ei orfodi i roi'r gorau iddi. Petai ganddo'r dyfalbarhad prennaidd hwnnw sydd gan lawer ohonom, a llai o synwyrusrwydd, buasai wedi ymroi i

206

lunio cwrs y byddai'n wiw gan bob myfyriwr ei dderbyn yn ddiolchgar.

Yr oedd ynddo hefyd ormod o wyleidd-dra a pharch i awdurdod ffurfiol fel na sylweddolodd sut mewn gwirionedd yr oedd yr Adran Gymraeg yn cael ei llywodraethu, oherwydd nid oedd y pennaeth yn hoffi unrhyw ragolwg o newid, ond pan fyddai aelod o'r staff yn mentro mynd i gyfeiriad gwahanol i arfer, a phan fyddai'r newid wedi digwydd heb i ddim byd ffrwydro nac i neb gael ei ladd na'i anafu, ni fyddai'r pennaeth yn poeni dim. Yn wir, byddai'n cydlawenhau â'r diwygiwr. Ni sylweddolodd Williams Parry y gallai wneud llawer o bethau heb ofyn caniatâd.

Wrth fod yn llawdrwm ar Ifor Williams ac ar awdurdodau Coleg Bangor am beidio â gwneud bywyd y bardd yn esmwythach, yr ydym ni heddiw yn cael ein hysgogi i ryw raddau gan ddoethineb trannoeth, oherwydd i ni y mae cael bardd neu lenor neu unrhyw fath o awdur creadigol ar staff prifysgol yn beth naturiol a hawdd ei ddeall, ac y mae i'r cyfryw berson swyddogaethau hawdd eu diffinio. Y mae cael beirniad llenyddol ar y staff yn haws byth ei amgyffred, ac yn digwydd yn ddigon mynych. Ddeugain mlynedd yn ôl, fodd bynnag, nid felly ddim. Yn ei erthygl ar waith yr Adrannau Cymraeg ym Mhrifysgol Cymru (y gyntaf yn *Meddai Syr Ifor*) y mae Ifor Williams yn dangos yn glir mai craidd a phrif sylwedd astudiaethau Cymraeg, yn ei farn ef, yw'r iaith, gyda rhywfaint o le i hanes llenyddiaeth, disgrifio ansawdd y llenyddiaeth honno ac olrhain dylanwadau estron arni. Yr oedd nodau John Rhys, nodau ysgolheictod yr Almaen yn y pen draw, yn dal yn amlwg ar gyrsiau Cymraeg Colegau Prifysgol Cymru y pryd hwnnw. Yn y traddodiad hwnnw y magwyd Ifor Williams ac ni allai amgyffred dim amgen, ac yn y traddodiad hwnnw yr oedd ef yn gryn gawr. (Gellid awgrymu mai am nad oedd yn derbyn y traddodiad hwn, yn llawn cymaint ag am iddo fod yng ngharchar, y collodd Mr. Saunders Lewis ei le yng Ngholeg Abertawe — 'heb hanfod o'r un cynefin yng nghwr yr un cae,' chwedl y bardd).

Cyn y gall y beirniad neu'r awdur creadigol wneud gwaith effeithiol gyda myfyrwyr, y mae gofyn iddo allu trafod

207

grwpiau bychain, ac weithiau bersonau unigol, ac i fedru gwneud hynny rhaid wrth ddigon o aelodau ar staff yr Adran. Heddiw y mae'r cyfartaledd tuag un athro am bob wyth myfyriwr. Yn nyddiau Ifor Williams a Williams Parry a minnau rhywbeth fel un athro am bob deugain o fyfyrwyr oedd y cyfartaledd. O ganlyniad, nid oedd modd gwneud dim gwaith tiwtorial; darlithiau ffurfiol oedd y cyfrwng dysgu. Ychydig oedd y gwaith ysgrifenedig y gellid ei wneud, a heb gyfle i gyfansoddi ni châi myfyrwyr fawr o fudd o wrando ar fardd na beirniad yn traethu.

Y mae'n deg felly ddweud nad oedd amgylchiadau nac arferion academig y cyfnod yn ei gwneud hi'n hawdd ar yr olwg gyntaf i gael cilfach gydnaws i ŵr oedd yn bennaf dim yn awdur creadigol, ac nad oedd yn honni bod yn ysgolhaig ond mewn un maes neu ddau yn ei bwnc; gŵr hefyd na theimlodd erioed yn gartrefol yn y Coleg, ond yn hytrach rhyw wrthnawsedd tuag at yr holl ethos academig, ac a fyddai'n dweud trwy'r blynyddoedd y byddai'n ymddeol yn drigain oed. Ac ymddeol a wnaeth, yng nghanol y rhyfel, pan oedd pob rhagolygon yn niwlog ac yn dra ansicr.

Ond yr wyf yn siŵr ei bod yr un mor deg dweud fod yma berson cwbl arbenigol, ar ei ben ei hun, unigryw, heb fod yn debyg i neb arall, a'r person hwnnw'n artist llenyddol mawr; person hefyd oedd yn gwbl ddifalais, na fyddai byth yn actio nac yn cymryd arno, a heb ddim byd anystywallt yn agos ato, a swm ei nodweddion ysbrydol a meddyliol yn gyfryw nes bod myfyrwyr a phawb oedd yn ei adnabod yn ymhoffi'n ddi-derfyn ynddo. Petai ar gael y pryd hwnnw ddealltwriaeth ac ewyllys da a pheth dychymyg a pharodrwydd i ystwytho cyfundrefn ac i roi tro yn y traddodiad, fe ellid bod wedi rhoi i rai cenedlaethau o fyfyrwyr ym Mangor olwg newydd ar y grefft lenyddol, a rhoi i un o feirdd mwyaf un ein cenedl y bodlonrwydd a'r tawelwch meddwl yr oedd yn eu ceisio mor daer ac yn eu haeddu.

Cyhoeddwyd 1972

R. Williams Parry

(II)

(Rhagymadrodd i ddetholiad Gwasg Gregynog o'i farddoniaeth, 1980)

Y mae mwy wedi ei ysgrifennu am Robert Williams Parry ac am ei farddoniaeth nag am unrhyw fardd Cymraeg arall, ac eithrio Dafydd ap Gwilym, ac nid oes brinder cyfarwyddyd i'r sawl a fyn wybod am natur ac ansawdd ei waith, pa fodd y datblygodd ei grefft, a beth oedd ffynonellau ei ysbrydiaeth. Croniclwyd nodweddion graenus ei berson allanol a'r natur fewnol ofnus a hawdd ei tharfu, nes tyfu corff o chwedlau amdano. Ond y drych diogelaf i'w wir gymeriad yw ei farddoniaeth.

Gwnaeth gryn orchest yn ddyn ifanc. Erbyn iddo ennill cadair yr Eisteddfod Genedlaethol yn 1910 am yr awdl 'Yr Haf' yr oedd wedi cyfansoddi pum awdl eisteddfodol mewn pum mlynedd, a thrwy hynny wedi ymdrwytho yn y gynghanedd. Nid at gewri'r traddodiad yn y bymthegfed ganrif yr oedd wedi mynd am ei batrymau, gan na roes erioed ei fryd ar y rheini (fel y dengys ei gerdd *'Gorchestion Beirdd Cymru'*), ond at y goreuon o feirdd caeth y bedwaredd ganrif ar bymtheg — Eben Fardd, Robert ap Gwilym Ddu, Hiraethog, Emrys, Dyfed. Yn gyffelyb gyda'r canu rhydd. Cafodd gan Alun a Cheiriog a'r emynwyr safon ddiogel am iaith seml ac urddasol, a gwelodd yn englynion gorau'r ganrif ac yn y penillion telyn beth yw crynoder ergydiol. Pan oedd y beirn-

209

iaid â'u llach ar yr hen ganrif, daliodd ef i gynnal dani, ond bod y prentis yn tyfu'n llawer gwell crefftwr na'i feistr.

Myfyriodd y bardd yn helaeth ar farddoniaeth Ramantaidd Lloegr, ac yn arbennig gwaith Shelley a Keats. Darllenodd gryn lawer hefyd ar weithiau ei gyfoeswyr o Saeson — W. H. Davies, Ralph Hodgson, Walter de la Mare, A. E. Housman a'u cymheiriaid — a cheir adleisiau o'u gwaith yn ei gerddi. Yn wir, er gwaethaf ei gyngor i'w gyd-feirdd ('Ewch at fywyd am ysbrydiaeth yn hytrach nag at lenyddiaeth'), yr oedd ef, fel llu o feirdd eraill ym mhob oes a gwlad, yn cael ei gyffroi gan farddoniaeth rhai eraill. Ond cyffro eilradd oedd hwnnw; yr oedd y cyffro cychwynnol, sylfaenol, hanfodol, yng ngwrthrych y gerdd. Rhywbeth a welodd y bardd ei hun, ei weledigaeth, a defnyddio gair mawr, oedd y man cychwyn, ac am y weledigaeth honno nid oedd arno ddyled i neb ond i'w anianawd farddol ef ei hun. Y mae hyn yn amlwg iawn yn y cerddi sy'n ddisgrifiadau pur, wedi eu seilio ar sylwgarwch a'r ddawn i ddewis y geiriau sy'n trosi'r hyn a welwyd i ymwybod y darllenydd: 'untroed oediog' y llwynog, 'soniarus nablau moliant yr ieir', 'mingam wŷr y fynych winc' yn y cantîn, a'r cyfan o'r gerdd 'Y Band Un Dyn'.

Ond ychydig o ddisgrifio ungainc sydd gan Williams Parry. Cyfrodeddwyd â'r disgrifiad fynegiant o'i brofiad ef ei hun neu sylwadaeth ar ddyn a'i dynged. Rai troeon nid oes ond awgrym, fel yn y soned 'Y Ddrafft' — darlun o'r milwyr yn cychwyn 'i'w hapwyntiedig hynt . . . i Ffrainc, i'r Aifft, i Ganaan, *i hir hedd.*' Y sylwadaeth a ddisgwylid gan Ramantydd o fardd a welir weithiau — condemnio 'hagrwch Cynnydd ar wyneb trist y Gwaith', a dewis 'uchel nef y wlad' yn hytrach na 'dilaswellt lawr y dref'. Ond y mae yn hyn fwy nag ymdrwsio yn nillad ffasiynol ei oes, oherwydd nid yw'r Cynnydd ond agwedd ar fateroliaeth ddienaid, yr hyn a barodd fygu dau o'r prif rasusau gwâr, sef cyfiawnder a thosturi. O ddiffyg cyfiawnder y diswyddwyd arwr enwog y bardd yng Ngholeg Abertawe (gweler y soned ddeifiol 'J.S.L.'), ac o ddiffyg tosturi y bu raid i Oronwy Owen adael ei wlad ac i Ganwy ymlafnio a byw'n fain yn y diwedd. Yn yr un ysbryd y mae'n galw am 'ddyneiddio'r cnawd a wnaethpwyd yn ddur' a rhoi ysgytfa ffyrnig i'r llugoer a'r hunan-ddigonol a'r difater materol. Y mae'r sylwadaeth ar dro yn ffraeth, ond nid yn llai difri, fel yn 'Gorthrymderau', a'r ffraethineb yn magu min yn 'Chwilota', ac yn troi'n ddychan fflangellog yn 'Hen Gychwr Afon Angau'.

Ac eto, dyma'r gŵr sy'n honni nad oes a wnelo'r bardd â phropaganda, ac mai nid er mwyn troi melinau na hwylio llongau y mae awel yr awen yn chwythu. Yn y gerdd 'Y Ffliwtydd' y mae'n mynnu fod i'r proffwyd, y gwleidydd a'r diwygiwr crefyddol bob un ei orchwyl, ond nid gorchwyl y bardd mo'r un ohonynt. Ond nid oes yma anghysondeb. Nid symud 'hir waeau'r werin' yw gwaith y bardd, ond lleisio 'rhyw hen, hen wae'; nid poeni am y dyrfa, ond pryderu hyd ddicter am gyni 'rhyw Siluriad tlawd', a gofidio am farw Branwen. Yr unigolyn sy'n cyfri bob tro. Dau destun sydd i fardd fyfyrio arnynt — rhyfeddodau Natur, yr hen 'annynol wrach', a thynged dyn, ond nid cyflwr dynoliaeth, a dyna pam y canodd Williams Parry gymaint i adar ac anifeiliaid ac i'w gyfoedion yn fyw ac yn farw.

Bu'n hynod o gyson yn ei ymrwymiad fel bardd, a bu'n bur gyson hefyd yn ei grefft. Er gwaethaf campwriaeth ei ddyddiau cynnar fel cynganeddwr, gadawodd y mesurau caeth traddodiadol, ac eithrio'r englyn, a derbyn mydrau cyffredin y canu rhydd, y rhan fwyaf yr un â mesurau'r emynau Cymraeg, ar wahân i'r soned wrth reswm. I rai o'i sonedau fe roes rythm newydd, sef corfannau o dair sillaf yn gymysg â'r corfannau iambig arferol. Ond bu un datblygiad arall. Er ymwadu â'r mesurau cynganeddol, fe lynodd yn ei ganu rhydd wrth gyseinedd a chyffyrddiadau o gynghanedd, ac wrth gynghanedd gyflawn yn weddol aml, ac aeth hyn yn amlycach gyda'r blynyddoedd. Dyma arwydd o afael y traddodiad arno, ac arwydd arall yw na fu iddo erioed, hyd y gwn i, roi cynnig ar ysgrifennu *vers libre,* er gwaethaf y ffasiwn ddiweddar.

Ynglŷn â geirfa ac arddull Williams Parry y bu mwyaf o ddatblygu. Wrth lunio'r awdlau, gan gynnwys 'Yr Haf', ar ddechrau ei yrfa, ymhyfrydai ef, fel pawb o feirdd y cyfnod, mewn hen eiriau a hen ymadroddion wedi eu cywain o

211

Gymraeg yr oesoedd canol, na ddefnyddiwyd mohonynt hyd yn oed yn yr iaith lenyddol, heb sôn am yr iaith lafar, ers canrifoedd. Dyma arddull awdlau T. Gwynn Jones a llawer o'i ddynwaredwyr. Ond wrth fynd rhagddo i ganu ei gerddi rhydd newidiodd Williams Parry yr arfer, ac meddai mor gynnar â 1918, 'Y geiriau cartref plaen a'i piau yn y diwedd'. Ac yn y rhagair i'w gyfrol gyntaf, 'Nid oes yn y cerddi rhydd ungair nad yw hefyd yn y Beibl neu Bantycelyn'. Felly fe dderbyniodd yr ieithwedd a'r arddull —arddull urddasol heb fod yn foethus — oedd gan feirdd y canu rhydd, gan gynnwys yr emynwyr, trwy Geiriog ac Eifion Wyn hyd ei ddyddiau ef ei hun. Ond fe ddaeth i sylweddoli fod yr arddull honno bellach yn tueddu i fynd yn ferfaidd a di-liw, a bod raid ei bywiogi ar dro â geiriau ac ymadroddion o'r iaith lafar arferedig. Enghraifft o hynny yw'r soned 'Gwenci'.

Yn y gyfrol hon fe ddewiswyd y cerddi a ystyrid gan y golygydd (a chan eraill, gobeithio) yn gerddi gorau a mwyaf arwyddocaol y bardd, ond prin fod rhaid dweud fod rhai cerddi da heb eu cynnwys. Ni roed ond ychydig o'r englynion coffa, gan mai cyffelyb yw perffeithrwydd crefft ac ymateb y bardd ynddynt oll.

Huw Roberts

Y mae hanner can mlynedd er pan gyfarfûm i â Huw Roberts gyntaf, pan oeddem ein dau yn cychwyn fel myfyrwyr yng Ngholeg Bangor. Yr oedd ef newydd ei ryddhau o'r fyddin, ar ôl bod ar ryw berwyl rhyfedd yng ngogledd Rwsia ar ddiwedd y rhyfel mawr cyntaf.

Brodor o Lerpwl oedd ef, wedi ei fagu yn eglwys y Presbyteriaid Cymraeg yn Stanley Road, Bootle. Graddiodd ym Mangor, ac ar ôl y cwrs diwinyddol ordeiniwyd ef yn 1930, a'i sefydlu yn weinidog yn Llanllyfni, Arfon. Wedi pedair blynedd yno symudodd i Gorwen, lle bu hyd 1940, pan ymddiswyddodd o ofal eglwys a mynd i fyw i Fethesda. Am ysbaid wedyn bu'n glerc o dan Bwyllgor Addysg Môn, gyda chyfrifoldeb arbennig am yr Ysgolion Sir, fel y gelwid hwy y pryd hwnnw. Yna treuliodd beth amser fel llyfrgellydd dinas Bangor. Ond yn 1951 dychwelodd i'r Weinidogaeth mewn dwy eglwys ym Môn, Pentraeth a Llanbedr-goch. Symudodd i Lanfihangel Glyn Myfyr a Llangwm yn 1956. Yn 1960 ymadawodd â'r weinidogaeth yn derfynol, a mynd i fyw i Bontrhythallt. Yn Ebrill 1961 penodwyd ef yn olygydd *Y Goleuad,* a daliodd y swydd hyd Dachwedd 1965. Wrth groniclo'i ymddiswyddiad fe ddywedir: 'Fe ddymunwyd yn daer am iddo barhau yn y gwaith da, ond er pwyso a pherswadio, ni welai ei ffordd yn glir i wneud hynny.' Yna aeth i fyw i Ddinmael, heb ofal eglwys ac yno y bu nes marw ei wraig yn 1969. Ym Mangor y treuliodd y tair blynedd olaf o'i oes.

Yr oedd i Huw Roberts rai nodweddion cymeriad clir a

diffiniedig. Er ei fagu yn Lerpwl, ac er na chafodd ddim addysg ffurfiol yn y Gymraeg, yr oedd yn Gymro da a diwylliedig. Un arwydd amlwg o hynny oedd ei ddawn i gynganeddu, a hynny'n sydyn a dirybudd. Daeth hyn i'r golwg pan oedd yn fyfyriwr ym Mangor, ac yr oedd ef yn un o'r criw a fyddai'n ymddiddori mewn llunio englynion a chywyddau i'n gilydd. Yn ddiweddarach ar ei oes bu'n cymryd rhan yn effeithiol iawn mewn ymrysonau beirdd ar y radio.

Yn Eisteddfod Genedlaethol Pen-y-bont ar Ogwr yn 1948 ef a enillodd am gyfieithu i'r Gymraeg 'The Coming of Christ' John Masefield, ac yn Eisteddfod Caernarfon yn 1959 yr oedd ganddo awdl ar 'Y Dringwr' yng nghystadleuaeth y Gadair. Gosodwyd yr awdl yn uchel gan y tri beirniad oherwydd dawn eithriadol yr awdur i gynganeddu a mydryddu. Dyma bennill yn enghraifft, lle mae Moses yn cyfarch y genedl:

> Ymlonyddwch, chwi na fyddwch anufuddion;
> Mi af drosoch tra arhosoch; taer ar Wiwsant
> Yr ymbiliaf, ac ni chiliaf o'r uchelion
> Heb ddinewid Nef addewid am faddeuant.

Rhupunt yw'r mesur, ac fe wêl y cyfarwydd ei fod yn neilltuol o gywrain.

Yn Eisteddfod Llangwm yn 1958 enillodd y Gadair am awdl ar y testun 'Yr Antur'. Cyhoeddodd ambell ddarn yn awr ac yn y man, fel cywydd coffa i'w gyfaill John Jones (Dyfnan), Pentraeth, a thri englyn ar ôl marw Syr Ifor Williams. Ond nid tyfu'n fardd mawr oedd amcan Huw Roberts. Cael pleser pur iawn yr oedd mewn llunio llinellau o gynghanedd a rhoi cywydd ac englyn wrth ei gilydd, pleser gŵr gwâr a diwylliedig oedd yn ymhyfrydu yn niwylliant ei wlad.

Agwedd ar ffraethineb oedd y cynganeddu parod, ac fe welir yr un gynneddf yn rhai o'i sylwadau yn *Y Goleuad*. Yn 1961 fe fu sôn (fel y sydd heddiw) am ffurfio Cyngres Undebau Llafur i Gymru, ac y mae'r golygydd yn mynd ymlaen i sôn am undebaeth: 'Ni thorrwn neb o'r seiat am fod yn undebwr, fel y gwnaethpwyd mewn Sasiwn yn yr Wyddgrug yn 1823.

214

Ond pa gyfartaledd o'r undebwyr sydd yn y seiat heddiw, inni fedru eu torri allan pe mynnem?'

Nodwedd amlwg yng nghymeriad Huw Roberts oedd rhyw urddas naturiol ac agwedd fonheddig, nid yn unig yn ei osgedd, ond yn arbennig yn ei iaith lafar; yr oedd honno'n cael ei hynganu'n lân a gorffenedig. Ac yr oedd hyn yn beth amheuthun iawn mewn oes pan nad yw addysg yn rhoi pwys na phris ar lefaru'n groyw. Cafodd y ddawn hon gyfle arbennig pan gymerodd ef ran Nils Krogstad yn nrama Ibsen, 'Tŷ Dol,' pan berfformiwyd hi gyntaf yn 1926. Cymeriad sinistr, bygythiol yw Krogstad, yn siarad yn fesuredig a phwysleisiol, ac fe gafodd ei bortreadu i drwch y blewyn. A chyda llaw, mi glywais fwy nag un yn dweud fod tad Huw Roberts yn nodedig ymysg Cymry Lerpwl fel siaradwr cyhoeddus.

Nid wyf yn credu imi erioed weld neb mwy diddichell a difalais na gwrthrych y sylwadau hyn. Ni theimlodd erioed, o dan unrhyw amgylchiadau, eiddigedd at neb, ac ni chlywais ef yn yngan gair gwael am neb, nac yn ymosod ar hyd yn oed y sawl a oedd yn haeddu hynny.

Yr oedd yn ŵr goddefgar ac eangfrydig ond bob amser yn sicr o'i safiad ei hun. Fel golygydd *Y Goleuad* traethodd ei farn fwy nag unwaith o blaid gwell cyd-ddeall a chydweithio rhwng yr enwadau crefyddol. Ond pan ddywedodd un gŵr adnabyddus iawn am yr Eglwys Esgobol yng Nghymru 'ei bod yn gyfrifol am bob enaid byw yng Nghymru o Sir Fynwy i Sir Fôn' yr oedd *Y Goleuad* yn anghytuno'n bendant, ac yn dadlau'n gryf dros hawliau a chyfrifoldeb ymneilltuaeth.

Gwnaeth Huw Roberts ddiwrnod o waith diymhongar dros y gangen o'r Eglwys yr oedd yn perthyn iddi, nid fel gweinyddwr na threfnydd, nac fel dyn uchel ei lef mewn pwyllgor na chynhadledd. Ei gyfraniad pennaf oedd ei gymeriad ef ei hun, ac yr ydym wedi colli gŵr cydwybodol diymffrost, coeth ei feddwl a'i ymadrodd, gŵr â chanddo barch i safonau arbennig, ac yn llunio'i fywyd yn ôl y safonau hynny.

Fe fu'n gweithio'n ddiwyd yn ystod ei flynyddoedd olaf ar baratoi mynegai geiriol i'r Beibl. Ni wn pa mor bell yr oedd y gwaith hwn wedi mynd, ond os yw'n weddol derfynol, fe ddylid ystyried ei gyhoeddi.

Cyfaddas yw terfynu gyda chwe llinell o'r cywydd o'i waith ef ei hun y cyfeiriwyd ato uchod:

> Y diddan ffrind a'i ddawn ffraeth,
> Am ei air y mae hiraeth.
> Gwae roi ffarwél i'r gŵr ffri!
> Yn iach, amnaid a chwmni!
> Heddiw ym medd gorwedd mwy,
> Didrymwaith a didramwy.

Cyhoeddwyd 1973

John Gwilym Jones

GAIR GAN GYFAILL

Peth hawdd, ac nid cwbl ddi-fudd efallai, fuasai nodi a thrafod y paradocsau ymddangosiadol yng nghymeriad John Gwilym Jones — y gŵr sy'n adnabod ac yn cydnabod doniolwch y munud y gwêl ef, ond sy'n dra difri yn ei holl waith llenyddol; yn drawiadol drwsiadus ei wisg, ond heb fod byth yn siŵr ym mha boced y mae ei bres na goriadau ei gar; yn cyfaddef ' 'fu gennyf erioed gynllun i'm darllen — dim ond darllen pob math o bethau yn Gymraeg a Saesneg yn driphlith draphlith', ac eto cynnwys y darllen hwnnw yn gyfundrefn daclus yn ei feddwl ef ei hun; yn unlliw bendant ei farn ar wendidau dyn a chymdeithas, ac yn pryderu'n ingol yn eu cylch, ond nid i argyhoeddi na diwygio yr ysgrifennodd, er y geill y diwygiwr dynnu amryw wersi llesol o'r hyn y mae'n ei ddweud.

Y mae dros hanner can mlynedd o gyfeillgarwch di-fwlch yn dipyn o beth. Yn anad dim, y mae'n rhoi i ddyn y fraint o sylweddoli a rhyfeddu fod y cymeriad amlweddog hwn wedi datblygu o hogyn bach go ddi-liw, oherwydd dyna oedd pan gyfarfu ef a minnau am y tro cyntaf ar iard ysgol Penffordd-elen ryw fore Llun, ac yntau'n dweud ein bod ni'n dau wedi cael gwobr yn arholiad y Gymanfa y Sadwrn cynt. Y mae ef wedi dadlennu cryn dipyn arno'i hun o bryd i bryd. 'Babi o hogyn oeddwn i, ofn fy nghysgod'; ac mewn man arall, 'Ni theimlais i erioed yn hapus ymysg criw o fechgyn'. Gyda'i nain yng Nghaedoctor, 'yno'n unig yr oeddwn i'n eofn rydd,

217

ar fy mhen fy hun yn gawr i gyd heb orfod cystadlu â neb'. Un felly'n union oeddwn innau, a hyn efallai a ddaeth â ni at ein gilydd ar y cychwyn. Ar awr ginio yn ysgol Pen-y-groes byddai ef a minnau'n mynd am dro ar ein pennau'n hunain, yn hytrach na mynd efo'r gweddill i gicio pêl neu gymowta hyd y pentref.

Buasai'n dda gennyf allu dadansoddi swildod. Pam yr oedd cynifer o'n cenhedlaeth ni yn dioddef oddi wrtho, a chyn lleied o'r genhedlaeth ifanc heddiw? Fe ddichon ei fod yn rhywbeth cynhenid yn ein natur, rhywbeth oedd yn rhan o'n cymeriadau pan anwyd ni, ond ni wn i ddim pam y dylai hynny fod. 'Rwy'n amau fod a wnelo'r addysg a gawsom rywbeth ag ef — ein cyfarch a'n cyfarwyddo mewn iaith nad oeddem yn deall mo'i hanner, heb roi cyfle inni byth i fynegi ein meddyliau amrwd ar lafar yn yr iaith honno (na'n hiaith ein hunain chwaith), ar lafar, sylwer, oherwydd fel y dywedodd fy nghyfaill yn ei Atgofion, gallem ysgrifennu Saesneg rhyfeddol o gywir, a graenus hyd yn oed, heb allu ei siarad â dim rhwyddineb. Un o brif achosion swildod yw atalfa ar ddawn dyn i ddweud ei feddwl. Gyda thro'r blynyddoedd y mae dyn yn bwrw llawer o'i swildod, ond nid byth yn gyfan gwbl, oherwydd daw ambell gyswllt yn y pedwar amser pan fydd dyn yn mynd i'w gragen ac ymguddio'n anesmwyth.

Yn rhyfedd, nid yw swildod yn difetha hwyl neb yn ifanc, nac wedyn chwaith. 'Mae bywyd ynddo'i hun yn werth ei gael,' ebe John Gwilym Jones, 'yn gelfyddyd er mwyn celfyddyd; o leiaf y mae wedi bod yn werth ei gael i mi'. Ac meddai eilwaith, 'Bu fy mywyd yn un di-liw o hapus'. A'r rheswm am hyn yw fod gan y dyn swil ryw nodweddion eraill yn ei bersonoliaeth sy'n dra gwerthfawr iddo. (Fe ellid dweud y peth fel hyn: fod y negyddiaeth sydd ynglŷn â swildod yn rhoi bod i gyneddfau cadarnhaol gwrthweithiol sy'n gwneud iawn i'r dyn swil am ei gyflwr. Ond fe fyddai hynny'n debyg i ryw ffug seicoleg.) Y peth sy'n digwydd yw ei fod yn mynd i dynnu ar ei adnoddau ei hun a meithrin y gallu i fyw'n hapus heb gwmni. A mynd yn ôl i Gaedoctor at y nain, yr oedd y bachgen yn gwbl hapus yn dringo coed, heb neb i'w sbeitio os oedd yn methu, dal pysgod yn yr afon â'i ddwylo, hel eirin, hel blodau, dal cacwn mewn pot jam, a mathau eraill o wrhydri, a'r amod holl-bwysig: ' 'Doedd yno neb i chwerthin am fy mhen'. Nid oedd raid mesur y campau hyn wrth gampau bechgyn eraill, na dioddef oherwydd rhagoriaeth y rheini, a 'doedd dim rhyfedd fod y bachgen 'yn gawr i gyd'.

Yr oedd cwmni cydnaws, heb fod yn broblem o gwbl, yn y gist o dan y gwely yng Nghaedoctor, mewn rhifynnau o *Cymru* a *Chymru'r Plant* a rhyw lyfr yn rhoi hanes Gwylliaid Cochion Mawddwy, ac yr oedd darllen y rhain yn rhoi boddhad cyflawn, fel wrth gwrs yr oedd pob darllen. Arwyddocaol iawn oedd yr hyn a ddigwyddodd pan oedd y bachgen dipyn yn hŷn, tua phymtheg efallai, a phrifathro'r ysgol ym Mhen-y-groes wedi penderfynu am unwaith yn ei fywyd roi gwobrau i'r rhai oedd ar frig y rhestr yn y gwahanol ddosbarthiadau. Aeth â nifer ohonom i'w ystafell, a dweud wrth bob un am ddewis llyfr o blith amryw o lyfrau gwahanol iawn eu gwerth a'u natur. Dewisodd un ohonom gyfrol yn cynnwys holl weithiau Shakespeare. Yr oedd chwaeth hwnnw yr un ag eiddo'r bachgen yn *Y Dewis*: 'Nid oedd dim ar wyneb daear a fwynhâi Caleb yn fwy na dramâu Shakespeare'.

Nid cwbl ffansïol yw'r gwrthgyferbyniad y mynnir weithiau ei fod rhwng y sawl sy'n ymhyfrydu ym mhethau'r meddwl neu'r deall — ac ymroddiad i ddarllen yn arwydd o hynny — a'r sawl sy'n ymroi i orchwylion sy'n gofyn deheurwydd dwylo. Fe wyddom, mae'n wir, am y gweinidog neu'r athro darllengar neu'r ysgolhaig myfyriol sydd hefyd 'yn dda efo'i ddwylo'. (John Morris-Jones a'i glociau a Syr Thomas Parry-Williams yn diberfeddu ei gar.) Nid gŵr felly yw John Gwilym Jones. Meddai amdano'i hun, ' 'Fedrwn i ddim hyd yn oed chwarae marblis neu rowlio cylchyn neu chwipio top yn dda, heb sôn am gicio pêl glwt neu swigen lard o ladd-dŷ John Thomas, Bwtsiar'. A hyd y dydd hwn ni eill wneud fawr fwy â'i ddwylo na chlymu ei dei a chareiau ei esgidiau, er bod crefft yn amlwg yn ei deulu, ei dad yn saer maen a'i ewyrth, John Williams, yn saer coed.

Gan fod y pethau hyn i gyd felly, y mae'n dilyn fod yr 'un bach ofnus, llywaeth' yn dibynnu llawer ar nawdd ei gynefin agosaf, ac y mae'n sôn amdano'i hun yn cael ei 'lapio'n dynn yng nghadachau fy nhad a'm mam a'm nain a'm hewyrth John'. Ni welais i erioed mo'r nain odidog honno oedd ganddo yn Llandwrog, ond mi adwaenwn y tri arall yn dda, a mawr iawn fy mharch a'm hoffter tuag atynt. Gŵr tal tenau oedd Griffith Jones, yn fwyn ac yn ddiddig efo'i bibell a'i siag, a Jane Jones yn fechan ac yn gyfrifol am y siarad, nid yn chwyrlïog a di-saib fel llawer o'r pencampwragedd, ond yn bwyllog hamddenol. Un o'i phrif hoffterau oedd mynychu angladdau, os oedd y gydnabyddiaeth leiaf rhyngddi a'r marw neu'r teulu. Yr oedd hi a'm mam innau yn gyfeillion mawr, ac yn synio'n gyffelyb am bopeth o bwys mewn bywyd. Ei brawd hi oedd John Williams, yr ewythr a fu'n un o'r teulu am flynyddoedd, gŵr oedd, yn wahanol i'r ddau arall, yn malu ei eiriau'n fân iawn ac yn mynnu dweud ei stori.

Ni chafodd yr unig blentyn erioed ei fwytho gan ei rieni, a rhyw duedd i biffian chwerthin oedd ynddynt wrth grybwyll ambell gamp o'i eiddo, ond yr oedd hynny'n cuddio balchder digon cyfiawn a theg. Dyma'r hafan lle'r oedd ef yn angori'n fodlon, ac a'i denodd i chwilio am swydd yng Nghymru ar ôl bod yn athro ysgol yn Llundain am rai blynyddoedd. Fe dalodd ei ddyled yn llawn, oherwydd trwy gydol y misoedd hir o waeledd olaf ei fam bu'n gweini arni â gofal cariadus na welais i erioed ei debyg, ac ymhen blynyddoedd wedyn rhoes swcwr siriol i'w dad yr un fath.

I'r sawl sy'n gwybod hyn, diddorol iawn yw'r lle amlwg sydd i deulu yn y gweithiau llenyddol. O fewn ffrâm teulu y gosodwyd y nofel *Y Dewis* a'r holl ddramâu sydd wedi eu cyhoeddi hyd yma, ac eithrio *Hanes Rhyw Gymro*, a hyd yn oed yn honno, fel y sylwodd yr Athro Geraint Gruffydd, y mae Morgan Llwyd 'yn y diwedd yn ymdawelu'n syml yng nghariad ei wraig a'i deulu'. Y mae'n wir fod teulu ar dro yn cyfyngu ar lwyr ryddid dyn. Yn *Y Dewis* y mae gan Nesta fwy o annibyniaeth na Chaleb, oherwydd 'na theimlodd erioed glymau teulu'. Ond y byrdwn cyson yw fod teulu'n anhepgor i hapusrwydd ac i fyw bywyd llawn. Yn y stori 'Y Cymun' y mae Meurig, plentyn siawns wedi ei fagu mewn sefydliad a heb erioed adnabod ei rieni, yn cenfigennu wrth ei gydymaith oherwydd ei dylwyth, ac yn dweud, ' 'Does gen i ddim tad na mam . . . Mae'n golled fawr . . . 'Rydych chi'n colli'r ymdeimlad o olyniaeth . . . yn colli etifeddiaeth'. Yn 1930 fe ysgrifennodd Mr. Saunders Lewis erthygl ar 'Y Teulu' (a'i chyhoeddi wedyn yn y gyfrol *Canlyn Arthur* yn 1938) lle mae'n gresynu fod y wladwriaeth, ar yr esgus o garu lles plant, yn dwyn oddi ar rieni y cyfrifoldeb dros eu hepil, a thrwy hynny'n tanseilio'r teulu fel un o gymdeithasau mwyaf hanfodol y gwareiddiad Cristionogol. Rhan yw hyn o agwedd gyson Mr. Lewis fel Cristion, rhan o'i athroniaeth o fywyd, a defnyddio hen ymadrodd treuliedig. Ond nid trwy ymresymu fel athronydd neu wleidydd y daeth John Gwilym Jones i roi i'r teulu y lle amlwg sydd iddo yn ei weithiau, eithr yn hytrach trwy ymdeimlad a sylwadaeth y llenor — ymdeimlad yn codi o'i brofiad personol ef ei hun a sylwadaeth ar fywydau ei gydnabod.

Nid oes ddistrywio teulu. Ni all hyd yn oed angau wneud hynny. Er bod aelod o'r teulu ar goll, y mae iddo'i ran yn natblygiad bywyd ei berthnasau agosaf. Bu farw tad Caleb Gruffydd, ond ci ddymuniad ef am i'w fab fod yn bregethwr yr efengyl sy'n penderfynu gyrfa'r mab hwnnw. 'Cenhadwr fy nhad ydw i . . . ac mae'i fendith o arnaf fi', medd Ifan yn *Diofal yw Dim* wedi iddo ddeall fod ei dad, a laddwyd yn y rhyfel, yn casáu'r creulondeb a'r lladd o waelod ei enaid. Enillodd Ifan nerth i'w argyhoeddiad ei hun o wybod am deimladau ei dad. Ergyd hyn yw nad yw bywyd dyn yn gyflawn os nad yw'n ymwybod â'i gefndir yn ei deulu, y peth a fynegwyd gan Meurig yn y dyfyniad a roed uchod. Cyfoethogwyd profiadau'r awdur ei hun trwy ei gyfathrach â'i nain a thrwy'r hyn a glywodd am ei daid, yr unig chwarelwr ym mhentref Llandwrog, gŵr â thipyn o ruddin gwrthryfelwr ynddo. A dyma ran (nid y cyfan) o arwyddocâd y ddau daid ar lwyfan, Thomas Hughes yn *Diofal yw Dim* a Richard Gruffydd yn *Gŵr Llonydd;* y maent yn cysylltu'r teuluoedd â'u gorffennol, er cymaint y gwahaniaeth rhwng y tair cenhedlaeth.

Agwedd arall ar yr athrawiaeth na ellir dinistrio'r teulu mewn cymdeithas wâr yw'r cyfannu sy'n digwydd pan fo pethau'n dechrau datgymalu, ac yn wir wedi mynd yn o bell. Fe allai dyfodiad Robin yn *Gŵr Llonydd* fod wedi gwneud llanast go fawr, ond fe adweithiodd y cymeriadau i'r digwyddiad hwnnw yn y fath fodd nes bod Glyn yn gallu dweud ar y diwedd, 'Bydd popeth yn union fel yr oedd, a ninnau'n deulu cyfan unwaith eto yn medru sôn am ein gilydd yn naturiol ddi-lol, heb ofn, heb gelu dim'. Yn *Hynt Peredur* y mae sŵn y bachgen yn agor y drws yn addo cymod rhyngddo ef a'i fam ac yn rhagargoel o sefydlu teulu cyflawn pan fydd i'r fam briodi William Hughes, gŵr sydd, yn ôl y rhagolygon yng nghorff y ddrama, yn debyg o gyd-dynnu'n hapus â Pheredur. Cael gan ei wraig Dilys gydio yn ei law sy'n achub Ifor rhag hunllefau ei ddychymyg yn y ddrama *Yr Oedfa,* ac yn ôl at Lil ar ei aelwyd ei hun y daeth Ted druan ar ôl ei ymdrech seithug i fod yn dipyn o foi bohemaidd yn *A Barcud yn Farcud Fyth.*

Efallai mai yn *Pry Ffenast* y gwelir yr egwyddor hon ar ei mwyaf cymhleth. Y mae'r teulu wedi ei fylchu'n greulon cyn i'r ddrama gychwyn trwy fod gŵr Dora a thad Huw wedi lladd ei hun ar ôl ymgyfathrachu â merch oedd amryw flynyddoedd yn iengach nag ef ei hun. Aeth Huw i garu â'r ferch honno heb wybod pwy oedd, ac fe'u priodwyd heb i'r fam gael ei hysbysu. Daeth Eifion, hen ffrind i'r fam, adref am dro o America, a gofyn iddi ei briodi. Pan ddaeth Huw â'i 'gariad' i'w dangos i'w fam am y tro cyntaf, a'r fam yn gwybod pwy oedd y ferch, fe gaed defnydd digon ffrwydrol i yrru pob cyfathrach deuluol yn yfflon i'r pedwar gwynt. Ond nid felly. Ar ôl yr ing o wynebu ei gilydd, y mae pethau'n dod i ben cwbl gyson a rhesymegol trwy i Dora gytuno i briodi Eifion, ac i Huw a Madge fynd i ffwrdd gyda'i gilydd, ac o'r chwalfa boenus a bygythiol yr hyn a gaed oedd sylfaenu dau deulu newydd. Y mae bod Huw a Madge eisoes wedi priodi yn cadarnhau'r terfyn hwn i'r ddrama.

Ond y mae un teulu sydd wedi ei fylchu am byth, sef teulu Edwin Lloyd yn *Lle Mynno'r Gwynt.* Meddai'r tad, ' 'R ydym ni wedi colli anwyldeb Janet a'i sirioldeb a'i hymddiriedaeth. 'D ydi hi'n ddim bellach ond talp o chwerwder a chasineb yn symud fel adyn o un dref fawr i'r llall i geisio anghofio'. Fe gollwyd Dewi hefyd, trwy iddo yn ei ddallineb ewyllysio marw, a chael ei helpu i wneud hynny. Dyna pam y mae *Lle Mynno'r Gwynt* yn ddrama mor drist, ac yn awgrymu'r dirywiad a'r datgymalu sy'n digwydd yng nghymdeithas ein hoes ni. Ac eto, hyd yn oed yma, pan yw Huw a Gwladys ar gychwyn i Ganada ar ddiwedd y ddrama, ceir awgrym pendant y byddant hwythau'n dad a mam, ac y bydd yno wyrion i Edwin ac Alis Lloyd. Mewn gair, fe ddaw eto deulu o'r adfyd cymysglyd.

Teulu ar fin cael ei fylchu, a hynny mewn amgylchiadau ingol a thrasiedïol, yw teulu *Y Tad a'r Mab,* a thrychineb mawr y ddrama hon yw bod ymrwymiadau aelodau'r teulu i'w gilydd, yn lle bod yn gyfnerthiad y naill i'r llall, fel mewn eraill o'r dramâu, wedi troi'n llwyr o chwithig, yn ormes i'w chasáu. 'Be' sy'n bod', meddai Elis, 'bod yn rhaid inni deimlo cyfrifoldeb at ein gilydd? Pam na chawn ni fyw'n annibynnol yn lle bod 'na ryw gwlwm tragwyddol yn ein cydio ni'n frwnt wrth ein gilydd bob un ohonom ni?'

Gellid ysgrifennu traethawd hir a sylweddol ar ferched yr hen lanc hwn, sef merched yn ei weithiau llenyddol, ond nid dyna fy mhwrpas i yma. Mi garwn er hynny wneud sylw neu ddau ar y mamau. Yn y stori 'Cerrig y Rhyd' fe ddisgrifir mam sy'n ymateb i bopeth y mae ei mab yn ei wneud neu ei ddweud yn gwbl ddicra a dilachar. (Y mae hwn yn ddarlun rhy eithafol i fod yn wir am fam yr awdur na'm mam innau, er eu bod hwythau, fel llawer mam arall, yn tueddu i fod yn fwy cynnil eu clod na'u cerydd, ac nad oeddynt byth yn byrlymu eu cymeradwyaeth, beth bynnag fyddai'r orchest.) Yna daw math o anatomi o famolaeth, a baich hwnnw yw'r frawddeg hon : 'Nid cyrff wedi perchenogi rhagoriaethau anghyfnewidiol ydyw mamau, ond unigolion a rhinweddau a beiau pob un ohonynt ar wahân i'w gilydd wedi eu cymysgu â chymaint o amrywiaeth ag sydd o famau yn y byd'. Ond er gwaethaf y gosodiad hwn, y mae nodweddion cyffredin i'r mamau yn y storïau a'r dramâu, ac ar y cyfan arwresau ydynt. Er nad oedd mam yr awdur ei hun yn batrwm syth i'r un ohonynt, ni ellir llai na chredu fod y lle amlwg sydd iddynt yn ddrych o'i gariad at ei fam a'i deimlad o ddyled iddi.

223

Gweddwon yw pump o'r mamau : Naomi Gruffydd yn *Y Dewis,* Grace Hughes yn *Diofal yw Dim,* Poli Lewis yn *Gŵr Llonydd,* Dora yn *Pry Ffenast,* a'r fam yn *Hynt Peredur,* ac y mae hyn yn rhoi cyfle i ddangos eu plwc a'u dawn i fagu plant heb gynhorthwy tad yn y tŷ. Yr unig un ohonynt nad yw'n hoffus nac yn berson i'w hedmygu'n ddiamod yw Naomi Gruffydd, gwraig feistrolgar ei natur, yn mynnu ei ffordd trwy gyfrwystra deniadol, ac yn pennu gyrfa ei mab yn ôl ei bwriad hi ei hun. Er bod yr yrfa honno'n gwbl gymeradwy ac anrhydeddus, a bod gan fam bob hawl i gyfeirio bywyd ei phlentyn fel y mae hi'n gweld orau ac yn unol â dymuniadau'r tad a gollwyd, y mae'r penderfyniad gwydn sy'n goruwchreoli pob cynneddf arall yn enaid y fam hon yn peri i ddyn deimlo rhag ei waethaf mai dymunol fyddai ei gweld yn methu yn ei hamcan.

Y mae'r mamau eraill yn wragedd y gallwn eu hoffi a gweld eu rhinweddau yn hawdd. Y maent yn oddefgar ac yn deall safbwyntiau eu plant, hyd yn oed pan fydd y rheini'n gwbl groes, fel adwaith Huw a Dewi i ryfel yn *Lle Mynno'r Gwynt.* Y mae Poli Lewis yn maddau i Robin am ddianc oddi cartref a pheidio ag anfon gair iddi. Y mae hi hefyd yn gwybod mwy nag y mae'n cymryd arni — gwybod, er enghraifft, fod Pyrs ac Edgar wedi dod adref yn hwyr dan ddylanwad diod. Ac fe ŵyr Alis Lloyd yn iawn sut y bu farw Dewi.

Un o ffeithiau amlwg bywyd yw mai teimlad mam, nid ei rheswm, sy'n pennu ei hymarweddiad. Chwedl Alis Lloyd, ' 'Dydi rheswm yn meddwl dim byd i fam'. Y mae John Gwilym Jones wedi estyn yr egwyddor hon, a mynnu mai'r teimlad yw prif ysgogydd pob mam a thad a mab a merch a phawb yn y byd yma, y grym nerthol, sylfaenol a pharhaol. 'Fedri di ddim camdrin teimladau pobol heb gyfri'r gost', meddai mam Peredur wrtho. Ac eto, 'Dydi teimladau neb yn newid beth bynnag ydi'u hoed nhw'. Nid oes dim angen ymlafnio i ddangos hyn, oherwydd y mae cyffes y dramodydd ei hun ar gael mewn erthygl yn *Lleufer* (1959), lle mae'n dweud, 'Mae pob drama a ysgrifennais hyd yn hyn yn tyfu o syniad. Y syniad sy'n dod gyntaf, a hwnnw'n un cwbl haniaethol . . . Byddaf bob tro yn chwilio am bwnc o deimlad yn hytrach na phwnc o ddadl'. Er cymaint lle sydd i genedlaetholdeb Cymru gyfoes yn rhai o'r dramâu, nid rhywbeth i ymresymu yn ei gylch ydyw, ond mater o argyhoeddiad. Nid yw'r awdur byth yn dadlau'r achos er ceisio ennill y gynulleidfa. Rhan o brofiad ei gymeriadau ydyw, rhywbeth y maent hwy'n teimlo'n gryf ar ei gorn, a gwaith y dramodydd yw cyfleu eu hadwaith iddo, ac i amgylchiadau a ffenomenau eraill yn gyffelyb.

Ar ddechrau ei nofel *Y Foel Fawr* fe roes Mr. R. Gerallt Jones y geiriau hyn o eiddo Berdiaieff: 'In a certain sense, every single human soul has more meaning and value than the whole of history with its empires, its wars and revolutions, its blossoming and fading civilisations'. Gallai hyn fod yn erthygl yng nghyffes ffydd John Gwilym Jones yn hawdd iawn. Ni fu i hanes ddim swyn iddo. Cyfareddir ef gan y byd y mae'n byw ynddo, ond nid gan bopeth yn hwnnw chwaith. Dywedodd am Ddyffryn Nantlle, 'Arwynebol iawn yw fy niddordeb yn agweddau mwyaf nodweddiadol y Dyffryn yn gymdeithasol ac yn enwedig yn ddiwydiannol'. Nid dyn mewn siop neu mewn chwarel neu mewn ysgol neu mewn pwyllgor yw ei ddifyrrwch ef; ychydig iawn o wir bwysigrwydd sydd i alwedigaeth neb o'i gymeriadau. Unigolion ydynt yn byw yn eu teuluoedd ac yn mynd trwy brofiadau fel bodau dynol. Y mae i hanes ei unigolion wrth reswm, yn saint ac yn ddyhirod, ac y mae digon o lenorion o bob math wedi ceisio dehongli'r unigolion hynny ar bwys eu cymhellion a'u hymateb i'r byd o'u cwmpas; dyna, yn wir, yw *Hanes Rhyw Gymro*. Ond dewisach gan John Gwilym Jones yw ymateb dynion i'r gymdeithas y mae ef ei hun yn ei hadnabod yn uniongyrchol, yn hytrach na chymdeithas na allai wybod amdani ond fel y dehonglir hi yng ngweithiau haneswyr. Fel y dywedodd Mr. Saunders Lewis, 'Mae o'n derbyn ei gymdeithas, yn cyfansoddi yng nghanol ei gymdeithas. Dyna'i lwc fawr ef'. Fy lwc innau, ac eraill o'm hoed a'm cyflwr, yw ein bod wedi ein magu yn y gymdeithas honno, a'm lwc i yn arbennig yw fy mod wedi cael yr holl flynyddoedd meithion o gyfeillgarwch y llenor cain a'r beirniad craff hwn.

Cyhoeddwyd 1974

T. H. Parry-Williams *

Y mae llawer o ysgrifennu wedi bod eisoes mewn llyfrau a chylchgronau am Syr Thomas Parry-Williams fel bardd a llenor, ac fe fydd llawer o drafod eto yn ddiamau am flynyddoedd, oherwydd y mae cyfanswm ei gynnyrch yn sylweddol, ac y mae arbenigrwydd ei waith fel artist llenyddol ac fel meddyliwr yn galw sylw.

Y mae beirniaid cyfarwydd wedi ei gymharu â llenorion blaenaf Lloegr a Ffrainc a gwledydd eraill — Kafka, Proust, Samuel Becket a Beaudelaire, gan ddangos ei fod ef, fel y gwŷr enwog hyn, yn ystyried rhai o broblemau hanfodol bywyd a bod, ac yn ymateb iddynt yn gyffelyb. Fel y dywedodd un beirniad, yr oedd Parry-Williams yn rhan o'i gyfnod yn Ewrop.

Ar y llaw arall, y mae mwy nag un beirniad wedi pwysleisio fod y bardd hwn ar ei ben ei hun ymhlith ei gyfoedion. Torrodd yn rhydd oddi wrth ramantiaeth ferfaidd dechrau'r ganrif, a chanodd i bynciau oedd yn ddieithr, mewn arddull oedd yn newydd, ac mewn iaith oedd yn chwyldroadol, iaith lafar gyffredin ei deulu a'i gydnabod, geiriau nad oedd iddynt ddim gwarant mewn llenyddiaeth o gwbl, ond a enillodd urddas ac arwyddocâd o'u defnyddio ganddo ef. Cafodd hyn oll ddylanwad. Yn ôl Mr. Saunders Lewis, 'ni fuasai sonedau mawr Williams Parry yn 1937-38 yn bosibl oni bai am Parry-Williams.' Gallaf finnau dystio, o adnabod Williams Parry, fod hynny'n wir, oherwydd yr wyf yn cofio'n dda fel y byddai

---

* Sylwedd anerchiad a draddodwyd yng nghapel Rhyd-ddu pan agorwyd yr ysgol fel canolfan gweithgareddau ieuenctid, 27 Medi 1975.

ef yn rhyfeddu dan chwerthin at arddull foel 'yr hen gefnder', ac yn y diwedd yn mentro ysgrifennu'n gyffelyb ei hun.

Fel pob gŵr sy'n mynnu torri llwybr iddo'i hun trwy dir dieithr, yr oedd Parry-Williams yn ŵr dewr mewn cysylltiadau lle'r oedd dewrder yn costio. Safodd fel gwrthwynebwr cydwybodol yn ystod y rhyfel mawr cyntaf, pan oedd dynion felly yn cael eu herlid yn ddidostur. Yr un gonestrwydd a dewrder sydd yn y pethau a ddywedodd am ddiben bywyd, a chofio fod y pethau hynny wedi eu dweud pan oedd uniongrededd crefyddol yn cyfri mwy nag y bu yn ddiweddarach. Yr oedd ei genhedlaeth ef, fel fy nghenhedlaeth innau, yn rhy ifanc i allu derbyn athrawiaethau'r eglwys Gristnogol fel ein tadau yn y ganrif ddiwethaf, ac yn rhy hen i goelio efengylwyr yr oes hon. Ac yn rhai o'i gerddi fe ddywedodd Parry-Williams yn groyw glir ymhle yr oedd ef yn sefyll. Y mae'n gorffen y soned 'Dychwelyd' â'r cwpled

> Ni wnawn, wrth ffoi am byth o'n ffwdan ffôl,
> Ond llithro i'r llonyddwch mawr yn ôl.

Am hwn y dywedodd Mr. Alun Llywelyn-Williams, 'Dyma'r datganiad perffeithiaf a dewraf o argyhoeddiad gŵr na all dderbyn yn ddigwestiwn yn yr ugeinfed ganrif gredoau'r ddiwinyddiaeth draddodiadol.'

Un o'r pethau a nodir fynychaf ynglŷn â Parry-Williams yw'r elfen o feddwl neu fyfyrdod sydd yn ei waith. Yr wyf yn cofio'n dda bod yn ei gwmni flynyddoedd lawer yn ôl, ac iddo ddweud peth fel hyn: 'Mi fydd pobol yn eistedd i ddarllen neu sgwennu neu siarad neu wrando ar y radio am oriau, ond 'chlywais i am neb yn eistedd am oriau i feddwl. Mi fydda' i yn treulio gyda'r nos gyfan weithiau i wneud dim ond smocio a meddwl.' Ystyr hyn yw fod myfyrio yn rhan o batrwm ei fywyd, yn un o'i weithgareddau cydnabyddedig. Yr oedd wedi dechrau arni'n gynnar, pan aeth i'r ysgol ym Mhorthmadog rhwng un ar ddeg a deuddeg oed, a gorfod bod yno am y tymor cyfan heb fynd adref — ' 'Rwyn credu fod f'unigrwydd wrth fod ar fy mhen fy hun ynghanol pobl ddieithr wedi peri imi fyfyrio cryn dipyn yr adeg honno.' Soniodd ef ei hun am natur a gwerth myfyrdod yn yr ysgrif

227

'Llenydda' yn *Synfyfyrion,* ac y mae'n arwyddocaol iawn mai fel rhan o fusnes y llenor, nid y gŵr crefyddol na'r athronydd, y mae ef yn edrych ar fyfyrio.

Y mae hyn yn peri fod yn ei waith ddifrifwch mawr, ac y mae hwnnw i'w weld yn arbennig o glir yn yr ymboeni ynghylch angau. Y rheswm am yr ymboeni hwnnw yw'r teimlad a'r argyhoeddiad fod bywyd yn werth ei fyw. Y mae'r sawl sy'n condemnio Parry-Williams am fod yn besimist ac yn ddiobaith, a'i gyhuddo o haeru 'mai gwacter yw bywyd, nad oes dim ystyr i ddim', yn barnu'n arwynebol iawn, oherwydd petai'n credu felly, ni fuasai raid gofidio mor ddwys am stranciau'r angau. Yr oedd y bardd yn mwynhau byw i'r eithaf. Y mae'n wir fod ei deimladrwydd mor dyner nes bod gofidiau bywyd yn boen ingol iddo, a'i ddeallusrwydd mor llym nes bod ceisio esbonio bywyd yn dasg barhaus. Ond er cymaint y pwn ar ei feddwl, fe lwyddodd i gadw cilfach yn ei galon oedd yn iach ac yn ddedwydd, fel y mynegodd yn un o'i sonedau :

Yn ystod y blynyddoedd mi ni wn
A ddysgais un amgenach crefft na hon —
Sef rhwystro i boenau'r byd a'r bywyd hwn
Oresgyn cysegr sancteiddiola'r fron;
Eu cadw rhag gormesu unrhyw bryd
Ar fynwes daclus, â'u cybôl di-drefn,
Eu siwio ymaith o'r ffenestri clyd,
A bario drws y ffrynt a drws y cefn.

Dyma efallai un agwedd ar y ddeuoliaeth oedd ym mhersonoliaeth Parry-Williams, fel y sydd ym mhersonoliaeth llawer dyn mawr arall — y difrifwch a'r ymboeni a'r pryder ar y naill law, a'r digrifwch a'r hapusrwydd a'r areuledd ar y llaw arall. Cymeriad tebyg iawn iddo yn hyn o beth oedd Waldo Williams.

Yr oedd y sawl oedd yn ei adnabod yn weddol drwyadl ac wedi treulio amser yn ei gwmni yn gynefin iawn â'r adrodd storïau doniol, y chwarae ar air ac ymadrodd, a'r chwerthin mawr llawen. Y mae'n un cellwair afieithus yn ei waith llenyddol, ond bod y beirniaid wedi sylwi mwy ar ddifrifwch ei fyfyrdod. Nid ysgrifennwr digrif mohono, fel, dyweder, W. J.

Griffith, Henllys Fawr (er bod amryw bwyntiau lle'r oedd dawn y ddau yn gorgyffwrdd) ond daw ei hiwmor i'r golwg yn ddigon aml. Dyma un enghraifft:

Beth yw'r elfen ddigrifwch sydd bron bob amser ynglŷn â chloc mawr wyth niwrnod, fel ynglŷn â drwm? Y mae'n anodd peidio â gwenu wrth ei weld neu wrth glywed a siarad amdano. Gellir cael hwyl ar ei gorn pan fynner. Efallai mai ei wyneb ysgwâr — wyneb â bysedd arno — sydd i gyfri am hyn, neu ei warnio ffyrnig a'i daro pwyllog; tebycach gennyf mai gwacter ei gorff, a guddir mor garedig o gywrain gan ei ddrws — peth mawr gwag; a drws hefyd gan gloc. Y mae hyn yn sicr, dodrefnyn a phersonoliaeth ganddo ydyw'r cloc mawr, a nodweddion personoliaeth sy'n creu chwerthin iach. Tystion o'r mul a'r mwnci a'r bwch gafr.

(*Olion*, 15-16)

Enghraifft o ysgrif yn yr ysbryd cellweirus, chwareus hwn yw 'Prynu Caneri'. Y mae'r awdur a'i gyfaill wedi boddi cath a phrynu caneri, ond y mae un peth arall y dylid ei wneud:

Y mae un gorchwyl arall gyda'n gilydd yn aros i'w gyflawni, sef lladd mochyn, neu weithred gytras gyffelyb. Dylai'r cymundeb rhyngom fod yn berffaith wedyn — a chyda llaw yn ychwanegiad at y Trioedd. Os byth y daw'r diwrnod hwnnw, bydd yn sicr o fod yn un o ddyddiau coch calendr fy mywyd. Ond ysywaeth, wedi i ddyn foddi'r gath, prynu caneri a lladd ei fochyn — y tri hyn — ni bydd dim yn aros ond terfynoldeb diflas a di-ias. Arhoswn felly ronyn bach yn nifyrrwch gogleisiol y gohirio.

(*Olion*, 41)

Sylwer ar y gair 'cytras', un o dermau technegol gwyddor Ieitheg, a'r awdur yn rhyw grafu tipyn bach ar ysgolheigion. Felly hefyd gyda'r cyfeiriad at y Trioedd. Y mae hefyd islais ysgrythurol ac emynyddol yn yr ymadroddion 'y tri hyn' a 'ronyn bach'. Nid yw hyn i gyd ond cipolwg ar y bywyd cyflawn a chyfoethog o fyfyrio a theimlo'n ddwys ac ofni angau, a hefyd cellwair a chwmnïa a chwerthin a gafodd Syr Thomas Parry-Williams ar ei hynt trwy hyn o fyd.

Y mae wedi cael ei ddweud laweroedd o weithiau mai un o'r pethau amlycaf yn ei waith yw ei hoffter o'i deulu a'i ymlyniad diollwng wrth Ryd-ddu a'r cyffiniau. Yr wyf fi'n

229

cofio teulu Tŷ'r Ysgol yn gyfan, ac eithrio un brawd, oedd wedi mynd i'r America yn ifanc a marw yno. Am rai blynyddoedd byddent gartref i gyd yng ngwyliau'r haf. Da y dywedodd Parry-Williams, ' 'Roeddem ni'n deulu mor hapus gartref.' Mi awn ar fy llw na fu unrhyw air croes am ddim byd erioed ar yr aelwyd. Yr oedd pawb yn gyfeillion calon, a rhyw destun cellwair a gwamalu yn codi bob dydd. Hawdd deall fod y bardd wedi ymglymu am ei rieni a'i frodyr a'i chwiorydd. Ond pam y gwirioni ar ddaear y fro — y mynyddoedd a'r llynnoedd a'r ffrydiau a'r capel a'r trigolion? Nid oes yng ngwaith R. Williams Parry ddim o'r ymhoffi hwn yn Nyffryn Nantlle, na dim cyfeiriad at y lle ond braidd yn ddilornus. Nid oes gan Gwilym R. Jones ond un cywydd byr i'r Dyffryn.

Ni wn i ddim beth yn union yw'r esboniad ar y gwahaniaeth hwn, ac nid wyf am geisio dyfalu. Ond mi garwn nodi un peth, sy'n edrych i mi yn wir go bwysig, sef natur gweledigaeth Parry-Williams, oherwydd gweledigaeth oedd hi, gweledigaeth o gymdeithas sydd wedi newid ac wedi darfod am byth, nid annhebyg i weledigaeth Owen Edwards o Lanuwchllyn. Yr oedd Parry-Williams yn arloeswr barddoniaeth Gymraeg fodern a'r ysgrif fel ffurf lenyddol. Y mae'n llawn mor wir ei fod yn ddarluniwr, yn wir yn ddehonglwr, yr hen Gymru goll. Fe ddywedir fod ei waith yn corffori personoliaeth unigryw, synhwyrau main a theimladwy eithriadol. Y mae hefyd yn corffori uchafbwynt yn hanes y Gymru Gymraeg, weithgar, grefyddol, lawn pwrpas ac amcan, fel yr oedd yn nyddiau ei blentyndod a'i lencyndod ef, a honno wedi ei disgrifio (neu ei datguddio efallai) gan ŵr oedd wedi ymadael â'r fro ac wedi ymwadu â rhai o gredoau anwylaf a phwysicaf y gymdeithas.

Nid disgrifiad yr hanesydd economaidd deoledig yw ei ddehongliad ef, ond darlun sy'n dibynnu ar ansawdd ei bersonoliaeth ef ei hun ac yn eglurhad ar y bersonoliaeth honno. Sylwch ar y bachgen yn mynd i'r Ysgol Sir ym Mhorthmadog, yn ei eiriau ef ei hun: 'Cerdded i lawr o Ryd-ddu i Feddgelert fel rheol, weithiau'n cael lifft gan Ifan bach y Post. Cael brêc Humphrey Jones o Feddgelert i Borthmadog, a mynd yn syth i'r tŷ lojin.' Ac yno y byddai am dymor cyfan heb fynd adref. Dim rhyfedd fod y bachgen bach deuddeg oed yn hiraethu'n chwerw dost am ei gartref a'i deulu. Dyna'r gymdeithas sefydlog, ddibetrol oedd yn naturiol yng Nghymru ddeng mlynedd a thrigain yn ôl, ac wrth gofnodi hynny y mae Parry-Williams yn gwneud peth pwysicach, sef dangos effaith ei amgylchiadau ar blentyn teimladwy, a'r effaith hwnnw yn llunio'i gymeriad ac yn para trwy ei oes.

Fe ellid sôn am ei gyfeiriadau at grefydd y fro, am ei dad yn cadw dyletswydd gyda'i deulu, am John ac Ann a'r eneiniad ar y weddi, am yr hen ŵr o bregethwr pedwar ugain oed yn pregethu ar Barzilái. Ond yr oedd y grefydd ymneilltuol oedd mor bwerus yn nhraddodiad ei ardal wedi colli ei rhin iddo ef, ac er bod iddi yn ddiamau ei rhan yn ffurfiant ei bersonoliaeth, nid yw'n un o'r ffactorau pennaf, a rhyw ymroi i hyrddiau o feddal-deimlad lliniarus y mae'r awdur wrth sôn amdani. Ond yn sicr y mae'n rhan o gymdeithas y fro, ac fel y cyfryw yn haeddu parch.

Y mae'r gymdeithas a'i dull o fyw yn y cefndir bob amser, ac ôl llaw dynion yn coethi'r hyn a ystyrir yn gyffredin yn garthion esgymun diwydiant, fel tomennydd chwareli. Mi gyfeiriais gynnau at R. Williams Parry a'i agwedd at Ddyffryn Nantlle. Cywair ei adwaith ef i'r Dyffryn a'i ddiwydiant yw'r hyn sydd yn y ddwy linell hynny, 'Rhyngom a'r ddôl ddihalog / Daeth chwydfa'r Gloddfa Glai'. Ac y mae am ffoi i'r Lôn Goed yn Eifionydd 'O olwg hagrwch cynnydd / Ar wyneb trist y Gwaith' (sef y chwarel). Yn y soned 'Dyffryn Nantlle ddoe a heddiw' y mae'n gwawdio piwritaniaeth foeswersol y trigolion a'u hanallu i ddeall yr hen chwedlau Cymreig a osodwyd yn yr union fro honno. Gweddillion unig-oliaeth felancolaidd Rhamantwyr dechrau'r ganrif yw hyn wrth gwrs. Mewn ysbryd cyffelyb, ond nid gyda'r un cymhell-iad, y mae'r awdurdodau lleol wedi clirio tomen y Gloddfa Glai yn Nhal-y-sarn, a thomen Pant-dreiniog ym Methesda. Pethau'n anharddu'r olygfa yw tomennydd rwbel, ac y mae'n iawn gwario arian prin y cyhoedd i'w symud ymaith. Ond gwrandawer ar Parry-Williams yn trafod y tomennydd:

231

Nid ydynt yn anharddu cefn-gwlad o gwbl yng ngolwg yr un sydd â chymdeithasiad â hwy yn ei enaid. Y mae'r domen, er nad yw ond rwbel condemniedig, eto'n lân a chynhesol. Y mae pob un o'r cerrig wedi bod trwy ddwylo rhywun rywdro, wedi ei chodi i'r wagen a'i thaflu gyda'i chymheiriaid dros frig y domen. Gwelir weithiau ôl y llif ar rai, ac odid na welir ambell dro ôl twll yr ebill — ebill rhywun a fu yn ei ddydd yn ceisio troi cerrig yn fara . . . Y mae llu o'r tomennydd llonydd hyn yn gorwedd yn dawel ac yn osgeiddig ar lechweddau'r bryniau ac ar lannau'r llynnoedd, a'u godreon llaes yn ymestyn yn fonheddig i'r tir glas ar y rhos neu i'r dŵr glas yn y llyn.

(*Lloffion*, 24-5)

Gwahanol iawn i 'chwydfa'r Gloddfa Glai'. Sylwer ar yr awgrym cyfrwys a chynnil yn yr ymadrodd 'eu godreon llaes yn ymestyn yn fonheddig i'r tir glas', lle y mae'r llenor cyfarwydd yn cyfleu darlun o ŵr neu wraig yng ngwisg swyddogol galwedigaeth uchel yn rhodio'n araf ac urddasol mewn gorymdaith bwyllog.

Fe wyddai Parry-Williams fod y garreg las wedi bod yn foddion cynhaliaeth i filoedd o'n cyndadau ni yn Eryri, gwŷr digon brith eu buchedd lawer ohonynt, yn byw bywyd caled ac ymdrechgar, yn gul a phiwritanaidd eu syniadau yn fynych, ond gwŷr uchel eu delfrydau, gwŷr yr oedd grym eu hewyllys cyn gryfed â nerth eu breichiau. Ac yn anad dim, y gwŷr a barodd fod angen ysgol a chapel yn Rhyd-ddu, ac a ddug i fod ei gartref diddan ef ei hun, ac a'i gwnaeth yn bosibl iddo ef ei hun gael addysg uwchradd helaeth a swydd wrth ei fodd (ar ôl un methiant seithug) a hamdden i fyfyrio a llenydda. Yr oedd tomennydd rwbel chwarel Glanrafon a'r 'ddwy chwarel wedi cau' ar lan Llyn y Gadair yn rhan anhepgor o'i fro, ac wedi eu trawsnewid gan ei ddychymyg creadigol ef yn bethau hardd ac urddasol, yn bethau 'gosgeiddig' a 'bonheddig'. Nid un bachgen bach a theulu Tŷ'r Ysgol yn unig sy'n byw yn y fro, ond cymdeithas o bobl gydnaws, cenedlaethau o weithwyr gonest a rhadlon. Ie, gweithwyr, ac yn y chwarel a'r ffatri a gweithdy'r crydd ac ar ffermydd ac ar y lein bach, a'r ardal yn gartref bywiol iddynt, ac nid yn faes chwarae i Saeson ariannog, fel y mae'r fro hon a llawer bro arall erbyn heddiw.

232

Y mae'r paragraff olaf yn yr ysgrif olaf yng nghyfrol olaf Syr Thomas Parry-Williams yn ddadlennol. Teitl yr ysgrif yw 'Bro', ac y mae'r awdur yn sôn amdano'i hun wedi mynd yno gydag eraill i wneud ffilm i'w theledu, ac yn cyfarfod perchenogion ffermydd nad oeddynt yn ei adnabod, ac yn wir yn elyniaethus bron; ie, yn yr hen fro — yr hen frodorion wedi mynd.

Nid wyf am jeremeio mwyach ynglŷn â'r tri ysgytwad a gefais; ond rhaid i mi ofalu rhag i 'archoll o golli' amryw hen gyd-frodorion siglo rhywfaint ar fy hunan-hyder chwyddedig a'm balchder-ysbryd bröyddol. Mynd y mae'r hen gynefinwyr o un i un; ac ar ryw olwg y mae tamaid o'r hen fro'n diflannu gyda hwy bob tro. Ond mi ddaliaf i na ddiflanna hi ddim yn llwyr o'm bryd ffansïol i nes i minnau hefyd orfod mynd.

(*Pensynnu* 90)

Y mae ef wedi gorfod mynd, yn helaethrwydd ei flynyddoedd a chyflawnder ei lafur. Ond fe allem ni ei sicrhau, petai modd gwneud hynny, na ddiflanna'r hen fro ddim tra bydd Cymry (a Saeson ac eraill) yn gallu darllen ei gerddi a'i ysgrifau ef.

Cyhoeddwyd 1975

J. T. Jones

CYFIEITHYDD A BARDD

Y mae cyfieithu i'r Gymraeg o ieithoedd estron yn hen arfer yng Nghymru. Yn yr Oesoedd Canol fe gyfieithwyd llawer o weithiau crefyddol a chwedleuol o'r Lladin ac o'r Ffrangeg, fel yr *Elucidarium* dan y teitl 'Ystorya Lucidar', a chwedlau Siarlymaen. Yn ddiweddarach troswyd llawer o lyfrau defosiynol o'r Saesneg, yn arbennig dan ddylanwad y Diwygiad Protestannaidd, a chan Biwritaniaid yr ail ganrif ar bymtheg. Y mae rhai o'r llyfrau a gyfieithwyd dan gymhelliad crefyddol yn gampweithiau glendid iaith ac arddull, fel *Deffyniad Ffydd Eglwys Loegr* Morris Kyffin, *Llyfr y Resolusion* John Davies a *Gwirionedd y Grefydd Gristnogol* Edward Samuel. Yn y ganrif ddiwethaf aeth cyfieithu bron yn ddiwydiant, gan gynnwys gweithiau adnabyddus fel *Taith y Pererin* a *Chaban F'Ewyrth Twm*. Ond pencampwaith pob cyfieithu oedd y Beibl. Y mae'n ffaith ryfedd iawn fod y Beibl wedi mynd yn glasur ac yn batrwm ieithyddol a llenyddol ymhob iaith y troswyd ef iddi.

O ystyried yr enghreifftiau o gyfieithu llwyddiannus a gaed trwy'r canrifoedd y mae rhai amodau yn dod yn amlwg. Un yw (fel y dywedwyd o'r blaen lawer gwaith) fod y cyfieithydd yn trosi i'w iaith ei hun, a'i fod yn drwyadl hyddysg ynddi. Ffuantus hollol yw'r gri a godwyd gan estroniaid am i ni yng Nghymru gyfieithu ein llenyddiaeth er mwyn i weddill y byd gael gwybod amdani. Busnes yr estroniaid yw dysgu Cymraeg a chyfieithu i'w hiaith hwy eu hunain, fel y gwnaeth Idris Bell, Kenneth Jackson, Joseph P. Clancy ac Anthony Conran.

Amod arall yw bod y gwreiddiol yn waith safonol o'i fath, yn wir yn llenyddiaeth fawr, beth bynnag ydyw. Y mae'n debyg fod ambell enghraifft brin o gyfieithiad sy'n rhagori ar y gwreiddiol, ond os felly, mi allwn i feddwl nad oedd y gwreiddiol ddim yn werth ei gyfieithu. A chymryd fod y trosglwyddo yn effeithiol, y mae gwaith o natur lenyddol aruchel yn mynd i ennill ei blwy ac i ymsefydlu'n ddiogel yn ei ddiwyg newydd.

Y mae hyn yn ein dwyn at bwynt tra phwysig a nodir yn ddiamwys gan Mr. J. T. Jones yn ei ragymadrodd i'w drosiad o *Hamlet*. Dyma'i eiriau: 'Y mae cyfieithu llenyddiaeth yn gelfyddyd greadigol, gyda'i safonau a'i delfrydau arbennig ei hun. Hynny yw, y mae pob trosiad llwyddiannus o gân neu nofel neu ddrama yn greadigaeth newydd, ac felly'n ychwanegiad at gynhysgaeth artistig a stôr lenyddol yr iaith y'i troswyd iddi.' Gellid ymhelaethu llawer ar y geiriau doeth hyn, petai le ac amser, ond ni wnaf ond estyn mymryn ar yr ymadrodd 'creadigaeth newydd'. Y mae hyn yn golygu fod i'r hyn a gynhyrchir, y cyfuniad o ystyr geiriau a fframwaith mydryddol (os barddoniaeth ydyw), ei nodweddion priod ei hun, a bod y rheini gyda'i gilydd yn addasu'r gwaith i fod yn llenyddiaeth dda. Y perygl yw i'r gwaith 'newydd' hwn beri i'r darllenydd ymateb mewn ffordd gwbl wahanol i'r ffordd y bwriadwyd iddo ymateb gan awdur y gwreiddiol. Y gamp a'r orchest yw codi'r un ymateb trwy gyfrwng gwahanol.

Amod arall anhepgor yw bod rhyw fath o gydnawsedd trwyadl rhwng y cyfieithydd a'r gwaith y mae'n ei drosi, a'i fod yn argyhoeddedig ei fod yn gwneud gorchwyl sydd o wir bwys, yn werth ei wneud, a'i wneud yn y dull gorau un. Dyna yn ddiamau sut yr oedd cyfieithwyr y Beibl yn ystyried eu tasg, a dyna pam y mae'r canlyniad mor rhagorol. Yr oedd penillion Omar Khayyam a thelynegion Heinrich Heine yn ymgorffori agwedd ar athroniaeth dechrau'r ganrif hon ac yn gytûn â natur John Morris-Jones ac â'i syniadau am hanfodion barddoniaeth, a gwnaeth yntau orchest fawr o'u cyfieithu.

Ystrydeb yw dweud nad oes modd cyfieithu barddoniaeth, ac fe ddiffiniodd rhywun farddoniaeth fel y peth hwnnw sy'n mynd ar goll wrth gyfieithu. Ond nid cwbl deg mo hyn, fel y mae gwaith John Morris-Jones yn profi, a gwaith Gwynn Jones yn trosi *Ffawst.* Y mae'n llawer iawn haws cyfieithu rhyddiaith wrth reswm. Ond os cyfieithu barddoniaeth o gwbl, yr wyf fi'n credu bod rhyw fath o fydryddiaeth yn anhepgor. Y mae rhythm a rhediad y llinell mewn unrhyw farddoniaeth yn un o'r pethau pwysicaf i gyfleu'r ysgogiad esthetig priodol i'r sawl sy'n darllen neu'n gwrando. Er mor wych yw iaith goeth ac urddasol y cymeriadau yng nghyfieithiad Gwynn Jones o *Macbeth,* yr wyf fi'n teimlo fod rhywbeth hanfodol yngholl heb sigl y mesur diodl.

Ymhlith cewri'r cyfieithu yng Nghymru y mae'n rhaid cynnwys Mr. J. T. Jones. Os caf fod yn bersonol am funud, mi ddois i i'w adnabod gyntaf pan eis i'n fyfyriwr i Goleg Bangor dros hanner can mlynedd yn ôl. Yr oedd 'J.T.' yn un o fyfyrwyr aeddfed a phrofiadol yr Adran Gymraeg, ac yn gwneud gwaith ymchwil ar gyfer gradd M.A. Ond yr oedd hefyd yn un o'r criw bach o feirdd oedd yn peraidd byncio yn y Coleg ar y pryd, ac y mae'n ddiddorol sylwi ei fod mor gynnar â hynny yn ymddiddori mewn cyfieithu. Yn y casgliad o farddoniaeth myfyrwyr a olygwyd gan Dr. Sam Jones dan y teitl *Barddoniaeth Bangor* yn 1924 y mae cyfieithiad o gerdd enwog W. H. Davies, 'A Great Time', a dyma'r pedair llinell ddiwethaf:

> Dichon na ddaw yr enfys ddrud
> A chân y gog ynghyd byth mwy,
> Byth mwy'r fath wledd
> Tu yma i'r bedd.

Y mae yn y gyfrol gyfieithiad rhagorol arall gan Mr. Jones, i'r Saesneg y tro hwn, o delyneg Wyn Williams, 'Yr Ystafell Gudd'.

Enghreifftiau yw'r ddau gyfieithiad hyn o drosi cerddi oedd yn adnabyddus ac yn gymeradwy iawn yn eu dydd. Gorchwyl cyffelyb oedd yr hyn a wnaeth Mr. Jones yn 1938, pan enillodd yn Eisteddfod Genedlaethol Caerdydd am gyfieithu'r casgliad o delynegion A. E. Housman a elwir *A Shropshire Lad.* Cyhoeddwyd y cyfieithiad y flwyddyn wedyn dan y teitl *Y Llanc o Sir Amwythig.* Yr oedd gwaith Housman yn enwog iawn yr amser hwnnw; yr oedd R. Williams Parry, er enghraifft, yn meddwl y byd ohono, ac yn ei ddarllen yn fwy cyson efallai na dim arall yn Saesneg. Fe gofir am ei gerdd i'r bardd o Sais, sy'n dechrau â'r llinellau

> Nid ofna'r doeth y byd a ddaw
> Ar ochor draw marwolaeth.

Ar amryw ystyron yr oedd cerddi Housman yn gyfaddas iawn i'w troi i'r Gymraeg, ar wahân i'w poblogrwydd ar y pryd. Gwladwr cyffredin yw'r 'Shropshire Lad', a'i fywyd yn gyffelyb i fywyd llawer llanc o Gymro, a'r byd yn ei drin yn garedig, ac yn greulon hefyd. Yn y cefndir, fel y mae Caernarfon neu Gaerfyrddin i fachgen o Gymro, y mae tref Llwydlo, a'i gloddest a'i thrasiedi. Yr oedd holl awyrgylch telynegion Housman yn debyg i awyrgylch y wlad yng Nghymru drigain mlynedd yn ôl; yn wir yr oedd eu tiriogaeth am y ffin â Chymru, ac megis yn estyniad o Gymru. Ond nid yw hynny'n lleihau dim ar ragoriaeth trosiadau Mr. J. T. Jones. Fel enghraifft cymerer y gerdd i'r pren ceirios. Dyma'r gwreiddiol:

> Loveliest of trees, the cherry now
> Is hung with bloom along the bough,
> And stands about the woodland ride
> Wearing white for Eastertide.
>
> Now, of my threescore years and ten,
> Twenty will not come again,
> And take from seventy springs a score,
> It only leaves me fifty more.
>
> And since to look at things in bloom
> Fifty springs are little room,
> About the woodlands I will go
> To see the cherry hung with snow.

A dyma hi yn Gymraeg:

> Mae'r geirioswydden, brydferth bren,
> Yn awr â blodau drosti'n llen,
> A saif, ger llwybyr Coed y Glyn,
> At Ŵyl y Pasg yn gwisgo gwyn.

237

Yn awr, mae o'm saith-dengmlwydd i,
Ugain ni ddônt yn ôl i mi;
Ac ni ad ugain gwanwyn chwim
Ond pum-deg gwanwyn arall im.

Ac am fod pum-deg gwanwyn mwyn
Mor fyr i syllu ar flodau'r llwyn,
Mi af i weld, yng Nghoed y Glyn,
Y ceirios bren dan eira gwyn.

Er cystal yw'r gwaith ar *Y Llanc o Sir Amwythig*, nid yw'n agos cymaint gorchest â'r hyn a wnaeth Mr. Jones yn ddiweddarach, sef cyfieithu rhai o ddramâu Shakespeare. Yn 1960 fe gyhoeddwyd ei drosiad o *Hamlet*, yn 1969 *Marsiandwr Fenis*, ac yn 1970 *Nos Ystwyll*, ei drosiad o *Twelfth Night*.

Prin fod raid ymhelaethu i ddangos pa mor anodd yw cyfieithu gwaith Shakespeare, er ei fod wedi ei wneud i amryw o ieithoedd. Ond gadewch inni gofio ffaith neu ddwy. Yn un peth, y mae ei ieithwedd Saesneg yn fynych yn edrych yn hynafol erbyn hyn, ac eto y mae'r hynafiaeth honno yn rhan bwysig o'r effaith. Peth arall, y mae ganddo amrywiaeth o arddulliau — barddoniaeth ar ei phuraf, ymadroddi urddasol sy'n fwy o fawreddogrwydd nag o farddoniaeth, ac yn yr eithaf arall iaith fras a sathredig y bobl fwyaf cyffredin yng nghymdeithas ei oes. Peth arall eto, yr oedd yn fynych iawn yn defnyddio geiriau mwys, a hynny nid mewn darnau cellweirus yn unig, ond hefyd mewn cysylltiadau dwys a difri. Ar antur yn unig y gellir cyfleu'r geiriau mwys mewn iaith arall, oherwydd rhywbeth ydyw y mae a wnelo â ffurf a sain y gair yn ogystal â'i ystyr.

Yna y mae un nodwedd ar weithiau Shakespeare sy'n fwy gwir amdano ef nag am unrhyw waith llenyddol, ar wahân efallai i'r Beibl, a dyna yw honno, fod llu mawr o ddyfyniadau o'r dramâu wedi dod yn adnabyddus i bawb deallus sy'n gynefin â'r iaith Saesneg. Y maent bron fel diarhebion ar lafar gwlad. Dyma rai:

> I am Sir Oracle,
> And when I ope my lips, let no dog bark,

238

> All the world's a stage,
> And all the men and women merely players.

Ac eto: 'Some are born great, some achieve greatness, and some have greatness thrust upon them', a llu mawr o rai eraill. Y mae'r dyfyniadau adnabyddus hyn wedi mynd yn gymaint rhan o gynhysgaeth feddyliol pawb ohonom nes ei bod yn anodd iawn eu troi i iaith arall heb amharu ar eu harwyddocâd. Y mae eu hystyr a'u gwerth yn dibynnu cymaint ar yr iaith y llefarwyd hwy ynddi gyntaf.

Y mae *Hamlet* yn cynnwys nifer helaeth iawn o'r ymadroddion a'r brawddegau cyfarwydd hyn, ac y mae'n werth sylwi sut y mae Mr. Jones yn eu trin. Dyma'r dyfyniad hwn, er enghraifft, a welwyd gymaint o weithiau yn *albums* merched ifainc pan oedd y rheini'n bethau ffasiynol lawer blwyddyn yn ôl:

> This above all: to thine own self be true,
> And it must follow, as the night the day,
> Thou canst not then be false to any man.

A dyma'r cyfieithiad:

> Yn bennaf oll, bydd driw i ti dy hun,
> A dilyn wna, fel dydd yn dilyn nos,
> Na elli fod yn ffals i undyn byw.

(Sylwer fel y mae trefn y geiriau wedi ei newid yn yr ail linell, gyda'r bwriad yn ddiamau o osgoi llafariaid rhy debyg ar ddiwedd y llinellau). 'Rwy'n credu ei bod yn deg dweud nad oes dim wedi colli yn y trosiad hwn, ond yr oedd y gwreiddiol yn weddol hawdd ei drin. Dyma un anos:

> The time is out of joint: O cursed spite
> That ever I was born to put it right.

Ac yn Gymraeg:

> Mae'r oes oddi ar ei hechel: gwae fyfi
> Fy ngeni erioed i geisio'i hadfer hi.

Sylwer fod y cyfieithydd wedi defnyddio delwedd wahanol yn y llinell gyntaf, peth hollol gyfreithlon. Sylwer hefyd ei fod wedi cadw'r odl.

239

A sôn am odl, fe wyddys fod Shakespeare yn fynych yn taro cwpled odledig yng nghanol ei fesur diodl, yn arbennig ar ddiwedd golygfa neu anerchiad hir, ac yn ddieithriad y mae'r cyfieithiad Cymraeg yn cadw'r odl, er nad yw hynny bob amser yn hawdd. Un o'r enghreifftiau gorau yw hon yn *Hamlet:*

I must be cruel only to be kind;
Thus bad begins and worse remains behind.

Fel hyn yn Gymraeg:

'Rwy'n greulon, ond o raid a charedigrwydd;
Mae'r dechrau'n ddrwg, a gwaeth sydd eto i ddigwydd.

A dyma un arall o *Farsiandwr Fenis:*

Silence is only commendable
In a neat's tongue dried and a maid not vendible.

Yn y cyfieithiad:

Dim ond dau beth sy'n fud
Ac eto'n gymeradwy:
Sef tafod eidion rhost
A morwyn amhrynadwy.

Mi soniais gynnau am y geiriau mwys sydd gan Shakespeare, ac mai anodd iawn, cwbl amhosibl yn aml, yw eu cyfleu mewn iaith arall. Eto i gyd, y mae Mr. J. T. Jones yn rhoi cynnig teg arni rai gweithiau. 'Many things by season season'd are', medd Shakespeare. Ac ebe'r cyfieithydd, 'Y tymor sy'n tymheru llawer peth'. Ni allai neb byth droi i Gymraeg yr union chwarae sydd yn y geiriau hyn: 'Not on thy sole, but on thy soul, harsh Jew, thou mak'st thy knife keen'. Ond fe lwyddodd Mr. Jones i gael un gair mwys i'w gyfieithiad: 'Ar faen dy galon, nid ar wadn dy droed, yr wyt yn hogi'r gyllell, Iddew dreng', gan awgrymu maen llifio a hefyd galon garreg.

Yn y flwyddyn 1864 fe fu dathlu tri chan mlwyddiant geni Shakespeare, a chyda hynny mewn golwg fe gynigiwyd gwobr yn Eisteddfod Llandudno am gyfieithiad i'r Gymraeg o

Hamlet. Rhoddwr y wobr oedd Edwin Lander o Birmingham, ac enillwyd hi gan David Griffiths o Dreffynnon, dan y ffugenw (dipyn yn haerllug) William Stratford, a disgrifiwyd y cynnyrch fel 'this excellent translation.' Gwaetha'r modd, nid yw'r disgrifiad hwn ond tystiolaeth i ddiffyg safonau — safonau iaith a hefyd safonau llenyddol — yng nghanol y ganrif ddiwethaf. Y mae Mr. J. T. Jones yn crybwyll y cyfieithiad hwn yn ei ragymadrodd i *Hamlet,* ond yn ymatal rhag dweud dim yn bendant amdano, ond yn unig fod cyflwr dysg yng Nghymru heddiw yn ei gwneud yn haws i ni erbyn hyn 'ysgrifennu'n gywir o ran orgraff a chystrawen, a rhoi'r parch dyladwy i deithi'r iaith.'

Ond y mae mwy yn y peth na hynyna. Y gwahaniaeth rhwng y ddau gyfieithiad yw bod y naill yn waith gŵr nad oedd ganddo ymdeimlad llenor o gwbl oll, na dim syniad am hanfodion y mesur diodl, a'r cyfieithiad arall yn waith dyn sy'n fardd ac yn bopeth y mae hynny'n ei olygu.

Y mae'n rhaid imi gael dyfynnu dwy enghraifft i ddangos y gwahaniaeth rhwng y ddau gyfieithiad. Y mae Hamlet yn sôn wrth Horatio am yr yfed a'r loddest yn y llys, ac yn dweud,

> But to my mind — though I am native here,
> And to the manner born — it is a custom
> More honoured in the breach than the observance.

Dyma gyfieithiad David Griffiths:

> Ond i fy meddwl i — er imi fod
> Yn enedigol yma, ac felly yn
> Anedig i'r arferiad — arfer yw
> A berchir wrth ei thorri'n llawer mwy
> Nag wrth ei chadw.

Gwelir tri pheth: fod y gŵr yn trosi air am air yn lle cyfieithu, ei fod yn llurgunio'r mydr, ac iddo gymryd pedair llinell a hanner i gyfleu tair llinell Shakespeare. Dyma Mr. J. T. Jones, yn lân ei iaith, yn fydryddol esmwyth, ac yn gynnil:

> Ond credwch fi — er mor gynefin wyf
> Fel brodor â'r drefn hon — fe'i hanrhydeddir
> Yn well trwy'i hesgeuluso na thrwy'i chadw.

Yr enghraifft nesaf yw llinellau cyntaf ymson enwog Hamlet sy'n dechrau â'r llinell 'To be or not to be, that is the question'. Fel hyn y troes David Griffiths y llinellau i'r Gymraeg:

> Bod, neu beidio bod, hynyna yw'r pwnc:—
> A yw'n fwy urddas yn fy meddwl, i
> Ddyoddef saethau ac ergydion ffawd
> Ffyrniglawn; neu gymeryd arfau yn
> Wrthwyneb i fôr o ofidiau, a
> Thrwy fynd i'w herbyn, eu gorchfygu hwy?
> Marw, — cysgu, dim ychwaneg, — a thrwy gwsg
> Ddweud ein bod yn terfynu calon-glwyf,
> A'r mil ergydion, yn ôl anian, y
> Mae cnawd yn wir etifedd iddynt, — sydd
> Yn ddiwedd i'w ddymuno yn fawr iawn.

Dyna'r un gwendidau'n union ag yn y darn a nodais o'r blaen. Cyferbynier trosiad Mr. Jones:

> Ai bod ai peidio â bod: dyna yw'r cwestiwn.
> P'run harddaf yn yr enaid, ai dioddef
> Holl saethau ac ergydion ffawd ysgeler,
> Ai ymarfogi yn erbyn môr o ofidiau,
> A'u herio nes cael diwedd? Marw; syrthio nghwsg;
> Dim mwy; a dweud bod cwsg yn dwyn i ben
> Yr ing a'r ysgytiadau natur fyrdd
> Sy'n etifeddiaeth cnawd; y mae'n ddiweddglo
> I'w daer chwenychu.

Ni fynnwn ddweud am funud fy mod yn rhoi clod i Mr. J. T. Jones wrth ei gymharu â David Griffiths. Amcan cyfosod cyfieithiadau'r ddau fel hyn yw dangos i gychwyn sut y dylid peidio â chyfieithu dim ar y mesur diodl, a bod cynnig David Griffiths yn hollol ddiwerth. Ac y mae dyfynnu gwaith y ddau yn gyfochrog yn dangos, nid bod y naill yn well na'r llall, ond bod ymgais y gŵr o'r ganrif ddiwethaf yn fethiant llwyr, a bod y gŵr o'n canrif ni, gyda rhai manteision y tu cefn iddo, fel y dywedodd ef ei hun, ond yn fwy na hynny, gyda'i chwaeth ddisgybledig a holl adnoddau ei bersonoliaeth, wedi gwneud camp na wnaed mohoni o'r blaen, sef cyfieithu *Hamlet* i'r Gymraeg.

Y mae Mr. Jones wedi cyfieithu cryn lawer heblaw'r gweithiau a nodais i, megis *Don Quixote,* ac amryw ddarnau mewn cylchgronau. Ond 'rwy'n siŵr mai ei waith ar ddramâu Shakespeare yw ei gyfraniad mawr i ddarllenwyr Cymraeg, ac yn arbennig i'r theatr yng Nghymru.

Cyhoeddwyd 1975

Gwilym R. a Mathonwy

Bydd rhywun rywdro yn ysgrifennu llyfr neu draethawd ar olygyddion cylchgronau a newyddiaduron Cymru, a dangos beth oedd yn debyg ac yn annhebyg ynddynt a maint dyled y genedl iddynt.

Y mae o leiaf ddau fath o olygydd. Y naill yw hwnnw sy'n rhedeg ei gyhoeddiadau â'i lygad ar yr elw neu yn ôl cyfarwyddyd y glymblaid sy'n perchenogi'r cyhoeddiad, a dyna yw llawer o olygyddion papurau Saesneg y dydd heddiw. Y math arall yw'r golygydd — amatur rai gweithiau — sydd wedi ymgymryd â'i orchwyl am ei fod yn credu'n danbaid mewn rhyw egwyddorion arbennig, ac yn cymryd ei gyfle i ledaenu'r egwyddorion hynny. Dyna yw llawer o olygyddion Cymru trwy'r blynyddoedd.

Ond beth bynnag yw'r cymhelliad, y mae'r golygydd da yn rhoi nôd ei gymeriad ef ei hun ar ei gyhoeddiad. Felly Brutus yn *Yr Haul*, David Rees yn *Y Diwygiwr*, O. M. Edwards yn *Cymru* a W. J. Gruffydd yn *Y Llenor*. Ac ymysg y papurau newyddion, Thomas Gee yn *Y Faner*, J.H. yn *Y Brython*, Meuryn yn *Yr Herald* a Morgan Humphreys yn *Y Genedl*.

Yn 1923 penodwyd Prosser Rhys yn olygydd *Y Faner*, ac yntau ond dwy ar hugain oed, a'r flwyddyn ddilynol enillodd y goron yn Eisteddfod Pont-y-pŵl am ei bryddest 'Atgof', a fu'n destun llawer o ddadlau ar y pryd oherwydd ei chynnwys beiddgar. Gosododd ef ei farc yn amlwg ar y papur, a pharhaodd yn ei swydd hyd ei farw ar 6 Chwefror, 1945. Ar 21 Chwefror hysbyswyd yn *Y Faner* ddarfod penodi Gwilym R. Jones yn olygydd. Brodor o Dal-y-sarn yn Arfon oedd y golygydd newydd, a chanddo gryn brofiad eisoes fel newydd-iadurwr, wedi bod yn olygydd *Herald Môn, Y Brython* (Lerpwl) a'r *North Wales Times*. Dechreuodd ysgrifennu'r golofn 'Ledled Cymru' dan yr enw Mignedd ar 7 Mawrth, ac y mae wedi ei hysgrifennu byth er hynny, ac eithrio am gyfnodau byrion oherwydd gwaeledd neu am ryw reswm arall. Yr oedd cydbwysedd da yn y papur rhwng bod y golygydd yn trafod Cymru ac 'S.L.' yn rhoi sylwadau ar amgylchiadau gwledydd eraill yn 'Cwrs y Byd'.

Un o'r pethau cyntaf a wynebodd Mr. Gwilym R. Jones oedd etholiad seneddol achlysurol bwrdeistrefi Arfon yn Ebrill 1945, ymryson rhwng Seaborne Davies dros y blaid Ryddfrydol a J. E. Daniel dros Blaid Genedlaethol Cymru, a'r Rhyddfrydwyr yn ennill gyda mwyafrif o 14,000. Yr oedd hyn yn gyfle cynnar i'r golygydd ddangos ei ochr. Pan ddaeth y Rhyfel Mawr i ben ymhen ychydig fisoedd, yr oedd holl broblemau'r heddwch yn rhoi cyfle digyffelyb i newyddiadurwr effro i roi barn ac arweiniad ar lu o bynciau tra phwysig, yn enwedig yng Nghymru, gwlad oedd wedi ei sgegio'n greulon gan y rhyfel.

Yr oedd yn amlwg o'r cychwyn nad oedd newid golygydd ddim am amharu ar bolisi'r papur. Am Gymru, yn y lle cyntaf, yr oedd gofal y golygydd newydd. Yng nghanol ansic-rwydd a chynlluniau seithug y blynyddoedd cyntaf ar ôl y rhyfel yr oedd erthygl flaen *Y Faner* a'r golofn 'Ledled Cymru' yn croesawu pob datblygiad y bernid ei fod yn lles i Gymru, megis sefydlu Adran Gymreig Cyngor y Celfyddydau, gweithgarwch UCAC ac ymgyrch lyfrau'r Urdd. Yr oedd hefyd yn argymell datblygiadau newydd, fel cael ffilmiau Cymraeg a sefydlu corfforaeth radio i Gymru. Beirniadwyd yr awdurdodau addysg am eu cyndynrwydd i ddysgu Cymraeg yn effeithiol yn yr ysgolion, a datgelwyd Seisnigrwydd rhai sefydliadau megis y Lleng Brydeinig. Rhoed lle amlwg i'r erlid a fu ar y Llydawiaid gan y Ffrancwyr. Yr oedd amgylch-iadau economaidd Cymru hefyd yn pwyso ar wynt y gol-ygydd, a bu'n daer dros godi ffatrïoedd newydd a chael awdurdod cynllunio cenedlaethol. Trwy holl flynyddoedd Mr. Gwilym R. Jones nid ysgogodd yn ei gefnogaeth i bob protest ac ymgyrch dros Gymru fel cenedl. Nid oes ofod yma i nodi'r holl achosion hynny.

Nodwedd arall ar bolisi'r papur oedd gwrthwynebiad ffyrnig i filitariaeth mewn unrhyw ffurf, megis y sôn am helaethu gwersyll Trawsfynydd, a'r bwriad i sefydlu unedau milwrol yn ysgolion uwchradd y wlad. Yn unol â'r agwedd hon at bethau yr oedd croeso cyson ar dudalennau'r *Faner* i'r heddychwr cadarn hwnnw, George M. Ll. Davies. Estyniad ar yr agwedd hon oedd yr ysbryd dyngarol oedd yn galw am ddiddymu dienyddio fel cosb gyfreithiol, a'r galw mawrfrydig am dosturi tuag at yr Almaen orchfygedig.

Yn 1949 penodwyd un arall o Ddyffryn Nantlle yn Is-olygydd *Y Faner,* cyw o frid, er nad oedd wedi profi ei ddawn ar goedd gwlad y pryd hwnnw. Mr. Mathonwy Hughes oedd y gŵr, nai i'r bardd Silyn Roberts, y ddau wedi eu geni yn yr un tŷ, sef Brynllidiart wrth odre Mynydd Cwm Silyn. Bu'r golygydd a'i gynorthwywr yn cyhwfan *Y Faner* yn ddewr o'r flwyddyn honno hyd eleni (1977).

Nid oes obaith mewn sylwadau byrion fel y rhain fantoli'n deg gyfraniad tra gwerthfawr y ddau ŵr hyn i newyddiaduraeth yng Nghymru, ac yn wir i holl fywyd y genedl, yn arbennig ei bywyd llenyddol. Yr oedd Mr. Gwilym R. Jones wedi datguddio'i ddawn lenyddol cyn dod yn olygydd *Y Faner* trwy ennill y goron genedlaethol (Caernarfon 1935), y gadair (Caerdydd 1938), a'r fedal ryddiaith (Aberteifi 1942). Gwobrwywyd ef hefyd am nofel fer ddwywaith. Erbyn hyn y mae wedi cyhoeddi tair cyfrol o farddoniaeth. Gŵr o'r un naws, os llai ei gynnyrch, yw Mr. Mathonwy Hughes. Enillodd yntau gadair genedlaethol (Aberdâr 1956), a chyhoeddodd ddwy gyfrol o farddoniaeth ac un o ysgrifau. Enillodd iddo'i hun ddiwylliant eang trwy ddilyn dosbarthiadau i bobl mewn oed, a bu'n athro ar ddosbarthiadau felly.

Un canlyniad i'r diddordeb llenyddol hwn yw'r sylw cyson a roed yn *Y Faner* i'r cylchgronau Cymraeg, yn fisol a chwarterol. Canlyniad arall oedd yr adolygiadau ar lyfrau, llawer ohonynt gan arbenigwyr yn eu priod feysydd.

Nodwedd arall amhrisiadwy ar staff golygyddol *Y Faner* oedd eu bod yn adnabod Cymru ac yn cydnabod gwŷr enwog y genedl. Pan fyddai farw unrhyw Gymro o bwys, byddai yng ngholofn y golygydd gyfeiriad at hynny, a chrynodeb o arbenigrwydd y gŵr a goffeid. Yn y flwyddyn 1945 cafodd J. Lloyd Williams a Sarnicol eu haeddiant o sylw, yn ogystal â David Lloyd George. Y mae'n digwydd yn rhy fynych heddiw, gwaetha'r modd, nad yw'r sawl sy'n llywio'r wasg gyfnodol a'r cyfryngau darlledu a theledu yn gwybod digon am gefndir y bywyd Cymreig a'r pethau a ddigwyddodd cyn eu hamser hwy eu hunain.

Y mae gan newyddiaduron mawr pob gwlad eu staff o arbenigwyr, gwŷr hyddysg mewn gwahanol feysydd y gellir galw arnynt i fynegi barn yn enw'r papur, ac y mae awdurdod y gwŷr hyn yn dwyn statws a pharch i'r cyhoeddiad. Mewn swyddfa fach yng Nghymru y mae gofyn i'r staff golygyddol fod yn bur amryddawn, ac ymgynefino â llawer agwedd ar fywyd y wlad a'r byd, os am draethu barn oleuedig. Yn hyn o beth hefyd bu staff *Y Faner* yn rhyfeddol o lwyddiannus.

Ac yn awr, pan yw'r ddau ŵr hyn yn ymddihatru o'u gofal, a'r hen *Faner* fel y mae rhai ohonom yn ei chofio ers hanner canrif yn dod i ben, fe weddai inni oll ddiolch iddynt yn gynnes iawn am eu hymroddiad cyson i'r weledigaeth a fu'n ysbrydiaeth iddynt, mynegi ein hedmygedd calonnog ohonynt, a dymuno iddynt hamdden hir i ymroi i ba ddifyrrwch bynnag a farnont yn gysur i'w heneidiau.

Cyhoeddwyd 1977

Thomas Richards

1878-1962

(Anerchiad a draddodwyd o dan nawdd Cymdeithas Hanes Bedyddwyr Cymru yng Nghapel Penuel, Bangor, Gorffennaf 4, 1978)

Ar ôl i Thomas Richards gael ei hysbysu y gallai'r swydd o Lyfrgellydd Coleg Bangor gael ei chynnig iddo, fe ddywedodd mewn llythyr at yr Athro J. E. Lloyd ar Mehefin 19, 1926, 'I shall undoubtedly address myself unreservedly to the duties of the post. I shall not look upon it as a convenient retreat to write more books.' Yr awgrym yw ei fod eisoes wedi cyhoeddi nifer o lyfrau a bod perygl iddo fethu ymatal rhag cyhoeddi rhagor. A dyna'n union sut y bu. Pan oedd yn ysgrifennu'r llythyr, yr oedd ar ei enw dri llyfr sylweddol ac awdurdodol ar hanes Piwritaniaeth yng Nghymru, a chyn pen pedair blynedd yr oedd wedi cyhoeddi tri arall, sef chwech o lyfrau yn y deng mlynedd rhwng 1920 a 1930, cyfanswm o 1601 o ddudalennau. Ffordd braidd yn amrwd o fesur ysgolheictod yw cyfansymu tudalennau, ond y mae'n help i greu argraff ar gynulleidfa, a chofier fod awdur y llyfrau wedi cyhoeddi rhai erthyglau pwysig a sylweddol hefyd mewn cylchgronau dysgedig, fel honno ar Henry Maurice, y Piwritan gweithgar o'r ail genhedlaeth. Ac yr oedd nifer helaeth o ysgrifau eraill, hir a byr, i ddilyn am flynyddoedd lawer, yn wir hyd yr union flwyddyn y bu farw.

248

Canlyniad hyn i gyd oedd ystyried Dr. Thomas Richards yr awdurdod mwyaf o ddigon ar hanes crefydd yng Nghymru yn yr ail ganrif ar bymtheg, a rhai agweddau o'r ddeunawfed hefyd. Yr hyn sy'n drist yn yr achlysur yma heddiw yw nad oes gan y darlithydd, er ei fod yn annerch dan nawdd Cymdeithas Hanes, ddim cymhwyster o gwbl i gloriannu, na hyd yn oed i ganmol, Dr. Richards fel hanesydd. Y cwbl a wn i yw bod gwahaniaeth dirfawr rhwng gwaith Dr. Richards a gwaith yr haneswyr crefydd a'i rhagflaenodd, fel Joshua Thomas, Thomas Rees neu Spinther James, a hynny yn bennaf am ei fod wedi mynnu mynd at y ffynonellau gwreiddiol yn Llyfrgell Lambeth a'r *Public Record Office* a Llyfrgell Bodley ac unrhyw fan arall lle ceid dogfennau ar hanes Anghydffurfiaeth gynnar, ei fod wedi crynhoi at ei gilydd swm syfrdanol enfawr o wybodaeth, a'r hyn sy'n fawr ryfeddod i mi, gallodd ymlwybro'n sicr ei sang trwy fforestydd dyrys y wybodaeth honno, ac adnabod, nid yn unig yr enwogion fel Wroth ac Erbery a Morgan Llwyd, ond ugeiniau o fân Fedyddwyr ac Annibynwyr a Phresbyteriaid ac Anglicaniaid, a gallu sôn amdanynt fel petai'n trafod ei gydweithwyr ar staff y Coleg neu ei gydaelodau yng nghapel Penuel.

Ond yr oedd diddordeb a gwybodaeth Thomas Richards yn ehangach na byd yr Anghydffurfwyr, fel y dengys y 75 o erthyglau o'i waith sydd yn *Y Bywgraffiadur,* ar wŷr nodedig o bob cyfnod ac o bob agwedd ar fywyd y genedl. Ymysg y goreuon y mae erthyglau ar yr hen deuluoedd bonheddig, fel y Baron Hill, Madryn, Penrhyn, Nannau a Phenrhos. Ar y llaw arall, y mae'n deg nodi mai yma hefyd y ceir yr unig beth gwael o'i waith y gwn i amdano, sef yr erthygl ar William Bulkeley o'r Brynddu, y dyddiadurwr. Am ryw reswm rhyfedd ni fynnai Dr. Richards fod gan Bulkeley gydymdeimlad â'r Ymneilltuwyr, ac mai dyna pam y gosododd Glwchdernog i William Prichard, ac yn yr erthygl fe aeth i ymhelaethu ar hynny yn lle dweud hanes William Bulkeley. Ond y mae rhyw fan gwan ym mhawb ohonom.

Fel y dywedais, nid myfi yw'r dyn i drafod Thomas Richards fel hanesydd. Nid oes angen i neb ganu ei glodydd, oherwydd y mae wedi hen ennill ei le ymysg ysgolheigion. (Mi garwn ddweud un peth wrth basio, sef mai cynnyrch Prifysgol Cymru yn unig ydoedd. Byddai'n dda petai Cynghorau ein Colegau, wrth wneud penodiadau i swyddi cyfrifol, yn sylweddoli fod cynnyrch eu Prifysgol hwy eu hunain yn deilwng i'w hystyried.) Y mae edrych ar lyfryddiaeth Dr. Richards, fel y paratowyd hi gan Mr. Derwyn Jones a'i chyhoeddi yn ail gyfrol yr hunangofiant, yn dangos yn eglur pa mor ddiwyd y bu am yn agos i hanner can mlynedd yn cynhyrchu llyfrau ac yn cyfrannu i gylchgronau, yn arbennig i *Drafodion* Cymdeithas Hanes ei enwad ef ei hun. Bu'n olygydd y *Trafodion* hynny am chwarter canrif, rhwng 1926 a 1951.

I'r hanesydd hwn y cynigiwyd y swydd o Lyfrgellydd Coleg Bangor yn 1926, am gyflog o £400 y flwyddyn, a £150 ychwanegol fel Darllenydd yn Hanes Diweddar Cymru. Nid oedd ganddo ddim cymwysterau uniongyrchol, trwy arholiad na thrwy brofiad, at y swydd (bu eraill ohonom yn yr un picil!) ac felly yr oedd dwy amod ynglŷn â'r swydd, sef bod y Llyfrgellydd Mygedol, J. E. Lloyd, yn para yn ei swydd am flwyddyn, a bod y Llyfrgellydd newydd yn mynd am gwrs byr i'r Llyfrgell Genedlaethol cyn dechrau ar ei waith.

Nid oes raid i mi ymhelaethu ar hanes y gŵr a benodwyd, gan ei fod ef ei hun wedi traethu'r hanes hwnnw yn y ddwy gyfrol, *Atgofion Cardi* a *Rhagor o Atgofion Cardi*. Da cofio ei eni mewn tyddyn bach o'r enw Maes-glas, heb fod ymhell o Dre'r-ddôl yng ngogledd Ceredigion, yn y flwyddyn 1878. Nid oedd yn ddieithr i Fangor, oherwydd yma yr oedd wedi bod yn fyfyriwr, a graddio yn 1903 fel disgybl i J. E. Lloyd, dair blynedd ar hugain cyn cael y gwadd i fod yn Llyfrgellydd. Yma hefyd y cafodd y cymhelliad cychwynnol i ymddiddori yn hanes y Piwritaniaid yng Nghymru trwy sgwrsio â'r gŵr oedd yn llyfrgellydd cynorthwyol ac yn gyfrifol am y llyfrgell Gymraeg — Thomas Shankland, Bedyddiwr arall a gweinidog ordeiniedig, ac ysgolhaig rhagorol yn ei faes.

Petai Syr John Lloyd, wrth benodi'r Llyfrgellydd yn 1926, yn gallu bwrw ei olygon yn ôl dros chwarter canrif, fe welai yn hanes y gŵr hwn fel myfyriwr rai pethau a allai fod yn argoeli'n dda at y dyfodol. Yn ôl *Magazine* y Coleg yn y blynyddoedd 1900 hyd 1903, yr oedd bri mawr ar 'smokers', sef cynulliadau o ddynion yn unig i ganu ac adrodd a llosgi baco. Sonnir am un achlysur 'under the able guidance of Mr. T. Richards', a chrybwyllir 'that magnificent speech of the Chairman — a speech that will be remembered by all present as long as they can enjoy smokers'. Mwy arwyddocaol oedd yr hyn a ddywedir am dro arall yn nes ymlaen ar y flwyddyn: 'Mr. T. Richards again occupied the chair, and under his rigid rule no breach of discipline or interference of any kind was allowed'. Dyma'r ddisgyblaeth lem a drosglwyddwyd o'r 'smoker' i'r Llyfrgell ar ôl 1926. Dyma sylw arall yn 1901 sy'n argoel o'r blynyddoedd diweddarach: 'Mr. T. Richards in the chair by his ready wit placed us all in good humour'. Ar y 25ain o Hydref yn yr un flwyddyn cynhaliwyd ffug etholiad, gydag ymgeiswyr Ceidwadol a Rhyddfrydol, ac un arall, sef 'Welsh Nationalist', ie yn 1901, a hwnnw oedd Mr. T. Richards eto. Rhai o bwyntiau ei bolisi oedd Mesur Tir, Datgysylltu'r Eglwys, dysgu Cymraeg yn holl ysgolion Cymru, adeiladu amgueddfa genedlaethol i Gymru a chael arian i'r pwrpas trwy roi treth ar feiciau. Etholwyd Mr. Richards gyda mwy na chymaint ddwywaith o bleidleisiau â'r ddau arall gyda'i gilydd, a chludwyd ef ar ysgwyddau ei gefnogwyr ar hyd y Stryd Fawr. Er mor gellweirus yr ymddengys hyn, y mae yma hefyd ragargoel o'r dyn aeddfetach, oherwydd yr oedd Dr. Richards yn genedlatholwr yn yr ystyr na siaradai byth air o Saesneg â neb oedd yn gwybod Cymraeg (ac eithrio Syr John Lloyd), yn wahanol i rai Cymry adnabyddus y gwyddom amdanynt.

Yr oedd Thomas Richards, y mae'n amlwg, yng nghanol pob rhyw rialtwch ymysg ei gyd-fyfyrwyr, ac yn dal swyddi fel ysgrifenyddiaeth Ystafell Gyffredin y Dynion a'r Clwb Pêl-droed. Ond yr oedd hefyd weithgareddau mwy difri. Ar 30 Ionawr, 1901, darllenodd bapur gerbron y Literary and Historical Society, a honno'n cynnwys staff yn ogystal â myfyrwyr, ar y testun, 'The influence of the Normans on European History over-estimated'.

Un peth arall am Thomas Richards fel myfyriwr. Y mae ar hyn o bryd arddangosfa o lawysgrifau yn llyfrgell y Coleg, ac un peth a ddangosir yno yw rhestr o aelodau dosbarth Cymraeg John Morris-Jones yn 1899-1900, ac yn eu mysg Mr. T. Richards — ei farciau yn arholiad y Nadolig oedd 40, ond yr oedd gryn lawer yn well erbyn y Pasg — 50. Cyn y tro ar fyd yn 1926 yr oedd Thomas Richards wedi treulio tair blynedd ar hugain fel athro ysgol. Yr oedd wedi meddwl cael newid yn 1913, oherwydd argymhellwyd ef gan O. M. Edwards i ymgeisio am swydd arolygydd ysgolion, ond ni ddaeth dim o'r peth. Dyma ran o adroddiad Syr Owen ar Ysgol Maes-teg: 'The History Master is exceptionally qualified by education, reading and temperament, for the teaching of the subject . . . The lessons were quite striking, they followed no text-book . . . The teacher's methods were new, original and daring. Sometimes the lesson would be carried on for a time in Welsh.' Dyma'r Cymro eto, a dyma hefyd y gŵr annibynnol ei feddwl a'i ymarweddiad, y gŵr a fodlonodd ar y sbectol a'r gwydrau bychain mewn ymyl aur, ar goler wen galed, heb yr awydd lleiaf i ddilyn yn ôl troed y mwyafrif llywaeth, mewn na gwisg na gair na gweithred. Llwyr fethiant fu ymdrech Cyfarwyddwr Addysg Bootle a phrifathro'r ysgol lle'r oedd yn dysgu i gael ganddo leddfu tipyn ar yr acen Gymreig oedd ar ei Saesneg. Wele'r hanes yn ei eiriau ef ei hun:

> Holai [y prifathro] pa le y lletywn, minnau'n dweud mai yn Wadham Road yn nhŷ gwreigan wladaidd o Ddyffryn Clwyd nad arferai Saesneg ond rhyw unwaith yn y mis, a hynny dan orfod. Gresynai ddeall hynny, ac awgrymai newid lle. Gwrychyn yn codi eto, ac ateb nad oeddwn wedi dod i Bootle i ddysgu Saesneg gan *landladies* y dre . . . Hynny a fu, geiriau cryfion o bobtu, a glynu wrth ymadroddion y wreigan o Ddyffryn Clwyd. *(Rhagor o Atgofion Cardi,* 32).

Byddaf fi'n rhyw ddirgel amau mai ffurf ar ei annibyniaeth meddwl oedd ei gyndynrwydd i sillafu geiriau Cymraeg yr un fath â phobl eraill. Meddai wrth adolygu llyfr unwaith: 'Er yn byw ymysg orgraffwyr, go simsan yw'r adolygydd hwn ar bwnc yr orgraff.' Y mae *Piwritaniaeth a Pholitics* (1927) yn cynnwys amryw enghreifftiau o bob gwall orgraff y gellir ei ddyfeisio. Y mae *Cymru a'r Uchel Gomisiwn* (1930) yn weddol lân, ac os darllenwch y Rhagair, lle mae'r awdur yn diolch am gymwynasau, fe welwch paham.

Awn yn ôl yn awr i 1926 lle mae *Rhagor o Atgofion Cardi* yn gorffen, a'r awdur ar fin cychwyn yn llyfrgell y Coleg. Nid amhriodol fydd gair byr am dwf y llyfrgell honno a'i chyflwr pan oedd y llyfrgellydd newydd yn ymgymryd â'i swydd. Hyd yn oed pan sefydlwyd y Coleg yn 1884 yr oedd cytundeb y dylai'r llyfrgell arbenigo ar lyfrau Cymraeg a llyfrau am Gymru, a derbyniwyd rhodd o 350 o gyfrolau gan W. J. Parry, Bethesda. Yn 1904 fe sefydlwyd pwyllgor arbennig i ofalu am y llyfrgell Gymraeg, ac yn yr un flwyddyn fe benodwyd Llyfrgellydd Cynorthwyol yn arbennig i'r adran honno, sef Thomas Shankland. Yr oedd yn y llyfrgell rai trysorau hen a phrin, hyd yn oed mor gynnar â hyn, megis Testament Newydd 1567 (William Salesbury), Beibl 1588 (William Morgan), gramadeg Siôn Dafydd Rhys, a rhai o lyfrau Humphrey Lhuyd.

Ond ar ôl penodi Shankland y bu'r cynnydd mawr, er bod arian yn resynus o brin. Yn 1908 anfonwyd cylchlythyr allan dan enw'r Prifathro, John Morris-Jones, John Edward Lloyd a William Lewis Jones i ofyn am danysgrifiadau, ac yn hwnnw dywedir fod dros 6000 o gyfrolau wedi eu hychwanegu at y llyfrgell Gymraeg yn y pedair blynedd er pan benodwyd Shankland. Diddorol iawn, a thra gwahanol i'r amgylchiadau fel y maent heddiw, yw hanes helfa gynhyrchiol y cyfnod hwnnw. Yn ystod y flwyddyn 1904-5 yr oedd Shankland wedi mynd ar ymgyrch unswydd i bob sir yng Nghymru i chwilio am lyfrau prin, a hefyd wedi ymweld â siopau llyfrau ail-law ym mhrif drefydd Lloegr ac Iwerddon. Ffrwyth yr ymdrech hon oedd Beibl 1588, 1620, 1630, (Y 'bibl bach' y mae'r Ficer Prichard yn sôn amdano), 1654 ('Beibl Cromwell'), 1677 (dan olygiaeth Stephen Hughes), 1690, 1717 (dan olygiaeth Moses Williams), 1746 (dan olygiaeth Richard Morris), ac amryw eraill; Llyfr Gweddi Gyffredin 1586, 1621, 1634, 1664; *Llyfr yr Homiliau; Y Ffydd Ddiffuant*; pump argraffiad o'r *Ymarfer o Dduwioldeb;* pump o lyfrau Morgan Llwyd; saith argraffiad o'r *Bardd Cwsc;* pob argraffiad o *Ddrych y Prif Oesoedd* ond un; amryw o argraffiadau cyntaf o weithiau

Pantycelyn ac emynwyr eraill. Ac nid yw hynny ond detholiad. Cyffelyb yw'r hanes yn y blynyddoedd oedd yn dilyn. E.e. yn 1906-7 dyma rai o'r llyfrau prin a sicrhawyd: *Egluryn Ffraethineb* Henri Perri, 1595; *Deffyniad Ffydd Eglwys Loegr* (copi perffaith); *Psalmau* Wiliam Midleton 1603; *Llyfr yr Homiliau* 1606, *Tlysau yr Hen Oesoedd* Lewis Morris 1735 (mewn cyflwr rhagorol), ac amryw byd o bethau eraill llawn mor ddiflanedig. Dim ond unwaith yn y pedwar amser, hyd yn oed yn y cyfnod toreithiog hwnnw, yr oedd siawns i ddyn daro llaw ar hen lawysgrif, ond dyna a ddigwyddodd yn 1909-10, pan gaed dryll o ramadeg Cymraeg o'r bymthegfed ganrif o lyfrgell Madryn.

Yr hyn sy'n taro dyn wrth ddarllen yr hanes hwn yw bod llawer iawn o hen lyfrau Cymraeg prin ar gael ar hyd ac ar led y wlad yn y blynyddoedd hyn, sef i fyny, dyweder, i ddechrau'r Rhyfel Byd cyntaf. Y maent wedi diflannu erbyn hyn. Y mae dyled y genedl yn fawr i ddau sefydliad yn arbennig am ddiogelu hen lyfrau yn y cyfnod hwnnw, sef Coleg Bangor a Llyfrgell Dinas Caerdydd, a hynny cyn sefydlu'r Llyfrgell Genedlaethol, ac i unigolion llengar fel J. H. Davies a Syr John Williams a Myrddin Fardd. Felly pan ddychwelodd Thomas Richards i Fangor yn 1926, yr oedd yn dod yn bennaeth ar lyfrgell Gymraeg bur gyfoethog o ran llyfrau Cymraeg hen a phrin, cyfoethog mewn pethau eraill hefyd, fel pamffledi dadleuol William Richards o Lynn, baledi'r ddeunawfed ganrif a llythyrau Cymanfa'r Bedyddwyr, ac yn arbennig y casgliad o gyfnodolion Cymraeg o ddiwedd y ddeunawfed ganrif ymlaen. Yr oedd Shankland yn gwybod na ellid byth ysgrifennu hanes Cymru yn y ganrif ddiwethaf heb ddarllen ei chylchgronau niferus, ac yr oedd wedi ymroi i'w casglu, nes bod y casgliad, pan fu ef farw, yn well na'r un arall yng Nghymru.

Ond yr oedd yno ddiffygion rhyfedd. Un diffyg oedd na cheid yr un gair o gofnod ynglŷn â rhai o'r prif drysorau i ddweud ymhle y caed hwy na chan bwy na pha bryd. Felly am rifynnau o'r cylchgrawn eithriadol brin hwnnw, y *Punch Cymraeg,* felly hefyd am rifynnau o'r *Faner* am ddeng mlynedd ar hugain di-fwlch, ac yn anad dim llawysgrif Bangor

6, sef casgliad Owain Myfyr o farddoniaeth Dafydd ap Gwilym — llyfr mawr corffol, ac nid oes neb yn y byd i gyd erbyn hyn sy'n gwybod dim o'i hanes rhwng 1784 a 1909, pan ddaeth i lyfrgell Coleg Bangor 'trwy ddyfal ystryw Mr. Shankland', yn ôl Ifor Williams yn *Y Traethodydd*, 1909, 212. Ond gwaeth na dim oedd nad oedd neb wedi dosbarthu na chatalogio'r stôr oedd yno, na llawysgrifau na llyfrau print. Un rheswm am hyn oedd mai darganfyddwr craff a chasglwr crafangog oedd Thomas Shankland yn anad dim, nid gweinyddwr trefnus. Rheswm arall oedd nad oedd cynllun dosbarthu'r llyfrau print yn y llyfrgell gyffredinol, sef y 'Dewey system', yn gweddu o gwbl i lyfrau Cymraeg. Yr oedd Shankland wedi rhoi cynnig fwy nag unwaith ar ddyfeisio cynllun newydd, ond wedi methu.

Dyna'r gymysgfa o wych a gwachul oedd yn wynebu Thomas Richards yn 1926. Ei ddyletswydd gyntaf oedd troi pentwr enfawr o lyfrau yn llyfrgell, trwy gymhwyso at y pentwr reolau ac egwyddorion llyfrgellyddiaeth, nes bod ffrwyth dwy flynedd ar hugain o gasglu ymroddgar yn mynd yn ddefnydd taclus ar gyfer ymchwilwyr. I beri bod darllenydd yn gallu ymlwybro trwy'r llyfrau print yn y llyfrgell Gymraeg yr oedd yn rhaid i gychwyn eu dosbarthu a'u catalogio. Fel y gwelsom, nid oedd cyfundrefn Dewey yn dda i ddim ar gyfer llyfrau Cymraeg, ac felly aeth y Llyfrgellydd newydd ati i gymhwyso cyfundrefn Llyfrgell y Gyngres at nodweddion arbennig iaith a llenyddiaeth a hanes Cymru a'r gwledydd Celtaidd eraill. Yn ei adroddiad ar ddiwedd ei ail flwyddyn yr oedd yn gallu dweud fod rhai dosbarthiadau o lyfrau wedi eu rhifo a'u catalogio a'u rhoi yn eu lle ar y silffoedd.

Y mae gwaith Dr. Richards fel Llyfrgellydd yn wybyddus i lawer, a disgrifiwyd ef gan fwy nag un ysgrifennwr ar ôl ei farw, ac ni raid i mi ond nodi dau neu dri o bwyntiau arwyddocaol. I ddechrau, yr oedd arian yn brin iawn yn ystod ei flynyddoedd cynnar, a mawr angen rhwymo cyfnodolion o bob math. Trwy'r ddawn ryfedd honno oedd ganddo i gael perswâd ar ddynion (a rhai o'r rheini, gyda llaw, yn ddynion tra gwahanol iddo ef ei hun yn eu cefndir a'u cymeriadau) fe lwyddodd Dr. Richards i gael arian at rwymo gan wŷr cefnog fel H. R. Davies, W. J. Williams, Charles Phibbs a'r Arglwydd Howard de Walden. Byddai hefyd yn rhoi tro neu ddau gweddol esmwyth ar y sgriw enwadol i gael gan nifer o Fedyddwyr dalu am rwymo *Seren Cymru,* Wesleaid *Y Gwyliedydd* ac Annibynwyr *Y Tyst.*

Nid catalogio a dosbarthu a chymhennu a thwtio yn unig, ond ychwanegu at y casgliadau, nes gallu dweud yn ei adroddiad blynyddol am y flwyddyn 1931-32 na fu erioed flwyddyn mor gynhyrchiol yn hanes y llyfrgell Gymraeg. Yr oedd y casglu ar hyd llinellau taclus a threfnedig. Fel y gwelsom, yr oedd Shankland wedi canolbwyntio ar gasglu cylchgronau, ond yr oedd un gangen yn wan iawn, sef y cylchgronau Cymraeg hynny a gyhoeddwyd mewn gwledydd tramor. Yn 1930 y dechreuodd Dr. Richards yr ymgyrch, a thrwy ryw ddewiniaeth cafodd afael ar Gymry mewn mannau tra phellennig oedd yn abl ac yn fodlon anfon hen gylchgronau tramor iddo. Trwy E. T. Edmunds daeth cyfrolau o'r *Drafod,* papur newydd Patagonia; trwy W. S. Jones o Wisconsin 70 o gyfrolau o gyfnodolion Cymraeg a gyhoeddwyd yn America; trwy William Owen, Cotter, Iowa, a'r Athro Paul Evans o Vermont bron y cyfan a gyhoeddwyd o'r *Cenhadwr Americanaidd;* a thrwy'r Parch. W. O. Evans o Dasmania rhai blynyddoedd o'r *Awstralydd,* yn gylchgrawn ac yn bapur newydd. Yn fy marn i, yr oedd achub y defnyddiau hyn o bellafoedd daear yn un o gampau mwyaf gorchestol Dr. Richards, ac fe ddigwyddodd yn union mewn pryd, oherwydd yr oedd disgynyddion y Cymry gynt yn America ac yn Awstralia yn ymseisnigeiddio o ran iaith ac yn mynd yn ddieithr i'w hetifeddiaeth ddiwylliadol, a hawdd y gallai'r cylchgronau prin hyn fod wedi mynd yn aberth llosg. Nid ymhell oddi cartref fel hyn yn unig yr oedd Dr. Richards yn lloffa; yr oedd yn gofalu cadw llygad craff a chyfeillgar ar y gwŷr hynny yng Nghymru oedd yn casglu llyfrau a phapurau, gwŷr fel Carneddog, J. W. Jones, ac yn anad neb ei ffrind unigryw a digyffelyb, Bob Owen. Ac wedi marw Richard Hughes, Tŷ-hen Isaf, Llannerch-y-medd, cafodd y llyfrgell 3000 o gyfrolau, rhai ohonynt yn dra phrin a gwerthfawr.

Ond y fenter fwyaf anturiaethus — bron na ddywedech ei

bod yn ymosodiad digywilydd — oedd ysgubo hen femrynau a phapurau o swyddfeydd a 'muniment rooms' boneddigion tiriog Môn, Arfon a Meirion, fel gwynt yr hydref yn cronni dail. Yn 1933 fe ysgrifennodd Dr. Richards femorandwm — 'Library Policy: acquisition of MSS', ac y mae'n dweud mai rhyw 200 o lawysgrifau oedd yn y llyfrgell pan fu farw Shankland yn 1927, ond erbyn 1933, ar ôl dim ond chwe blynedd, yr oedd 57,000 a chwech o fyfyrwyr ymchwil yn gweithio ar eu cynnwys. Amcan y memorandwm oedd ateb beirniadaeth oedd yn cael ei sibrwd mewn ambell gongl, sef bod Llyfrgellydd Coleg Bangor yn ymhel â gorchwyl nad oedd fawr well na thresmasu a busnesa, ac mai yn y Llyfrgell Genedlaethol y dylid chwilio am nodded i'r math o ddogfennau oedd wedi dechrau cael eu llathruddo i Fangor, megis yn arbennig iawn, y cruglwyth enfawr o bethau oedd yng nghasgliad Porth-yr-aur a roed yn llyfrgell y Coleg gan Gyngor Tref Caernarfon. Ond rhagddo yr aeth y gogwydd amheus a pheryglus hwn, o ymgais i ymdrech ac o sgiam i sgarmes (fel y buasai Thomas Richards ei hun yn dweud). Troes ar bennau diamddiffyn boneddigion Gwynedd y gynneddf honno a briodolodd ef ei hun unwaith i Thomas Shankland, sef 'haer-llugrwydd boneddigaidd', a digwyddodd yr anghredadwy. Fe welir yr hanes wedi ei draethu â manylion byw ganddo ef ei hun yn un o'i erthyglau.

Fel enghraifft o'r ymgyrch fawr hon, dyna'r hyn a ddigwyddodd i'r Brigadur John Vaughan o Nannau yn 1935. Trosglwyddwyd 3500 o ddogfennau stadau Hengwrt, Nannau, Meillionydd ac Ystumcolwyn i lyfrgell Coleg y Brifysgol. Yr oedd yr hynaf ohonynt yn mynd yn ôl i'r flwyddyn 1421. Ym Medi 1937 aeth rhyw saith mil o hen bapurau o'u cartref oesol yn y Baron Hill i'r un lle. Yr oedd y rheini'n rhedeg o 1327 i 1910. Yn Awst 1938 yr un fu tynged papurau Bodorgan — 1630 ohonynt, a'r hynaf yn tarddu o 1468. Cyrhaeddodd dros ddwy fil o bapurau'r Penrhyn ym Mawrth 1939, a'r hynaf yn mynd mor bell yn ôl â 1288. A dyna'r casgliad mwyaf o'r cwbl, sef eiddo Ardalydd Môn, a adawodd eu cartref yn y Plasnewydd yn 1945. Yn ychwanegol yr oedd amryw o gasgliadau eraill, fel Henllys, y Faenol, Cefnamwlch, Penrhos a Henblas.

Y mae'n bwysig pwysleisio dwy ffaith arbennig yn y cyswllt hwn. Nid oedd y Llyfrgellydd yn colli dim amser cyn catalogio'r llawysgrifau hyn a'u gwneud yn barod i ddarllenwyr eu defnyddio. Er enghraifft, yr oedd y casgliad o 1630 o bapurau Bodorgan a ddaeth i mewn yn Awst 1938 wedi eu catalogio bob un erbyn Tachwedd yr un flwyddyn. Gyda rhai o'r casgliadau mwyaf cafodd Dr. Richards help gan yr Athro T. Jones Pierce a chan y gŵr a ddaeth wedyn yn olynydd iddo, sef Emyr Gwynne Jones. Y mae i bob un o'r catalogau ragymadrodd gan y Llyfrgellydd yn crynhoi prif nodweddion y casgliad a llawer o'i arwyddocâd hanesyddol. Yr ail beth i'w gofio yw bod angen ysgolhaig tra chyfarwydd i wneud y gwaith hwn. Mi ddywedais gynnau fod Thomas Richards wedi dod i'w swydd heb gymhwyster ffurfiol o gwbl, ond i wneud y gwaith anhepgor hwn ar y llawysgrifau hyn yr oedd ganddo helaethrwydd o gymhwyster. Yr oedd cannoedd o'r papurau yn perthyn i'r Oesoedd Canol, y rhan fwyaf ohonynt yn weithredoedd cyfreithiol yn yr iaith dechnegol sy'n rhan o bopeth cyfreithiol (yr oedd y bumed ran, sef tua 700, o bapurau Nannau yn yr iaith Ladin). Ni allai neb ond hanesydd tra gwybodus yn ei bwnc drafod y miloedd dogfennau a aeth trwy ddwylo Dr. Richards, gŵr oedd hefyd yn barod i ymdrechu i ddeall mân nodweddion technegol arferion cyfreithwyr ac eraill yn yr oesoedd a fu. Nid yw ugain mlynedd ond cyfnod byr yn hanes unrhyw lyfrgell, ond yn y cyfnod hwnnw fe lwyddodd Thomas Richards i ddyrchafu llyfrgell Coleg Bangor i fod yn ganolfan ymchwil i bob agwedd ar hanes Gwynedd, ac yn wir ar hanes Cymru gyfan, o'r Oesoedd Canol hyd ein dyddiau ni. Fe gyflawnodd ac fe berffeithiodd yr hyn yr oedd Shankland eisoes wedi ei gychwyn, ac fe ychwanegodd ddimensiwn helaeth oedd yn rhoi i'r llyfrgell effeithiolrwydd ac urddas fel un o brif sefydliadau dysg y genedl Gymreig. Ac fe wnaeth y gamp hon trwy ei ddeallusrwydd a'i ddysg ef ei hun, a thrwy lafur sydd bron yn amhosibl ei amgyffred. Y mae'r arddangosfa dra diddorol sydd yn llyfrgell y Coleg y dyddiau hyn yn rhoi cipolwg inni

ar y trysorau rhyfeddol a gasglwyd gan Thomas Richards.
Ac mi ddylwn ddweud fod ei waith wedi bod yn esiampl ac
yn ysbrydiaeth i ŵr arall a gynhaliodd y traddodiad yn
anrhydeddus, ac a oedd yntau yn ysgolhaig praff, ond a
gollwyd o'n mysg yn llawer iawn rhy gynnar ar ei yrfa, sef ei
olynydd, Emyr Gwynne Jones.

Yn awr mi garwn droi at un agwedd arbennig ar gymeriad
Thomas Richards, ac aros gyda honno am weddill y sylwadau
hyn. Yn y cyfeiriadau a fu ato ar ôl ei farw soniwyd droeon
am ei ddawn ymadroddi, ar lafar ac ar lyfr fel ei gilydd — 'ei
eirfa hynod liwgar', chwedl R. T. Jenkins. Yr oedd yn amlwg
i bawb fod rhyw afiaith hollol anghyffredin yn ei arddull pan
fyddai'n ysgrifennu yn Gymraeg, ac ambell waith, i raddau
llai, yn Saesneg. (Hynny, mae'n debyg, a barodd i'r Athro
Green, pennaeth yr Adran Addysg yng Ngholeg Bangor, yn
ôl tua 1902, gyfeirio at ei fyfyriwr, Thomas Richards, fel 'that
loquacious fellow from somewhere in South Wales'.) Yr oedd
ef yn mwynhau siarad, a gallai ddal ati am oriau heb flino'r
gwrandawr, fel y dysgais i o brofiad lawer blwyddyn yn ôl ac
ar lawer achlysur. Yr wyf am geisio gosod ger eich bron
ddadansoddiad, heb fod yn fanwl nac yn astrus, o arddull
Gymraeg Dr. Richards, a gofyn i chwithau ystyried, tra
byddaf wrthi, a yw'r nodweddion y byddaf yn eu crybwyll yn
gyfryw y gellir ystyried eu perchennog yn llenor.

Un gosodiad cyffredinol y gellir ei wneud am Dr. Richards
yw fod ganddo ddiddordeb mewn geiriau. Fel i bawb ohonom
yr oedd geiriau iddo yntau yn gyfryngau i fynegi ei feddwl
ond yr oeddynt hefyd yn rhyw fath o deganau i chwarae â
hwy, yn wrthrychau ynddynt eu hunain i ymhoffi ynddynt.
Y mae dyn yn teimlo y gallai yntau gyfarch geiriau fel y
gwnaeth Syr Thomas Parry-Williams:

> Ni wn, yn wir, pa hawl a roed i mi
> I chwarae campau â'ch hanfodau chwi.
>
> A'ch trin a'ch trafod fel y deuai'r chwiw,
> A throi a throsi'ch gogoniannau gwiw.

Y peth amlycaf un yw bod gan Dr. Richards ei hoff eiriau,
neu ei eiriau anwes, fel petai. Os oedd meflau amlwg ar

gymeriad unrhyw ddyn, fel John Bodfel yr ail, y disgrifiad ohono yw 'braddug didoriad' a gellir cymhwyso'r ymadrodd at ambell Biwritan amheus fel Richard Parry o Lanfallteg. Y mae'r gair mor hen o leiaf â'r unfed ganrif ar bymtheg, ac y mae'n digwydd ar lafar mewn rhai rhannau o'r wlad, yn ôl Geiriadur y Brifysgol. Am yr un math o ddyn, cwbl gyfaddas oedd yr ansoddair 'dreng'; gwelodd ef ei hun ryw 'swyddwr dreng' yn yr Amgueddfa Brydeinig, a 'dynionach dreng' oedd yn rowio o gwmpas William Jones, Ballarat, ar ochr arall y byd. Ar y llaw arall, er bod rhyw dinc sinistr yn y gair 'gwibddu', gellir ei ddefnyddio am ffarmwr cefnog neu am bêldroediwr medrus. Gallai pob un ohonynt ennill merch 'brydweddol', fel y weddw honno yn y Bwlchnewydd y bu Michael Jones yn troi o'i chwmpas, ond yn aflwyddiannus.

Un o grefftau mwyaf cyffredin cefn gwlad sydd y tu ôl i ymadroddion fel 'saernïo erthygl', a 'saernïo safonau newydd', 'saernïo rhaglen yr Undeb', 'saernïo cyffes ffydd', 'saernïo petisiwn' a llawer enghraifft arall. Gan gofio am yr un grefft, yr oedd cyfreithwyr y llywodraeth wedi ceisio 'morteisio' Deddf Goddefiad yn ddigon diogel, ond nid oedd y Toriaid yn 'morteisio' ffeithiau diymollwng. Pan fydd y saernïo a'r morteisio yn llwyddiannus, fe fydd pethau wedi 'sadio' ac yn gwbl 'sownd' a 'solet'.

Yr oedd Dr. Richards yn fynych yn tynnu ar adnoddau ei dafodiaith, a ffordd wych yw honno i gyfoethogi'r iaith lenyddol. Yn y Rhagair i'w lyfr *Cymru a'r Uchel Gomisiwn* y mae'n dweud fel hyn:

> Pur debyg yr ymddengys ambell air, ambell dro ymadrodd, yn ddieithr i lawer — geiriau ac ymadroddion Gogledd Ceredigion ydynt. Clywais fy mam droeon, a neb ond hyhi, yn arfer y gair *owdwl*, hen air gwlad a ddysgasai pan oedd yn blentyn yn ucheldir Penbryn Moelddu. Nid wyf yn ymddiheuro am arfer hwnnw, nac un o'r lleill a ddysgais innau yn nyddiau mebyd.

Dyma gyswllt y gair: dyn bach o Dregaron wedi ei wysio i ddod o flaen yr Uchel Gomisiwn, ond heb ddod, ac meddai'r awdur, 'Diddorol yn ddiau . . . oedd gweled doctoriaid y gyfraith yn gwneud gwep ac *owdwl* ar ei gilydd.' Y mae

Geiriadur y Brifysgol yn rhoi'r gair fel ffurf ar *awdl*, ac iddo'r ystyr 'crio plentyn' yng ngogledd Ceredigion. Enghraifft arall o'r un ffynhonnell yw 'dal carc', sef cymryd gofal manwl am rywbeth. A dyma enghraifft o air sy'n gwbl ddieithr i mi: sôn am John Matthews yn 'mesur yn gywrain fanwl bob llathen o dir, bydded ef âr neu borfa, gwyllt neu *sefrol*.' (Y mae'n debyg mai benthyg yw'r gair o'r Saesneg *several*, yn un o'i hen ystyron ynglŷn â thir, sef tir wedi ei gau a'i drin, yn wahanol i dir comin.) Y mae'n ddigon amlwg y byddai Dr. Richards yn creu geiriau rai gweithiau. Pan oedd yn casglu papurau boneddigion Môn ac Arfon i'r llyfrgell, yr hyn oedd yn digwydd oedd *'dadlwcheiddio* dogfennau'r Plasau'. Pan oedd yr ymgyrchoedd mynych ar dro i gau'r tiroedd comin yn y ganrif ddiwethaf, disgrifir hwy fel 'yr ymgiprys *comingar* rhwng adar yr ysbail.' Yr wyf yn bur sicr fy mod i'n bresennol pan grewyd un o'i ymadroddion. Sôn yr oedd ar sgwrs am greulondeb chwaraeon plant, ac yn enghraifft, dal cacwn a'i daflu i nyth morgrug, a'r rheini'n ymosod arno nes ei fod yn 'sutryn gwlyb swta'. Daeth yr ymadrodd allan ar ymchwydd pwl o huawdledd creadigol. Ymhen rhyw flwyddyn neu ddwy, yn *Y Traethodydd* am 1939, ceir brawddeg fel hyn: 'Cyrhaeddodd porthmon defaid o'r Gogledd i'r tŷ yn *sutryn gwlyb swta,* wedi aros yn rhy hir yn un o dafarnau Tre'r-ddôl, ac wedi syrthio i brofedigaeth oddi ar bont garreg ddiganllaw Tŷ Newydd.'

Pwysicach na ffynhonnell y geiriau a'u mynych ddigwydd yw'r ffordd y defnyddir hwy. Y mae Dr. Richards, wrth sôn am ei gyfnod o brentisiaeth fel athro ysgol yn ei ieuenctid, yn dweud fod L. J. Roberts, yr Arolygydd Ysgolion, wedi cwyno am rai o'i bapurau arholiad fod ynddynt 'ormod o ansodd-eiriau, gryn chwech ambell waith i ganmol rhyw hen gadfridog hynod'. Rhaid bod gwers L. J. Roberts wedi dwyn ffrwyth, oherwydd yn ddiweddarach ar ei oes y mae Thomas Richards yn fwy darbodus ar ei ansoddeiriau, ac yn wir yn dewis pob dosbarth o eiriau yn ofalus iawn; ac y mae'r canlyniadau yn fynych yn gyrhaeddgar. Dyma ychydig enghreifftiau. Y mae'r Viscount Bulkeley wedi llwyddo i gasglu *mwdwl* o swyddi i'w ddwylo'i hun. O 1909 ymlaen yr oedd awdurdodau Coleg

261

Bangor yn brysur 'yn cyfaddasu *talcennau tolciog* Pen'r-allt i dderbyn adeiladau amryfal y Coleg newydd.' Fe fu dau gylchgrawn o'r enw *Y Llenor,* sef '*Llenor* O. M., a *Llenor gwelleifiog* y dyddiau hyn', ac o gofio fel y byddai W. J. Gruffydd, golygydd yr ail *Lenor,* yn cneifio gelynion y genedl ambell waith, y mae *gwelleifiog* yn athrylith o ansoddair. Ambell dro y mae'n ymroi yn ysgafn gellweirus i gyseinio dechreuadau geiriau. Yr oedd gan Pedr Hir 'eirfa raenus, rywiog, cystrawen sownd a sicr'. Pan ddyrchafwyd Vaughan Davies i Dŷ'r Arglwyddi dan yr enw Arglwydd Ystwyth, 'o gofio'i dras a'i dre, ni bu teitl mwy teuluaidd naturiol erioed.' Dyn 'dreng draenogaidd' oedd yr ysgolfeistr hwnnw yn Bootle. Ar yr un lefel o gellwair y mae'n chwarae ar ystyron geiriau. Yr oedd glannau'r afon *Erch* wedi mynd yn rhy *erch* i James Owen, a bu raid iddo ffoi o Fodfel i Fronclydwr. A dyna John Bear, yr offeiriad *arthaidd* hwnnw.

Mân driciau'r grefft rethregol yw'r rhain, pethau cwbl gyfreithlon i osod cenadwri'r ysgrifennwr yn ddiogel ym meddyliau ei ddarllenwyr, rhai o'r cyfryngau sy'n hwyluso cyfathrebu, ac y maent yn nodweddion amlwg a hawdd eu hadnabod ar ryddiaith Thomas Richards. Pur hawdd yw gweld arferion eraill sy'n cyrraedd yr un amcan, ac sydd wedi eu cydnabod ers canrifoedd. Un ohonynt yw gofyn cyfres o gwestiynau, a'r ateb yn ymhlyg ym mhob un. Wedi sôn am ddechreuadau Anghydffurfiaeth yng Ngwent yn ei erthygl ar Eglwys Llanfaches, y mae'r awdur yn mynd yn ei flaen :

> Paham y rhyfeddodau hyn yn Sir Fynwy? A oedd rhyw rin cyfrin yn naear y sir, gwell, dyweder, na daear Crug-y-bar neu Ros-y-meirch neu Henllan Amgoed neu Ynys-y-creua yn Eifionydd? Rhyw dduwioldeb cynhenid yn y trigolion? Rhyw resymau anorfod yn tarddu o hanes y gorffennol?

Fe wyddom yn iawn mai 'Na' yw'r ateb i bob un o'r cwestiynau hyn, ac fe ofynnwyd y cwestiynau yn unig er mwyn pwysleisio'r atebion negyddol a'n symbylu i ddarllen ymlaen i chwilio am atebion cadarnhaol. Ac ar ochr arall y ddalen fe'u cawn :

> Na, nid cysegredigrwydd y pridd na rhinweddau'r trigolion na thraddodiad niwlog y goror a wnaeth Fynwy yn enwog fel

crud Piwritaniaeth Cymru, ond y ffaith seml mai hyhi oedd y sir agosaf yng Nghymru at Lundain . . . at borthladd bywiog Bryste. Nid Rhos-y-meirch a gafodd y newyddion gyntaf, ond Shirenewton; nid Crug-y-bar, ond Caerwent; nid Capel Helyg, ond Llanfaches.

Un arall o ddyfeisiau rhethreg yw gofal wrth ddechrau pennod neu erthygl neu baragraff, a chyffelyb ofal wrth eu diweddu, ac yr oedd Thomas Richards yn gryn feistr ar y ddyfais hon hefyd. Wrth ddechrau adolygiad ar lyfr Dr. Lewis Evans ar Forgan Llwyd, dyma'i eiriau: 'Waeth heb gyboli, rhaid wrth gyfriniwr i ddeall Cyfriniaeth.' Mewn agwedd feddwl fwy pryfoclyd, dyma ddechrau'r erthygl ar Henry Hughes, Bryncir, chwilotwr a hanesydd:

O'r Bryncir a Brynengan, gweinidog Methodus; gŵr bwyteig braidd; ar ôl cyrraedd i'w gyhoeddiad ym mhen Llŷn erbyn amser te brynhawn Sadwrn gofynnodd gwraig dda'r tŷ capel iddo a gymerai wy. 'Dau, os gwelwch yn dda,' atebodd yntau.

Wrth gychwyn ar bortread o Bob Owen yn *Y Faner,* dyma'i eiriau cyntaf, 'Dyma ddyn yn dalp o ragfarnau,' ac y mae'n mynd rhagddo i'w nodi'n ofalus. Y mae digon o enghreifftiau o ddiweddu paragraff gyda brawddeg drawiadol, sydd yn glo naturiol ac sy'n serio cynnwys y paragraff ar feddwl y darllenydd. Wedi disgrifio'r prinder pregethu yng Nghymru yn nechrau'r ail ganrif ar bymtheg, y mae'r paragraff yn gorffen â'r frawddeg hon: 'Ai chwilio am bennau pregeth yr oedd un o fân offeiriaid Llanelwy pan glwyfwyd ef hyd farw mewn tŷ tafarn yn Llandrillo Edeyrnion?'

Fe gofiwch hanes y myfyriwr hwnnw a gafodd ei anfon i ffwrdd o Goleg Aberystwyth am siarad â merch trwy ffenestr yr hostel, a'i gyd-fyfyrwyr yn rhoi anrheg o gloc hardd iddo cyn iddo ymadael. Y myfyriwr ymhen blynyddoedd yn dod yn brifathro Ysgol y Friars ym Mangor, a Dr. Richards yn galw i'w weld. Ac yn y dull cynnil yma y mae ef yn gorffen yr hanes: 'Gadawyd ni gyda'n gilydd i siarad, ac wrth fynd allan trewais fy llygad ar gloc yn gorffwys ar ganol y mamplis. "Dyna'r cloc", meddwn. "Dyna'r cloc", meddai yntau.'

263

Hyd yma yr wyf wedi sôn yn bennaf am y ffordd y mae Dr. Richards yn defnyddio arfau rhethreg. Er mwyn hwylustod i ni'n hunain heddiw gallwn ddisgrifio rhethreg fel y dull mwyaf effeithiol o gyfleu ffeithiau, a llenyddiaeth fel y dull mwyaf effeithiol o gyfleu gwirionedd, gan ddiffinio gwirionedd fel cynnyrch *myfyrdod ac argyhoeddiad* y llenor neu'r bardd ei hun. Fe wyddom oll am le a phwysigrwydd cyffelybiaeth neu drosiad mewn barddoniaeth, ac fe wyddom, os ydym wedi darllen storïau Kate Roberts, fod iddynt arwyddocâd mewn rhyddiaith hefyd. Dyma ddisgrifiad Dr. Richards o'r flwyddyn cyn i Henry Maurice gael troedigaeth a chael ei erlid :

> Ar ddechrau 1670 codai cymylau duon i guddio nefoedd las Henry Maurice. Nid cymylau cynhyrfus a redai'n wyllt o flaen y gwynt, ond y cymylau gwawrddu afiachus hynny a gyfyd yn sydyn ar ddiwrnod tesog o haf i ollwng ar y byd gawodydd didrugaredd o law bras.

Un ffordd arbennig gan lenor neu fardd i gyfleu'r hyn y myn ei ddangos i'w ddarllenwyr yw trwy ddiriaethu'r hyn sydd yn ei hanfod yn haniaeth, neu mewn geiriau eraill, ddisgrifio cyflwr pethau trwy ddangos digwyddiadau, a dynion yn gweithredu. Y mae cryn lawer o hyn yn ysgrifeniadau Thomas Richards. Yn lle dweud 'Dechreuodd Henry Maurice ar ei waith ar adeg o erlid cyffredinol,' yr hyn a geir yw 'Aeth Henry Maurice allan i'r ddrycin a'r oerfel ar adeg pan oedd ysbïwyr yn dygn guro pob llwyn a pherth, ac yn llygadrythu i bob caban ac ysgubor, rhag ofn bod yno bobl fychain am ddirgel addoli Duw wrth fodd eu calon.' Y mae'n sôn mewn un man am bwysigrwydd astudio ewyllysiau'r Piwritaniaid cynnar er mwyn deall pa faint o gyfoeth oedd ganddynt, a dyma'i ffordd o'i ddweud: 'Daearoli'r saint yw effaith y cyniwair hwn ar ôl ewyllysiau, dod i fyd tiroedd a da ac anifeiliaid, a chlywed sŵn traed y prisiwr yn dod i gastio'r *inventory*.' Wrth ein hysbysu fod John Griffith o Gefnamwlch yn uchelgeisiol iawn dros ei blant ac am roi pob cyfle iddynt ddod ymlaen yn y byd, y mae Dr. Richards yn eu gosod oll yn eu hunion gefndir i gychwyn: 'Nid bodlon ef i'w feibion aros i dorheulo yng ngrug y mynydd gerllaw, neu

redeg eu meirch yn wyllt trwy wlad agored Rhoshirwaun.'
Yna mynd yn ei flaen i dynnu rhagor o ddarluniau:

Beth bynnag a ddywedir am wendidau teulu Cefnamwlch,
gwnaeth bopeth ar raddfa fawr; nid pwy oedd wardeiniaid
Plwyf Penllech a boenai enaid John Griffith, ond sut i reoli
sir Gaernarfon; nid ei arfer oedd cnocio'n betrus wrth ddrws
ei elyn, ond ei ddryllio'n dipiau gyda gordd a throsolion. Yr
oedd rhywbeth mawreddog yn ei falais.

Mi ddywedais gynnau mai un nodwedd ar lenor yw ei fod
yn ceisio cyfleu i eraill gynnwys ei fyfyrdod a'i argyhoeddiad.
Y mae hyn weithiau yn rhoi inni sylwadaeth gryno ar ym-
arweddiad dynion. Wrth sôn am Anghydffurfwyr Llŷn yn yr
ail ganrif ar bymtheg, meddai Dr. Richards, 'Os rhywbeth,
gormod o blwc oedd ynddynt. Perygl plwc noeth yw tyfu'n
benboethni, a diwedd rhai dynion anhyblyg yw troi'n
anarciaid annosbarthus.' (Sylwer, gyda llaw, ar un o ddyfeis-
iau'r rhethregwyr — anhyblyg, anarciaid, annosbarthus.)
Cawn lawer o enghreifftiau o frawddegau coeth ac urddasol.
Wrth drafod Henry Maurice yn pregethu mewn tai heb iddynt
drwydded, dyma a ddywedir:

O safbwynt y Declarasiwn, ac yn fwy felly o safon
deddfau'r wlad, heresi ronc oedd yr asbri hunanymwadol
hwn. I ni . . . problem ry fawr yw datrys cymeriad y
pregethwr, a dywedyd i'r dim ble yr oedd y llinell derfyn
rhwng haerllugrwydd dynol a brwdfrydedd ysbrydol. Go brin
eto y cafodd *psychologists* ein dyddiau ni gyflawn weledig-
aeth ar adweithiad dawn ddiwrthdro Duw ar blygion enaid
mewn corff o glai.

Ambell dro y mae golwg yr awdur ar ei destun yn graff iawn
a'r mynegiant yn gryno, yn gymaint felly nes bod raid i ni
sy'n darllen feddwl yn ofalus. Mewn ysgrif ar Syr John Lloyd
ar ôl ei farw y mae'n sôn am 'ei reddf sicr i wahanu'r gau
oddi wrth y gwir, i farcio terfynau tyb, i synhwyro swmbwl
braidd-gyffro dechreuadau.' Rhaid darllen yn ystyriol i gael
llawn ystyr y cymal diwethaf: 'synhwyro swmbwl braidd-
gyffro dechreuadau.'

Gŵr oedd Thomas Richards oedd yn ymhyfrydu yng
nghwmni ei gyd-ddynion, fel y gŵyr pawb sy'n ei gofio ac a

gafodd rywfaint o'i gwmni. Er bod ambell 'fraddug' yn yr ugeinfed ganrif na fynnai ef arddel cydnabyddiaeth ag ef, ychydig oedd nifer gwŷr felly, ac am y cannoedd o gymeriadau hanesyddol y bu'n eu trafod, yr oedd yn hynaws oddefgar tuag atynt, hyd yn oed at John Griffith, Cefnamwlch. Hyd y sylwais i, un dyn yn unig oedd yn codi ei wrychyn yn ddi-feth, sef Robin Ddu Eryri, 'darlithiwr, bardd, pregethwr, dirwestwr, meddwyn, ac un o ben *bounders* ei oes . . . Nid oedd dadl am ei allu, ei athrylith, a'i ysgrif fechan dlos — a dyna'r cwbl a ellir yn deg ddywedyd amdano.' Petai dychanu'n rhan o dueddfryd Dr. Richards, yr oedd ganddo'r adnoddau iaith i'w wneud yn ddychanwr crafog. Anaml y byddai'n ymollwng i wneud hynny. Un enghraifft yw'r hyn y mae'n ei ddweud am y gŵr sur hwnnw, John Jones, Pant-coch :

> Codai'r surni o leiaf o dri chyfeiriad; y cwnhingod barus a lwyr borai ei dir, ac a âi mor feiddgar â bwyta'r 'hen ŵr' a dyfai wrth ei ddrws; methiant y Toris am oes gyfan i ennill sedd Ceredigion; a methiant John ei hunan i gael lle yn set fawr Taliesin. (Gorfu arno eistedd yn y set nesaf ati, a gadael i'w fraich dde daflu i mewn i'r gwagle.)

Fel y rhan fwyaf o Gymry o'i oed a'i genhedlaeth, yr oedd Thomas Richards yn gwybod ei Feibl, ac y mae ymadroddion y Beibl yn digwydd yn ei waith. Y mae rhai ohonynt yn adnabyddus, ac yn rhan o ddiwylliant yr iaith, fel sychder Gilboa, chwerwedd dyfroedd Mara, 'mêl o ysgerbwd deddfau Clarendon,' a'r 'wyntyll yn llwyr lanhau'r llawr dyrnu.' Ond y mae ganddo hefyd rai llai adnabyddus, fel 'yn golofn haearn ac yn fur pres' (gw. Jeremeia, 1.18) a 'glân burwyd y sothach, tynnwyd ymaith yr holl alcam.' (gw. Eseia, 1.25). Wrth drafod yr helynt fawr a fu ymysg y Piwritaniaid am fod rhai ohonynt yn mynd i gymuno yn yr eglwys yn achlysurol, y mae Dr. Richards yn gresynu na fuasai James Owen wedi 'cynghori ei gyd-Bresbyteriaid i esgymuno'r Achen achlysurol o'r gwersyll.' (gw. Josua 7, 18-26).

Dyna'r Dr. Thomas Richards — hanesydd tra gwybodus a chraff, yr awdurdod mwyaf o ddigon ar hanes Anghydffurfiaeth yng Nghymru; llyfrgellydd ymarferol, ac y mae'n deg dweud amdano yn y swyddogaeth honno iddo greu sefydliad ymchwil uwchraddol yn llyfrgell Coleg Bangor. Y mae ei gydaelodau yng nghapel Penuel yn gwybod am ei wasanaeth i'r eglwys. Yr hyn y ceisiais i ei brofi'n arbennig yn y sylwadau hyn oedd rhywbeth nad ydym eto wedi ei sylweddoli'n llawn, sef bod yn ei ryddiaith Gymraeg lawer o rinweddau'r llenor. Yr oedd yn ysgrifennu yn fwriadus ac ymwybodol, ac er ei fod ambell waith efallai yn ymollwng i asbri direolaeth, y mae ei ryddiaith yn cyfleu ei genadwri, ac yn fwy na dim, y mae'n bleserus i'w darllen, yr hyn sy'n profi ei bod yn llenyddiaeth. Y mae detholiad o'i ysgrifau ar fin cael ei gyhoeddi.* Os prynwch y llyfr a'i ddarllen, fe gewch lawer mwy nag a lwyddais i i'w ddangos yn hyn o anerchiad. I derfynu gadewch inni wrando ar Dr. Richards ei hun yn disgrifio'r gwahaniaeth rhwng y ddau do o Biwritaniaid mewn paragraff na luniwyd erioed ei well gan unrhyw feistr ar ryddiaith Gymraeg:

Cewri oedd y genhedlaeth gyntaf, yn llawn o nerthoedd gwastraffus anystywallt cewri, yn pregethu'n afieithus a diwarafun yng nghanol miri'r rhyddid newydd; dynion oedd yr ail, dynion meidrol iawn mewn oes ddyrys odiaeth, weithiau'n ystumio cydwybod, weithiau ym mhebyll Meroz, weithiau'n gwadu'r ffydd. Am yr oes gyntaf, anodd meddwl amdanynt ond yn eu llawn dwf; tyfu wnaeth yr ail o dan haul diflas Rhagfyr yr erledigaeth. Plannu'r baneri ar bennau'r mynyddoedd, a hynny ganol dydd, oedd gwaith Cradoc a Miles; gorfu i Stephen Hughes a'i gyfeillion eu cipio oddi yno, a'u dwyn liw nos i addurno ysguboriau ac ogofeydd. Praffter meddwl o gywrain saernïaeth Duw a welid yn amlwg yn Vavasor a'i gyfoeswyr; i'r proffwydi llai ar eu hôl daeth rhyw gymesuredd cyfrin fel mêl o ysgerbwd deddfau Clarendon, rhyw ddynoliaeth agos, rhyw irder peraidd — nerth yn dygyfor o wendid, a thyfu yn dod yn wobr i'r dioddef.

* (Y llyfr y cyfeiriwyd ato uchod yw *Rhwng y Silffoedd,* Ysgrifau gan Dr. Thomas Richards. Golygwyd gan Derwyn Jones a Gwilym B. Owen. Gwasg Gee. 1978).

Henry Parry-Williams

Mi garwn ddechrau hyn o erthygl gyda'm hen-hen-daid, William Thomas, Cae Siôn Dafydd, wrth droed mynydd y Cilgwyn yn rhan uchaf plwy Llandwrog yn Arfon. Dyna'r tyddyn a elwir Caesion Mawr heddiw, ar gwr pentre Carmel. Ychydig a wn i am William Thomas, heblaw mai chwarelwr a thyddynnwr ydoedd, ac mai Mary Hughes oedd enw ei wraig. Ni chefais enwau ond dau o'u plant, sef Jane, a fedyddiwyd ar 3 Mehefin 1764, a Henry, a fedyddiwyd ar 9 Chwefror 1772. Bu farw'r fam yn 1803, a'r tad yn 1807.

Yn ôl yr hen ddull Cymreig fe roed enw cyntaf y tad yn gyfenw i'r mab, ac felly fel Henry (neu Harry) Williams yr adwaenid ef. Chwarelwr oedd yntau — bu'n gweithio ym Mhenyrorsedd a Chloddfa'r-lôn — ac yn ei hen gartref, Cae Siôn Dafydd y bu'n byw. Y mae lle i gredu iddo briodi fwy nag unwaith. Un o'i wragedd oedd Ann, merch Dolwenith ym mhlwyf Llanllyfni, chwaer i fam y gŵr diddorol hwnnw, Robert Jones, Llanllyfni, gelyn digymod y Pab a phawb nad oedd yn credu mewn bedyddio trwy drochi. Cafodd Harry Williams dri ar ddeg o blant, a thyfodd deg i oed. Yn ôl yr arfer Gymreig y rhoed enwau i'r rhain hefyd, hynny yw, Parry oedd y cyfenw i bawb ond un o'r meibion, a Griffith Williams oedd hwnnw. Bu Harry Williams byw i fod yn 83 oed, a marw yn 1855.

Un o'i feibion oedd Thomas Parry, fy nhaid i a thaid amryw o rai eraill, gan gynnwys R. Williams Parry a Syr Thomas Parry-Williams. Ganed ef yn 1815. (Nid oes dim gwell i ddifrifoli dyn na sylweddoli, fel y gwneuthum i yn ddiweddar, fod ei daid wedi ei eni ym mlwyddyn Waterloo.) Chwarelwr a thyddynnwr oedd yntau fel ei dad a'i daid, ac ar ôl priodi aeth i fyw i dyddyn tair acer a hanner oedd wedi ei gau o'r mynydd ar gwr tir Cae Siôn Dafydd, ac a elwid Gwyndy Caesion (Gwyndy yn unig erbyn hyn). Catherine, merch y Garth, Llanwnda, oedd ei wraig, ond bu hi farw yn 32 oed yn 1848, gan adael un bachgen, Robert. Hwn yng nghyflawnder yr amser oedd tad R. Williams Parry.

Ail wraig Thomas Parry oedd Mary Jones o'r Dafarn Dywyrch, plwy Llandwrog. Yr oedd traddodiad yn y teulu fod Mary yn disgyn o Helen Wynn, merch Syr Watkin Williams Wynn, Wynnstay, a bod honno wedi dianc i briodi gyda choitshmon ei thad, a threulio gweddill ei hoes yn dawel a diarddeledig yn y Geulan, Nantlle. Ni wn i ddim a oes rhywbeth yn y stori. O'i ail wraig fe gafodd Thomas Parry dri o blant, John ac Ann a Henry (sef y gŵr sydd â'i enw'n deitl i hyn o ysgrif), ond unwaith eto gadawyd ef yn weddw, ac unwaith eto fe briododd, a'r tro yma cael pedwar o blant, a'r hynaf o'r rheini oedd fy nhad i, Richard Edwin Parry (1870-1942). Yna Thomas, a aeth i'r America yn 1904 ac a fu farw yno yn y dau-ddegau, Griffith, a laddwyd mewn damwain ar y ffordd yn 1911, a Mary Jane, sy'n fyw o hyd. Bu Thomas Parry farw 17 Ebrill 1888, a'i gladdu ym mynwent eglwys St. Thomas, neu'r Eglwys Newydd, rhwng Carmel a'r Groeslon.

Yn 1858 y ganed Henry Parry, ac nid oedd yn llawn wyth mlwydd oed pan fu farw ei fam 31 Mai 1866. I Ysgol Bron-y-foel, neu Ysgol y Mynydd, fel y gelwid hi, yr aeth yn blentyn, ac am ei fod yn gloff o'i enedigaeth nid aeth i weithio i'r chwarel neu i'r môr fel y rhelyw o fechgyn ei ardal, ond aros yn yr ysgol am bum mlynedd fel disgybl-athro. Y mae'n werth dyfynnu'r hyn a ddywedodd ef am hyn ymhen blynydd-oedd wedyn:

Pan oeddym ni'n fechgyn yn yr ysgol, mawr oedd y stŵr a'r twrw yn ein plith beth oeddym am fod, ac yr wyf yn cofio'n dda fod pawb ohonom am fod yn rhywbeth heblaw ysgol-feistr. Os oedd rhyw alwedigaeth yn fwy dirmygedig na'i gilydd yng ngolwg y bechgyn ddeugain mlynedd yn ôl, ysgolfeistr oedd honno . . . Y pryd hwnnw daeth cyfundrefn y Disgybl Athrawon *(Pupil Teachers)* i fod. Cafodd amryw gynnig y swydd yn yr ysgol honno, ond gwrthodent hi gyda dirmyg yn cyfateb i'w hatgasedd o'r swydd. Disgynnodd y coelbren arnaf fi, ac nid anghofiaf byth y pangfeydd, y dirmyg, a'r erledigaeth a ddioddefais am gyfnod o bum mlynedd oherwydd imi dderbyn swydd mor ysgymun.

Ond daliodd ati. Treuliodd beth amser yn yr ysgol boblogaidd honno, 'Holt Academy', o dan James Oliver Jones, yn ymbaratoi am fynediad i'r Coleg Normal ym Mangor. Brodor o Ffestiniog oedd y prifathro, a gŵr di-radd, ond hoff o sôn amdano'i hun fel 'undergraduate of London University'. Dysgid pynciau fel Mathemateg a Lladin a Ffrangeg yn yr ysgol, ac aeth llawer o ddarpar-offeiriaid trwyddi.

Am bedwar mis olaf 1876 bu Henry Parry-Williams yn athro dros dro yn ysgol Loveston, yn ymyl Arberth, Sir Benfro. Yn 1877 aeth yn fyfyriwr i'r Coleg Normal, Bangor, ac ar ôl cwrs arferol o ddwy flynedd aeth allan, a mynd â chryn lawer i'w ganlyn, yn ôl W. A. Savage, un o'r tiwtoriaid, mewn geirda iddo: 'He is capable of teaching elementary Drawing, and can teach music by notes. He is also competent to render valuable assistance to Pupil Teachers in Botany, Physiology, French and Latin'.

Nid bod eisiau'r pynciau hyn i gyd efallai yn y swydd yr aeth ef iddi, sef bod yn ysgolfeistr Ysgol Elfennol Rhyd-ddu, swydd a ddaliodd am bedair blynedd a deugain, gyda mawr gymeradwyaeth pawb yn yr ardal. (Y mae ei fab wedi sôn amdano'n cychwyn yn yr ysgol yn ei ysgrif 'Y Llyfr Log' yn y gyfrol *Lloffion*.) Dyma'r cyfle efallai i ddweud gair am yr enw. Fel y gwelwyd, mab i Thomas Parry oedd Henry, a Parry oedd ei gyfenw yntau, fel pawb o'i deulu. Ond pan oedd yn fachgen ifanc, fe feddyliodd Henry, gan ei fod wedi cael enw cyntaf ei daid, Henry Williams, mai dymunol o beth fuasai iddo gymryd ei gyfenw hefyd, ac fe'i galwodd ei hun yn Henry Parry-Williams, a dyna gyfenw'r plant i gyd. Hyn sy'n esbonio pam y mae dau gefnder, T. H. Parry-Williams a Robert Williams Parry, yn edrych mor ddryslyd i bawb y tu allan i'r teulu. Ni wn i ddim beth oedd yn cyfri am y Williams yn enw R. Williams Parry.

Wedi bod yn Rhyd-ddu am ryw bum mlynedd a hanner fe gymerodd yr ysgolfeistr un o ferched y pentref yn wraig, sef Annie, merch William Morris, Siop Glangwyrfai. Priodwyd hwy yng nghapel Seilo, Caernarfon, 20 Chwefror 1885, a gweinidog yr eglwys, brawd y briodferch, sef y Parch. R. R. Morris yn gweinyddu. Trwy ei briodas daeth Henry Parry-Williams i gyswllt â theulu hynod lengar. Yr oedd R. R. Morris yn fardd ac yn athro beirdd, ac ef yw awdur yr emyn gwych hwnnw, 'Ysbryd byw y deffroadau,/Disgyn yn dy nerth i lawr.' Yr oedd chwaer iddo yn byw yn Oerddwr, Beddgelert, a dwy o'i merched, Myfanwy a Morfudd a'u brawd Hugh, yn rhigymwyr ffraeth, a'u brawd arall, William Francis Hughes, yn anelu'n uwch, fel y gwelir wrth ei gyfrol, *Cerddi William Oerddwr.*

Yr oedd Henry Parry-Williams ar lawer ystyr yn Gymro nodweddiadol o Ymneilltuaeth ail hanner y ganrif ddiwethaf. Yr oedd yn ŵr cwbl ddiargyhoedd ei fuchedd. Codwyd ef yn flaenor gyda'r Methodistiaid Calfinaidd yn chwech ar hugain oed, ac yn wahanol i lawer blaenor, yr oedd yn wir grefyddol ei natur. Fel y crybwyllodd ei fab yn ei ysgrifau, byddai'n cadw dyletswydd gyda'i deulu bob nos. Fel i ugeiniau o'i gyfoeswyr, yr oedd barddoni yn weithgaredd meddyliol cwbl gytûn â rhediad ei fywyd o fewn ei gymdeithas, a'r un safonau oedd i'w grefydda a'i lenydda. Nid hawdd penderfynu pa mor helaeth oedd ei ddiwylliant llenyddol. Fel y cawn weld eto, yr oedd yn drwyadl hyddysg yn llenyddiaeth Cymru, ac y mae'n ddigon hawdd gweld ei fod yn gynefin â phrif feirdd a llenorion Lloegr. Ysgrifennodd dair erthygl ar Robert Burns i'r *Geninen* yn 1896, ond nid yw'r rheini ond y deyrnged arferol i ddawn delynegol a rhamantusrwydd y bardd hwnnw.

Fel aml un arall, bu'n cystadlu cryn lawer yn eisteddfodau niferus y cyfnod. Unwaith yn unig, hyd y gwn i, yr enillodd yn y Genedlaethol, sef ym Mae Colwyn yn 1910 am naw o delynegion i'r 'Bywyd Pentrefol', gyda chanmoliaeth gynnil gan y tri beirniad. Pryddestau oedd y cynnyrch arferol, a'r rheini ar destunau Beiblaidd a chrefyddol, ac yn tueddu i fod yn athronyddol a didactig eu naws, yn ôl arfer y Bardd Newydd. Enillodd ei gadair gyntaf mewn eisteddfod yn

Ninbych yn 1891 am bryddest ar y testun 'Oherwydd ei fod yn fab Dyn', ac y mae'n ddiddorol sylwi mai'r un a gynrychiolodd y bardd buddugol yn y cadeirio oedd gŵr ifanc ugain oed o swyddfa'r *Faner* o'r enw Thomas Gwynn Jones. Enillodd ddwywaith wedyn, ym Mhwllheli ac yn Nhal-y-sarn. Argraffwyd y tair pryddest hyn yn *Y Geninen*, 1892, 1893 a 1897.

Ond bardd bro oedd Henry Parry-Williams yn hanfodol. Yr oedd ei fro yn cyfri llawn cymaint iddo ag yr oedd i'w fab, Syr Thomas. Os oedd 'henffurf y mynyddoedd hyn' wedi mynd i mewn i hanfod y mab, nid llai ymlyniad y tad wrthynt:

> Fe'm denwyd innau lawer tro
> I ado y mynyddau;
> Ond gwasgai'm calon yn fwy tyn
> Pryd hyn am eu hysgwyddau.
> Hawddamor it, y perlyn byw;
> A rhodded Duw i minna'
> Gael byw a marw y fan hon,
> Ar annwyl fron yr Wyddfa.

Dyna bennill olaf ei gerdd 'Y Blodyn ar yr Wyddfa'. Yn y gymdeithas gyfunrhyw oedd yn ffynnu yn Rhyd-ddu dri chwarter canrif yn ôl yr oedd i fardd ei swyddogaeth, a chyflawnodd ef y swyddogaeth honno yn helaeth. Ymysg ei bapurau y mae cryn nifer o gerddi i gyfarch dau ifanc yn priodi, i ddathlu priodas arian neu aur, cyfarchiad i gyntafanedig rhywrai, a cherddi coffa i wŷr a gwragedd teilwng yr ardal. Am ryw reswm ychydig iawn a ganodd ar gynghanedd, ac nid oes llawer o raen ar y cynigion. Dyma un englyn i gymdoges iddo a fu farw yn 1903:

> Er gorwedd ym mro gweryd, — yn firain
> Ryw fore hi gyfyd
> I drigfan uwch pob drygfyd,
> O wyll y bedd i well byd.

Gwelir rhai o'i gerddi telynegol yng nghasgliad Carneddog, *Cerddi Eryri* (1927).

Ond y mae agweddau mwy diddorol a phwysig i gymeriad Henry Parry-Williams na'i waith fel bardd. Cyhoeddodd erthygl yn *Cymru,* 1901, yn dweud fel y bu iddo yn 1899 gael llythyr oddi wrth Thomas Hudson-Williams, gŵr ifanc o Gaernarfon oedd wedi bod yn fyfyriwr ym Mhrifysgol Greifswald yn yr Almaen. (Dyma'r gŵr a ddaeth wedyn yn Athro Groeg yng Ngholeg Bangor, ac yn gyfieithydd toreithiog o Rwsieg a Phwyleg.) Dweud yr oedd fod yr Athro Ieitheg Gymharol yn Greifswald, Dr Heinrich Zimmer, am ddod i Gymru i aros er mwyn dysgu Cymraeg, a thybed a allai Henry Parry-Williams ffeindio lle iddo aros gyda rhywrai oedd yn arfer cadw ymwelwyr haf. Meddyliodd yntau mai diddorol efallai fyddai cael y gŵr i aros yn Nhŷ'r Ysgol. Fel hyn y mae'n disgrifio'r dyn o Greifswald a'r dyn o Gaernarfon yn cyrraedd Rhyd-ddu:

Un bore tesog yn Awst 1899 gwelem baladr o ŵr cydnerth yn cerdded yn araf o'r orsaf tua'r ysgol, ac un arall bychan chwim yn mân gamu wrth ei ochr, gan atgoffa dyn o ddameg y cawr a'r corrach . . . Wedi cyfarch gwell i Mr. Williams a chael fy nghyflwyno i Dr. Zimmer, er fy syndod dyma fy ysgolor newydd yn dweud mewn Cymraeg glân gloyw — 'Bore da, Mr. Parry-Williams, y mae yn fore hyfryd onid ydyw.'

Bu Zimmer yn Rhyd-ddu am ddeufis, gan ymweld ag ysgolheigion fel John Morris-Jones a Gwenogvryn Evans, a siarad Cymraeg â phawb. Dyma un stori a adroddir amdano:

Yr oedd wedi penderfynu na siaradai air o Saesneg tra byddai yng Nghymru, a daliodd yn ystyfnig at ei benderfyniad, er anhwyluso ei hun trwy wneud hynny. 'Tocyn mynd a dod i Bwllheli,' meddai un diwrnod yng ngorsaf Porthmadog. 'I don't know what you say,' meddai llanc y swyddfa, gan wneud dau lygad bolwyn arno. Ond ni syflai Zimmer. 'Tocyn mynd a dod i Bwllheli,' meddai eilwaith. Gwelais fod yn rhaid cyfryngu, onid e, dyna lle y buasai eto o'i ran ei hun.

Yr oedd bri ar astudio'r ieithoedd Celtaidd ar y Cyfandir, yn arbennig yn yr Almaen, yn niwedd y ganrif ddiwethaf a dechrau'r ganrif hon, a daeth i'r golwg nifer o ysgolheigion oedd yn eang iawn eu gwybodaeth ac yn enfawr eu cynnyrch. Yr oedd Zimmer yn un o'r rhai mwyaf dysgedig; sefydlwyd cadair Gelteg yn arbennig iddo ef ym Merlin yn 1901.

Ysgrifennodd yn helaeth ar iaith a llenyddiaeth Iwerddon, ac ef oedd awdur y gwaith adnabyddus hwnnw ar Nennius, *Nennius Vindicatus* (1893). Parhaodd yn gyfaill mawr i Parry-Williams hyd ei farw yn 1909.

Cychwynnodd Zimmer fath o draddodiad yn Rhyd-ddu. Un arall a fu yno'n dysgu Cymraeg oedd Erik Bjorkman o Lun, ac yna Hermann Osthoff (1847-1909) o Heidelberg, a Rudolf Imelmann o Bonn. O blith aelodau cenhedlaeth ieuengach yr oedd Rudolf Thurneysen (1857-1940), athro yn Freiburg ac yna yn Bonn, ac awdur y gwaith safonol ar ramadeg yr Hen Wyddeleg ac ar y chwedlau, ac A. G. van Hamel (1886-1945), gŵr o'r Iseldiroedd, athro ym Mhrifysgol Utrecht. Y mae llythyrau'r gwŷr hyn yn profi eu bod wedi meistroli'r iaith bron iawn cystal â phetaent wedi ei siarad o'u plentyndod. Anaml y gwelir yr ansicrwydd sydd yn y frawddeg ddifyrrus hon o un o lythyrau Osthoff yn 1905: 'Y mae Imelmann wedi ymddyweddio a boneddiges Wyddelig, pan oedd yn Iwerddon y tro olaf, ond nid ydyw hi Miss Carmichael, namyn boneddiges arall o Wyddel.'

Ond nid ei fod yn hobnobio efo'r dysgedigion enwog hyn oedd unig hawl Henry Parry-Williams i gael ei ystyried fel gŵr tipyn yn wahanol i eraill. Yn 1909 gwnaeth gais i'r Adran Addysg yn Llundain am gael dysgu hanes llenyddiaeth Gymraeg i ddosbarthiadau canol ei ysgol yn Rhyd-ddu. Yr oedd hyn yn y cyfnod pan oedd cynnwys yr addysg a gyfrennid yn cael ei benderfynu'n ganolog, ac arolygwyr yn gofalu fod y gwaith priodol yn cael ei wneud. Cafodd y cais o Ryd-ddu gefnogaeth yr arolygydd rhanbarthol, Dr. G. Prys Williams, ac y mae'n amlwg i'r caniatâd gael ei roi, oherwydd ar 8 Ebrill 1911 yr oedd Parry-Williams yn annerch Cymdeithas Athrawon Gwynedd ar y testun 'The place of Welsh in the curriculum of Elementary Schools.' Y mae'r hyn a ddywedodd yn dra diddorol.

Y mae'r siaradwr yn dechrau trwy ddweud mai dyma'r tro cyntaf erioed iddo annerch cynulleidfa yn Saesneg (yr oedd yn 53 oed). Y cwestiwn hanfodol yw pam y dylid rhoi lle anrhydeddus i'r Gymraeg ym maes llafur ysgolion, ac y mae'n nodi tri rheswm: 1. Y mae cenedligrwydd Cymru yn ei hawlio

— heb iaith, heb genedl. 2. Trwy'r iaith y tyfodd cenedl y Cymry i fod yn genedl grefyddol. 3. Y mae'r iaith yn gyfrwng addysg tra effeithiol, oherwydd y mae ei nodweddion gramadegol yn gofyn ymarfer prif gyneddfau'r meddwl i'w deall a'u gwerthfawrogi. Y mae gwerth yr iaith yn cael ei gydnabod ym Mhrifysgolion y Cyfandir, ac y mae'r siaradwr yn dyfynnu llythyrau gan Osthoff a van Hamel i brofi hynny, llythyrau Cymraeg graenus. Y mae'n amlwg, er na ddywedir hynny, fod Parry-Williams yn gorfod ymladd yn erbyn difrawder ynglŷn â'r iaith yn yr ysgolion ac yn erbyn dibristod llwyr ohoni fel cyfrwng addysgol.

Pwysig cofio nad ymbil y mae ef dros ddysgu elfennau'r iaith i'r plant, oherwydd nid yw hynny ond esgyrn sychion a di-faeth. Rhaid rhoi iddynt wybodaeth am lenyddiaeth. Yn ôl rheolau'r awdurdodau, y cyfan a ddisgwylid gan y plant oedd dysgu ar dafod leferydd y darnau oedd yn *Llyfr Adrodd*, a chynnwys hwnnw oedd cerddi syml telynegol gan feirdd y cyfnod, fel Elfed, Eifion Wyn, J. J. Williams ac eraill cyffelyb. Ond yr oedd rhygnu ar yr un hen gerddi yn barhaus yn mynd yn ddiflastod rhonc i'r athro ac i'r disgybl, medd Parry-Williams.

Yn lle hynny boed i bob athro bwrcasu dau lyfr — *Gorchestion Beirdd Cymru* Rhys Jones yn ail argraffiad Cynddelw, a *Cywyddau Cymru* wedi eu dethol gan Arthur Hughes. Yn y ddau lyfr hyn fe geir digonedd o ddarnau o bob cyfnod, a'r hyn oedd yn digwydd yn ysgol Rhyd-ddu oedd dechrau trwy ddweud yr hanesion am Aneirin a Thaliesin a Llywarch Hen, a rhoi darnau o'u gwaith i'r plant i'w dysgu. Yr oedd y Gogynfeirdd yn rhy anodd, ond rhaid oedd gwybod rhai llinellau o farwnad Llewelyn y Llyw Olaf. Trochfa dda yn Nafydd ap Gwilym wrth gwrs, ac yna Iolo Goch, Dafydd Nanmor a'r lleill ymlaen at Dudur Aled — dysgu darnau byrion o waith pob un. Cofio hefyd am Forus Kyffin, Siôn Dafydd Rhys, William Morgan, Morgan Llwyd ac Ellis Wynne.

Pwysig iawn hefyd yw rhoi yn nwylo'r plant i'w cyffwrdd a'u trin gopïau o'r llyfrau enwog fel *Llyfr Llandaf, Llyfr Du Caerfyrddin* a *Llyfr Coch Hergest*, er mwyn iddynt ddeall fod

275

i'r llyfrau hyn wir fodolaeth a hunaniaeth. Dyna oedd yn digwydd gyda phlant rhwng deg a phedair ar ddeg oed mewn ysgol fach wrth droed yr Wyddfa ddeng mlynedd a thrigain yn ôl. Ac i beth? Dyma esboniad yr ysgolfeistr yn y geiriau a ddefnyddiodd y pnawn hwnnw yn 1911:

> Let us give our little ones something substantial, something tangible and lasting — something that will awaken their national pride, and kindle within them a fire that shall never be put out.

Petai gan bob ysgolfeistr yng Nghymru gyffelyb amcan a gweledigaeth y pryd hwnnw, y mae'n anodd credu na fyddai gwell graen ar ein hymwybod Cymreig ni yng Nghymru heddiw.

Yn 1923 ymddeolodd ysgolfeistr Rhyd-ddu, gan edrych ymlaen at wneud pob math o bethau yn yr hamdden oedd i ddod i'w ran. Ond byr fu'r cyfle, oherwydd ddydd Nadolig 1925 bu farw, ac meddai ei fab ymhen blynyddoedd:

> Y mae'n agos i chwarter canrif erbyn hyn
> Er y dydd Nadolig y croesodd fy nhad y glyn.
> Dyna gythraul o beth i'r angau ar fore'r ŵyl
> Ddod heibio fel Ffaddar Crismas o ran rhyw hwyl
> A mynd ag ef oddi arnom, ac ar un strôc
> Droi Gŵyl y Geni'n Ddygwyl y Marw, fel jôc.

Erbyn hyn aeth llwch y mab at lwch y tad a'r fam ym mynwent Beddgelert, a daeth y genhedlaeth gyntaf a'r ail o deulu Tŷ'r Ysgol, Rhyd-ddu, i ben.

Cyhoeddwyd 1978

William Morris

Y BARDD A'R LLENOR

*Crynodeb o deyrnged a draddodwyd yn y
Gwasanaeth Angladdol*

Yn y sgwrs a draddododd y Parch. William Morris ar y radio
ac a gyhoeddwyd wedyn yn y gyfrol *Atgofion,* y mae'n dweud
iddo ddechrau barddoni yn ddyn ifanc yn ystod y cyfnod o
segurdod ar ôl y ddamwain a'i cloffodd. Dysgodd y cyngan-
eddion o nodiadau John Morris-Jones a gafodd gan ffrind
iddo oedd yn fyfyriwr ym Mangor. Darpar wyddonydd oedd
ef y pryd hwnnw, ond yr elfen lenyddol a drechodd, a bu'n
darllen barddoniaeth Gymraeg yn awchus, yn arbennig waith
Goronwy Owen. Canlyniad hyn oedd ennill am englyn i'r
'Telynor' ac am emyn i 'Heddwch' yn Eisteddfod Gened-
laethol Castell-nedd yn 1918. Yna cael cadair Eisteddfod
Môn yn 1924, a chyrraedd y brig gyda'r gadair genedlaethol
yn Eisteddfod Castell-nedd eto (yn rhyfedd braidd) yn 1934.

Y flwyddyn wedyn dechreuodd feirniadu yn Eisteddfod
Caernarfon, nid ar farddoniaeth ond ar yr adrodd. O hynny
ymlaen bu'n beirniadu ar yr awdl, y bryddest, y cywydd neu'r
englyn lawer gwaith mewn amryw o Eisteddfodau Cened-
laethol. Y tro diwethaf oedd beirniadu'r cywydd yn Eistedd-
fod Bro Dwyfor yn 1975. Yn ogystal â beirniadu a chystadlu,
bu Mr. Morris yn aelod o Lys a Chyngor yr Eisteddfod am
flynyddoedd.

Cyhoeddodd gasgliad o'i farddoniaeth dan y teitl *Clychau
Gwynedd* (1946), a chynhwysodd nifer o gerddi yn rhai o'i

gyfrolau eraill — *Sgwrs a Phennill* (1950) ac *Atgof a Phrofiad* (1961). Bardd traddodiadol ydoedd; nid oedd arbrofi a mynd ar letraws yn apelio ato mewn na meddwl na mydr. Gwrthododd gytuno i wobrwyo awdl Euros Bowen 'Genesis,' yn Eisteddfod Llandudno yn 1963 am fod y gerdd yn rhoi penbleth, nid mwynhad, i'r sawl sy'n darllen. Dysgu'r grefft yn drwyadl a'i harfer yn gain ac eglur oedd ei nôd ef ei hun fel bardd. Er iddo ysgrifennu cerddi rhydd a sonedau crefftus eu gwead, yn y mesurau caeth yr oedd ei ragoriaeth, ac y mae ynddynt yr un rhinweddau ag a oedd yng ngwaith pencampwyr y traddodiad.

Y mae ei awdl arobryn, 'Ogof Arthur,' yn glir ei mynegiant ac yn traethu ei stori gyda'r uniongyrchedd a'r cydbwysedd sy'n nodweddu cyfansoddiad clasurol, er mai rhamantaidd yw ei thestun. Ceir yr un gelfyddyd goeth yn ei gywyddau coffa i'w gyfeillion — angerddoli gofid trwy ei gywasgu'n gryno i ychydig linellau. Cafodd y gynneddf hon ei chyfle mewn englynion, ac y mae rhai o englynion Mr. Morris ymysg goreuon yr iaith, fel y rhain i'w rieni:

> Heddwch a fo i'w briddell — addfwyn oedd
>   Fy nhad, a diddichell.
> Ni chwynaf uwch ei hunell,
> Gwn ei fod mewn gwynfa well.
>
> Gorau fam a garaf fi — yma roed,
>   Trwm yw'r ing o'i cholli.
> O mor anodd fu rhoddi
> Yn y llwch ei harddwch hi.

A dyma enghraifft ragorol o epigram clasurol, nad yw'n dweud dim newydd, ond yn ei ddweud yn odidog:

GARDDWR IFANC

> Ei ardd yn wir oedd ei nef, — ond ym Mai
>   Trist mynd oddi cartref,
> O'i fedd oer ni chenfydd ef
> Aeddfedrwydd haf a hydref.

Cafodd yr ysfa lenydda fynegiant mewn ffurfiau eraill heblaw barddoniaeth. Ysgrifennodd Mr. Morris liaws o ysgrifau i'r *Drysorfa,* a chasglodd hwy ynghyd i'r gyfrol *Sgwrs a Phennill.*

Diddan a diddorol yw ansawdd yr ysgrifau hyn, rhyw athronyddu'n ysgafn, ond yn eithaf difri, am fyd a bywyd. Manteisiodd ar y cyfryngau diweddar i lunio math arall o ysgrifau, rhai y bu galw amdanynt mewn rhaglenni radio ('Wedi'r Oedfa'). Byr yw'r rhain, a phob un yn arwain at wers foesol neu grefyddol ar y diwedd, a chan eu bod wedi eu hysgrifennu mewn Cymraeg syml ac eglur, ac yn cynnwys myfyrdod gŵr meddylgar a theimladwy, y maent yn dra diddorol i'w darllen.

Y mae ganddo ddwy ysgrif hwy o dipyn. Un yw honno ar ei daith i'r Alban, lle y mae'n disgrifio'r hyn a welodd, ac yn cofnodi aml sgwrs ddifyr â'r rhai a gyfarfu ar y ffordd. Y llall yw honno ar 'Yr Hen Gae', sef Robert Jones, Cae-du, blaenor Piwritanaidd a digymrodedd yn Ffestiniog. Y mae'r ysgrif hon yn enghraifft o ddisgrifio cymeriad yn y fath fodd nes gwneud creadigaeth lenyddol ohono.

Yr oedd ganddo ddiddordeb arbennig yn Hedd Wyn. Yr oedd y ddau yn gyfeillion agos, ac wedi cyd-ddatblygu fel beirdd. Yn 1931 ysgrifennodd Mr. Morris Ragair i argraffiad newydd o *Cerddi'r Bugail,* ac yn 1969 cyhoeddodd lyfr ar y bardd a'i waith, llyfr na allai neb ond ef ei ysgrifennu, am ei fod yn cyfuno adnabyddiaeth bersonol drwyadl a dawn feirniadol oedd yn gallu treiddio i hanfod personoliaeth y bardd yn ogystal â'i farddoniaeth. A phob tro, y mae'r beirniad yn gytbwys iawn ei farn, er mai peth hawdd iawn iddo ef, oedd yn gymaint cyfaill i'r bardd, fuasai prisio'n eithafol a gorganmol.

Cyfuniad o feirniadaeth Feiblaidd a beirniadaeth lenyddol sydd yn y llyfr *Crist y Bardd,* cyfrol olaf yr awdur, a gyhoeddwyd yn 1975.

Cafodd gwasanaeth Mr. Morris i Gymru ei gydnabod y tu allan i'w enwad. Cafodd radd er anrhydedd gan y Brifysgol. Penodwyd ef yn Gymrawd yr Eisteddfod Genedlaethol. Anrhydeddwyd ef hefyd gan y wladwriaeth. Dyma ninnau'n rhoi'r deyrnged olaf iddo, ac wrth ei gydnabod ef yr ydym yn cydnabod llu o rai tebyg iddo, aelodau o'r un dosbarth yn y gymdeithas Gymreig, sef gweinidogion yr efengyl, yn arbennig weinidogion yr enwadau ymneilltuol. Dyma ddosbarth o

279

ddynion sydd, ers chwech ugain mlynedd, wedi cyfrannu, nid yn unig i fywyd crefyddol y genedl, ond hefyd i'w bywyd diwylliadol yn gyffredinol.

Y mae buchedd William Morris yn enghraifft nodweddiadol o'r gweinidog ymneilltuol ar ei orau, a dyma'r nodau. I gychwyn, magwyd ef mewn ardal drwyadl Gymraeg o ran iaith, lle'r oedd y pryd hwnnw lawer iawn o Gymry uniaith, a phob adloniant a difyrrwch yn gysylltiedig â'r iaith ac yn dibynnu arni, gyda'r canlyniad fod yr iaith yn rhywbeth dwfn iawn yn ei enaid ac yn gwbl ddiogel yn ei enau fel arf i bregethu ac i lenydda.

Yr ail nôd ar ŵr fel ef yw fod yn ei bersonoliaeth elfen gref o hunan ddiwylliant. Ni fu ef erioed dan addysg mewn Prifysgol. Nid bod hynny'n mynd i wneud na bardd na sant o neb, ond y mae'n agor y pyrth sy'n arwain i gynteddoedd gwybodaeth ac i syniadau am safonau. Ni wn i ddim beth oedd yr addysg a gafodd ef a'i gydefrydwyr yng Ngholeg y Bala, ond Seisnigaidd oedd y naws a'r gogwydd, y mae lle i ofni. Eithr fe ddarllenodd ef lenyddiaeth Gymraeg yn eang, ac yr oedd yn gynefin â gweithiau Browning, Carlyle, Chesterton, Ruskin, T. S. Eliot, ac awduron Saesneg eraill.

Y trydydd nôd ar y gweinidogion hyn oedd bod eu crefydd yn beth real iawn iddynt pa mor brysur bynnag y byddent gyda'u diddordebau lleygol. Ac felly y Parch. William Morris. Trwodd a thro yn ei weithiau llenyddol y mae rhyw islais sicr yn profi mai gŵr crefyddol iawn ei natur sy'n siarad.

Ond fe ddaeth y newid mawr. Aeth chwareli Ffestiniog yn sioe i estroniaid, a chododd cenhedlaeth sy'n ansicr ei hiaith. Yr oedd William Morris yn Gymro wrth natur, ac yn cynrychioli cyfnod pan oedd y gweinidog yn rym yn y gymdeithas a'r genedl, ac fe gynhaliodd y traddodiad hwnnw yn anrhydeddus hyd y diwedd. Ac am hynny yr ydym ni yma, a phawb yng Nghymru sy'n parchu pethau'r meddwl a'r ysbryd yn yr oes faterol hon, yn diolch am ei lafur a'i weledigaeth. Ac wrth ddwyn ar gof y gŵr egwyddorol a difri, oedd hefyd yn llawn direidi a doniolwch, yr ydym yn anrhydeddu coffadwriaeth un oedd, a llunio paradocs, yn un o uchelwyr y werin Gymraeg.

Cyhoeddwyd 1979

Gwyneth Vaughan *

Y mae wedi digwydd i lawer un a fu'n ddiwyd ac ymdrechgar
yn ei ddydd a chael ei gydnabod fel un o arwyr y genedl, i'r
genedl honno ei anwybyddu a'i anghofio ymhen tipyn o
flynyddoedd ar ôl ei farw, a hynny am nad oedd gwir werth
parhaol yn yr hyn oedd ganddo i'w gyfrannu. Ac felly y bu
tynged Gwyneth Vaughan. Ymgais yw hyn o ddarlith i ddwyn
ar gof i'n cenhedlaeth ni orchestion gwraig dra ymroddedig
a chydwybodol a dawnus, oedd yn rym yn ei hoes ei hun,
ond nad oes i'w gwaith yr un pwysigrwydd heddiw ag a oedd
iddo gynt.
Enw bedyddiedig Gwyneth Vaughan oedd Annie Harriet
Jones. Ganed hi ar 5 Gorffennaf 1852, yr hynaf o bump o
blant John Bennett Jones, Brynyfelin, Talsarnau, a'i wraig
Laura. Melinydd oedd y tad, fel yr awgryma enw'r cartref, a
gŵr darllengar a thra bucheddol, Methodist Calfinaidd a
blaenor yn ei gapel. Tystiodd un o'i feibion amdano ei fod yn
gwybod 'Theomemphus' Pantycelyn i gyd ar ei gof. Un o
Gwmstradllyn oedd y fam. Bu hi farw ar 28 Chwefror 1874,
yn hanner cant oed, ac ymhen ychydig dros fis, sef ar 2
Ebrill, bu farw'r tad yntau, yn dair a thrigain.
Cafodd Gwyneth Vaughan beth o'i haddysg yn ysgol
'Genedlaethol' Llandecwyn, a chan fod honno yn rhy bell o'i
chartref iddi allu mynd a dod bob dydd, byddai'n aros am yr
wythnos yn nhŷ'r ysgolfeistr, rhywun o'r enw Edwards o
Aberaeron. Fel llawer un arall yn ei oes a'i safle, yr oedd

* Darlith a draddodwyd i Gymdeithas Hanes Meirionnydd yn y Bala, 24
Mehefin 1978.

hwnnw'n tybio mai da oedd bod Saesneg yn iaith ei aelwyd, ac am y rheswm hwnnw meistrolodd Gwyneth Vaughan yr iaith Saesneg yn ifanc. Pan agorwyd ysgol 'Frytanaidd' yn Nhalsarnau, aeth y ferch fach i honno.

Wedi gorffen ei haddysg gyrrwyd hi i Lan Ffestiniog i ddysgu'r grefft o wneud hetiau merched, ac wedi bwrw ei phrentisiaeth bu'n gweithio wrth ei chrefft gartref am beth amser. Yna aeth i weithio i siop Coed Helen House, Clwt-y-bont, Arfon. Yr oedd un o feibion y siop, John Hughes Jones, ryw dair blynedd a hanner yn hŷn na hi, ac aethant i garu. Yn ôl yr hanes, perswadiwyd ef gan ei ddarpar wraig i fynd yn feddyg, ac aeth i goleg Aberystwyth i ymbaratoi ar gyfer cwrs meddygol. Ef oedd y myfyriwr cyntaf o'r coleg i ymaelodi ym Mhrifysgol Llundain, a bu'n dilyn ei efrydiau yn 'Barts'. Ym Medi 1875 priododd Gwyneth Vaughan ac yntau yn eglwys Llanfihangel-y-traethau, ac aethant i fyw i Lundain er mwyn iddo ef fynd ymlaen â'i gwrs meddygol, a pharhasant i fyw yn Llundain, yn 24 Mildmay Park, Highbury, wedi iddo ef orffen ei gwrs a chael gwaith. Rhywbryd tua'r amser yma fe ollyngwyd y Jones o enw'r teulu, ac arddel Hughes yn unig. Bu peth anhapusrwydd yn ystod y cyfnod hwn oherwydd i Dr. Hughes fynd i afael y ddiod, ond fe ddaeth tro ar fyd. Symudodd y teulu i Dreherbert, ac yna, tua 1893, i Glwt-y-bont, yr hen gartref. Bu Dr. Hughes farw yn 1902, ac aeth ei wraig a'i blant i fyw i Fryn Morfa, Ffordd Craig-y-don, Bangor, wedyn i 8 Victoria Park, ac oddi yno yn 1909 i Bwllheli.

Y mae'n ymddangos ei bod yn fyd go wan ar Gwyneth Vaughan a'i phedwar plentyn tua'r adeg yma. Yn 1908 gwnaed cais am bensiwn sifil iddi, ond y cyfan a gafodd, er mawr siom iddi, oedd un taliad o ganpunt. Gwnaed tysteb iddi ac yn ôl ei brawd, J. Bennett Jones, yn ei ysgrif arni yng *Ngheninen Gŵyl Dewi,* 1912, 'llwyddwyd i gasglu swm lled dda.' Ond rywsut neu'i gilydd bu i'r pwyllgor oedd yn trefnu'r dysteb dramgwyddo Gwyneth Vaughan a dywedir ymhellach yn yr ysgrif, 'Bu y dull a gymerwyd i weinyddu y gronfa yn angeu i Gwyneth Vaughan.' Ni wn beth yn union a ddigwyddodd, ac efallai fod geiriau ei brawd braidd yn gorliwio'r safle,

282

ond sut bynnag, bu hi farw ar 25 Ebrill 1910, a chladdwyd hi ym mynwent eglwys Llanfihangel-y-traethau.

O'r pedwar plentyn, yr hynaf oedd Arthur Hughes, a aned ar 2 Ionawr 1878. Yr wyf yn gobeithio gallu sôn amdano ef mewn erthygl mewn man arall.* Graddiodd yng Ngholeg Dewi Sant, Llanbedr-Pont-Steffan, a golygodd *Gemau'r Gogyn-feirdd* a *Cywyddau Cymru*. Yr oedd yn wan iawn ei iechyd drwy ei oes; yr oedd yn rhy wael i ddod i angladd ei fam. Aeth i Batagonia yn 1911, ac yno y bu hyd ei farw yn 1965, yn 87 oed. Y mae ei ferch, Sra Irma Hughes de Jones, yn dal i fyw ym Mhatagonia. Yr ail blentyn oedd Guy, a aned 3 Mai 1881. Bu ef am flynyddoedd yn ffotograffydd ym Mhwllheli. Merch oedd y trydydd plentyn, Laura Kathleen. Ganed hi yn 1886. Gwael ei hiechyd oedd hithau; cafodd amhariad ar ei chlyw, a bu mewn clinig yn Lausanne yn ceisio gwellhad yn 1904 a 1906. Bu raid iddi roi'r gorau i'w chwrs coleg ym Mangor o fewn blwyddyn i'w orffen. Bu'n dysgu mewn ysgol breifat yn Wanstead, Essex, ac yn 'St. James' Secretarial College', Westminster. Yn ei blynyddoedd olaf yr oedd yn byw yn Ivernia, Pwllheli, ac yn rhoi gwersi mewn teipio a llaw-fer. Yn yr un cyfnod, sef tua 1917, bu'n helpu Gwenogvryn Evans gyda gwaith ysgolheigaidd, ond nid yw'n glir beth yn union oedd hynny. Bu farw yn 1920, pan nad oedd ond 34 blwydd oed, a chladdwyd hi yn yr un bedd â'i mam. Roy Bennett oedd y plentyn ieuengaf. Ganed ef 12 Mehefin 1891. Bu'n drafaeliwr masnachol, a bu'n gweithio i gwmni yswiriant. Yr oedd yn y fyddin yn Ffrainc yn ystod y rhyfel mawr cyntaf, a chafodd hynny effaith parhaol ar ei iechyd, ac yntau eisoes heb fod yn gryf o gorff, a bu farw 1 Ebrill 1919 yn 27 oed.

Er gwaethaf anhwylder iechyd a phrinder arian ar brydiau, yr oedd perthynas Gwyneth Vaughan â'i phlant yn un hapus, a llwyddodd i roi iddynt lawer o'i delfrydau a'i hegwyddorion hi ei hun, megis ei safonau crefyddol a'i syniadau am ddiwylliant cyffredinol. Gwelais gyfeiriad ar ddarn o bapur newydd ymysg ei phapurau (ond heb ddim i nodi'r dyddiad)

---

* Cynhwysir yr erthygl yn y gyfrol hon (tud. 299).

at y ddau frawd, Arthur a Guy, yn perfformio deuawd ar delyn a ffidil mewn cyngerdd yn Nhalsarnau. Daliodd Arthur i ganu'r delyn trwy'r blynyddoedd y bu ym Mhatagonia. Ond pan oedd y teulu'n byw yn Nhreherbert, a'r plant yn ifanc, yr hynaf yn rhyw bedair ar ddeg, yr oedd gweithgareddau cyhoeddus y fam yn ei chadw oddi wrth ei theulu am ysbeidiau go hir weithiau. Byddai'n ysgrifennu atynt yn gyson, o Gaerdydd neu Lundain yn fynych iawn, ar frys mawr, heb drafferthu i nodi ond y dydd o'r wythnos.

Y gweithgareddau hyn a barodd fod Gwyneth Vaughan yn dra adnabyddus yng Nghymru, a'r tu allan, ymhell cyn bod sôn amdani fel llenor Cymraeg. Yr oedd iddi ymwybyddiaeth fyw iawn â phynciau a phroblemau cyhoeddus, wedi ei hetifeddu oddi wrth ei thad, oherwydd yr oedd ef yn Rhyddfrydwr selog a deallus. Mewn datganiad a baratowyd ganddi ar gyfer ei chais am bensiwn y wladwriaeth y mae'n dweud iddi ddechrau annerch cyfarfodydd cyhoeddus dros y Blaid Ryddfrydol yn 1891, ac iddi deithio yn Lloegr a'r Alban, yn ogystal â Chymru, i'r pwrpas. Bu'n gweithio gyda mudiad Cymru Fydd, y mudiad a fu'n ymgyrchu, dan nawdd rhai o'r Aelodau Seneddol Cymreig, fel Lloyd George, T. E. Ellis, W. Llewelyn Williams a J. Herbert Lewis, i gael ymreolaeth i Gymru, ond a ddaeth i wrthdrawiad â Rhyddfrydiaeth swyddogol, ac a ddaeth i ben ar ddiwedd y ganrif. Ond glynodd Gwyneth Vaughan wrth y Rhyddfrydiaeth uniongred, ac yn 1898 penodwyd hi'n ysgrifennydd y corff gyda'r teitl hir a thrwsgwl, 'The Welsh Union of Women's Liberal Associations', a bu yn y swydd hyd 1907 — naw mlynedd — a thrwy'r amser hwnnw bu'n teithio'n gyson i annerch cyfarfodydd gwleidyddol ymhob rhan o'r wlad, a byddai'n brysurach nag arfer, wrth gwrs, ar adeg etholiad.

Agwedd ar gydwybod Ryddfrydol Gwyneth Vaughan oedd ei gwaith mawr dros ddirwest, a bu'n un o weithwyr mwyaf diwyd y *British Women's Temperance Association*. Sefydlodd a threfnodd 243 o ganghennau o'r mudiad hwnnw drwy Brydain. Enghraifft o'i sêl a'i phenderfyniad dros ddirwest oedd ei hymgyrch yn erbyn y *'shebeens'* yn ardal y dociau yng Nghaerdydd. Tai yn gwerthu diodydd meddwol heb

284

drwydded oedd y *'shebeens'*, ac fel canlyniad i'r ymgyrch fe godwyd y ddirwy o £2 i £200, a galwodd y *Western Mail* hyn 'a fine which ought to satisfy even Gwyneth Vaughan.' Cymaint oedd ei brwdfrydedd fel y byddai'n mynd i chwilio am y troseddwyr gyda'r plismyn, a bu mewn perygl lawer gwaith o gael ymosod arni yn gorfforol. Ymysg ei phapurau y mae amryw o lyfrau ar ddirwest megis *The Scientific Temperance Handbook*, gan Frank R. Cheshire; (yn eironig braidd) *Dialogues on Doctors and Drinking* gan James Whyte; *The Drink Question, its Social and Medical Aspects*, gan Kate Mitchell. Yr oedd Gwyneth Vaughan yn adnabod yr awduron hyn yn bersonol ac wedi annerch ar yr un llwyfannau â hwy.

Parhaodd ei diddordeb mewn gwaith cyhoeddus ar ôl iddi ddychwelyd i fyw i Glwt-y-bont, a bu'n aelod o Gyngor Dosbarth Gwyrfai ac o Fwrdd Gwarcheidwaid Caernarfon o dan Ddeddf y Tlodion.

Ond nid gweithgareddau politicaidd a dyngarol fel hyn yn unig oedd yn mynd â bryd y wraig brysur hon. Bu'n teithio trwy'r wlad i ddarlithio. Y mae'n dweud mewn un man amdani hi a Thelynores Gwalia yn cynnal cyfarfodydd o ryw fath yng Nghaerdydd ac ym Mhenarth, ac yr oedd y ddwy i fod i fynd ar daith i America am hanner blwyddyn oni bai am waeledd perthynas agos i Gwyneth Vaughan — cyfeiriad at ei mab Arthur, mwy na thebyg. (Bessie Jones oedd y delynores, merch i Hugh Jones, un o Gymry blaenllaw Lerpwl ac aelod o Gyngor y Ddinas. Priododd hi â Pol Diverres, Llydawr ac ysgolhaig Celtaidd, a'u mab yw Armel Diverres, Athro Ffrangeg Coleg Abertawe heddiw*.)

Erbyn diwedd y ganrif ddiwethaf yr oedd yr eisteddfod yn anterth ei bri, a bu Gwyneth Vaughan yn ymwneud â honno, er nad cymaint efallai ag a ddisgwylid. Derbyniwyd hi i Orsedd y Beirdd fel Derwydd yn Llanelli yn 1895, a thraddododd anerchiad oddi ar y maen llog yn ystod Eisteddfod Lerpwl yn 1900, y ferch gyntaf i wneud y gwrhydri hwnnw. Ysgrifennodd i'r *Geninen* yn 1899 o blaid cadw'r awdl gynganeddol fel cerdd y gadair; yr oedd dadl ar y pwnc yn mynd ar y pryd.

* 1978.

Yn 1902 cyhoeddodd erthygl yn *Cymru* dan y teitl 'Gweledigaeth y Babell Wag', yn disgrifio'r amser y byddai'r Eisteddfod Genedlaethol wedi peidio â bod, a'r ymchwiliad i'r achosion. Mynnai rhai mai cau allan y delyn a ddug dranc i'r Eisteddfod, eraill mai diffyg cefnogaeth i lenyddiaeth, eraill mai costau'r Orsedd, eraill mai enwadaeth, eraill mai'r cyngherddau costus, eraill mai Seisnigrwydd y gweithrediadau, ac eraill eto (gyda thinc modern iawn yn eu lleisiau) mai costau afresymol y babell. Y mae'n debyg bod pob un o'r haeriadau hyn yn feirniadaeth ddigon cyfiawn ar yr Eisteddfod Genedlaethol fel yr oedd ar y pryd, yn arbennig ei Seisnigrwydd. Yr oedd yr holl Saesneg a leferid ar lwyfan yr Eisteddfod yn gryn boen i Gwyneth Vaughan. Mewn erthygl yn y *Celtic Review*, 1904-5, y mae'n dyfynnu'r hyn a ddywedodd ei ffrind, Dr. Rudolf Imelmann o Berlin, mewn cylchgrawn Almaeneg, am Eisteddfod Genedlaethol y Rhyl, 'which described itself as Welsh and national, but was neither one nor the other. English was supreme.'

Mewn un Eisteddfod Genedlaethol yn unig y bu Gwyneth Vaughan yn beirniadu, hyd y gellais i ddarganfod, sef yng Nghaernarfon yn 1906. Yr oedd yn cydfeirniadu â Llew Tegid ar draethawd, 'Gwerth eu hiaith a'u cenedlaetholdeb i'r Cymry'; llythyr Cymraeg cyfyngedig i blant ysgolion elfennol, 'Pa fodd y treuliais fy ngwyliau yng Nghymru'; a stori fer. Y mae'n debyg mai'r rheswm ei bod hi'n beirniadu oedd mai Undeb y Ddraig Goch, mudiad yr oedd hi'n amlwg iawn gydag ef, oedd yn rhoi'r gwobrau yn y tair cystadleuaeth.

Dyma'r adeg pan oeddid yn rhoi pris mawr ar bethau 'Celtaidd', a llawer o lol yn cael ei siarad am nodweddion cymeriad y Celt a phethau annelwig felly. Dyma'r pryd hefyd y daeth y Gyngres Geltaidd i fod, ac yr oedd Gwyneth Vaughan yn amlwg yn y Gyngres a gynhaliwyd yn Nulyn yn 1901. Yn 1903 etholwyd hi yn un o Is-lywyddion y Mod yn yr Alban; ni wn paham, os nad fel teyrnged bersonol iddi.

Ychydig o farddoniaeth, hyd y gwelais i, a ysgrifennodd Gwyneth Vaughan. Enillodd gadair mewn eisteddfod ym Mwlch-gwyn yn 1901 ar bryddest, 'Cyfeillgarwch', ond ni welais y gerdd ac ni wn ddim amdani. Cyhoeddwyd cerdd fer yn dwyn y teitl 'Cydymdeimlad — cyflwynedig i weddw y diweddar T. E. Ellis', yn *Cymru*, xviii (1900), a cherdd hir ddychanus, 'John Grwgnach Jones', yn *Cymru*, xix. Rhy lac ei gwead yw'r gerdd hon i fod yn ddychan effeithiol. Ceir cyfieithiadau ganddi o bedair o gerddi Heine yn *Cymru* yn 1901 a 1903. Y mae'n bosibl mai esiampl John Morris-Jones oedd y cymhelliad, oherwydd yr oedd ef wedi cyhoeddi rhai o'i gyfieithiadau enwog yn *Cymru Fydd*, 1890 a *Cymru*, 1891. Nid oes gamp fawr ar gyfieithiadau Gwyneth Vaughan, ond y mae'n ddiddorol sylwi ei bod, yn ôl pob golwg, yn gwybod yr iaith Almaeneg. Dywedir ei bod hi a'i gŵr wedi dysgu Ffrangeg gyda'i gilydd, a'i bod hi'n gwybod Eidaleg hefyd.

Prif orchest Gwyneth Vaughan oedd ysgrifennu i'r wasg — yn Gymraeg ac yn Saesneg. Yr oedd swm ei chynnyrch mewn cyfnodolion o bob math yn enfawr. Y mae'n ymddangos fod tri pheth yn cyfri am hyn, neu fod tri chymhelliad yn peri'r gweithgarwch eithriadol hwn. Un oedd y nwyd neu'r ysfa sy'n gyrru ambell un i ymdreulio'n faith ac yn gyson heb allu peidio ag ysgrifennu. Y mae ysgrifennu'n elfen gwbl anhepgor ym mywyd person felly. Peth arall oedd ei sêl dros yr achosion yr oedd yn teimlo mor danbaid yn eu cylch. Yr oedd y wasg yn gyfrwng i ledaenu ei syniadau a'i hargoeddiadau hi ar bynciau fel Rhyddfrydiaeth a dirwest yn arbennig, a rhai pynciau mwy sylfaenol fel crefydd a moesoldeb, heb sôn am ymgyrchoedd y foment, megis cael pleidlais seneddol i ferched, a hawliau merched yn gyffredinol. Y trydydd cymhelliad oedd yr angen i ysgafnhau ei hamgylchiadau bydol. Y mae digon o brofion ei bod yn fain arni ar adegau arbennig yn ei bywyd, a bod ennill arian yn nod ganddi, hyd yn oed pan oedd ei gŵr yn fyw. Yr oedd yn cael ei thalu am lawer o'i gwaith yn Saesneg. Yn ei cholofn yn *Y Cymro*, 29 Mawrth 1906, y mae'n dweud wrth rywun sy'n ei alw ei hun yn *Llenor* (dychmygol yn ddiamau) nad oes dim tâl am lenydda yng Nghymru, ond bod y Saeson yn talu — 'Cymered *Llenor* y cyngor gan un sydd er y flwyddyn 1884 yn derbyn gwerth ei llafur gan John Bull yn rheolaidd a chyflawn.'

Felly y mae'n amlwg ei bod hi'n ysgrifennu am gyflog i'r wasg Saesneg pan oedd hi a'i theulu yn byw yn Llundain. Y mae'n bosibl, heb lafur enfawr, gael hanes manwl am y gweithgarwch hwn o'i heiddo, ac ni allaf fi ond nodi ychydig ffeithiau yr wyf wedi digwydd taro arnynt. Yn 1891-2 yr oedd yn gydolygydd y *Welsh Weekly,* ac yn cyfrannu erthyglau ei hun. Yn 1894-5 hi oedd golygydd y *Dowlais Gazette* ac yn gyfrifol am yr erthyglau blaen. Cyfrannodd i *The Woman's Signal, Christian Commonwealth, Temple Magazine, Celtic Review, Celtica,* heb sôn am bapurau adnabyddus fel y *Manchester Guardian* a'r *Daily Mail,* a'r papurau Saesneg oedd yn cylchredeg yng Nghymru. Am ei chyfraniadau i'r Wasg Gymraeg, ymddangosodd y rheini yn y papurau newydd cenedlaethol, fel *Y Brython, Y Cymro* a'r *Genedl,* ac yn y prif gylchgronau, fel *Cymru, Y Geninen, Yr Haul,* a hyd yn oed *Cymru'r Plant* a *Pherl y Plant.* Bu'n rhedeg cyfresi hir rai gweithiau, fel 'Hunangofiant Blodau' ym *Mherl y Plant* 1902-3, disgrifiadau o wahanol flodau gwylltion. O Ebrill hyd Ragfyr 1908 yr oedd ganddi gyfres yn *Y Brython* dan y teitl 'Merched Cymru Fu' — cymysgfa ryfedd o gymeriadau hanesyddol, chwedlonol, a llenyddol, fel Branwen, Buddug, Elen Luyddog, Nest, Gwenfrewi, Gwladus Ddu, etc.

Y fwyaf diddorol o'r cyfresi hyn oedd 'Cornel y Ford Gron', a ddechreuodd yn *Y Cymro,* 18 Ionawr 1906. Colofn i ferched oedd hon, a'r golygydd yn defnyddio hen dechneg ddigon cyfarwydd, sef ateb llythyrau gohebwyr dychmygol, a'u cynghori'n ddoeth ynghylch beth i'w wisgo a beth i'w fwyta — y pynciau sydd o barhaol bwys i ferched, ond gyda gair o anogaeth yn awr ac yn y man ynglŷn â phynciau oedd yn agos at galon Gwyneth Vaughan ei hun — peidio â magu plant yn Saeson, pleidlais i ferched, peryglon y ddiod feddwol, a pherygl mawr arall yr oes honno, sef Pabyddiaeth — y mae naw mil o glerigwyr yn gweithio dros y grefydd Babaidd yn Eglwys Loegr: 'na ato Duw inni gysgu hyd nes y bydd yn rhy ddiweddar, a'n gwlad ar y goriwaered yng nghrafangau Pabyddiaeth.' Peth arall a welir yn glir yn y sylwadau hyn yw gogwydd piwritanaidd y golygydd, nodweddiadol o'i chyfnod. Y mae'n cynghori Rachel a Leah i gadw o ddawnsfeydd, oherwydd 'y mae'r dawnsfeydd nos Sadyrnau yn hostels y merched yn ein colegau cenedlaethol yn flinder ysbryd.'

Meddai dro arall, 'Nis gwn i ddim am yr hyn a elwir yn chwarae *bridge* . . . chwarae cardiau nid yw dda i ddim.'

Ond o'r holl ysgrifennu toreithiog, y cynnyrch a allai fod yn fwyaf gwerthfawr i Gymru fel cyfraniad at ei llenyddiaeth oedd y nofelau. Dyma'u henwau yn nhrefn eu hysgrifennu: *O Gorlannau y Defaid,* yn rhannau yn *Y Cymro,* 1903-4, ac yn llyfr yn 1905; *Plant y Gorthrwm,* eto yn *Y Cymro,* 1905-6, ac yn llyfr yn 1908; *Cysgodau y Blynyddoedd Gynt,* yn rhannau yn *Y Brython,* 1907-8; *Troad y Rhod, Y Brython,* 1909. Gwelir mai cynnyrch saith mlynedd olaf oes Gwyneth Vaughan oedd y gweithiau hyn.

Yn y gorffennol y gosodwyd y tair stori gyntaf — *OGD* yn 1859, blwyddyn y diwygiad enwog; *PG* yn 1868 pan drowyd tenantiaid ffermydd o'u cartrefi am bleidleisio yn groes i ddymuniad y meistr tir; a *CBG* yn nes i ddechrau'r ganrif neu ddiwedd y ddeunawfed, pan yw pobl yn gweld ysbrydion ac yn cael profiadau goruwchnaturiol, a sipsiwn yn rhan bwysig o'r gymdeithas wledig. Yr oedd *TRh* yn gyfoes, a sôn ynddi am fasnachwyr llwyddiannus a chapeli gwychion a blaenoriaid cyfoethog, dylifiad yr ymwelwyr o Loegr i dref Llan Elen yn yr haf a'u dylanwad andwyol ar fywyd moesol a chrefyddol y lle. Gallai'r stori hon fod ychydig yn llai 'rhamantus' na'r lleill, ac yn fwy o feirniadaeth gymdeithasol, ond gadawyd hi heb ei gorffen. Ar 2 Rhagfyr 1909 yr ymddangosodd y rhan olaf yn *Y Cymro,* ac ymhen pedwar mis yr oedd yr awdures wedi marw. Er mai fel nofelau hanesyddol yr oedd Gwyneth Vaughan yn edrych ar ei storïau, rhamantau ydynt mewn gwirionedd, yn llawn o gymeriadau duwiolfrydig a chnafon diegwyddor, a rhyw ddirgelwch wedi cychwyn yn y gorffennol ac yn cael ei ddatrys yng nghorff y stori a thrwy hynny gwneud cyfiawnder o'r diwedd â rhywun diniwed a gafodd gam. Yr uchafbwynt yw bod y bachgen iawn yn priodi'r ferch iawn, a chariad o bob math, brawdol ac arall, yn teyrnasu trwy ardal gyfan. I ddwyn y stori yn ei blaen y mae'n rhaid rai gweithiau wrth gyd-ddigwyddiadau hollol anghredadwy.

I ddeall y storïau hyn y mae'n rhaid ystyried gwaith arall a ysgrifennodd Gwyneth Vaughan yr un pryd ag yr oedd yn dechrau cyhoeddi *OGD,* sef cyfres o erthyglau yn *Yr Haul* yn 1903 dan y teitl 'Bryn Ardudwy a'i Bobl'. Darlun oedd y rhain, wedi ei ddieithrio dipyn a newid enwau'r lleoedd a'r bobl, o'r ardal o gwmpas cartref yr awdur, sef Talsarnau. Y mae ym Mryn Ardudwy ddau blwy yn cyffinio, Llan Fair a Llan Ddewi. Dyma Lanfihangel-y-traethau a Llandecwyn. Un offeiriad sydd i'r ddwy eglwys, Gruffydd Puw, gŵr duwiol a thra chymeradwy gan bawb. Y mae tiroedd dwy stad yn cyfarfod — y Dyffryn a Neuadd las, sef Glyncywarch a Maes-yneuadd. John Jenkins yw'r ysgolfeistr, a'i enw'n awgrymu mai gŵr o'r de ydyw, er na ddywedir hynny, ac yr oedd yn deyrn ar ei deulu ac yn gurwr mawr. Hwn yn ddiau oedd yr Edwards hwnnw o Aberaeron y soniodd John Bennett Jones amdano yn ei erthygl ar ei chwaer yn *Y Geninen,* 1912. Disgrifir y crefftwyr, fel y gof a'r teiliwr, a hen arferion fel y plygain a nos galan. Y mae yn yr ardal ddwy hen wraig dduwiol, Begi Shôn a Doli William. Ond yr elfen fwyaf diddorol yw teulu Hafod-y-felin, Owain Lloyd, ei wraig 'a gwaed breiniol Cymru yn ei gwythiennau', a'u merch Gwen-llian, teulu tra chrefyddol ac agos i'w lle. Drych yw hwn o deulu Gwyneth Vaughan ei hun ym Mrynfelin — yr oedd ei mam yn honni ei bod yn llinach hen dywysogion Gwynedd. Y mae'n werth sylwi'n fanwl ar y ferch fach Gwenllian, plentyn hŷn na'i hoed, fel y dywedir. Nid oes iddi ddim pleser gyda doliau na dim o'r pethau sy'n diddori genethod bach fel rheol. Daeth i adnabod Percy Wyn, aer y Neuadd Las, ac aeth ati i ddysgu Cymraeg iddo. Y diwrnod pan oeddynt yn agor ysgol newydd ym Mryn Ardudwy (drych o agor ysgol Frytanaidd Talsarnau yn ddiamau) yr oedd Gwenllian wedi sleifio i mewn i'r eglwys, a dyna lle'r oedd hi yn mynd trwy'r gwasanaeth ar ei phen ei hun, yn darllen a chanu a phregethu. Pan ddaeth Mr. Puw, y person, o hyd iddi, aethant i sgwrsio, a gofynnodd hi iddo ef ddysgu Groeg iddi — plentyn pum mlwydd a hanner oed! Darlun o Gwyneth Vaughan ei hun oedd y ferch fach anhygoel yma, a chawn ei gweld eto. Fel Bryn Ardudwy yr oedd yr awdur yn gweld Talsarnau o binacl ei hanner canmlwydd oed yn 1903, pan oedd yn dechrau ysgrifennu ei nofelau. Yr oedd ei chof, fel cof pawb ohonom, a'i natur ramantaidd hi ei hun yn ystumio ac yn delfrydu'r union ffeithiau, ond y mae'n sicr fod y prif elfennau yn o agos i'r gwir.

Wrth ddarllen storïau Gwyneth Vaughan fe welwn yn syth fod yr elfennau hyn yn cael eu defnyddio dro ar ôl tro, nes eu bod yn mynd yn rhy hawdd eu hadnabod, ac o ganlyniad yn anniddorol. Fel yr oedd y ddau blwy ym Mryn Ardudwy, y mae'r ddwy eglwys yn *PG*, Llangynan a Llan Fair, ac fel yr oedd y ficer, Gruffydd Puw, yn dduwiol a gweithgar, y mae Mr. Brown yr un fath yn *OGB*. Yr oedd dau blas ym Mryn Ardudwy — y Dyffryn a Neuadd Las — ac y mae'r Friog a Phlas Dolau yn *PG*, a'r Tŷ Gwyn a Phlas Llan Elen yn *TRh*. Yn *OGD* y mae Syr William Prys, sgweiar Cae Morfudd, yn gymeradwy iawn gan bawb, a'i Gymraeg clapiog yn ei wneud yn fwy felly, os rhywbeth. Hollol gyffelyb yw Syr Tudur Llwyd, y Friog, yn *PG*. Wedyn mae hen wragedd tlawd ym mhob congl, fel Begi Shôn a Doli William ym Mryn Ardudwy, Beti'r Pabwyr a Gras Elis yn *OGD*, Boba, Tan-'rardd yn *PG*, a Malen yn *TRh*. Y mae pob un yn byw ar ei phen ei hun mewn bwthyn, ac amryw ohonynt yn rhyfeddol o olau yn eu Beiblau, ac yn cael elusen gan y teuluoedd cefnog.

Y teuluoedd cefnog a chrefyddol yw'r elfen fwyaf cyffredin a'r fwyaf diddorol o'r cyfan yn storïau Gwyneth Vaughan. Yr wyf wedi sôn eisoes am deulu Owain Llwyd, Hafod y Felin, ym Mryn Ardudwy, a'r ferch fach ryfedd honno oedd yn pregethu ac am ddysgu Groeg, ac mai teulu'r awdur a hi ei hun oeddynt. Y mae'r teulu crefyddol yn cael lle amlwg ac allweddol mewn tair o'r nofelau. Dyna yw teulu'r Foty yn *OGD*, Robert a Luned Fychan a'u dau fab, Cynan ac Idwal, a'u merch Angharad. Wrth sôn am rieni Gwyneth Vaughan, y mae ei brawd yn dweud fel hyn yn yr ysgrif a grybwyllwyd eisoes:

Onid yw Gwyneth wedi tynu darlun anfarwol ohonynt yn ei llyfr, *O Gorlannau y Defaid*? Hwy oedd Robert a Luned Fychan. Wrth gwrs, nid *photograph* geir ohonynt, ond darlun paentiedig ohonynt mewn amgylchiadau gwahanol i'r eiddo fy nhad a'm mam; darlun cywir serch hynny. Pe buasent hwy yn yr amgylchiadau a ddarlunir ganddi hi, gwn mai fel

291

Robert a Luned Fychan y buasent yn ymddwyn. Yn wir, y mae llawer o'r digwyddiadau a nodir ganddi, yn llythyrenol gywir.

Ac y mae teulu'r Foty yn cael ei ailadrodd yn nheulu'r Hafod Oleu yn *PG*, Robert a Gwen Gruffydd a'u merched, Rhiannon ac Olwen; a dyna Lewis a Margaret Pennant, Llys Gwenllian, a Gwenllian, eu merch, yn *CGB*. Yn rhywle yn y darlun pob tro y mae'r ferch fach hŷn na'i hoed, sef Gwyneth Vaughan ei hun. Nid oedd Angharad yn *OGD* am chwarae efo doliau. A dyna Dyddgu, merch fach John Meredith, y melinydd (sylwer) yn *PG*, yn dweud nad oes a fynno hi â doliau a babis a gwnïo. ' 'Does arna i eisio dim ond *Trysorfa'r Plant* a'r *Drysorfa Fawr*, a *Llenor* . . . a *Bardd Cwsg* a'r *Traethodydd*, a *Hanes y Merthyron.*' Yr eneth fach wedi prifio'n ferch ifanc yw Nora Dermott yn *TRh*. Pan yw hi a Dan Lloyd, ei chariad, yn cyfarfod, y maent yn sgwrsio am Epictetus a Marcus Aurelius a Shakespeare a Spencer. I ni heddiw, a dweud y gwir, y mae'r genethod hyn yn edrych fel 'prigs' bach annioddefol, ac y mae'n rhyfedd meddwl fod Gwyneth Vaughan yn rhoi inni'r darlun hwn ohoni ei hun. Ond y mae'n fwy na thebyg mai un felly oedd hi. A dyfynnu ei brawd unwaith eto, 'Meddai wangc aniwall am lyfrau; ac yr oedd wedi ei thrwytho yn llenyddiaeth oreu Lloegr a Chymru.'

Y mae hyn i gyd yn awgrymu un o wendidau amlwg y nofelau, sef diffyg dychymyg a dyfeisgarwch. Fel y soniwyd eisoes yr oedd Gwyneth Vaughan dros ei hanner cant oed yn dechrau ysgrifennu ei nofel gyntaf, sef *OGD*, ac ar yr un pryd â honno yr oedd yn ysgrifennu 'Bryn Ardudwy a'i Bobl', ac yn y ddau waith mynd yn ôl yr oedd i'w phlentyndod a'i hieuenctid, gan gynhyrchu ac atgynhyrchu fwy nag unwaith y bobl a'r amgylchiadau yr oedd hi yn eu cofio, a threigl y blynyddoedd wedi llyfnhau a chaboli'r conglau pigog. Fel y dywedodd ei brawd, 'Y mae llawer o'r digwyddiadau a nodir ganddi yn llythyrenol gywir.'

Un canlyniad i hyn yw bod ei chymeriadau yn ymdebygu i'w gilydd ac yn tueddu i fod yn unlliw — y rhan fwyaf o lawer ohonynt yn gwbl ddiargyhoedd eu buchedd, yn foesol dda ac yn drwyadl grefyddol. Prin iawn yw dynion drwg, ar

292

wahân i ambell gybydd cwbl ystrydebol fel Jacob Foulkes yn *TRh*, a Rhydderch Gwyn yn *CGB*, sydd wedi amddifadu ei nai, Derfel, o'i dreftadaeth rywbryd cyn i'r stori ddechrau, a Mr. Harris, stiward stad Plas Dolau yn *PG*, un o frid cydnabyddedig ddrygionus. Y mae'n amlwg nad oedd gan yr awdur y ddawn i weld i gilfachau cymeriadau, lle mae'r cysgodion yn dangos pa mor solet yw'r cymeriadau hynny. Weithiau fe ddigwydd i un o'r dynion drwg gael tröedigaeth, fel y digwyddodd i George Ransome yn *OGD*. Yr oedd ef wedi twyllo tad Dewi rywbryd ers talwm, ac wedi dwyn ei eiddo, gan gynnwys y Neuadd, hen gartref y teulu. Ond bu'n edifar ganddo cyn diwedd ei oes, ac yn ei ewyllys fe roes y Neuadd i Dewi, ei geffyl i Angharad, a rhoddion eraill i eraill o'r teulu. Nid yw'r awdur yn gwneud unrhyw ymdrech i esbonio beth a barodd yr edifeirwch nac olrhain y prosesau meddyliol a wnaeth ddyn newydd o George Ransome. Nid yn y ffyrdd yr oedd meddyliau pobl yn gweithio, a sut yr oedd y meddyliau hynny yn pennu eu gweithredoedd yr oedd Gwyneth Vaughan yn ymddiddori. Felly nid cymhellion mewnol y cymeriadau sy'n gyrru'r stori yn ei blaen, ond yn hytrach digwyddiadau damweiniol nad oes gan y cymeriadau yn y nofel ddim rheolaeth arnynt, ac y mae'r awdur yn gorfod dibynnu ar gyd-ddigwyddiad rai gweithiau i yrru'r stori rhagddi. Enghraifft nodedig o hyn yw'r hyn a groniclir am Angus Munro yn *CBG*. Yr oedd ef wedi priodi Alys, merch Rhydderch Gwyn o'r Plas-llwyd, ac mewn ffenestr siop yn Llundain y mae'n digwydd gweld lluniau o'i hen gartref yn yr Alban, ac wrth sefyll i edrych arnynt fe glywodd ddau ddyn yn sgwrsio amdano ef ei hun, a dweud mai merch anghyfreithlon ei thad oedd Alys ei wraig.

Ond yr oedd un agwedd ar weithgareddau meddwl dyn yn agos iawn at galon Gwyneth Vaughan, sef ei grefydd. Y brif rinwedd ym mhawb yw bod yn grefyddol, ac ystyr hynny yw, nid mynd i eglwys neu gapel yn unig, ond bod yn hyddysg mewn diwinyddiaeth, a bod yn barod i ddadlau neu drafod pynciau diwinyddol fel rhan o ymgom gyffredin rhwng dyn a dyn. Y mae sgwrs rhwng dau gariad fel Dan Lloyd a Nora Dermott yn *TRh* yn llawn o grefydd, yn gymysg â phynciau gwleidyddol, y fasnach feddwol, a dioddefaint y werin dlawd. Y mae darllen y Beibl yn gyson yn amod anhepgor. Yn y teuluoedd crefyddol y mae Gwyneth Vaughan mor hoff o'u darlunio, rhaid oedd 'cadw dyletswydd', sef gwasanaeth crefyddol byr o ddarllen a gweddïo (hynyna o eglurhad er mwyn y Cymry hynny sydd o dan hanner cant oed!) bob bore a nos. Ac nid darllen y Beibl a gwrando'i ddarllen yn unig, ond gwybod rhannau helaeth ohono ar dafod leferydd, a gallu dyfynnu adnodau pwrpasol i glensio dadl ar aml achlysur. Y mae yn llyfrau Gwyneth Vaughan gannoedd o adnodau yn cael eu dyfynnu mewn sgyrsiau, praw o pa mor rhyfeddol o gyfarwydd oedd hi ei hun â'i Beibl. Ond y mae un coll rhyfedd iawn yn y nofelau hyn, sef nad oes dim sôn ynddynt o gwbl am weinidog Ymneilltuol, a hynny mewn cyfnod pan oedd gweinidogion yn arweinwyr ac yn fawr eu dylanwad, nid yn unig o fewn eu heglwysi a'u henwadau, ond hefyd ym mywyd y genedl yn gyffredinol, yn gymdeithasol, yn wleidyddol a llenyddol. A barnu wrth lyfrau Gwyneth Vaughan, nid oedd gweinidogion yn neb yng Nghymru.

Y blaenor duwiolfrydig oedd y delfryd, a hwnnw'n ffyniannus ein fyd, a'i ffyniant materol yn ganlyniad ei dduwioldeb, er na chyfaddefir hynny. Enghraifft sydd yma o'r hyn y mae haneswyr wedi ei nodi ers tro, sef y cyswllt agos rhwng piwritaniaeth ysbrydol a llwyddiant bydol. Yn wir y mae ymgyfoethogi yn rhinwedd, gan ei fod yn peri fod y gŵr cefnog yn gallu noddi'r tlawd, ac y mae rhoi elusen yn rhinwedd Gristnogol. Y mae caredigrwydd teulu'r Hafod Olau tuag at Boba Tan'rardd yn *PG* yn ddiarhebol. Pan ddaw Derfel Gwyn adref o Galiffornia ag arian lond ei bocedi yn *CBG,* un o'r pethau cyntaf y mae'n ei wneud yw rhoi siec am fil o bunnau i ymgeleddu'r tlodion, a'r peth nesaf oedd tynnu trwydded y dafarn. Darlun yw hyn o'r egwyddor wirfoddol yn gweithio er lles cymdeithas, yr egwyddor oedd yn gymaint rhan o'r athroniaeth wleidyddol yr oedd Gwyneth Vaughan yn ei phleidio mor galonnog, sef Rhyddfrydiaeth. Nid oedd sôn am sosialaeth, na gwneud daioni trwy orfodaeth cyfraith gwlad. Yn hyn o beth, fel mewn pethau eraill, darnodi'r hyn a welai o'i chwmpas yr oedd yr awdur, heb gymhwyso at y defnydd hwnnw ddim o'r egni creadigol a fuasai'n gwneud ei gwaith yn nofelau effeithiol.

Yr oedd hi'n ddigon teg â'r gymdeithas yr oedd hi'n ei chofio, a'r darlun yn ddigon cywir. Felly hefyd ei darlun o'r graddau cymdeithasol. Yr oedd hi'n cofio'r genhedlaeth olaf o'r sgwieriaid Cymreig, disgynyddion yr hen uchelwyr llengar gynt, yn tario'n gyson yn eu plastai ac yn byw a bod ymysg eu tenantiaid, ac yn gallu siarad rhyw lun o Gymraeg, digon ansicr a bregus. Dyna oedd Syr William Prys, Cae Morfudd, yn *OGD* a Syr Tudur Llwyd, y Friog, yn *PG*. Ond yr oedd eu dydd ar ben, ac yr oedd y cyfrifoldeb cymdeithasol a fu gynt arnynt hwy yn cael ei dderbyn gan y dosbarth canol newydd — y ffermwyr cefnog a chrefyddol a grybwyllais gynnau. Yr oedd y rhain rai graddau'n uwch na'u gweision a'u morwynion hwy eu hunain a chrefftwyr yr ardal, fel y gof a'r saer a'r gwehydd a'r crydd. Anfonwyd Angharad y Foty i ffwrdd i'r ysgol — ond heb roi dim manylion — a phan ddaeth yn ôl, yr oedd pawb o bobl gyffredin y fro yn ei chyfarch ac yn sôn amdani fel *Miss* Angharad, a hithau'n mynd o gwmpas yr ardal ar gefn ei cheffyl. Yr un yn union fu tynged Miss Rhiannon, Hafod Oleu yn *PG*. Ac fe aeth Rhiannon gam go fawr ymhellach trwy briodi'r sgweier, Syr Tudur Llwyd, oedd lawer o flynyddoedd yn hŷn na hi, ac wedi ei farw ef etifeddu'r plasty a'r holl stad, a phriodi Francis Glyn, oedd yn llawer nes i'w hoed — symbol o oruchafiaeth a buddugoliaeth derfynol y dosbarth canol. Yn ardaloedd diwydiannol Cymru yr oedd y stiwart yn y chwarel, y goruch-wyliwr yn y gwaith glo, y masnachwr llwyddiannus, y meddyg, y bancer a'r capten llong.

Ond ni fynnodd Gwyneth Vaughan gyfri'r rhain; yn wir yn ei nofel olaf, *TRh,* y mae hi'n ddigon gwawdlyd o flaenoriaid cefnog yn y capeli gorwych. Fe wyddai'n iawn am y dosbarth canol diwydiannol; ni allai golygydd y *Dowlais Gazette* fod heb eu hadnabod ac felly rhaid credu mai eu hanwybyddu'n fwriadol a wnaeth, neu o leiaf nad oedd ganddi ddim diddordeb ynddynt. Mewn erthygl yn *Y Faner* (22 Ebrill 1977) y mae Kathryn Curtis yn dweud fod 'edmygedd di-feddwl o fywyd cyn y chwyldro diwydiannol yn elfen bwysig

295

yng nghyfansoddiad "rhamant" llawer o ffugchwedlau cyn-nar,' ac y mae'n nodi *Y Pentre Gwyn* Anthropos (1915) a *Y Llwybr Unig* Gwilym Peris, mor ddiweddar â 1933, fel enghreifftiau o'r agwedd hon. Y mae delfrydu rhyw orffennol glân ei foesau a dedwydd wedi bod yn arfer gan ddynion er dyddiau'r Rhufeiniaid, yn arbennig mewn cyfnod o gyfnewid, pan yw hen arferion a safonau yn cilio. Rhyw ymateb cyffelyb sy'n cyfri am y lliaws o gyfrolau o atgofion a ymddangosodd yn Gymraeg yn y blynyddoedd diweddar — math o brotest yn erbyn y chwyldroi gwallgo sydd wedi bod ar bopeth oedd yn gynefin i aelodau'r genhedlaeth hon ym mlynyddoedd eu hieuenctid, ond gyda'r gwahaniaeth fod yr atgofion ar y cyfan yn ffeithiol gywir, tra mae gwyrdroi yn digwydd yn y nofelau poblogaidd. Dyma'r hyn a elwir yn rhamantu neu sentimental-eiddio ynghylch y gorffennol. Fe ddarlunnir, nid yr oes a fu fel yr oedd, ond yr oes bresennol fel y carai'r ysgrifennwr iddi fod, ac o ganlyniad y mae elfen o ffantasi, neu a siarad yn blaen, o dwyll, hunan-dwyll o leiaf, yn y disgrifiad. Fel enghraifft, dyma baragraff o ddechrau *OGD*:

> Cofied y darllenydd fy mod yn ysgrifennu am amser cyn i lanw Seisnig y Mr., a Mrs., a Miss orchuddio Cymru, ac ymhell cyn i'r pregethwr fod yn fugail ymhob man, a gwisgo llythrennau o flaen neu ar ôl ei enw. Ychydig iawn o rodres ein dyddiau ni fodolai yr amser hwnnw. Nid oedd gwanc am arian a bywyd moethus wedi meddiannu ein tadau. Gwisgent yn syml, yn weddus i rai yn prophesu duwioldeb: bwytaent fwyd maethlon, iach, oddiar lestri preniau y rhan amlaf . . . Ni chlywid neb yn gofyn am waith heb ei gael, a chreaduriaid anaml oedd pobl ddyledog. (t. 3).

Ac eto i gyd y mae'r awdur yn mynd rhagddi i ddangos mai gwobr llanc bucheddol ac ymdrechgar fel Dewi yw etifeddu stad a phlasty, a byw fel sgweier am weddill ei oes. Tra chymeradwy yn ei olwg oedd *Miss* Angharad, ac yr oedd aml un yn yr ardal yn dibynnu'n llwyr ar gardod.

Yn ogystal â rhamantu ynghylch y gymdeithas, fe geir hefyd ramantu ynghylch Natur, yn union yn null y beirdd rhamant-aidd ac awduron y llyfrau taith oedd yn gyffredin gan mlynedd ynghynt. Fel hyn y sonnir am hoffter Angharad o ardal ei chartref:

Yr eneth fechan a garai yr oll gyda chariad angerddol, am fod yno ryw gydymdeimlad . . . rhwng ei hysbryd hi a phob deilen yn y goedwig, pob cragen ar lan y môr ac yn arbennig â'r ceunentydd trystfawr ollyngent eu cenllif ofnadwy dros y creigiau serth yn yr ystormydd. Tynnai y tlws, yr arddunol, ddeigryn gloew i lygad Angharad; ond mawredd y mynyddoedd, sŵn tonnau y môr pan chwythai'r gwynt yr ewyn cannaid oddi arnynt am filltiroedd i'r lan, barai i enaid y plentyn ddychlamu gan . . . fwynhad.

Er gall hyn fod yn wir, i ryw raddau, am Gwyneth Vaughan ei hun, fel pethau eraill y mae'n dweud am enethod bach henaidd eu ffordd, y mae'n anodd iawn ei dderbyn fel dim mwy na disgrifio yn ôl y patrwm, a'r cyfan wedi ei gymell gan sentiment neu feddal-deimlad ffuantus.

Yn holl ysgrifeniadau Gwyneth Vaughan ychydig iawn o sôn am Gymru fel cenedl a welais i. Yr oedd bron yn hollol gyfoes ag Emrys ap Iwan ac Owen Edwards, ond ni chafodd hi erioed yr olwg ar Gymru a gafodd y ddau hynny. Yr hyn a deimlodd hi oedd hiraeth am rai agweddau ar orffennol ei chenedl fel yr oeddynt yn ymddangos iddi hi mewn cymdeithas wledig annatblygedig, ac ni sylweddolodd hunaniaeth y genedl, a bod i'r genedl ei phroblemau ei hun a bod angen dulliau arbennig i ddatrys y problemau hynny. Yn hytrach, derbyniodd Gymru fel rhan o uned fwy, sef Prydain, ac yn lle dyfeisio meddyginiaeth iddi ar sail ei phrofiadau hi eu hun, cyflwynodd iddi y feddyginiaeth barod oedd yn addas at bob anhwylder, sef Rhyddfrydiaeth wleidyddol. Bu'n gweithio gyda mudiad Cymru Fydd am fod hwnnw'n gymeradwy gan y blaid Ryddfrydol, yn debyg iawn i'r fel y mae llawer un yng Nghymru heddiw yn cefnogi datganoli am mai dyna bolisi swyddogol y blaid Lafur.

Dyma fi wedi ceisio rhoi darlun o Gwyneth Vaughan — darlun pur anghyflawn, rhaid cofio. Yn un peth, ni chefais i'r cyfle i weld ond cyfran fechan o'r holl erthyglau a ysgrifennodd i'r wasg, yn arbennig yr erthyglau Saesneg i bapurau a chylchgronau yn Lloegr. Am y nofelau, ni allaf honni fy mod yn gwybod dim am nofelau poblogaidd Saesneg y cyfnod, yn arbennig y rhai a fyddai'n ymddangos yn rhannau mewn cylchgronau. Y mae'n anodd credu na chafodd pethau felly

297

ryw ddylanwad arni. Ond yr wyf yn gobeithio imi ddweud digon i brofi ei bod yn wraig eithriadol iawn. Yr oedd ganddi gydwybod ac argyhoeddiadau cadarn ar faterion crefyddol a chymdeithasol, ac fe weithiodd yn aruthrol galed am flynyddoedd i geisio cyrraedd y delfryd oedd ganddi o'i blaen, sef gwella cyflwr ei chyd-ddynion. Cyfryngau i'r amcan hwnnw oedd Rhyddfrydiaeth a'r mudiad dirwest. Y mae'n amlwg ei bod yn wraig dra diwylliedig yn yr ystyr ei bod wedi darllen yn eithriadol o helaeth, yn arbennig mewn llenyddiaeth Saesneg. Yn rhai o'r sylwadau a wnaed amdani ar ôl ei marw dywedir ei bod yn adnabod Carlyle a Ruskin, ond ni welais ddim prawf o hynny. Er ein bod ni heddiw yn meddwl amdani fel llenor, awdur y ddwy nofel *OGD* a *PG* yn fwyaf arbennig, nid llenor mohoni, ond newyddiadurwraig a diwygiwr cymdeithasol. Fel y nodais eisoes, cynnyrch saith mlynedd olaf ei hoes oedd y pedair nofel. Cyn dechrau eu hysgrifennu yr oedd wedi treulio blynyddoedd lawer yn ymwneud â materion cyhoeddus. Yn wir, yr oedd wedi bod yn llawer rhy brysur, yng Nghymru ac yn Lloegr, i gael hamdden i fyfyrio a sylwi ar ymarweddiad ei chyd-ddynion, fel y gweddai i lenor, ac er na chyfrannodd ond ychydig i lenyddiaeth Gymraeg, y mae'n haeddu ei chofio fel cynnyrch nodweddiadol o'r ganrif ryfedd a rhyfeddol honno, y bedwaredd ar bymtheg. Cymysg oedd safonau Gwyneth Vaughan, fel amryw ohonom, ac efallai fod ynddi gyffyrddiad o'r hyn y buasem ni heddiw yn ei alw yn snobyddiaeth.

Ymysg ei phapurau fe gadwyd dalen lle mae hi a'i dau fab, Arthur a Guy, wedi nodi, pob un yn ei lawysgrifen ei hun, y gwahanol bobl a phethau oedd yn hoff ganddynt — 'list of favourites'. Dyma restr y fam: gwleidydd — W. E. Gladstone; arwr — Owain Glyndŵr; awdur — Scott; bwyd — ffesant rost; anifail — ceffyl; cerddor — Handel; adloniant — marchogaeth; gorchwyl — siarad yn gyhoeddus; mangre — Llundain.

Arthur Hughes

1878-1965

Pan oeddwn i ac eraill o'm cenhedlaeth yn astudio'r Gymraeg yn yr hen Ysgolion Sir ers talwm, un o'r ychydig lyfrau testun oedd gennym oedd *Cywyddau Cymru* wedi eu golygu gan Arthur Hughes, detholiad o gywyddau o Ddafydd ap Gwilym hyd Islwyn ac Ioan Arfon. Ni wyddwn i yn y byd pwy oedd y golygydd, a bûm yn hir iawn cyn ffeindio. Llyfr arall a gyhoeddwyd ganddo oedd *Gemau'r Gogynfeirdd*. Ganed Arthur Hughes ar 2 Ionawr, 1878, yn fab i'r Dr. J. Hughes Jones a'i wraig Annie Harriet, a ddaeth yn adnabyddus iawn yng Nghymru wedyn fel Gwyneth Vaughan. Yn Llundain yr oeddynt yn byw, ond daeth y fam i'w hen gartref, sef Brynyfelin, Talsarnau, i eni ei phlentyn cyntaf. (Trafodwyd hanes Gwyneth Vaughan yn weddol lawn yn yr erthygl flaenorol, tudalennau 281 i 298.) Yn bur gynnar yn hanes y teulu gollyngwyd Jones o'r enw, a Hughes oedd cyfenw pawb o'r plant. Yn breifat y cafodd Arthur ei addysg, ond ni lwyddais i ddarganfod gan bwy nac ymhle. Y tebyg yw fod ei rieni wedi dysgu llawer arno, a'i fod ef ei hun yn gwbl eithriadol yn ei chwilfrydedd a'i ymroddiad i amryfal weithgareddau'r deall.

Mewn dwy erthygl atgofus yn *Y Drafod*, papur newydd Patagonia (12-1-45 a 25-10-58) y mae Arthur yn sôn ei fod 'yn hogyn go fach yn ceisio dysgu'r Almaeneg fy hunan, allan o hen lyfrau fy mam, ac yn ceisio dysgu Groeg o gopi fy nhad o Homer yn yr iaith honno.' Yr oedd hefyd 'er yn ieuanc iawn yn darllen y Beibl, Homer, Plato, Fferyll, Cicero, Dante, Cervantes, Shakespeare, Milton a Goethe.' Cafodd beth hyfforddiant cerddorol — 'rheolau cynganeddiad hyd yn rhywle yng nghanol gwrthbwynt'. Yr oedd yn medru canu rhai offerynnau, fel y piano, yr acordion a'r ffidil. Ond 'y delyn oedd yr offeryn hoffaf gennyf fi . . . Cyfansoddais rai darnau ar gyfer y delyn, a bûm yn eu canu'n gyhoeddus ryw dro neu ddau.' Yr oedd ei frawd Guy yn canu'r ffidil. Yn archifau Gwynedd gwelais ddarn o bapur newydd Saesneg, heb enw na dyddiad arno, yn rhoi hanes cyngerdd yn Nhalsarnau, ac ymysg yr eitemau, 'Instrumental duet (harp and violin) Messrs Guy and Arthur Hughes.' Y mae'n debyg mai ar eu gwyliau yng nghartref eu mam yr oedd y ddau frawd. Dau ddiddordeb braidd yn annisgwyl oedd seryddiaeth ('mynd a'm bryd yn fwy na'r un arall') a gwneud modelau o beiriannau ager, a'r rheini'n gweithio. Ymysg ei ddulliau eraill o'i ddiddori ei hun yr oedd 'teithiau hirion ar draed, ar feic, yn y trên, ar y dŵr. Bûm yn yr Alban, yn Iwerddon, Ffrainc a'r Ysbaen . . . dringo mynyddoedd . . . fy hunan bob amser . . . Chwarae gwyddbwyll, gwneud gwerin a chopïo cyfrol helaeth o broblemau o newyddiaduron a chylchgronau. Arlunio . . . ond yn ôl fy arfer, wedi meistroli digon o'r gelfyddyd i mi, collais ddiddordeb ynddi.' Rhyw gysgod o polymath o oes y Dadeni oedd ef, ac nid ymffrostio y mae, oherwydd y mae llythyrau'r teulu yn tystio ei fod yn dweud y gwir.

Trwy gydol ei blentyndod a'i lencyndod, gwan oedd iechyd Arthur Hughes, ac aeth yn drwm iawn ei glyw yn gymharol ifanc. Y mae'n edrych fel petai byddardod yn wendid yn y teulu, oherwydd yr oedd ei chwaer Laura wedi gorfod rhoi'r gorau i'w chwrs yng Ngholeg Bangor yn 1906 oherwydd colli ei chlyw, ar ôl dwy flynedd o waith rhagorol — yr oedd ar ben y rhestr yn nosbarth J. Morris-Jones (llsgr. Bangor 11619). Bu mewn ysbytai ar y Cyfandir am ysbeidiau go hir. Yr oedd Gwyneth Vaughan yn dweud am Arthur yn 1908, 'My eldest son a confirmed invalid since taking his degree, his career ruined.' Efallai fod hyn yn or-ddweud, ond yr oedd pethau'n edrych yn bur ddrwg ar y pryd.

Y mae'n debyg mai cyflwr ei iechyd oedd yn cyfri ei fod yn

bedair ar hugain oed yn dechrau yng Ngholeg Dewi Sant, Llanbedr Pont Steffan, sef yn y flwyddyn 1902. Cafodd 'The Eldon Welsh Scholarship', gwerth £20. Ym Mehefin 1903 enillodd 'First Class Ordinary Responsions', a 'First Class Ordinary Mods' yn 1904. Graddiodd yn 1905 — 'First Class Ordinary Welsh Finals'. Yr Athro Cymraeg yn ystod blwyddyn gyntaf Arthur Hughes yn y Coleg oedd Robert Williams, cyn-fyfyriwr o'r Coleg ac o Goleg Merton, Rhydychen, ac un o aelodau cynnar Cymdeithas Dafydd ap Gwilym. Ymadawodd yn 1903 a mynd yn ficer Llandeilo ac archddiacon Caerfyrddin. Dilynwyd ef gan Lorimer Thomas, mab David Walter Thomas, ficer eglwys St. Ann, Mynydd Llandygái, a'i wraig, Morfudd Eryri (*Bywgr. Cym.*, 886). Yn 1906 gwnaeth Arthur gais am swydd Darlithydd yn y Gymraeg yng Ngholeg Caerdydd, ac ysgrifennodd ei fam ar ei ran at Thomas Powel, yr Athro Cymraeg, ar 22 Mai y flwyddyn honno. Ond W. J. Gruffydd a benodwyd. Mewn llythyr arall ymhen pythefnos y mae Gwyneth Vaughan yn cwyno am fod yr Esgob wedi mynnu i Arthur dalu'n ôl yr ysgoloriaeth o £20 yn y flwyddyn oedd ganddo yn Llanbedr. Ond ni ddywedir y rheswm. Y tebyg yw mai fel ymgeisydd am urddau y derbyniwyd Arthur i'r Coleg, ond iddo newid ei feddwl.

Ychydig sy'n wybyddus amdano rhwng 1906 a 1910, ond ei fod yn cymryd ei gartref ym Mangor gyda'i fam, ym Mryn Morfa, Ffordd Craig-y-don i gychwyn, ac yna yn 8 Victoria Park. Nid oes dim i brofi iddo fod yn fyfyriwr yng Ngholeg y Brifysgol, ac eto y mae awgrym o hynny mewn llythyr a anfonodd o Batagonia yn 1912 at ei chwaer, Laura, yn gofyn iddi yrru rhai llyfrau iddo, gan gynnwys 'all my Welsh copy books, Morris Jones' notes, etc.' Hefyd yr oedd yn gyfeillgar iawn ag Ifor Williams. Mewn erthygl yn *Y Drafod* (8-7-50) y mae'n dweud iddo fod yn 'darlithio ar iaith a llenyddiaeth i ddynion ifanc deallgar ac awyddus . . . am ychydig amser, ond heb ddal ymlaen.' Ni wn beth yw arwyddocâd hyn. Yn *Y Brython* (21-1-09) y mae nodyn gan J. Glyn Davies yn dweud fod *Cywyddau Cymru* newydd ymddangos, ac yn ychwanegu 'Bu Mr. Hughes yma [sef yn Lerpwl] am dymor yn astudio Cymraeg dan Dr. Kuno Meyer, ond oblegid afiechyd gorfu arno ymadael yn fuan.' (Y mae'n ddiddorol sylwi fod Kuno Meyer wedi tanysgrifio am bedwar copi o *Gemau'r Gogynfeirdd*, yn ôl y rhestr ar ddiwedd y llyfr.) Byrdwn pob stori yw afiechyd. Yr oedd ei fam yn ysgrifennu at Alafon, 4 Chwefror 1909, 'Wythnos bur ddrwg mae wedi gael er dydd Sul, gwanaidd iawn.' (llsgr. Bangor 10240).

Yn un o'i erthyglau yn *Y Drafod* (15-1-55) y mae'n dweud i'w fam fynd ag ef i Lundain i weld arbenigwr pan oedd tuag ugain oed, 'o achos rhyw deimlad anhwylus oedd yng nghyffiniau fy nghalon.' Yr oedd yn rhy wael i fod yn angladd ei fam yn Ebrill 1910. Felly y mae'n weddol sicr na fu gan Arthur Hughes ddim galwedigaeth rhwng 1905, pan gafodd ei radd, a marw ei fam yn 1910. Dyma'r union gyfnod yr oedd yn paratoi ei ddau lyfr, *Cywyddau Cymru* a *Gemau'r Gogynfeirdd*.

Yr oedd Eluned Morgan yn un o gyfeillion ei fam. Rhoes Arthur ei hun beth o hanes ei chyswllt â'r teulu, ac fel y bu iddi ei gymell ef i wneud penderfyniad mawr ei fywyd, sef symud i Batagonia.

Y tro cyntaf y gwelais Eluned oedd pan oeddwn yn gorwedd yn wael ym Mangor yn nechrau'r ganrif hon . . . Daeth Eluned i edrych am fy mam a finnau, a bu'n eistedd yn hir ar erchwyn fy ngwely, yn sôn wrthyf am Wladfa'r Cymry ac am bethau Cymraeg. [Ar ôl marw ei fam] daeth llythyr oddi wrthi yn hysbysu ei bod wedi trefnu imi ddod i'r Wladfa . . . Yr unig beth i mi ei wneud oedd dewis fy llong a dod. Ar ôl ymgynghori â'r meddygon, felly gwneuthum, a gadael fy llyfrgell a'r ychydig bethau a oedd gennyf gartref. Yr oedd Eluned yn fy nghyfarfod yng ngorsaf y ffordd haearn yn y Gaiman. Bûm yn aros wedyn gyda hi a'i mam yn y Noddfa yno am ryw bedwar neu bum mis, (*Y Drafod*, 3-12-48).

Yn 1911 y bu hyn, ond mi fethais ffeindio pa bryd yn union. Yn *Y Brython*, 12 Hydref 1911, ceir hysbysiad yn dweud y byddai'r llong R.M.S. *Orita* yn gadael Lerpwl ar 2 Tachwedd ac yn galw ym Mhorth Madryn, ac yn rhifyn 9 Tachwedd ceir ei hanes yn cychwyn gyda thipyn o rialtwch. Yn ôl Dr. Glyn Williams (*The Desert and the Dream*, t. 155) yr oedd 113 o Gymry ar fwrdd yr *Orita*, a glaniwyd ym Mhorth

Madryn, 27 Tachwedd. Dyma'r tro olaf i fintai fawr gyrraedd o Gymru. Dichon bod Arthur Hughes yn un ohonynt. Y mae'n debyg mai dros dro yr oedd yn bwriadu bod yn y Wladfa, ond yno y bu hyd y diwedd. Daeth Eluned Morgan i Gymru yn 1912, a hynny efallai a barodd i Arthur Hughes fynd i le arall i fyw, sef i'r Fron Deg, Gaiman, cartref J. O. Evans a'i wraig, Barbra Llwyd (modryb i Mr. Bryn Williams o gyfnither ei fam, a merch i 'Cyrnol Jones', y gŵr a fu'n cyhoeddi straeon i blant yn *Cymru'r Plant* 1896-1902; gw. *Straeon Patagonia*, R. Bryn Williams, ac am hanes Barbra Llwyd gw. *Barn*, 181, 52). Mewn llythyr a ysgrifennodd at ei chwaer Laura yng Ngorffennaf 1912 y mae Arthur Hughes yn disgrifio'i ddiwrnod: 'Life here is very quiet and uneventful. You get up early, eat, go about the farm with horses and a waggon, or on horseback, come back, eat, and go to bed.' Ei gyflog oedd ugain doler y mis a'i fwyd a'i lety. Dyma ddisgrifiad Barbra Llwyd ohono y pryd hwnnw:

Bu'n cartrefu gyda ni am amser pur faith, a gallai ef ganu y delyn yn dda iawn. Difyr a fyddai gwrando arno yn mynd dros amryw o'r hen alawon Cymreig a hynny oddi ar ei gof. Yr oedd ganddo ddwy, sef "Ffarwel Phyllip Ystwyth" a "Mwynder Corwen" na fyddem byth yn blino eu gwrando. Anodd iawn a fyddai ei gael i unrhyw le cyhoeddus, yr oedd ei glyw yn drwm, ond gallai diwnio'r delyn yn berffaith gywir. (Llythyr at Mr. Bryn Williams).

Yn yr un llythyr at ei chwaer y mae Arthur yn dweud ei fod wedi bod yn yr Andes, ac wedi cael cynnig ffafriol iawn i aros yno i ffarmio defaid, ond yr oedd arno ormod o ofn am ei iechyd i dderbyn. Yr oedd wedi clywed sôn y gallai gael ei benodi'n olygydd *Y Drafod*, ac y mae'n gofyn i'r teulu anfon rhai o'i lyfrau iddo, ac yn eu mysg nodiadau John Morris-Jones (a grybwyllwyd eisoes), gwaith Goronwy Owen, *Gorchestion Beirdd Cymru*, *Yr Ysgol Farddol*, *Gramadeg Cymraeg* Rowlands a *Phigion Englynion fy Ngwlad* Eifion-ydd. Ar ddiwedd y llythyr y mae'n dweud fod ei gyfeillion wedi trefnu darlith er budd iddo, a'u bod wedi codi tua chan doler. Ar ôl gadael y Fron Deg bu am rai blynyddoedd yn 'cadw batch', yn ôl y dywediad yn y Wladfa, sef byw ar ei

303

ben ei hun. Bu llawer o gellwair yn *Y Drafod* o bryd i bryd ynghylch ei gyflwr fel hen lanc.

Yna ar 10 Ionawr, 1918, ac yntau'n ddeugain oed, newidiodd ei fyd a phriododd Hannah Mary Durrouzett, Erw Fair, Treorci. Ysgrifennodd ar unwaith i ddweud wrth ei chwaer Laura, a disgrifio'i gyflwr, 'I live on a farm with three widows — nain, mam and the daughter who is my wife.' Gweddw ifanc oedd Hannah Mary, wedi bod yn briod â Ffrancwr, ac yntau wedi marw yn 1909. Yr oedd hi'n siarad Cymraeg, Sbaeneg, Ffrangeg a Saesneg. Ei mam oedd Laura Ulson, a oedd wedi priodi gŵr o Norwy ar ôl ei gyfarfod ar y llong ar y daith o Gymru i Batagonia, ond yr oedd ef wedi marw pan nad oedd ei blentyn ond tri mis oed. Y nain oedd Mary, gweddw W. E. Williams o Bren-teg yn Eifionydd, oedd wedi ymfudo i'r Wladfa yn 1882. Yr oedd ei gŵr yn arloeswr yn ei ran ef o'r dyffryn ac yn ŵr amlwg a defnyddiol ym mywyd y Wladfa.

Collodd Cymru olwg ar Arthur Hughes am ysbaid. Yn *Cymru* Mawrth 1924 y mae'r golygydd yn dweud iddo wneud 'gwasanaeth nodedig i Gymru yn ei oes fer', ac yn rhifyn Hydref sonnir amdano fel un 'a derfynodd ei oes yn gynnar ym Mhatagonia bell.' Ond daeth dau lythyr o'r Wladfa i ddweud ei fod yn fyw ac yn bur iach. Yn wir, fe fu byw am ddeugain mlynedd union arall.

Fe aned i Arthur Hughes a'i wraig bedwar o blant. Y cyntaf oedd Irma, sef Sra Irma Hughes de Jones, sydd o hyd yn byw yn yr hen gartref, Erw Fair, yn barddoni'n raenus iawn, ac wedi bod yn olygydd *Y Drafod* er 1953. Merch oedd yr ail blentyn hefyd, sef Arel, a'r ddawn farddoni ganddi hithau. Mab oedd y trydydd, sef Camber, a aned yn 1923, ond a fu farw yn 1951 gan adael gweddw ac un mab. Merch, Oine, yw'r pedwerydd plentyn, a ganed hi yn 1927. Yn Erw Fair y bu cartref y teulu, ac Arthur yn edrych ar ôl y ffarm a'r ardd ffrwythau doreithiog. Yr oedd ganddo gryn ddiddordeb mewn amaethyddiaeth a garddwriaeth, fel y mae ei liaws nodiadau yn *Y Drafod* ar wahanol agweddau i'r pynciau hyn yn profi. Collodd ei wraig yn 1942, wedi bod yn orweiddiog am saith mlynedd. Gofalwyd amdano wedyn gan ei ferch

Irma hyd ei farw ar 15 Mehefin 1965, wedi cyrraedd yr oedran aeddfed o 87, a'i gladdu yn yr un bedd â'i wraig ym mynwent y Gaiman. A chofio cyflwr ei iechyd yn ddyn ifanc, y mae'n syn iddo fyw cyhyd. Y mae yn *Y Drafod* am 10 Ionawr 1919 lythyr ganddo at y golygydd yn hysbysu fod ei feddyg wedi gwahardd iddo ysgrifennu rhagor, ac yn diolch i bawb am eu cefnogaeth. Am rai blynyddoedd ni chyfrannodd ond rhyw ddau neu dri o nodiadau byrion ac ambell feirniadaeth eisteddfodol. Ond ailddechreuodd yn 1929, ac o hynny ymlaen cyhoeddwyd ugeiniau lawer o erthyglau o'i waith, yn bennaf yn y papur newydd *Y Drafod,* ond cryn nifer hefyd yn *Y Gwerinwr* a'r *Gwiliedydd.* Gellir bellach ystyried ei waith fel ysgolhaig a llenor.

Y mae'n ddiamau fod Arthur Hughes a'i frodyr a'i chwaer wedi eu magu ar aelwyd dra diwylliedig, a honno'n aelwyd grefyddol hefyd. Mewn ysgrif yn *Y Drafod* (26-4-46) y mae ef yn disgrifio'r arfer o 'gadw dyletswydd', sef cael gwasanaeth crefyddol ar derfyn dydd, pan oedd ef yn blentyn — darllen pennod o'r Beibl a chydadrodd y pader. 'Fe fyddem ni weithiau'n canu emyn yn yr hwyr, fy mam wrth y piano, fy mrawd gyda'r ffidil, minnau wrth y delyn, a'r gweddill o'r teulu'n lleisio. Canai fy mam hefyd yr un pryd â thrin yr offeryn, ac yr oedd ganddi lais da. Isalaw neu fas a ganai fy nhad: llais bas oedd ganddo, mwyn a didwrw, nid yn rhuo nes boddi pawb fel y bydd ambell i fasiwr.' Soniwyd eisoes am ddiddordeb y bachgen mewn ieithoedd, a dyma nodwedd a etifeddodd oddi wrth ei rieni, oherwydd yr oedd ei fam yn gwybod Ffrangeg ac Almaeneg, a dywedir iddi ddysgu Ffrangeg i'w gŵr. Yr oedd gan Arthur feddwl uchel iawn o'i fam, nid oherwydd ei gwaith gwleidyddol a chymdeithasol nac oherwydd ei gwaith llenyddol yn unig, ond oherwydd ei mawr ofal amdano pan fyddai'n wael ei iechyd, fel y dengys y geiriau a ddyfynnir gan Mr. Bryn Williams yn *Rhyddiaith y Wladfa,* tt. 53-4. Ond y mae'n bur sicr fod ysfa lenyddol ei fam yn gweithio ynddo yntau. Yr oedd hi wedi dechrau ysgrifennu yn Gymraeg ac yn Saesneg yn 1892, ac yn 1901 yr oedd ei mab yn cyfieithu cerdd o'r Ffrangeg ac yn ei chyhoeddi yn *Cymru'r Plant.* Yn yr un flwyddyn yr oedd

305

ganddo gyfieithiad o 'Behold The Sun' (Moore) yn *Perl y Plant*. Cyfieithodd, tua'r un amser, nifer o gerddi o'r Almaeneg; y maent i'w cael ymhlith ei bapurau, ond ni chyhoeddwyd mohonynt hyd y gwn i. Un o'i gynhyrchion mwyaf annisgwyl yn y blynyddoedd cynnar oedd dwy erthygl yn *Yr Haul*, ym Mawrth a Gorffennaf 1902, y naill ar yr iaith Hebraeg a'i chysylltiadau Semitaidd, a'r llall ar y gwahanol fathau o farddoniaeth Hebraeg a phwysigrwydd cyfochredd fel nodwedd ar y farddoniaeth honno. Yr oedd hyn, cofier, cyn iddo fynd i'r Coleg.

Ond er gwaethaf yr ymddiddori mawr mewn ieithoedd tramor, hen a diweddar, yn y Gymraeg a'i llenyddiaeth yr oedd prif ddiddordeb Arthur Hughes, ac am hynny yr oedd i ddiolch, fel llawer un arall, i O. M. Edwards. Ym mlwyddyn dathlu canmlwyddiant geni'r gŵr mawr hwnnw y mae'n ysgrifennu fel hyn yn *Y Drafod* (25-10-58):

> Yn y flwyddyn 1891, yr wyf yn cofio yn dda, y daeth allan y rhifyn cyntaf o'r Cymru Coch, fel y galwem ef, cyhoeddiad misol cyntaf Owen M. Edwards. Hogyn tair ar ddeg oeddwn i, ond mae cof am fy nhad a mam a minnau yn edrych y misolyn wedi aros yn gryf ynof hyd heddiw. Y flwyddyn nesaf, yn 1892, ymddangosodd Cymru'r Plant . . . Bu hynny yn ddigwyddiad yn fy mywyd i. Yr oedd yno fap yn dangos Cymru, a lleoedd y dylai pob Cymro wybod amdanynt, ond na wyddwn i ddim am yr un ohonynt hyd yr adeg honno. Deffrowyd rhyw ddiddordeb newydd yn fy meddwl i, diddordeb mewn pethau Cymraeg.

Hyn, y mae'n amlwg, a barodd iddo gymryd Cymraeg fel pwnc ei radd yng Ngholeg Dewi Sant ac ymroi wedyn i lenydda ac i ysgolheictod. Un agwedd ar yr ymroddiad hwn oedd barddoni. Ymysg ei bapurau, papurau y gellir tybio eu bod wedi eu hysgrifennu pan oedd ef yn ddyn pur ifanc, er nad ydynt wedi eu dyddio, ceir tri chywydd, un i'r Gwanwyn, un i ferch, a'r llall yn dwyn y teitl 'Gweledigaeth'. Yr oedd wedi dysgu crefft yr hen feirdd yn rhyfeddol, yn eiriau cyfansawdd a sangiadau. (Cyhoeddwyd y cywydd i'r Gwanwyn yn *Cymru*, 1908, 142). Diddorol yw sylwi fod ei frawd ieuengaf, Roy Bennett Hughes, yntau'n barddoni; yr oedd ganddo bryddest ar 'Golyddan' yn eisteddfod Llannerch-y-medd yn 1909. Er i Arthur ddal ati i farddoni yn y mesurau rhydd yn awr ac yn y man am flynyddoedd (gw. cyfrol Mr. Bryn Williams, *Awen Ariannin*) aeth yr ysgolhaig yn drech na'r bardd. Y mae'n dweud yn un o'i ysgrifau iddo gopïo Pedair Cainc y Mabinogi a'r chwedlau eraill i gyd o lyfr a gafodd yn fenthyg gan ewythr iddo pan oedd yn fachgen. Yn 1900 rhoes ei fam gopi o lyfr Philip Yorke, *The Royal Tribes of Wales,* yn anrheg iddo. Yn union deg wedi iddo orffen yn y Coleg aeth ati i ysgrifennu erthyglau ar bynciau ysgolheigaidd a beirniadol. Yn 1906 cyhoeddodd erthygl yn *Y Traethodydd* ar ddiarhebion Gwyddelig, ac un arall ar gywyddau Edward Morus, ac yn *Cymru* erthygl ar y Gogynfeirdd. Yn 1907 yr oedd ganddo erthygl yn *Celtic Review,* 'A great Cymric bard', sef Gwalchmai, a dwy erthygl sylweddol yn yr un cylchgrawn yn 1908 ar y Cynfeirdd. Yn 1908 hefyd bu ganddo erthygl yn *Y Brython* (16 Ionawr) yn amddiffyn rhai nodweddion mydryddol yng nghanu caeth John Morris-Jones yn y gyfrol *Caniadau,* ac y mae'n amlwg fod yr awdur yn gwbl gynefin â gwaith y cywyddwyr. Yn yr un blynyddoedd yr oedd yn darllen barddoniaeth Gymraeg yn helaeth er mwyn cael defnydd ar gyfer y ddau lyfr a ddug ei enw i sylw yng Nghymru, ac yntau newydd basio'i ddeg ar hugain oed. Y mae'r ddau wedi hen fynd allan o brint ac yn bur brin erbyn hyn.

Y cyntaf oedd *Cywyddau Cymru,* Bangor, Jarvis a Foster, 1909, llyfr glân ei wisg fel popeth a gynhyrchodd yr hen wasg ragorol honno. Bu ail argraffiad yn 1921. Yn ei ragair i'r gyfrol y mae'r golygydd yn cwyno ar ei iechyd, ac yn diolch i amryw o ysgolheigion a fu'n ei helpu trwy roi defnydd iddo neu ei gyfeirio at ffynonellau. Yn dilyn y mae cyfarchiad i'r Darllenydd gan Edward Anwyl, Athro Cymraeg, Coleg Prifysgol Cymru, Aberystwyth, yna corff y llyfr, sef 237 o ddarnau ar fesur cywydd, nodiadau, geirfa, a nodiadau bywgraffyddol ar yr holl awduron. Nid gwaith ysgolheigaidd mo'r llyfr, wrth reswm, ond gwaith a fwriadwyd ar gyfer disgyblion ysgol a myfyrwyr Coleg, ac fel y cyfryw fe fu'n ddefnyddiol am lawer o flynyddoedd. Efallai y gellid beio ar y golygydd am mai darnau o gywyddau yw'r detholiad, darnau byrion iawn yn fynych, ac mai gwell fuasai mwy o gerddi cyfan. Eto i gyd y mae'r casgliad yn ddrych i ddatblygiad yr awen Gymreig o ganol y bedwaredd ganrif ar ddeg hyd ddiwedd y bedwaredd ar bymtheg. Bu raid i'r golygydd benderfynu'r darlleniadau yn aml iawn, a throsi i'r orgraff ddiweddar, ac yn hyn o beth y mae'n amlwg fod ganddo gryn wybodaeth o'r iaith yn ei gwahanol gyfnodau a barn ysgolheigaidd bur aeddfed. Rhaid bod y casglu wedi bod yn gryn lafur. Llyfrgell Dinas Caerdydd oedd yr unig fan yng Nghymru lle gallai ddefnyddio casgliad o lawysgrifau (nid oedd y Llyfrgell Genedlaethol wedi ei sefydlu), a bu yno, a chafodd lawer o help gan Ifano Jones, y llyfrgellydd Cymraeg. Syml yw'r nodiadau, a llawer ohonynt yn ymwneud â phynciau iaith. Ond y mae yn eu mysg (t. 276) un pwynt diddorol iawn. Yr oedd y golygydd wedi sylwi fod yr hen feirdd yn gadael y gytsain *r* ar ddechrau llinell o gynghanedd heb ei hateb, fel y gweir â'r gytsain *n*. Ni soniodd John Morris-Jones am hyn yn *Cerdd Dafod* (1925), a nodyn gennyf fi yn 1939 a ddaeth â'r arfer i'r golwg. Teg yw dweud fod *Cywyddau Cymru* yn ei gyfnod ac o fewn ei gwmpas yn waith canmoladwy iawn.

Yn ystod y blynyddoedd hyn yr oedd Arthur Hughes yn ddiwyd iawn gydag astudiaethau Cymraeg. Yn 1910 ymddangosodd *Gemau'r Gogynfeirdd* dan ei olygiaeth, gyda nodiadau a sylwadau bywgraffyddol gan y golygydd, a rhagymadrodd a nodiadau ychwanegol gan Ifor Williams. Argraffwyd y llyfr ym Mhwllheli (yno'r oedd y golygydd yn byw erbyn hynny) a chyhoeddwyd ef gan y golygydd ei hun gyda chymorth tanysgrifwyr, 188 ohonynt. Y mae safon ysgolheigaidd y gwaith hwn yn gyffelyb i'r llyfr arall, a'r unig feirniadaeth arno yw bod llawer o'r dyfyniadau yn rhy fyr. Y mae'r ddau lyfr hyn yn profi'n weddol sicr mai fel ysgolhaig Cymraeg y buasai Arthur Hughes wedi datblygu, er iddo fethu cael y swydd yng Nghaerdydd, oni bai iddo ffeirio Cymru am Batagonia. Yno nid oedd defnyddiau Cymraeg, mewn na llyfrau print na llawysgrifau, i'w cael iddo, na chwaith ddim o'r gyfathrach ag ysgolheigion a gafodd yng Nghymru, yn arbennig pan oedd yn byw ym Mangor. Ond yn fuan ar ôl iddo gyrraedd ei gartref newydd fe ymroes yn frwd i ysgrifennu i'r unig gyfryngau oedd ar gael iddo yno, sef *Y Drafod* a'r *Gwerinwr*.

Bywyd y meddwl, yn hytrach na bywyd cymdeithasol a chyhoeddus y Wladfa, fu ei ddiddordeb, ac i'r bywyd hwnnw fe gyfrannodd yn anrhydeddus iawn. Nid oedd yn ŵr i godi ei gloch yn erbyn camwri, pa mor gryf bynnag y byddai'n teimlo. Ychydig oedd ei ofynion ef ei hun. Meddai mewn un man, 'Byw yn y wlad, caib a rhaw, cerdded llwybrau tawel bywyd, ychydig o lyfrau, cannwyll a thân gyda'r nos — dyna'r nef, ac aed y byd lle mynno.' (*Y Drafod*, 20-7-50). Wrth sôn am Eluned Morgan y mae'n dweud,

Byddwn i'n meddwl bod Eluned yn poeni llawer ynghylch pethau nad oes dim angen i neb drafferthu yn eu cylch. Poenai am nad oedd pobl yn mynd i'r capeli, poenai am nad oedd y bobl ifanc yn siarad Cymraeg, poenai am fod y Cymry ifainc yn priodi â'r cenhedloedd eraill . . . pethau nad oes, yn ôl fy syniad i, ddim eisiau i neb drafferthu o gwbl ddim amdanynt. Pa bwys i neb ond hwy eu hunain ydyw beth a siaradant neu pwy a briodant? Eu busnes hwy ydyw hynny. "Ni welais i neb erioed mor ddifraw â chi ynghylch pob peth," meddai hi. (*Y Drafod*, 3-12-48).

Felly fe ddaliodd ef ati i ddiwyllio'i feddwl ac i ysgrifennu.

Naturiol oedd ei weld yn ysgrifennu ar bynciau'n ymwneud â'r iaith, ac y mae'n amlwg ei fod yn ddisgybl ffyddlon i John Morris-Jones a'r ddysg newydd. Dyma rai o'r pynciau: cystrawen gywir *nes,* sef ei ddilyn â berfenw, nid berf; pynciau'n ymwneud â'r orgraff, pryd i ddyblu cytseiniaid, etc.; ymosod ar gyfieithu idiomau Saesneg, fel torri i lawr, gwneud i fyny, rhoddi i fyny, gwneud allan, etc.; dangos bod cenedl rhai geiriau yn amrywio yn ôl yr ystyr: golwg byr, golwg ddi-lun; yn y man, yn y fan hon; gwaith caled, dwy waith. Yr oedd ganddo syniadau iach iawn ar bwysigrwydd cywirdeb iaith. Meddai yn *Y Drafod* (31-3-16):

Y mae dysgu ieithoedd mewn dull anhrefnus yn meithrin arferion anhrefnus. Gan mai meddwl yw iaith, mae'n bwysig dysgu meddwl yn drefnus. Os bydd dyn yn meddwl yn anhrefnus, tebyg y bydd yn gwneud pob peth yn anhrefnus. Mae'n dda dysgu siarad ac ysgrifennu'n weddol gywir a threfnus — nid yn gain ac yn brydferth, ond yn gywir — er mwyn dysgu gwneud pethau eraill yn weddol gywir a threfnus hefyd.

Dyna wers y mae mawr angen amdani ar lawer ohonom ni yng Nghymru heddiw.

Ysgrifennodd hefyd ar yr hen gynganeddion, fel y Sain Bengoll a'r Sain Gadwynog, a hen arferion fel peidio ag ateb *f*, a rhoi dwy gytsain i ateb un. Dyma brofi bod ei ddiddordeb yn yr iaith a'r diwylliant yn para. Ysgrifennodd gryn lawer o farddoniaeth hefyd, yn arbennig yn ei flynyddoedd cynnar yn y Wladfa, llawer y pryd hwnnw ynghylch ei safle a'i safbwynt fel gŵr dibriod. Dyma ddarn o gywydd a ysgrifennodd yn 1914 i Fynyddoedd yr Andes, a dylanwad y Gogynfeirdd yn amlwg arno:

> Tiroedd hyd entrych, tyrau,
> Hen ddewrion beilchion y bau,
> Yn hoywfro'r eira hyfryd,
> Bannau beilch uwchben y byd.
> Cedyrn byd y Cadarn Bôr,
> Gwiwrym golofnau goror
> Teyrnedd gwrdd tir neuadd gain
> Yr asur creigfur crogfain . . .
> Bryn ar fryn uwch creigfryn crog,
> Ar fynydd mynydd miniog. (*Y Drafod*, 20-3-14)

Ond yn y mesurau rhydd y dewisodd ganu, a chyhoeddodd gerddi yn awr ac yn y man yn *Y Drafod*. Argraffwyd rhai ohonynt gan Mr. Bryn Williams yn y casgliad *Awen Ariannin*. Dyma un gerdd ddiweddar ganddo:

HEN BOBL

> Maent yn disgwyl ar y lan
> Am y bad i fynd â hwy
> At y noddfa sy'n y man
> Lle ni ddaw dioddef mwy.
>
> Mae eu bywyd ar y llawr
> Fel rhyw freuddwyd oer a brith:
> Nid oes dim i'w rhwymo'n awr
> Yn y fro na fu ond rhith.

Maent yn syllu i'r tu draw
Efo hiraeth yn eu gwedd
Am y dorlan sydd gerllaw
Ac yn ffin i wlad yr hedd.

Maent yn disgwyl am y bad,
Nid oes gynnwrf yn eu plith.
Pell yn ôl yw bloedd y gad,
Mae distawrwydd fel y gwlith.

Aros maent ar fin y dŵr
Yn y cysgod wrth y coed;
Wedi'r maith ymlâdd a'r stŵr
Gwell yw gorffwys tawel oed.

(*Y Drafod*, 28-2-52)

Bu'n beirniadu yn yr eisteddfodau lawer gwaith, ac yr oedd ei feirniadaeth bob tro, a barnu wrth y rhai a gyhoeddwyd, yn rhoi sylw i'r grefft a hefyd i safon farddol pob cynnyrch. Enghraifft dda yw ei feirniadaeth ar yr englyn yn eisteddfod Trelew yn 1945 (*Y Drafod*, 2-2-45).

Fel enghraifft o farn lenyddol Arthur Hughes gellir dyfynnu'r crynodeb a ganlyn o ddiwedd ei erthygl ar T. Gwynn Jones yn *Y Drafod*, 31-3-49:

Ysgrifennodd yr Athro nofelau difyr, ond nid ydynt ddim gwell na nofelau Daniel Owen a T. Rowland Hughes, a dweud y lleiaf; ysgrifennodd delynegion, eithr nid oes ynddynt hwythau ddim gwell awen a miwsig na'r hyn a geir yng ngwaith Ceiriog a rhai telynegwyr eraill; ysgrifennodd doreth fawr o ysgrifau gwychion ar wahanol bynciau, ond nid ydynt ddim yn well nag ysgrifau dynion eraill ar bynciau cyffelyb; ysgrifennodd gofiannau da hefyd, ond heb ragori ar gofianwyr eraill . . . Nid ar un gwaith mawr y mae ei glod ef yn gorffwys, ond ar amrywiaeth diderfyn sydd yn yr hyn a wnaeth i gyfoethogi llên y Cymry.

Yn ystod ei flynyddoedd cynnar yn y Wladfa, rhwng 1913 a 1919, fe ysgrifennodd Arthur Hughes yn gyson i'r *Drafod* ac i'r *Gwerinwr*, ar bynciau crefyddol a didactig lawer iawn. Yn annisgwyl braidd, y mae ganddo gryn lawer i'w ddweud am fwyd a diod pobl y Wladfa a chyflwr economaidd y wlad. Dylid bwyta llawer mwy o ffrwythau: 'Nid wyf yn gwybod

311

am un lle mor fach â'r Wladfa a chymaint o afiechyd ynddo, a chymaint o gyrchu i'r ysbyty ohono, fel yr eir oddi yma'n barhaus i Buenos Aires.' Y mae'r wlad yn dibynnu gormod ar dyfu gwenith ac alfalfa, a dylent feddwl mwy am amaethu'n wyddonol. Y mae'n rhoi cynghorion ar gadw ieir, a gwneud caws, dewis hadau gwenith, porthi gwartheg, cynhyrchu mêl a phynciau cyffelyb. Wedi eu cyfieithu o Saesneg a Sbaeneg yr oedd rhai o'r pethau hyn, ac nid dyma brif gyfraniad Arthur Hughes i fywyd y Wladfa.

Bywiogwyd llawer ar newyddiaduraeth yn y Wladfa gan y dadleuon y bu Arthur Hughes yn cymryd rhan ynddynt yn *Y Drafod*. Un fer a chwerw oedd y gyntaf, yn Rhagfyr 1915 ac Ionawr 1916. Yr oedd ef wedi derbyn llythyr oddi wrth ei chwaer Laura o Lundain yn disgrifio cyrch awyr ar y ddinas, un o'r rhai cyntaf, ac yn dweud pethau go lym am y rhyfel. Cyhoeddodd yntau'r llythyr yn *Y Drafod,* a thynnodd dri gŵr yn ei ben yn syth, sef D. J. Williams, offeiriad Eglwys Loegr yn y Wladfa, a dau frawd dan ffugenw, 'Manceinion' a 'London Born'. Wrth eu hateb dywedodd Arthur Hughes bethau tra chyrhaeddgar, megis hyn: 'How is it these valiant Chubut "Britons" are not "somewhere in France" side by side with my brother? . . . Human life is of no more value in the eyes of the British Capitalist than it is in those of the German Militarist.' Nid oedd dywediadau fel hyn yn debyg o wneud eu hawdur yn annwyl gan ei gydwladwyr rhyfelgar ar y pryd.

Ym Mehefin 1946 cododd ddadl ar gorn dywediad gan Arthur Hughes i'r perwyl nad oedd gan Gymro hawliau yn ei wlad ei hun, fel sydd gan Sais yn Lloegr, Sgotyn yn yr Alban neu Ffrancwr yn Ffrainc. Y gŵr a feirniadodd y sylw a chychwyn y ddadl oedd William Davies o Groesoswallt. Aeth y ddadl ymlaen hyd 21 Tachwedd, 1947, gan ymganghennu i amryw gyfeiriadau, megis cyflwr moesol Cymru, hawliau gwledydd bychain y byd a'u safle fanteisiol o'u cymharu â Chymru, gormes gwledydd mawr, tlodi'r werin a'r cyfrifoldeb amdano. Yr oedd Davies yn ymresymu fel Prydeiniwr ac fel gŵr yn byw yn Lloegr, ac Arthur Hughes fel gŵr oedd yn gwahaniaethu'n bendant rhwng Cymru a phob gwlad arall. Yr oedd yn ddadl gwbl gwrtais, ac y mae'n ddigon amlwg fod y ddau ddadleuwr yn llwyr fwynhau'r ymryson ac yn cael hwyl ar herian ei gilydd, er eu bod yn credu'n ddigon onest y pethau a ddywedent, ac yn cynrychioli dau safbwynt oedd yn gydnabyddedig y pryd hwnnw ac yn adnabyddus iawn i ni heddiw.

Yr oedd y ddadl arall yn fyrrach ond yn ffyrnicach. Ar 13 Hydref, 1949 gwnaeth Arthur Hughes sylw yn *Y Drafod* i'r perwyl na ellir cael testunau newydd i farddoni arnynt. Yr wythnos ganlynol yr oedd y Parch. Gwilym Williams, gweinidog Llyn Gŵr Drwg, yn amau'r gosodiad, ac yn gofyn i Arthur Hughes ddweud ei farn am *vers libre*. Atebodd yntau, gan ddweud nad oes dim yn newydd os edrychir yn ddigon craff arno. Y rhai sy'n cwyno yw'r cystadleuwyr sy'n methu canu ar y testunau a osodir. Y mae hyn yn arwain i drafodaeth ar besimistiaeth mewn llenyddiaeth — gwaith Eluned a Kate Roberts, yna i ddiwylliant Cymreig y Wladfa — G.W. yn mynnu ei fod wedi marw. Bu cryn lawer o siarad plaen yn y ddadl hon — meddai G.W. am ei wrthwynebwr, 'Y mae ef yn fodlon os bydd ganddo ddigon o fwyd, o danwydd a dillad. Nid ydyw o bwys ganddo fod eraill hebddynt.' Y mae'n edliw i A.H. na fu iddo erioed, er cymaint ei ddysg, wneud dim ymdrech i agor ysgol uwchradd Gymraeg yn y Wladfa. Atebodd Arthur Hughes mai gwastraff arian fuasai hynny, a dyma adwaith G.W.;

Gall y gwladfawyr ddweud 'diolch yn fawr Mr. Hughes' am ddywediad mor greulon, mor angharedig ac mor anniolchgar. Ond diolch i'r nef y mae gennym eto ddynion a merched nad yw eu harian, eu hamser, na'u hegni yn cyfrif dim pan oedd angen gwasanaethu bywyd Cymreig y Wladfa.

Meddai mewn man arall, 'Tramorwr yw A.H., ac ni cheisiodd ddod yn rhan o'r gymdeithas wladfaol.'

Daeth y ddadl i ben yn rhifyn 5 Ionawr, 1950 *Y Drafod*. Yna yn rhifyn 19 Ionawr ceir nodyn fel hyn:

Daeth llythyr o'r sefydliad Cymreig yn y Llyn Gŵr Drwg yn rhoddi hysbysrwydd o'r helynt a fu yno yn eglwys Hermon . . . anghymeradwyo ysgrifau gweinidog yr eglwys, y Parch. Gwilym Williams, yn *Y Drafod* yn erbyn y llengar fonheddwr Mr. Arthur Hughes o Dreorci, a'u bod yn dymuno

313

i'r eglwys drefnu cyfarfod yn ystod un o ddyddiau'r wythnos i alw sylw y gweinidog yn llym am ymddygiad oedd yn adlewyrchu yn anffafriol iawn ar gymeriad arweinydd ysbrydol yr Eglwys. Pasiwyd yn unfrydol fod y cyfarfod hwn i'w gynnal nos Iau, Ionawr 20.

Y peth nesaf yw paragraff yn rhifyn 9 Mehefin yn rhoi hanes cyfarfod ymadawol y Parch. G. Williams. Caed te yn y pnawn a chyfarfod teyrnged yn y nos. Yr oedd Mr. Williams wedi dysgu hen nodiant i'r plant yn lle sol-ffa, ond ni fynnai wneud dim â chynghanedd. Yr oedd y gweinidog yn mynd i fugeilio eglwys fawr o'r enw 'American Church' yn y gogledd.

Yr oeddwn yn awyddus iawn i wybod pwy oedd Gwilym Williams, oherwydd yr oedd yn gwybod llawer iawn am Gymru ac yn ysgrifennwr Cymraeg graenus. Sicrhawyd fi gan Mr. Bryn Williams na fu neb o'r enw yn y Wladfa, a dywedodd Sra Irma Hughes de Jones yr un peth wrthyf mewn llythyr, ac mai Evan Thomas, golygydd *Y Drafod* ar y pryd, oedd yn ysgrifennu'r erthyglau, gyda chymorth rhai eraill efallai. Am Lyn y Gŵr Drwg, rhyw enw cellweirus gan bobl y Wladfa ar le dychmygol oedd hwnnw. Aaron Jenkins, un o'r arloeswyr, a heliwr cadarn, a ddyfeisiodd yr enw fel ateb i'r rhai a fyddai'n ei holi ymhle y byddai'n cael ei helfa. Yr oedd Arthur Hughes, wrth reswm, yn gwybod y cefndir ac y mae'r ddadl hon yn *Y Drafod* yn dystiolaeth i'w synnwyr digrifwch ef a'i barodrwydd i glywed pethau go gas amdano'i hun heb gythruddo dim.

Nid oes fodd mewn erthygl fer fel hon roi syniad teg am gynnwys ac amrywiaeth y cannoedd o erthyglau a sylwadau byrion a gyfrannodd Arthur Hughes i wasg y Wladfa dros gyfnod o hanner can mlynedd. Rhaid canolbwyntio ar ei ysgrifau ar ieithoedd a llenyddiaethau tramor. O gofio'r llyfrau yr oedd wedi eu cyhoeddi cyn ymadael â Chymru a'i ddiddordeb yn y Gymraeg fel pwnc, y mae'n syn nad ysgrifennodd ddim o bwys ar lenyddiaeth Gymraeg, ond yn unig gyfeirio ati yn awr ac eilwaith. Nid ymddiddorodd lawer mewn llenyddiaeth Saesneg chwaith.

Soniwyd eisoes ei fod wedi ceisio dysgu Almaeneg a Groeg iddo'i hun. Ni welais brofion ei fod yn gwybod Ffrangeg (er

314

y byddai'n syn pe na bai). Nid oedd yn gwybod Sbaeneg cyn mynd i'r Wladfa, ond fe'i dysgodd cyn hir. Yn y llythyr at ei chwaer yng Ngorffennaf 1912 a grybwyllwyd o'r blaen y mae'n dweud ei fod yn dechrau dysgu'r iaith, ond bod siaradwyr da yn brin (tystiolaeth ddiddorol i gyflwr ieithyddol y Wladfa ar y pryd). Ond yn 1913 y mae'n dyfynnu o *Don Quijote* Cervantes yn yr iaith wreiddiol, ac yn 1915 y mae erthygl yn y Sbaeneg ar ei enw. (*Y Drafod*, 15-6-15. Bydd pob cyfeiriad o hyn ymlaen at *Y Drafod* os na ddywedir yn wahanol.) Yr oedd wedi bod yn cyfieithu barddoniaeth o'r Almaeneg ymhell cyn iddo fynd i'r Wladfa (yr oedd ei fam wedi cyhoeddi cyfieithiadau o weithiau Heine), ac wrth gyhoeddi 'I'r Haul Gofynnais' y mae'n dweud 'cyfieithiad a wnaed gennyf ers llawer blwyddyn o Almaeneg Rittershaus' (22-1-15). Gwnaeth amryw o gyfieithiadau eraill.

Yr oedd Lladin yn ddiamau yn rhan o'i gwrs Coleg yn Llanbedr, ac nid anghofiodd yr iaith na'i llenyddiaeth. Cyhoeddodd erthygl ar y bardd Fferyll i ddathlu ei ddwyfil-flwyddiant (8-8-30). Ysgrifennodd ar Lucretius a'i gerdd hir 'De rerum natura', gan ddangos mor agos oedd y syniadau i wyddoniaeth heddiw, ond dangos hefyd fod y gwyddonydd hwn yn wir fardd (7-7-56). Yr oedd yn dra hyddysg yn llen-yddiaeth ac athroniaeth y Groegiaid. Cyhoeddodd erthygl sylweddol ar Homer (23-5-30), ac un ar Socrates (22-8-30) a dwy ar Plato (3, 10. 10. 30). Tua'r un adeg, dwy ysgrif ar 'Ysbryd y Groegiaid', ac wyth ar 'Wyddoniaeth Roeg' rhwng 9 Ionawr a 6 Mawrth 1931. Troes hefyd at Roeg diweddar, a chyfieithodd o honno (22-8-49; 26-10-50). Yr oedd ganddo ddwy erthygl yn dwyn y teitl 'Ein hetifeddiaeth Roeg-Rufeinig' yn *Y Gwiliedydd* (27-11, 11-12-30). Ysgrifennodd ar lenyddiaeth Rwsia, a chyfieithodd waith Tolstoi, Twrgenieff, Pwshcin ac eraill (13-2, 8-10-48). Cyfieithodd hefyd gryn lawer o Arabeg Sinaeg, a rhai o'r Salmau yn syth o'r Hebraeg. Diddorol sylwi ar ei ymgais wrth gyfieithu'r Salmau: 'Gosod y geiriau ar fath o rythm a fyddai'n swnio'n debyg fwy neu lai, er yn amherffaith, i'r cydbwysedd a'r ymdonni sydd yn y gwreiddiol . . . Arbrawf yn unig mewn un cyfeiriad oedd yr ymgais yma, er mwyn gweld pa fodd y deuai.'

Yn 1951 pan oeddid yn dathlu pen-blwydd *Y Drafod* yn drigain oed, fe roed lle amlwg i Arthur Hughes, gyda darlun ohono a dynnwyd yn 1906, ac o dano, 'Ein pennaf ysgrifennwr', a gwir iawn oedd hynny. Fe gyfrannodd lawer iawn mwy na neb arall i'r wasg. Yr oedd cyffyrddiadau o ysgolheictod yn ei waith, ond nid oedd ganddo'r gynulleidfa a allai werthfawrogi trafodaethau ar wastad uchel o ddysg. Gwerin Cymru y bedwaredd ganrif ar bymtheg oedd ei gyd-wladwyr yn y Wladfa, gyda holl rinweddau a gwendidau'r werin honno. Yr oedd yn dal i fod yn werin ddarllengar (er nad oedd yn llawn cymaint felly ag y bu efallai) ac yn dal i ymddiddori mewn llenyddiaeth, barddoniaeth yn arbennig. Prif amcan Arthur Hughes oedd darparu defnydd darllen a fyddai'n diddori aelodau ei gymdeithas, ac yn eu hyfforddi a'u cyfarwyddo ar faterion bywyd bob dydd, a hefyd ar bynciau moesol a chrefyddol. Nid anelodd erioed at drafod pynciau mawr tyngedfennol y dydd a'r gwledydd, dim ond ychydig sylwadau yn ystod y ddau ryfel byd, a phrin iawn oedd y rheini. Ni fyddai byth yn crybwyll helyntion politicaidd yr Ariannin, er bod digon ohonynt, na chyflwr cymdeithasol neu economaidd y Wladfa, ar ôl y sylwadau yn y blynyddoedd cynnar. Ond yr oedd ganddo lawer iawn i'w ddweud wrth ddynion gwir enwog y byd ac wrth y pethau mwyaf mewn gwareiddiad. Ei gymwynas fawr oedd rhoi i gymdeithas y Wladfa, oedd yn tueddu i fod yn glos a neilltuedig, y cyfle i ymgydnabyddu â meddyliau dynion disglair y byd. Ac am hanner canrif crwn bu fyw yn fwyn a heddychlon ymysg ei gymdogion, heb wneud dim yn gyhoeddus na dim i'w ddwyn ei hun i'r amlwg, dim ond darllen ac ysgrifennu'n gyson. Ofer ceisio dychmygu beth a fuasai ei hynt petai wedi aros yng Nghymru, ond y mae'n sicr y buasai wedi gwneud ei ran rywfodd yn y blynyddoedd cyfoethog rhwng y ddau ryfel, y cyfnod a gynrychiolir gan gyfrolau *Y Llenor*. Ai fel ysgolhaig, fel y cychwynnodd, ai fel newyddiadurwr goleuedig y buasai'r cof amdano? Neu tybed a fuasai wedi cael swydd yn Adran Gymraeg un o Golegau'r Brifysgol? Y mae un peth yn weddol sicr, sef na fuasai wedi ysgrifennu ar y fath amrywiaeth toreithiog o bynciau, ac efallai mai da iddo ef fuasai cyfyngu ar ei weithgareddau llenyddol. Ond sut bynnag, dyma ŵr diwylliedig yn ystyr lawn y gair hwnnw, a roes wasanaeth tra gwerthfawr i gynnal y wasg Gymraeg ym Mhatagonia ac i ledaenu gorwelion y darllenwyr. Pan oedd Mr. Bryn Williams ar daith yn y Wladfa yn 1959, aeth i weld Arthur Hughes, a dyma'i ddisgrifiad ohono:

Y mae bellach yn henwr, ei gorff eiddil fel cryman, ei wallt hir yn chwifio'n sidanog yn yr awel, ei wyneb cyn anwyled â'r gwanwyn heb frycheuyn na chrychni arno, a'i wên fel canol dydd. Ond yr hyn a'm swynai fwyaf oedd ei lais addfwyn a'i foneddigeiddrwydd naturiol. Arweiniodd fi i'w fyfyrgell ynghanol y coed, parwydydd pridd yr ystafell wedi eu gorchuddio â llyfrau, y mwyafrif ohonynt yn yr ieithoedd dwyreiniol. Soniodd wrthyf am wynfyd ei fywyd, y rhan fwyaf ohono wedi ei dreulio yn yr ystafell hon. Dyma ŵr a roes ei holl fryd ar astudio, ac a fu'n fodlon ar gyfeillgarwch llyfrau . . . Pan ofynnais iddo beth oedd y swyn a berthynai i'r wlad hon, tybiai mai y rhyddid sydd yma, yn arbennig y rhyddid oddi wrth gonfensiynau, y rhyddid hwnnw a ganiataodd iddo ef fyw fel meudwy o ysgolhaig ymhell o sŵn y boen sy yn y byd (*Crwydro Patagonia,* t. 44).

Cystal â dim i derfynu hyn o sylwadau fydd soned ei ferch Irma iddo pan fu farw yn 1965:

A'i lygaid gleision â rhyw hanner gwên
   Yn gweled mawredd pell yr oesoedd gynt,
Hebraeg a Groeg a hanes Rhufain hen
   A roes i'm dwylo'n gynnar ar fy hynt;
Y Mabinogion hefyd imi roed
   Mewn serch anniffodd at ei Walia Wen,
A golau'r haul yn ddisglair ar y coed
   Ac awel haf yn chwarae uwch ein pen.
Fy nysgu i beidio â barnu, i geisio'r gwir,
   I garu'r fferm a'i gwaith, y sêr a'r glaw;
Yng nghwmni'r bardd o Bersia rhodio'n hir
   A Llyfr y Llyfrau gennym fyth wrth law.
'Rôl colli 'nghyfaill pennaf yn y glyn
Rhyw olau gwan ddaw o'r atgofion hyn.

317

Caradog Prichard

Ganed Caradog Prichard ym Methesda, Arfon, 3 Tachwedd, 1904, a bu farw yn Llundain 25 Chwefror, 1980. Cyn ei fod yn flwydd a hanner oed lladdwyd ei dad mewn damwain yn y chwarel, ac ar ôl hynny bu'r fam a'i thri phlentyn mewn dygn dlodi. Hyn a barodd iddi hi golli ei phwyll, ac mewn ysbyty meddwl y treuliodd weddill ei dyddiau.

Gan na fynnai'r un o'r ddau frawd hynaf helpu i gynnal y teulu, gorfu i Garadog ymadael ag Ysgol Sir Bethesda yn un ar bymtheg oed a mynd i weithio yn swyddfa'r *Herald* yng Nghaernarfon, ac wedyn yn ohebydd y papur hwnnw yn Nyffryn Conwy. Daliodd yr un swydd dros *Y Faner*. Wedi ychydig o flynyddoedd ar y *Western Mail* yng Nghaerdydd (a dyna pryd y daeth ef a minnau i adnabod ein gilydd) aeth i weithio ar y *News Chronicle* yn Llundain yn 1932. Yn ystod y rhyfel bu am ysbaid yn y fyddin ac yn gweithio dan y Swyddfa Dramor yn yr India. Yn 1947 ymunodd â staff y *Daily Telegraph,* a daeth yn brif is-olygydd Seneddol y papur hwnnw, a dyna oedd pan ymddeolodd yn 1972. Tra bu'n gweithio yng Nghaerdydd dilynodd gwrs gradd yn y Coleg yno a'i orffen yn llwyddiannus.

Daeth i'r golwg gyntaf fel bardd yn Eisteddfod Caergybi yn 1927, pan enillodd y goron am ei bryddest 'Y Briodas'. Enillodd yn syth wedyn yn Nhreorci am y gerdd 'Penyd', ac yn Lerpwl am y drydedd bryddest 'Y Gân ni chanwyd'. Wedi bwlch hir cafodd gadair Llanelli yn 1962 am 'Llef un yn llefain'. Cynigiodd o leiaf deirgwaith a methu — ar y gadair yng Nghastell Nedd yn 1934 gyda'r awdl 'Dychweliad Arthur' (er mai 'Ogof Arthur' oedd y testun), ar y goron yn Ninbych yn 1939 gyda 'Terfysgoedd daear', ac ar y gadair eilwaith yn Ystradgynlais yn 1954 ar y testun 'Yr Argae'. Cyhoeddwyd casgliad o'i holl farddoniaeth yn 1979.

Ei waith sylweddol cyntaf fel ysgrifennwr rhyddiaith oedd *Un nos ola leuad,* llyfr a ddisgrifiwyd ganddo ef a chan eraill fel nofel, ond sy'n cynnwys elfen helaeth o'r hunangofiannol hyd yr amser yr aed â'i fam i'r ysbyty. Y mae rhai digwyddiadau wedi eu trawsosod a rhai cymeriadau wedi eu gorliwio, ac ysgrifennwyd yr holl lyfr mewn tafodiaith. Sut bynnag y disgrifir y llyfr, nid oes wadu nad yw'n greadigaeth hynod ddiddorol. Cyfieithwyd ef i'r Saesneg a'i gyhoeddi dan y teitl *'Full Moon'* yn 1972.

Y cynnyrch nesaf oedd yr hyn a alwodd yr awdur ei hun 'y llyfr rhyfedd hwnnw', sef *Y Genod yn ein Bywyd* (1964), un stori fer hir a nifer o gyfansoddiadau byrrach yn gwamalu rhwng storïau ac ysgrifau. Yn 1973 ymddangosodd ei gyfrol o hunangofiant, *Afal drwg Adda.* Y mae peth o gynnwys hwn yr un â chynnwys *Un nos ola leuad* ond ei fod yn glynu'n glosiach at y gwir llythrennol ac wedi ei ysgrifennu yn yr iaith lenyddol. Nodwedd arbennig arno yw'r ffordd agored a diorchudd y mae'n sôn am y pethau hynny oedd yn dod i'r golwg weithiau yn ei ymarweddiad ac yn peri ei fod yn broblem i'w deulu a'i gydnabod.

Meddai unwaith, 'Ar brofiad personol y dibynnais am bopeth o'r bron y ceisiais lunio gwaith llenyddol ohono'. Y mae hyn yn amlwg yn wir am y tair pryddest fuddugol — ei ymateb i wendid meddwl ei fam. Gwir hefyd am y bryddest 'Terfysgoedd daear', ymson un sy'n ystyried rhoi pen ar ei einioes, oherwydd bu'r bardd ei hun yn ystyried hynny unwaith. Y mae myfyr yr offeiriad yn 'Llef un yn llefain' yn ddiddorol am fod yr awdur wedi meddwl yn ddifri un tro am geisio am urddau eglwysig. Wedi dihysbyddu ei brofiadau personol yr oedd perygl i ffynhonnell ei ysbrydiaeth ballu, ac nid yw ei ychydig gerddi diweddar cyfuwch eu safon â'r rhai cynnar.

Ond y mae'r rheini'n gyfraniad gwiw i farddoniaeth Gymraeg. Yr oedd y bardd yn un o'r meistri mwyaf ar fydryddiaeth draddodiadol y canu rhydd. Geirfa ddethol ac arddull urddasol hanner cyntaf y ganrif hon yw'r eiddo ef. Yn ogystal ag ymateb yn deimladol fel y telynegwyr rhamant-aidd yn gyffredin, y mae ef hefyd yn myfyrio ar ei adfyd ef ei hun ac ar gaeth gyflwr plant dynion.

Y mae ei ryddiaith yn llyfn ac esmwyth, ond ôl adeiladu arni ambell dro. Dyma frawddeg felly: 'O'r holl gyfnod o ddwy flynedd y bûm yn India, nid erys ond twmpathau o atgofion gofidus, wedi eu gwasgar fel carneddau o dywod cras dros wastadeddau maith o ddiffeithwch, ac ambell i atgof pêr fel pyllau dŵr bywiol prin yma ac acw, ac ambell werddon rith yn twyllo'r cof.'

Cyhoeddwyd 1980

Iorwerth C. Peate

COFIO CYFAILL

Pan glywais am farw fy hen gyfaill Iorwerth Peate, daeth yn fyw i'm cof y cyfarfod rhyfeddaf y bûm i ynddo erioed, sef cyfarfod Llys yr Amgueddfa Genedlaethol yng Nghaerdydd ar 24 Hydref 1941. Yr oedd Cyngor yr Amgueddfa wedi diswyddo Dr. Peate ar ôl iddo ymddangos gerbron Tribiwnlys fel gwrthwynebwr cydwybodol. (Y mae'r hanes yn ei hunangofiant, *Rhwng Dau Fyd,* ond bod yr awdur wedi ymatal rhag dweud popeth.) Penderfynodd ei gyfeillion gael ei swydd yn ôl iddo, a dyna oedd amcan y cyfarfod o'r Llys.

Ar y llwyfan yn rhes yr oedd y Llywydd, yr uchelwr diwylliedig Iarll Plymouth, y Cyfarwyddwr, y dyn prennaidd Cyril Fox, a'r Ysgrifennydd, y sinach bach hwnnw, Archie Lee. Ymysg aelodau'r Llys yr oedd nifer o'r Aelodau Seneddol, fel James Griffiths, Aneurin Bevan a Ronw Moelwyn Hughes, a chawsant gyfle digyffelyb i berfformio yn eu ffordd arbennig hwy eu hunain. Ymosodasant yn gwbl ddidostur ar y gwŷr oedd ar y llwyfan; ni welais neb erioed yn cael eu crasu mor ddeifiol. Ar y diwedd pasiodd y Llys, â mwyafrif cryf, fod Ceidwad yr Adran Ddiwylliant Gwerin yn cael ei le'n ôl.

A da hynny, oherwydd oni bai am hynny prin iawn y buasai Sain Ffagan mewn bod heddiw, yn sicr ni fuasai yr hyn ydyw. Dr. Peate a bennodd natur a safonau'r Amgueddfa Werin, ac yn anad dim ei Chymreigrwydd. Ond gan nad wyf fi'n ddim awdurdod ar Astudiaethau Gwerin, nid am hynny yr wyf am sôn yn yr ychydig sylwadau hyn. Yn hytrach, mi garwn ddweud ychydig am Dr. Peate fel bardd a llenor.

Cyhoeddodd dair cyfrol o farddoniaeth: *Y Cawg Aur*

(1928), *Plu'r Gweunydd* (1933), a *Y Deyrnas Goll* (1947). Yna gwnaeth ddetholiad o'r tair hyn, ac ychwanegu pum cerdd newydd, yn *Canu Chwarter Canrif* (1957). Nid oes yr un bardd diweddar wedi cael ei gystwyo mor ffyrnig, gan dri beirniad yn arbennig, a'i gyhuddo o loddesta ar atgofion merf-aidd am y gwynfyd gynt, heb geisio cyfleu'r un genadwri i Gymru gyfoes. Condemniwyd ei Ramantiaeth hiraethlon a'i haeriad mynych mai gŵr unig, gweledydd a phroffwyd yw'r bardd. O ran syniadau, ac o ran arddull a mynegiant, ceid-wadwr anfentrus yw Dr. Peate, ac agwedd ar y diffyg menter yw bod rhai o'i gerddi yn dwyn ar gof gerddi adnabyddus gan feirdd eraill.

Ni raid ceisio gwadu dim o'r feirniadaeth hon, ond fe ddylid symud y pwyslais. Er cymaint a draethodd Dr. Peate (gan gytuno â'i arwr di-fefl, W. J. Gruffydd) am y bardd fel proffwyd, gwaith crefftwr o fardd yw ei gynnyrch ef ei hun, ffaith nad yw ei feirniaid efallai wedi ei llawn amgyffred. Nid yw dweud hyn yn bwrw mo'r athrod lleiaf ar y bardd, oherwydd y mae i'r crefftwr sgilgar le anrhydeddus iawn yn y gymdeithas wâr (neu o leiaf yr oedd felly cyn dod gormes y peiriant). Yr oedd ef ei hun yn fawr ei barch i grefftwyr, ac ysgrifennodd lyfr, *Y Crefftwr yng Nghymru*, am y gof, y saer, y gwehydd a'r gweddill. A chrefftwr yw yntau yn ei gyfrwng arbennig, sef geiriau'r iaith a mydr ac odl.

Un o nodau'r crefftwr yw ei fod yn efelychu ei feistr ac yn dilyn traddodiad ei grefft, heb amcanu at fod yn wreiddiol. Pan yw'n tynnu ar ei ddychymyg, fe eill lunio rhywbeth hollol ddi-fudd, fel y llwy bren honno ag iddi ben dwbl a choes addurnedig gymhleth. Dilyn ei feistr y mae Dr. Peate yntau fel bardd — yr iaith goeth, urddasol a feithrinwyd ym mlynyddoedd cynnar y ganrif hon, heb ddim cwircs tafod-ieithol; y sonedau sydd mor gytbwys a di-gainc â chwpwrdd deuddarn; cynnal y safonau crefft a fu'n gymeradwy gan ei dadau. Goraddurno efallai ambell waith gyda'r odlau dwbl, fel coesau'r llwyau pren. Y mae'n mynnu hefyd gynnal cred ac ymarweddiad ei feistri — y gwerthoedd hynny sy'n ymateb i natur wyllt yn y wlad, yn hytrach nag i'r natur ddynol yn y dref.

O bwyso ar y cyfarwydd a'r derbyniedig fel y mae ef yn gwneud mor gyson, naturiol yw ffrwydro yn erbyn yr hyn nad yw gyfarwydd ac na ellir ei dderbyn:

> Epynt yn anghyfannedd, a sŵn tyngu
> ellyllon angau ger Bethesda'r Iôr . . .
> A'r syber fro o'r Barri i Borth-y-cawl
> yn gignoeth dan beiriannau rhwth y Diawl.

Ond anfynych y digwydd hyn, a gwrthododd Dr. Peate dyfu'n fardd y brotest a'r dig cyfiawn, fel Gwenallt neu Waldo. Yn wir y mae'r ychydig ddychan sydd ganddo yn colli peth o'i fin oherwydd ei fynegi o fewn gofynion caeth mydr gosodedig ac iaith gŵr bonheddig. Da fuasai ychydig o luchio cylchau a chicio tresi. Ond y mae'r amodau a osododd y bardd hwn ar ei awen yn dra chyfaddas pan fydd ef yn myfyrio ar dynged dyn, fel yn y gerdd a enillodd gymeradwyaeth pawb heb eithriad, sef 'Ronsyfál', ac mewn rhai cerddi angerddol eraill. Ond mewn llawer iawn o gerddi yr hyn a gawn yw darlun ohono ef ei hun a'i brofiadau.

Cyhoeddodd Dr. Peate bedair cyfrol ryddiaith: *Sylfeini* (1938), *Ym mhob pen* . . . (1948), *Syniadau* (1959), a *Rhwng Dau Fyd*, darn o hunangofiant (1976). Ysgrifau ar wahanol bynciau sydd yn y tair cyntaf, heb ddim thema gysylltiol i roi unoliaeth iddynt. Y mae rhai'n ymwneud â diwylliant gwerin, a diddorol yw'r ysgrif lle mae'r awdur yn sôn, yn ôl yn 1938, am ddelfryd go ddieithr oedd ganddo, sef amgueddfa werin. Ond y mae'r amgueddfa ar gael ers llawer blwyddyn, a chrair yn unig yw'r ysgrif erbyn hyn. Diddordeb dros dro yn unig oedd i eraill o'r ysgrifau, fel honno ar yr hen Fwrdd Canol (rhagflaenydd y Cydbwyllgor Addysg), ac adolygiadau ar lyfrau sydd wedi eu hen anghofio.

Nodwedd arbennig ar yr ysgrifau yw'r tinc dadleugar sydd mewn llawer ohonynt. Bu Dr. Peate yn ddiwyd trwy'r blynyddoedd yn dangos ei fod yn gredwr mawr yng ngrym a phwysigrwydd y bersonoliaeth unigol. O ran crefydd yr oedd yn Annibynnwr digymrodedd, yn derbyn ei arweiniad, fel y Crynwyr, gan 'y goleuni oddi mewn', nid gan offeiriad nac eglwys na Beibl na dim allanol. Dadlau dros y safbwynt hwn a wneir mewn ysgrifau fel 'Y meddwl Ymneilltuol', 'Dogma a gonestrwydd meddwl', 'Awdurdod a Thraddodiad' ac amryw eraill. Nid oes i'r Eglwys Babyddol na'r Catholigion Anglican-aidd le na chyfran yn yr athroniaeth hon. Derbynnir W. J. Gruffydd a John Middleton Murry yn groesawgar, ond nid Saunders Lewis na T. S. Eliot.

Yn gyffelyb mewn beirniadaeth lenyddol ac ymarferion arbrofol rhai beirdd modern, ni fynnai Dr. Peate mohonynt, a chystwyodd hwy'n ddidostur, heb obaith cymod.

Y gorau o'r ysgrifau yw'r rheini ar bersonau, yn arbennig y rhai ar Eifionydd a Mynyddog a G. J. Williams a Lleufer Thomas. Y mae llawer o'r lleill, fel ei farddoniaeth, yn dadlennu cymeriad eu hawdur, ei gred mewn Rheswm a Rhyddid, a'i barch i Anghydffurfiaeth grefyddol a Rhamant-iaeth mewn llenyddiaeth. Nid yw'r pynciau oedd yn ei boeni ef yn poeni cymaint ar Gymru heddiw, ond yr oeddent yn ystyriaethau difri iawn ym mlynyddoedd canol y ganrif, ac ni eill yr un hanesydd iawn amgyffred hinsawdd feddyliol Cymru yn y blynyddoedd hynny heb ystyried Iorwerth Peate yn ogystal â Saunders Lewis.

Gwaith gorau Dr. Peate mewn rhyddiaith yn ddiamau yw'r 'darn o hunangofiant' a alwodd yn *Rhwng Dau Fyd*. Y mae yma benodau tra gwerthfawr ar yr Amgueddfa Genedlaethol a'r Amgueddfa Werin, a hynny heb ymhonni na rhodresa. Y mae yma eto yr un athroniaeth am y byd a'i bethau, yr un pendantrwydd sicr wrth fynegi barn. Ond y mae yma hefyd aml deyrnged hael i gyfeillion, a graslonrwydd at gydnabod na fuont gyfeillion, a goddefgarwch, heb ollwng dim o'r afael ar yr hyn a ystyriai'r awdur yn egwyddor. Pan yw'r holl ddadlau wedi tewi, cawn ddistawrwydd i wrando ar gerddediad y blynyddoedd a sŵn arfau gŵr a ymdrechodd yn onest dros ddiwylliant ei genedl yn ôl y goleuni oedd ganddo.

Cyhoeddwyd 1982